AF646703

ঠিক ঠিকানার সন্ধানে

মনোরঞ্জন ব্যাপারী বই লেখেন বাংলা ভাষায়। তাঁর জন্ম মধ্য– পঞ্চাশের দশকের বাংলাদেশের বরিশালে। উদ্বাস্তু হয়ে যখন তাঁর পরিবার চলে আসে ভারতের পশ্চিমবঙ্গে তখন তাঁর বয়স তিন। বাঁকুড়ার উদ্বাস্তু শিবির শিরোমণীপুর রিফিউজি ক্যাম্পে তাঁদের পুনর্বাসিত করা হয়। পরবর্তীকালে, তাঁদের বাধ্য হয়ে চলে আসতে হয় দক্ষিণ ২৪ পরগণার ঘোলা দোলতলা রিফিউজি ক্যাম্পে, এবং ১৯৬৯ সাল অবধি সেখানেই তাঁরা থাকেন। তা সত্ত্বেও ব্যাপারীকে বাড়ি ছাড়তে হয় চোদ্দ বছর বয়সে নানা কাজের সূত্রে উপার্জন করার তাগিদে।

বয়স কুড়ির গোড়ার দিকে তিনি নকশালদের এবং দাল্লি রাজহারা মাইনস– এ ছত্তিশগড় মুক্তি মোর্চার প্রতিষ্ঠাতা, বিখ্যাত বিপ্লবী শ্রমজীবী নেতা শংকর গুহ নিয়োগীর সংস্পর্শে আসেন; যিনি সামন্ত– শাসকদের কাছ থেকে জবরদখল করে রাখা আদিবাসীদের জমি পুনর্দখল করার বিপ্লব পরিচালনা করছিলেন। এই সময়ে ব্যাপারী জেলে যান, এবং সেখানেই নিজে নিজে লিখতে ও পড়তে শেখেন। পরবর্তীকালে, কলকাতায় রিক্সা চালকের কাজ করার সময় ঘটনাচক্রে সাক্ষাৎ হয় প্রখ্যাত বাঙালি লেখিকা মহাশ্বেতা দেবীর সঙ্গে, ব্যাপারীকে তিনি নিজের পত্রিকা বর্তিকায় লেখার জন্য প্রেরণা দেন ।

এযাবত, ব্যাপারী লিখেছেন বারোটি উপন্যাস ও সত্তরটিরও বেশি ছোট গল্প। তাঁর উল্লেখযোগ্য লেখাগুলি হল– ছেড়া ছেড়া জীবন, ইতিবৃত্তে চণ্ডাল জীবন (স্মৃতিচারণ), অমানুষিক, চণ্ডালজীবন ত্রয়ী (উপন্যাস), অন্য ভুবন এবং মতুয়া এক মুক্তি সেনার নাম। ২০১৮ সাল অবধি, পশ্চিমবঙ্গের হেলেন কেলার ইন্সটিটিউট ফর দ্য ডেফ অ্যান্ড ব্লাইন্ড– এ রাঁধুনির কাজ করেছেন।

২০14 তে পশ্চিমবঙ্গ বাংলা একাডেমী তাঁকে সুপ্রভা মজুমদার পুরস্কারে ভূষিত করে। তিনি ২০১৫ সালের শর্মিলা ঘোষ স্মৃতি সাহিত্য পুরস্কার পান। ২০১৮ সালে, তাঁর জীবনী ইতিবৃত্তে চণ্ডাল জীবন– এর ইংরেজি অনুবাদ ইনটেরোগেটিং মাই চণ্ডাল লাইফ পায় দ্য হিন্দু প্রাইজ ফর নন– ফিকশন, এবং শর্টলিস্টেড হয় জিও মামি ওয়ার্ড টু স্ক্রিন অ্যাওয়ার্ড এর জন্য। ২০১৯সালে তিনি লাভ করেন দ্য গেটওয়ে লিট ফেস্ট রাইটার অফ দ্য ইয়ার অ্যাওয়ার্ড। এছাড়াও, তাঁর উপন্যাসের ইংরেজি অনুবাদ দেয়ার'স্ গানপাউডার ইন দ্য এয়ার শর্টলিস্টেড হয়েছে ভারতের সর্বোচ্চ মূল্যের পুরস্কার, দ্য জেসিবি প্রাইজ ফর লিটারেচার ২০১৯, দ্য ডিএসসি প্রাইজ ফর সাউথ এশিয়ান লিটারেচার ২০১৯, দ্য ক্রসওয়ার্ড অ্যাওয়ার্ড ফর বেস্ট ট্রান্সলেশন ২০১৯ এবং দ্য মাতৃভূমি বুক অফ দ্য ইয়ার প্রাইজ ২০২০– এর জন্য। সম্প্রতি, তিনি পশ্চিমবঙ্গে নব্য প্রতিষ্ঠিত দলিত সাহিত্য একাডেমীর সভাপতি হিসেবে নিযুক্ত হয়েছেন এবং পশ্চিমবঙ্গ বিধানসভার সদস্য হিসেবে নির্বাচিত হয়েছেন।

মনোরঞ্জন ব্যাপারীর অন্যান্য বই

বাতাসে বারুদের গন্ধ
ছন্নছাড়া
ছেড়া ছেড়া জীবন
ইতিবৃত্তে চণ্ডাল জীবন- প্রথম এবং দ্বিতীয় ভাগ
নতুন জনযুদ্ধ
অন্য ভুবন
অমানুষিক
মতুয়া এক মুক্তি সেনার নাম
ঘর পালানো ছেলে (চণ্ডাল জীবন উপন্যাস ত্রয়ীর প্রথম ভাগ)

মনোরঞ্জন ব্যাপারী

ঠিক ঠিকানার সন্ধানে

eka

eka

First published in Bengali in 2009 in the journal *Sharadiya Hatey Bajarey Potrika*

Published in Bengali in 2022 as *Thik Thikanar Sandhaane* by Eka, an imprint of Westland Books, a division of Nasadiya Technologies Private Limited

No. 269/2B, First Floor, 'Irai Arul', Vimalraj Street, Nethaji Nagar, Allappakkam Main Road, Maduravoyal, Chennai 600095

The editing of this text was based on V. Ramaswamy's English translation of the second part of the Chandal Jibon Trilogy, *The Nemesis*.

ISBN: 9789395073677

Typeset by khowabnama

Printed at Saurabh Printers Pvt. Ltd.

সূচীপত্র

মুক্তির দশক

১. একটা গল্পের রন্ধন ৯
২. বিষাক্ত জীবন ২০
৩. শাস্তিদাতা ৩০
৪. মহাপ্রস্থান ৪৩
৫. অসম লড়াই ৫৩
৬. দণ্ডকারণ্য ৬৪
৭. কুসুম ৭২
৮. পুনঃ পলায়ন ৮১

দুই জীবন

৯. শহীদ এবং মাতব্বর ৯৯
১০. মৃত্যুর খপ্পর ১০৮
১১. ভাতের হোটেল আর পুকুর পাড়ের গর্ত ১২০
১২. রিকশাওয়ালা এবং যাদবপুরের শ্রেণিযুদ্ধ ১৩৫
১৩. জল সাম্রাজ্য ১৪৮
১৪. হারামি লম্পটদের চত্বর ১৫৯
১৫. স্টেশনের অধঃজগত ১৭২
১৬. শ্রীমতী ১৮০
১৭. দেবতাদের মন্দির ১৯৭

নতুন বন্ধু পুরনো বন্ধু

১৮. কামাকে খানেওয়ালি ২১১
১৯. গুরুপদর চোলাই মদের ঠেক ২১৯
২০. অন্তরঙ্গতা এবং দূরত্ব ২৩১
২১. মর্গ ২৪২
২২. দুর্ঘটনা ২৫৫
২৩. শেঠ বাগান লেন ২৬৬

মুক্তির দশক

১.

একটা গল্পের রন্ধন

উত্তম আহার উত্তম স্বাস্থ্যের জনক। উত্তম স্বাস্থ্য উত্তম চিন্তার জনক। উত্তম চিন্তা উত্তম কর্মের জনক। উত্তম কর্ম উত্তম পারিতোষিকের জনক। উত্তম পারিতোষিক যাবতীয় সুখের জনক। সুখ দীর্ঘ জীবনের কারণ। সুন্দর সফল জীবনের মেরুদণ্ড। এই জন্য ঋষি চার্বাক বলে গেছেন "ঋণাং কৃত্যাং ঘৃতং পিবেত যাবত জীবেত সুখেং জীবেৎ।" উত্তম আহার যখন সকল সুখের উৎস তা সংগ্রহ করার জন্য যদি সহজ সরল সৎ পথ না পাওয়া যায় যে কোনভাবে তা আহরণ জোগাড় আদায় উশুল সংগ্রহ করে নেওয়া হোক, কোন অন্যায় নয়। ন্যায় অন্যায় এটা কোন বিধির বানানো বিধান নয়। মানুষ বানিয়েছে। যেটা তার স্বার্থের পক্ষে তা ন্যায়, যা তা নয় সেটা অন্যায়।

অনেক দিন আগে এক অন্ধকার রাতে, বয়সের তুলনায় অনেক পরিণত, ভাবনা চিন্তার অনেক এগিয়ে থাকা শ্মশানের পাশে ঘাঁটি গেড়ে থাকা বালক মরণ বলেছিলো পৃথিবীর মধ্যে সবচেয়ে বড় পাপ কি তা জানিস? না খেয়ে থাকা। দেহের মধ্যে বাস করে আত্মা। আত্মার মধ্যে বাস করে পরমাত্মা। না খেয়ে থাকলে আত্মা কষ্ট পায়। আত্মা কষ্ট পেলে পরমাত্মা কষ্ট পায়। যে পরমাত্মাকে কষ্ট দেয় সে মহাপাপী। সেই পাপে তার নরক বাস হয়।

জীবন, জন্ম থেকে যৌবনে পৌঁছানোর আগে পর্যন্ত প্রায় আঠারোটা বছর পরমাত্মাকে অনেক অনাহার অবমাননা দিয়েছে। অনেক পাপ করেছে। সেই পাপে শরীরটা পুষ্ট হয় নি। দরকচা থেকে গেছে। বনসাই হয়ে গেছে। এখন তাকে যা করতে হবে তা শরীরের ক্ষমতায় নয়, করতে হবে মনের জোরে। মনের জোর ছাড়া আর তো কিছুই নেই। উপবাসে সেই মনের জোরও নিভে যায়। তাই এখন বুঝে গেছে জীবন প্রদীপ নিভে যাতে না যায় তার জন্য অনবরত তেলের জোগান চালু রাখতে হবে। মনের জোরে খাদ্য সংগ্রহ করে, মনের জোরেই বিকাশ বিস্তার বৃদ্ধি ঘটাতে হবে। তা পারলে শরীরটাও সেরে

উঠবে। সবল সক্ষম হবে।

এক সকালে জীবন হাঁটতে হাঁটতে পৌঁছে যায় বাঘাযতীন মোড়ে। তখন সেখানে পেটে খিদে মনে আশা নিয়ে ভিড় করে আছে তারই মত সহস্র মানুষ। সবাই কাজ চায়। জন মজুরের কাজ। এই কাজ করে দিনের শেষে যে মজুরি পাবে তা দিয়ে কিনে নিয়ে যাবে তণ্ডুল। যারা তার ফেরার পথ চেয়ে বসে আছে, পরিবারের সেই নিকটজনেরা খেতে পাবে। কি ভেবে যেন জীবন সেখানে ঠিক যে জায়গাটায় ঝুড়ি কোদাল দিয়ে তার বাপ গরীব দাস একদিন বসে থাকতো সেখানেই দাঁড়িয়ে পড়ে। হঠাৎ তার সামনে এসে দাঁড়ায় একজন লোক, যার নাম দুখে।

দুখে নামের লোকটা জীবনকে চেনে না, জীবনও তাকে চিনতে পারে না। তবে চেনা উচিৎ ছিলো। যে খোলা– দোলতলার খাল পাড়ে আগের কিছু দিন বসবাস করে এসেছে। সেই খোলা গ্রামেই দুখের বাড়ি। তার বাপ ঠাকুরদার পেশা ছিলো মাছ মারা ঢোল বাজানো আর পালকি বওয়া। খাল বিল জলাশয় মজে গেছে। মাছ এর পাওয়া যায় না। ঢোলের বাজনার জায়গায় এখন চালু হয়েছে মাইক আর পালকিকে বিদায় করে দিয়েছে মোটরকার। সময় সব কিছুর দখল বা বিদায় করে দিলেও কেউ পেটের খিদেকে বিদায় বা শেষ করে দিতে পারেনি। পেটের শূন্যস্থান ভরাট করে দেবার বিকল্প ব্যবস্থা এখনো আবিষ্কার করে ফেলতে পেরে ওঠেনি আধুনিক বিজ্ঞান।

তাই দুখে বাধ্য হয়ে যাদবপুরে কাজ করতে চলে আসে। যখন যা কাজ পায় করে। তবে তার সব চেয়ে প্রিয়, সব চেয়ে পছন্দের কাজ হচ্ছে রান্নার কাজ। এই অঞ্চলের নাম করা রান্নার ঠাকুর নরেশ চক্কোত্তির রান্নার টীমের সে হচ্ছে একজন দক্ষ জোগাড়ে। নরেশ ঠাকুরের সাথে মোটামুটি মাসে চার পাঁচদিন কাজ করা যায়। মজুরি তো মেলেই সাথে মিলে যায় কিছু ভালো মন্দ খাবার দাবার। অন্য কাজের চেয়ে এই কাজে চার ছয় ঘণ্টা বেশি পরিশ্রম করতে হলেও খাবার পাওয়া যায় বলেই দুখের বেশি পছন্দের। ছেলে মেয়েগুলো একটু ভালো জিনিস খেতে পায়। এটাই এই কাজের অলিখিত নিয়ম– বেশি যদি নাও দেয় একজনের পরিমাণ খাদ্য অবশ্যই দিতে হবে। কাজের শেষে ঠাকুর জোগালে সবাই সেগুলো পোঁটলায় বেঁধে নেয়। গরীব মানুষ, তাদের বাড়ির লোক সেদিন সবাই খুশি হয়।

দুখে জীবনকে এখানে দেখে বলে– এই, কাজে যাবি?

মজুরি পেলে কে না কাজ করে! বলে জীবন– কি কাম?

রান্নার কাজ। পারবি?

কি রান্না?

বিয়ে বাড়ি।

অত মাইনষের রানধা আমি তো কোন দিন করি নাই। তুই রাঁধবি কেন! রাঁধবে তো ঠাকুর। তুই জোগাড় দিবি। এই, মশলা বাটা পাতা ফেলা জল ভরা হামান দিস্তায় বিস্কুট গুঁড়ো করা। আমরা তোরে দেইখে দেবো। পারলি বল। সাড়ে তিনটাকা পাবি তার সাথে খাবার। ইচ্ছে করলি তা না খেয়ে বাড়ি নে যাতি পারিস।

নরেশ ঠাকুরের আজকের কাজটা অনেক বড়। পাঁচ ছয়শো লোকের রান্না। আট— দশরকম পদ। যা কাজের লোক তার আছে তাতে পেরে ওঠা যাবে না।দুখে বলেছিলো, গ্রাম থেকে তার জামাইকে নিয়ে আসবে কাজে। সে আসতে পারেনি। কাল থেকে জ্বরে পড়ে আছে। তাই অন্য লোকের সন্ধান। যেমন হোক একজন কাউকে দুখের নিয়ে যেতেই হবে। এমন কিছু কাজ আছে যেকেউ করতে পারে। তারজন্য বিশেষ অভিজ্ঞতার দরকার পড়ে না। লোক না নিয়ে গেলে দুখের উপরই কাজের চাপ বেড়ে যাবে।

বলে জীবন, দেখাইয়া যখন দিবা, পারমু।

জীবন দুখের পিছন পিছন হেঁটে মহাদেব ডেকরেটার্সের সামনে আসে। এখানে দলবল নিয়ে নরেশ ঠাকুর অপেক্ষা করছে। ডেকরেটার্সের গুদাম থেকে হাঁড়ি কড়াই তোলা হচ্ছে একটা ভ্যান রিকশায়। তখনও শহর কলকাতাকে বিদেশ থেকে আমদানি করা ক্যাটারিং সংস্কৃতি গ্রাস করে নেয়নি। তখনও গৃহকর্তা নিজে বাজার করে নিজে লোক দিয়ে রান্না করায় নিজের লোক দিয়ে পরিবেশন করায় এবং খাবার টেবিলের সামনে ঘুরে ঘুরে কে খাচ্ছে না খাচ্ছে তদারকি করে। কোনও পাত খালি দেখলে পরিবেশনকারীদের ধমকায়— কিভাবে পরিবেশন করছিস! দেখছিস না পাত খালি। ওখানে যা লাগে দে।

জীবনকে দেখে বলে নরেশ ঠাকুর— কি নাম?

অসতর্কতার কারণে জীবনের মুখ থেকে তার আসল নাম পদবি বের হয়ে যায়। তা শুনে ঝিম মেরে যায় নরেশ ঠাকুর। তারপর একদিন সে দুখেকে সে কথা বলেছিলো তা জীবনকে বলে সত্যের ভাত নেই। তোরে কোন যুধিষ্ঠির কামড়ায়নি যে মিথ্যা বলতে পারবি না। নাম যা বলবি তাতে কোন দোষ নেই, খালি পদবিটা উঁচু জাতের বলিস। রান্নার কাজ তো। চড়াল কড়াল শুনলে লোকে তোর ছোঁয়া খাবে না।

বর্ধমান জেলার রায়না থানার মানুষ নরেশ ঠাকুর। অর্ধেক জীবন তার মোটামুটি ভাবে ভালোই কেটেছে। সেভাবেই বাকি জীবনটাও কেটে যেতো যদি ভাইয়ে ভাইয়ে মামলা না হতো। সেই মামলায় সর্বস্ব খুইয়ে এখন নিঃস্ব। সে এক দীর্ঘ কাহিনি। এখন বাধ্য হয়ে গলায় পৈতা জড়িয়ে চক্কোতি সেজে রান্নার কাজ করে পেট চালায়। সে তার জীবনের অভিজ্ঞতায় জানে যে নিম্নবর্ণের মানুষেরা বর্ণপ্রভুরা ঠিক কি চোখে দেখে এর কতখানি ঘৃণা করে। এটা সত্যি যে এই সব ছোঁয়াছুত আগের চেয়ে বেশ খানিকটা কমে গেছে। এই প্রজন্মের মানুষের মধ্যে কিছু উদারতা লক্ষ্য করা যাচ্ছে। তবে পুরনো দিনের কিছু লোক এখনো অবশিষ্ট আছে। দাঙ্গা দেশভাগ এত বিপর্যয়ের পরেও তাদের অবস্থান থেকে এক চুল সরেনি।

জীবন সেদিন কাজের শেষে গামছার উপর কলাপাতা পেতে তার পাওনা রাতের খাবারটা পোটলা বেঁধে নেয়। যত লোকের আয়োজন ছিলো হঠাৎ বৃষ্টি নেমে যাওয়ায় দূর দূরান্তের নিমন্ত্রিত লোকজন আসতে পারেনি। বাস মোড় থেকে বিক্রমনগর প্রায় দু'মাইল পথ। এর সবটা কাঁচা। বৃষ্টি হলেই জল দাঁড়িয়ে যায়। রিক্সাও ঢুকতে চায় না। জগতের এ এক অদ্ভুত নিয়ম এখানে কারো সর্বনাশ হলে কারও পৌষমাস হয়। তুমুল বৃষ্টি দেখে গৃহকর্তা যখন হায় হায়

করছিলো, অসময়ে এমন বিপর্যয়ের জন্য কপাল চাপড়াচ্ছিলো তখন দুখে মেখা শ্রীনাথ সবাই লুকিয়ে হাসছিলো— অনেক খাবার বেঁচে গেছে।

রাত যখন দেড়টা। যখন আর কারো আসার সম্ভাবনা ছিল না তখন গৃহকর্তা হিসেব করছিলো গরম ফরম করে কাল কি কি মাল চালানো যাবে কি কি মাল ফ্রীজে রেখে কিছুদিন বাঁচানো যাবে। আর বাদবাকিটা সমর্পণ করে দিয়েছিলো নরেশ ঠাকুরের কাছে— এগুলো এর কি হবে, ফেলেই তো দিতে হবে, তার চেয়ে তোমরা নিয়ে যাও।

সেই পোঁটলা বয়ে বৃষ্টিতে ভিজতে ভিজতে ভোর রাতে প্রায় দশদিন পর পথ চিনে চিনে ঘরে ফেরে জীবন। যে পথ যে ঘর যে ঘরের মানুষ তার সবচেয়ে আপন সব চেয়ে প্রিয় সব চেয়ে চেনা হবার কথা ছিলো সে কথা ভুলিয়ে দিয়েছে এক অমানবিক সময়। সময়ের ঘাত প্রতিঘাত সংঘাত ভুল বোঝা বুঝি। মা বাবার চোখে জীবন নরাধম, নির্দ্দয় এক নরকের জীব। তাই ইচ্ছা থাকলেও আসতে পারে না জীবন। নিজের মনের বোঝা নিয়ে রাস্তায় রাস্তায় ঘুরে বেড়ায়। একটা দিশা খুঁজে পাওয়ার চেষ্টা করে যদি কোনও দিক কোনও অবলম্বন পাওয়া যায়!

হঠাৎ মনে হলো জীবনের যেন ক্ষীণ একটা আলোর সন্ধান পাওয়া গেছে। নরেশ ঠাকুরের সাথে কাজ করে যদি এই কাজটা শিখে নেওয়া যায় অনেকে যেমনভাবে বেঁচে থাকে সে ভাবে বেঁচে থাকা যাবে। এই পোঁটলা পৌঁছে দিয়ে মা বাবার কাছে সেই সংবাদটা জানিয়ে দিতে চায় জীবন। মা আমি এবার বড় হয়ে গেছি, রোজগার করতে শিখেছি। এই দ্যাখো আমার প্রথম পারিশ্রমিক।

চারদিকে ঘুরঘুট্টি অন্ধকার। তার উপর বৃষ্টি। গরীব দাসের কুঁড়ে ঘরের ছাউনির প্লাস্টিক ছিঁড়ে জল পড়ে ঘরের মধ্যে প্যাচ পেচে কাদা। ছেলে মেয়েকে একটু শুকনোয় শুইয়ে দিয়ে স্বামী স্ত্রী দু'জন এক কোণে বসে আছে অভিশপ্ত এক প্রাণীর মত। সেই ঘরের সামনে গিয়ে ডেকে জীবন মা দরজা খোলো। তারপর ডেকে তোলে ভাই বোনকেও। খুলে ফেলে গামছার পোঁটলা যার মধ্যে আছে লুচি মাংস মাছ চপ পোলাও মিষ্টি আরো কত কি! এ সব খাবার গরীব দাসও তার জন্মাবধি কোনদিন খেতে পারে নি।

জীবনের মেজভাই যতন সে চা দোকানের গরম কেটলির জল পায়ের উপর উল্টে ফেলে ফোস্কা তুলে বাসায় এসে বসে আছে সে বড় আশ্চর্য হয়ে খাদ্যদ্রব্য দেখে— এইটার কি নাম রে দাদা?

এর নাম ফিশফ্রাই।

এর এইগুলা?

এর নাম দাঁড়া মনে করে বলি, এর নাম ছানার কালিয়া। আর এর নাম পোলাও। আর এই যে এগুলা প্লাস্টিক চাটনি। প্লাস্টিক! যা দিয়ে মগ বালতি বানায়। যুগল, জীবনের ছোট ভাই আঙ্গুল তুলে একটু মুখে দিয়ে বলে— মিথ্যাকথা। মিষ্টি লাগতে আছে।

এক দুর্যোগময় রাতের অন্ধকারে পাঁচজন মানুষ একসাথে খেতে বসে অনেকবছর বাদে। সবার সেই প্রথম জিভে লাগে স্বাদু খাবার যার অনেকগুলোর নামই তারা জানে না। আজ, অন্ততঃ এই একটা দিন তাদের বড় সুখী বলে

মনে হয়। যেন এ এক উৎসবের রাত। এই রাতই যেন বলে যায় একজনের ক্ষতি অনেকজনের লাভের কারণ হতে পারে। এবং একজনের ক্ষতি করে যদি অনেক জনের ভালো হয় সেটা কোনমতে খারাপ নয়।

কাজটা বেশ পছন্দের জীবনের। যে কাজ মানুষের মনোমত হয় না সেটা একটা বোঝা হয়ে দাঁড়ায়। সে কাজ মানুষ বেশিদিন করতে পারে না। জোর করে কাজ করলে তা সুন্দর হয় না। জীবনের এ কাজটা একেবারে মনের মত। প্রত্যেকটা কাজের বাড়ির অনুষ্ঠান আনন্দ উৎসব মনে হয় যেন তারই উৎসব, হেসে গেয়ে ওঠার দিন। ধীরে ধীরে সে নরেশ ঠাকুরের কাছ থেকে রান্না করা শিখে নেয়। কোর্মাকারী কালিয়া কোপ্তা, চর্বচোষ্য লেহ্য পেয়, সবকিছু বানাতে পারার মত কারিগর হয়ে যায়। তবে তারপরও না পারা না শেখা যে বিশাল মহাসাগর থেকে যায়, তার সামনে দাঁড়িয়ে যে কেউ মনে করতে পারে জ্ঞান সাগরের পাড়ে বসে নুড়ি কুড়িয়েছে মাত্র।

চৌষট্টি কলার শেষ কলা রন্ধনকলা। যে কলার কোন শেষ বলে কিছু নেই সম্পূর্ণ বলে কিছু নেই। শুনেছে জীবন কে নাকি অমলেট ,যা গরম চাটুতে ফেললেই তৈরি হয়ে যায় তার একশো রকম ফর্মুলা বার করেছে। যার প্রত্যেকটার স্বাদ হয়ে যায় ভিন্ন ভিন্ন। কে একজন বাইশ রকম বিরিয়ানি বানাতে জানে। কোন বড় হোটেলে একটা স্বাদের পদ বানিয়ে দিয়ে আসবার জন্য প্লেন ভাড়া ছাড়া মজুরি নেয় পাঁচ হাজার টাকা। এই রকম খাদ্যের কথা ভেবেই হয়তো এক রামকৃষ্ণ ভক্ত বলেছেন— "কাব্য অতি উত্তম তার চেয়ে উত্তম সঙ্গীত। সঙ্গীতের চেয়ে উত্তম নারী। তার চেয়ে উত্তম আহার।"

মনে বড় ইচ্ছা জীবনের যতটা পারা যায় সে শিখবে। যদি বড় গুরুর সন্ধান পায় তার কাছে গিয়ে নাড়া বাঁধবে।

জীবন এখন একটু বড় হয়ে উঠেছে। নরেশ ঠাকুরের সাথে যে কয়দিন কাজ হয় তা করে বাকি দিন গুলো দুখের সাথে মিলে মাটি কাটা, মিস্ত্রির জোগাড়ে, আরও যা পায়, করে। গরীব দাস আর বেশি খাটতে পারে না, প্রায় দিনই শয্যাশায়ী থাকে। জীবন কাজে নেমে যেতে পারায় এখন সংসারে একবার উনুন জ্বলে। কিন্তু তার বড় ভয়, যদি বাপটা মরে যায় তখন কি হবে? এমন কিছু রোজগার হয় না তার যে শ্মশানে নিয়ে দাহ করতে পারে।

কী হবে তখন? একদিন দেখতে পেয়েছে জীবন রেল স্টেশনের এক মুটে মরে গেলে সেই মৃতদেহ রাস্তায় পেতে তার বউ ছেলে, দাহ করার জন্য মানুষের কাছে ভিক্ষা চাইছে। সে মৃত্যু দেখে অন্তরাত্মা কেঁপে গিয়ে ছিলো জীবনের। জীবন তো এভাবে কারো কাছে কিছু চাইতে পারবে না। চেয়ে কি লাভ? যা তাদের ভাণ্ডারে নেই তা দেবে কি করে? দয়া মায়া বলে পৃথিবীতে কিছু কোন দিন ছিলো সেই বিশ্বাস তাই মরে গেছে। সেই দয়া দরদহীন মানুষেরা যখন কোন দরিদ্রের দিকে দশটা পয়সা ছুঁড়ে মারেন, সেই পয়সায় মিশে থাকে যেন তাচ্ছিল্য উপহাস ঘৃণা অবজ্ঞা। দয়া কথাটায় এর কোন ভরসা নেই জীবনের।

এই কদিন আগে— জীবনরা বড় গরিব। তাই দয়া করেছিলো এক দয়াবান। সে দয়া দেখে জীবনের সারা শরীর জ্বলে উঠেছিলো। বড় ইচ্ছা করে ছিলো ভালো মানুষ বাবুর মুখে একটা সাপটে চড় কষিয়ে দিতে।

এখন জীবন একশো লোকের কাজ এক দু'জন হেল্পার নিয়ে তুলে নিয়ে আসতে পারে। নরেশ ঠাকুর সে জন্য "সিজিনে" যখন কাজের চাপ বেড়ে যায় ওকে দায়িত্ব দিয়ে কোথাও না কোথাও কাজে পাঠায়। বাচ্চা ঠাকুর বলে ইতিমধ্যে জীবন একটু নামও করে ফেলেছে।

সেদিন এক বাড়িতে কাজে গেছে জীবন আর দুখে। ভালোয় ভালোয় সব কাজ মিটে যাওয়ার পর পোটলা নিয়ে ঘরে ফেরার পালা। নিয়ম মত গামছা পাতে দুজনে। আমরা খাব না, আমাদের খাবার এতে দিয়া দ্যান, নিয়া যাবো। নিয়ে যে যাবে সেটা বাবুরা জানে। এজন্য তাঁরা প্রস্তুত ছিলো। গামছায় ভাত, ভাতের পাশে সব পদ একটু একটু করে দেয়। সে সব কম কম মনে হওয়ায় দুখে বলে ফেলে আর একটু করে দ্যান বাবু, একেবারে কম যে। তার উত্তরে বলে সেই দয়াবান যা দিয়েছি সবটাই বসে খেয়ে দেখা তো। আমাদের খেতে দেবার কথা। পোঁটলা বাঁধতে দেবার কথা নেই।

অন্য খাবার কম কম দিলেও রসগোল্লার ভাঁড় একেবারে টুইটম্বুর। আড়াই তিন কিলো দইয়ের ভাঁড়ের মতো উঁচু এক ভাঁড়। বড় দরাজ গলায় বলে দয়াবান। এগুলো সব তোমরা নিয়ে যাও। সাধারণত রসগোল্লার রঙ সাদাই হয়। যার রঙ সাদা নয় তার নাম রসগোল্লা নয়। এগুলোর শরীরে সাদার ভাগ কম হলুদের ভাগ বেশি। সে ব্যাচে পাতে পাতে তুমুল মিষ্টি বৃষ্টি হয়েছিলো। যার বিয়ে হল সেই ছেলের বন্ধুরা একজন এর একজনকে ঘায়েল করার জন্য অস্ত্র হিসেবে রসগোল্লা ব্যবহার করছিল। এই, এই পাতে দাও।

না না না আর না, প্লীজ

কোন কথা শুনবো না। একটা খেতেই হবে।

পেটে ফেটে যাবে

যাবে না।

যা খাওয়া হয় তা পাকস্থলিতে স্থান পায়। যা খাওয়া যায় না তা পোড়ে থাকে পাতে। সেগুলো নষ্ট না করে কুড়িয়ে রেখে দেওয়া হয় খালি দইয়ের ভাঁড়ে। যা দিয়ে এখন মজুরি দেওয়া হচ্ছে। তা দেখে জীবনের ব্রহ্মতালু পর্যন্ত জ্বলে ওঠে। এইগুলো কি দিলেন! আমরা আপনার দরজায় ভিক্ষা চাইতে আসি নাই। সকাল সাতটা থিকা রাইত বারোটা পর্যন্ত্য ঘাম ঝরাইছি। তার দাম চাইতে আছি।

কেন রেগে যাচ্ছো কি হয়েছে?

কি হইছে! এইয়ার একটা আপনে খাইয়া দেখান তো।

দয়াবান বাবু দমে যায়। চুরির ধরা পড়ে যাওয়া লজ্জায় ঘরে গিয়ে মুখ লুকায়। অন্য একজন দুটো দুটো রসোগোল্লা দিয়ে পালায়। এখন আর দুটোর বেশি হাতে ওঠেনা।

এইজন্য মানুষের দয়ায় ভীষণ অবিশ্বাস জীবনের। বহুবার ঠকেছে যে। এই দয়ার বিপরীতে অবস্থিত এর একটা বাড়ি দেখেছিলো জীবন। সেদিনও সাথে ছিলো দুখে।

ওরা সাধারণত রাতের খাওয়া হলে সকালের দিকে কাটাকুটি তারপর যা সেদ্ধ যা ভাজাভুজি সে সব করে থাকে। এরপর কিছু খেয়ে দেয়ে বিকাল থেকে

শুরু করে রান্না। এতে খাবার গরম থাকে এবং বেশি রাত পর্যন্ত খারাপ হবার ভয় থাকে না। তো সেদিন ভাজাভুজি শেষ করতে বেলা দুটো বেজে গেছে। হাত পা ধুয়ে দুখে গেল খাবার চাইতে— দ্যান, এইবার আমাদের খাবার।

খাবার! গৃহকর্তা হাঁ করে রইলেন কিসের খাবার?

আমরা খাবো না?

তোমরা খাবে না কি করবে আমি তার কি জানি। গৃহকর্তার সোজা জবাব, নরেশ আমাকে বলে নি তো যে দুপুরে তোদের খেতে দিতে হবে।

মিন মিন করে বলে দুখে— এটা তো বলা লাগে না। কোনদিন কোন বাড়িতে বলার দরকার হয় না। সবাই জানে। সেই জন্য বলেনি।

আমি জানি না। গৃহকর্তার স্পষ্ট জবাব।

সেই সকাল সাতটায় কাজে লেগেছিলো ওরা। বার কয়েক চা ছাড়া আর পেটে কিছু পড়ে নি। খিদেয় পেটে ছুঁচো ডন মারছে। সামনে রাশি রাশি খাবার। সেই খাবারের সামনে সারা দিন তারপর আরো অর্ধেক রাত বসে থাকে দুই অনাহারী। আশে পাশে কোন দোকানও ছিলো না যে কিছু কিনে খাবে। চুরি করেও খাবার উপায় ছিলো না। কারণ, একজন চেয়ার পেতে পাহারা দিচ্ছে।

আজ নরেশ ঠাকুর এক গুরুতর সমস্যার সম্মুখীন। একই দিনে দু'দুটো বড় কাজ। তাও যদি যাদবপুরে হতো, সামলে নিতে পারতো। কিন্তু এখন কি করে সামলায়! একটা সেই দত্ত বাগান আর একটা বেহালায়। বলে গেলে পৃথিবীর দুই প্রান্ত। এখন এত লোকজন কোথায় পাওয়া যায়। আর লোক পেলেই তো হবে না রান্নার কাজ জানা লোক চাই।

এই মাসে যেন বিয়ের মড়ক লেগেছে। রাস্তার ডাইনে বাঁয়ে যেদিকে তাকাও প্যান্ডেল আর প্যান্ডেল। চেনা জানা একটাও রান্নার ঠাকুর ফাঁকা নেই। সবার হাতেই বিয়ের তারিখে দুটো তিনটে করে কাজ। এখন কোন উপায় করবে নরেশ ঠাকুর!

দিন পনেরো আগে যখন দত্তবাগানের কাজটা এসেছিলো, পরে আর পাবে কি পাবে না ভয়ে কাজটায় বায়না নিয়ে নেয়। এরই ক'দিন পরে এসেছে বেহালার কাজ। সে আবার যে সে লোক নয় একেবারে মহাদেব ডেকরেটার্সের আট আনা মালিক মহাদেব কুণ্ডুর ছোট বেলার বন্ধুর বাড়ি। বন্ধু আগে যাদবপুরে ছিলো। এখন বেহালায় গিয়ে বাড়ি করেছে। তবে দুরত্বের জন্য বন্ধুত্বে ছেদ পড়ে নি। আরো গাঢ় হয়েছে। মহাদেব বাবু বলে দিয়েছে নরেশ ঠাকুরকে আমার বন্ধুর মেয়ের বিয়ে। সাত আটশো নিমন্ত্রিত খাবে। অন্য কাউকে পাঠালে কিন্তু চলবে না। তুমি নিজে যাবে নরেশ। কোন চালাকি করে যদি না যাও কাল থেকে আমার দোকানে আর কাজ পাবে না। এই বলে দিলাম।

বারো মাসের অন্ন যেখানে মেলে সেটা মহাদেব ডেকরেটার্স। তার মালিক মহাদেব বাবুকে বিরূপ করা চলে না। কিন্তু দত্ত বাগান কে সামলাবে। সেখানকার তিনশো লোকের রান্নার কাজ।

তিনশো লোকের কাজ। পারবে?

প্লেন রান্না তো। ভাত বেগুন ভাজা ডাল, মাছের কালিয়া, মাংস, আর চাটনি। ওর এখন হাত খুলে গেছে, ঠিক পেরে যাবে। চপ করা, লুচি করার

ঝামেলা থাকলে পারতো না।

কী রে পারবি? জীবনকে জিজ্ঞাসা করে নরেশ ঠাকুর। কিন্তু জবাব দেয় সেই মেঘা— আমি বলছি পারবে। জীবনের সাথে দুখেকে দিয়ে দাও।

আগামী কাল রাতের খাওয়ার কাজ। আজ বিকালে ওদের রওনা করিয়ে দিলো নরেশ ঠাকুর। গিয়ে উনুন টুনুনগুলো করে রাখুক। বলল— গিয়ে বাবুকে বলবি নরেশ ঠাকুরের হঠাৎ করে জ্বর এসে গেছে। সেই জন্য আসতে পারে নি। আমাদের পাঠিয়ে দিয়েছে। বলবি কিন্তু। কাজ শেষ হলে রোজের দাম চেয়ে নিবি। দশটাকা বায়না করে গেছে। বাকি আছে চল্লিশ।

চিরকুটে ঠিকানা লেখা ছিলো। মুখেও বলে দেওয়া হয়েছিলো পথ নির্দ্দেশ। একঘণ্টা ট্রেনে চেপে কুড়ি মিনিট পায়ে হেঁটে পৌঁছে গেল সেই ঠিকানায়। বাড়ি খুঁজে বের করতে কোন অসুবিধা হল না। শহর তো নয় যে দোতলার মানুষ তিনতলার মানুষকে চেনে না। এটা গ্রাম। সবাই সবাইকে চেনে। এই অঞ্চল বেশ সম্পন্ন অঞ্চল। তবে নগদ টাকায় নয়, এখানকার মানুষ ধান পাট তিল সরষে এই সব ফসলের দৌলতে ধনবান। প্রায় প্রত্যেক পরিবারের হাতে আছে এক দেড়শো বিঘে চাষের জমি। সে জমি চাষ করার জন্য হাল বলদ ট্রাক্টর বারোমেস্যে মজুর, রাখাল বাগাল। যদিও সরকার আইন করে জমির ঊর্ধ্বসীমা বেঁধে দিয়েছে, কিন্তু সে আইনের বিস্তর ফাঁকফোঁকর। নামে বেনামে জমি আটকে রাখার অঢেল সুযোগ।

সন্ধে নাগাদ জীবন আর দুখে অনুষ্ঠান বাড়ির দরজায় এসে দাঁড়ায়। মনে হয় যেন আড়াই তিনবিঘে জুড়ে বাড়ির সীমানা। পুকুর, ফলের বাগান, সবজি ক্ষেত গোয়াল সব আছে। এই সব গাছ গাছালির মধ্যে থ্যাবড়া থ্যাবড়া ছড়ানো ছিটনো অনেকগুলো পাকা আধপাকা দালান। দালানগুলো যেমনই হোক, বেশ বড় লেপাপোঁছা সুন্দর উঠোন। সেই উঠোনে ইজিচেয়ার পেতে বসে আছে বাড়ির মালিক। হাতে গড়গড়ার নল নেই। নাহলে সিনেমায় দেখা জমিদার বলে ভুল হয়ে যেতো। হ্যাজাকের আলোয় তার অনাবৃত উর্দ্ধাঙ্গ যেন চকচক করছে। পেশীবহুল শরীর। লোমশ বক্ষদেশ। হাতে বাজু আর গলায় সোনার চেন। কাঁধের উপর অহংকারী পৈতা।

গৃহকর্তার সাত ছেলে। যে কারণে এ বাড়ির এক নাম সাত ভায়ের বাড়ি। এক মেয়ে। সবার বিয়ে থা হয়ে গেছে। দেখে মনেহয় পুত্রবধূরা যেন সব এক একটা সচল সোনার দোকান। হাতে কানে গলায় মাথায় যেখানে সেখানে গোছা গোছা অলংকার। সোনার দোকানে শোকেসে ছাড়া এত সোনা এক সাথে কোনদিন দেখে নি জীবন।

বাড়িটা এখনো সাজানো হয়নি। কিংবা হয়তো কলকাতার আলো,সাজসজ্জা দেখা চোখ দিয়ে জীবন এ বাড়ির সাজসজ্জা দেখে বুঝতে পারছে না স্বাভাবিক সাজ কেমন হয়। প্রবেশ পথের সামনে দুধারে দুজন লোক বাঁশের খুঁটি পুঁতেছে। এখানে একটা গেট হবে।

ওরা গৃহকর্তার সামনে গিয়ে দাঁড়াতে হাতের হাতা খুন্তি দেখে বুঝে গেছেন এরা কারা। তাই প্রশ্ন করলেন তিনি— নরেশ কোথায়? সে আসেনি? তার গলার আওয়াজ শুনে হৃদকম্প শুরু হয়ে যায় দুখের। মনে পড়ে যায় সেই

গ্রামবাংলার প্রাচীন প্রবাদ— যার গোলায় ধান, তার কথার টান। টান দেখে বুঝতে পারে বাবুর গোলাটা বেশ বড়।

ভয়ে ভয়ে বলে দুখে— তার শরীরটা— হঠাৎ করে খারাপ হয়ে গেল, তাই না?

তাই তো বললে।

ওদিকে তাকা।

কোন দিকে?

ওই যে।

সামনে একটা ফাঁকা জায়গায় চেলা করা কাঠের উঁচু পাঁজা। ওগুলো দিয়ে জ্বালানি হবে। সেদিকে দেখিয়ে বলেন তিনি যদি রান্না খারাপ হয় ওর একটা পিঠে পড়বে। চালাকি পেয়ে গেছে। যাকে তাকে একটা ধরে পাঠিয়ে দিলেই হয়ে গেল। না পারলে বলতো— । এখানে কি লোকের কোন কম আছে। তোদের মধ্যে ঠাকুর কে?

ভয় পেয়ে জীবন আঙুল তোলে দুখের দিকে, দুখে তোলে জীবনের দিকে। সেটা দেখে নিয়ে বলেন বাবু— কে রান্না করবি আমার দেখার দরকার নেই। আমি দেখবো রান্না। রান্না খারাপ হলে দুটোকে মেরে ছাল তুলে দেবো, এই বলে দিলাম।

উঠোনের একদিকে ত্রিপল টাঙ্গিয়ে রান্নার জায়গা বানানো হয়েছে। সেখানে এসে হাত পা সব ঠাণ্ডা হয়ে আসে দুখের। বুক কাঁপে। কী হবে তা কে জানে! খবর পেয়ে বাড়ির সবাই ওদের দেখতে আসছে। যেন চোর ধরা পড়েছে। যে আসছে কারো মুখে কোন ভালো কথা নেই। সবার মুখে মার মার কাট কাট আওয়াজ যে চোর ধরা পড়েছে এখনই তাকে শূলে চড়িয়ে দেওয়া হোক এই তাদের মত।

রাতে যেখানে ওদের থাকতে দেওয়া হল সেটা বাড়ির বাইরের দিকে একটা খোলা বারান্দায়। সামনে পাট বাগান। পাট বাগানে একবার ঢুকে পড়লে তাকে খুঁজে পাওয়া সহজ নয়। ঘুম আসেনি দুখের ভয়ে। একটু রাত হলে সে ফিস ফিস করে ডাকে জীবনকে— জীবন এ্যাই জীবোন, চল পেলিয়ে চলে যাই। রান্না বান্নার কথা কিছু বলা যায় না। কোনদিন ভালো তো কোনদিন খারাপ। কার উপর কবে মা অন্নপূর্ণা বিমুখ হবে কোন ঠিক নাই। যদি খারাপ কিছু হয়ে যায় এ বাড়ি থিকে পেরান নিয়ে যাওয়া যাবে না।

আত্মবিশ্বাসে ভরপুর জীবন বলে— কালকের কথা কাইল দেখা যাবে। রানধা খারাপ হইলে তয় তো মারবে। তার আগে তো মারবে না। চুপ কইরা ঘুমা দুখেদা, আমার উপার ভস্যা রাখ।

আমার তো ভয় করতিছে।

কোন ভয় নাই। ঘুমা।

জীবন কোন বাক্যসিদ্ধ মহাপুরুষ নয়। তার কোথা সত্য হবে কোন ভয় নাই সে কথার গ্যারান্টি কোথায়! ভয় তো আছে। মূর্তিমান ভয়েরা সব হা রে রে করে ঘুরে বেড়াচ্ছে। চোখের পাতা এক করতে পারে না দুখে। প্রায় জেগে জেগে সকাল হয়ে যায়।

এরপর শুরু হয় রান্না। বলে দুখে, পেত্যেকটা আইটম তুই নিজি চেক করবি। নুন ঝাল টেস বাবুগার দে চেক করিয়ে নিবি। যতক্ষণ ওরা ঠিক আছে না বলে, উনুন থে নামাবি না। দ্যাখ যদি আজকের বেপদ কোনভাবে ভগবানের দয়ায় কাটিয়ে দেওয়া যায়।

জীবন জানে যদি পুড়ে না যায় যদি নুন ঝাল বেশি না হয়, যদি ঠিক মত উনুন জ্বলে, যদি সব সুসিদ্ধ হয় এবং যদি রাধুনির মনের সংযোগ যত্ন ও পরিমিতি বোধ টলে না যায়, যদি সে পূর্বে যে ভালো রান্না হয়েছিলো, সেই পদ্ধতির সঠিক প্রয়োগ করে, রান্না ভালো হবেই।

রান্না ভালোই হয়েছিলো। এতো অল্প বয়েসে এতবড় কর্ম, নিমন্ত্রিতা, নিমন্ত্রিত অতিথি অভ্যাগতরা সে রান্না তৃপ্তি করে খেয়ে প্রশংসাও করেছিলো। একজন ঠিকানাও নিয়েছিলো তার ছেলের বিয়েয় এদের দিয়ে রান্না করাবার জন্য। দুখের মুখে ফুটেছিলো হাসি, জীবনের মাথা থেকে নেমে গিয়ে ছিল দায়িত্বের গুরুভার। সেই সময় কোন পূর্বভাষ ছাড়াই অপ্রত্যাশিত ভাবে বিপদ এসেই গেল। ঠেকানোর কোন উপায় ছিল না তাকে।

এই বাড়ির মালিকের সাত ছেলে এক মেয়ে। মেয়ের বিয়ে হয়েছে যাদবপুরে। জামাইয়ের ট্রান্সপোর্টের ব্যবসা। খান দুয়েক লরী আছে। সে আগে ছিলো অঞ্চল কাঁপানো এক মাস্তান। বিয়ের পর মাস্তানি ছেড়ে এক রাজনৈতিক দলের কর্মী। তারই বোনের বিয়েতে নরেশ ঠাকুরের হাতের রান্না খেয়ে এ বাড়ির বাবু মজে যান। এবং তখনই স্থির করেন, যে নাতি নাতনির অন্নপ্রাশনে কলকাতার রাঁধুনিকে তাদের বাড়ি নিয়ে যাবেন। সবাইকে খাইয়ে তাক লাগিয়ে দেবেন। এখন সেই কলকাতার জামাই দুখেকে চিনে ফেলেছে।

তখন অনেক রাত। গ্রামাঞ্চলে সে রাত আরও কালো আরো নিকষ। অতিথি অভ্যাগতরা মুখে পান দিয়ে বিদায় হয়ে গেছে। হ্যাজাকের আলো প্রায় নিভু নিভু। সেইসময় জামাইবাবু ডাকে তার শ্যালককে। এর দুখেকে দেখিয়ে বলে— এইটাকে দিয়ে রান্না করালি! ছ্যাঃ ছ্যাঃ!

ছোট শ্যালক কিছু বুঝতে পারে না, কেন কি হয়েছে?

এই বাঞ্চোৎ পরশুদিন আমাদের ড্রেন ফ্রেন পরিষ্কার করেছে। শালা ক্যাওড়া কাটুয়া জমাদার কী জাত না জাত জানলি না, সোজা রান্না করতে লাগিয়ে দিলি!

অপরাধ, ভীষণ অপরাধ। ড্রেন যে পরিষ্কার করে সে জন অচল। তার ব্রাহ্মণের খাদ্যদ্রব্য স্পর্শ তো দূর , দেখাও ক্ষমাহীন অপরাধ। কথাটা শুধু মাত্র কর্ম নিয়ে নয়, এর এত সাহস হল কী করে সেটাই আসল বিষয়। এটা তো এক ধরণের চিটিং জালিয়াতি প্রতারণা।

জামাই দাদার চোখ জবা ফুলের মত লাল। ঝাল ঝাল পাঁঠার মেটুলি দিয়ে কলা বাগানের আড়ালে বসে দু'বোতল দেশী চাপান দেওয়ায় জিভটা তার একটু মোটা হয়ে গেছে। কথা জড়িয়ে যাচ্ছে। সে জীবন আর দুখে দু'জনকে ডেকে কলাবাগানের অন্ধকারে নিয়ে যায়— এদিকে আয়। সোজা হয়ে দাঁড়া। যা জিজ্ঞাসা করবো একদম ঠিক ঠিক জবাব দিবি। সবার আগে নাম বল। বাপের নাম বল।

জীবন আর দুখে নিরক্ষর নিম্নবর্গ শ্রমজীবী মানুষ। ওরা মাটি কাটতে পারে

পাথর ভাঙ্গতে পারে, পারে ফসল ফলাতে। পারে না দক্ষ কথা শিল্পীর মত কথার মালা গেঁথে সত্যকে মিথ্যা আর মিথ্যাকে সত্য বানিয়ে দিতে। যে কাজ বুদ্ধিমান শিক্ষিত মানুষের সম্ভব তা গ্রাম বাংলার দুই বোকাসোকা সাধারণ মানুষ কি করে পারবে? তাই সামান্য একটু জেরা সাধারণ একটু থার্ড ডিগ্রিতেই কাতর হয়ে প্রকাশ করে দেয় নাম ধাম। জানা গেল একজন কাওড়া আর একজন চাড়াল। বর্ণবাদী ব্যবস্থায় দুটোই অচ্ছুৎ, অস্পৃশ্য— জল অচল।

জামাই দাদার জাত্যভিমান বাড়িয়ে তোলার পক্ষে ছিল রাতের অন্ধকার আর নির্জনতা। শরীরের শক্তি মগজের দুর্বুদ্ধি পকেটের সামর্থ আর পেটের তরল পদার্থ। সে দুই হতভাগাকে টেনে নিয়ে গেল কলা বাগানের ও পাশের ফাঁকা মাঠের মাঝে। চড় চাপড় এতক্ষণ যা চলেছে সে তো থানার জিজ্ঞাসাবাদ। এবার কোর্টে সাজা শোনানো হল— ওই কাঁঠাল গাছ পর্যন্ত নাকখত দে আর বল, কোনদিন বামুনের রান্নাঘরে ঢুকবি না!

ফেরার সময় কেউ কোন কথা বলছিল না। জীবন বা দুখে কেউ চোখ তুলে তাকাচ্ছিল না কারও দিকে। এক গোপন যন্ত্রণায় যে যার মত করে দগ্ধে মরছিলো। এক সময় দুখে, হাহাকারে ফেটে পড়েছিলো ওরা ক্যান মারলো রে জীবন।

জীবন সে কথার কোন জবাব জানতো না। কিন্তু ক'দিন পরে মহাদেব ডেকরেটার্সের মহাদেব বাবু কোথা থেকে যেন খবর পেয়ে গিয়েছিলেন এরা চুরি করে ধরা পড়েছিলো। তাঁরা নাকে খত দিয়ে ছেড়ে দিয়েছে।

২.

বিষাক্ত জীবন

উনিশশো সাতষট্টি সালে উত্তরবঙ্গের নকশালবাড়ি নামক একটা গ্রামে একটা স্ফুলিঙ্গ আত্মপ্রকাশ করেছিলো। তা মাত্র তিন বছরে দাবানল হয়ে ছড়িয়ে পড়েছে। সারা ভারতবর্ষের দিকে দিকে ছড়িয়ে পড়েছে তার লাল লেলিহান শিখা। সে আগুনে পুড়ছে মানুষের জড়তা ভীরুতা পশ্চাদপরতা আত্মরক্ষার সবরকম পিছুটান ছুড়ে ফেলে আত্মত্যাগের রক্ত তর্পণে অবগাহন করছে প্রতিবাদী প্রতিরোধী যুবসমাজ। বিশ্ববিখ্যাত এক নেতা যাদের বলেছেন— সকাল আটটা সাড়ে আটটার সূর্য।

শোষণ— বঞ্চনার বিরুদ্ধে জেগে ওঠা এই সময়, অতি সাধারন এক গ্রামের মানুষ বিমলার কাছে বড় অনাত্মীয়। বড় পাশব আর ধ্বংসপ্রবন। মৃত্তিকার কোন গভীরতম প্রদেশে যেন জমা ছিলো বিস্তর মারক গ্যাস। অহরহ চারদিকে তারই বিস্ফোরণ ঘটছে। ছিন্নভিন্ন রক্তাক্ত হয়ে যাচ্ছে পুরনো সমাজ দেহ। এখন যেন থর থর করে কাঁপছে গোটা কলকাতা শহর। নকশালবাড়ির ঝোড়োবাতাস দুলিয়ে কাঁপিয়ে দিচ্ছে যাদবপুরটাকে। যেন ভেঙ্গে গুঁড়ো গুঁড়ো হয়ে যাবে সব উঁচু ইমারত। ভয়ে ভাবনায় কেঁপে যাচ্ছে শহরবাসী মানুষ। চাকুরে বেকার ব্যবসায়ী খরিদ্দার ধনবান ধনহীন কালো ফরসা উঁচুনীচু সবরকম মানুষের বুকে প্রবল দাপাদাপি। পায়ে পায়ে শহরে পৌঁছে গেছে সেই বিধ্বংসী বিদ্রোহী সত্তরের দশক। এই দশক কারো কাছে আশার, কারো কাছে আশংকার দশক। অনেক দশকের মধ্যে বিশিষ্ট পরিচয় গড়ে নেওয়া দশক, সত্তর দশক। কারা যেন সবার অলক্ষে রাতের অন্ধকারে গভীর বিশ্বাসে দেওয়ালে দেওয়ালে শ্লোগান লিখে যাচ্ছে— সত্তরের দশক মুক্তির দশক।

সকাল থেকে এই শহরে শুরু হয় মুহুর্মুহু বিকট বোমের গর্জন। দিন যত রাতের দিকে গড়ায় গর্জন তীব্র থেকে তীব্রতর হতে থাকে। বারুদের কটু গন্ধে

বাতাস ভারী হয়ে ওঠে। অন্ধকার রাতের রাজপথে আজকাল সার্চলাইট জ্বেলে ছুটে যায় কালো কালো পুলিশভ্যান। তারা তল্লাসীর নামে এক একটা এলাকা ঘিরে ধরে তছনছ করে। কুড়ি- বাইশ বছরের কোন যুবক পেলে টেনে নিয়ে ভ্যানে তোলে। যুবক মাত্রেই এখন তাদের কাছে সন্দেহজনক। যুবক মানেই অপরাধী। বড় অরাজক সময় এখন।

এইরকম সংক্রামক সময়ে কেমন যেন দিনে দিনে বদলে যাচ্ছে বিমলার বড় ছেলেটা। হাসে না, কথা বলে না। সবসময় গম্ভীর রাগ রাগ। কেন রাগ করে, উপর রাগ কিছু বোঝা যায় না। অল্প কয়েক দিনের মধ্যে সে যেন অনেক বড় হয়ে গেছে। এত বড় যার উচ্চতা মাপা যায় না, গভীরতা আন্দাজ করা কঠিন। তাই বড় ভয় করে, চিন্তা হয় বিমলার।

দিনকাল ভালো নয় মোটেই। চারিদিকে কীসের যেন এক অশুভ আয়োজন। ঠিক সেই দাঙ্গাকালের মতো উন্মত্ততা লক্ষ্য করা যাচ্ছে বেশিরভাগ মানুষের মধ্যে। কেমন যেন বদলে যাচ্ছে মানুষজন। পিঁপড়ে যেমন বাতাসের গন্ধ শুঁকে বুঝে যায় বৃষ্টি আসবে, আশেপাশের গলিতে ঝাণ্ডা বাধা মোটা মোটা লাঠি হাতে ধেয়ে চলা মিছিল আর লড়াই লড়াই চাই হুংকার শুনে বুক কাঁপে এক দরিদ্র মায়ের। সে যেন বুঝে যায়, আসছে, অনেক মায়ের কোল খালি হবার দিন নিঃশব্দে এগিয়ে আসছে।

অনেকদিন পরে আজ বাসায় এসেছে জীবন। আজকাল তার আসা যাওয়ার কোন নিশ্চয়তা বলে কিছু নেই। কোথায় থাকে, কি করে, কি খায় কে জানে। কাজকর্ম আর কিছু করে না। যখন সে কাজ করছিলো সংসারটা একটু সুস্থ হয়েছিল। এখন আবার সেই অক্টোপাস অভাব সবাইকে আঁকড়ে ধরেছে। গরীব দাস আর কাজ পায় না। কেউ তাকে কাজে ডাকে না একটা রেশন দোকানে গিয়ে বসে থাকে। এক আধটা মোটফোট বয়ে এক আধটাকা যা পায় তাতে সংসার চলে না।

এখন ছেলের দিকে তাকিয়ে প্রাণটা কেঁদে ওঠে মায়ের। একি চেহারা হয়েছে তার! মুখচোখ দেখে মনেহয় কোন গভীর কষ্টে ভুগছে। কিছু সে খায়নি তা না বল্লেও বুঝে নিতে মায়ের কষ্ট হয় না। ঘরে একটু আটা ছিলো তা দিয়ে একটা গোলা রুটি বানিয়ে দেয় সে। সাথে দেয় একটু নুন একটা কাঁচালংকা। জীবন কোন কথা বলে না। বসে চুপচাপ রুটি খায়। অন্য দুটো ছেলে নিয়ে বিমলার অত চিন্তা নেই। ওরা খাক না খাক মায়ের চোখের সামনে থাকে। যত চিন্তা জীবনকে নিয়ে। তার বদলে যাওয়া, অচেনা আচরণ বিমলাকে বড় ভাবায়।

এখন গরীব দাসের পরিবার কিছুদিন থাকার জন্য একটা ভালো আশ্রয় পেয়েছে। রেল লাইনের পাড়ে ঘরে সব কয়জন মানুষ বসাও যেত না, এক সাথে এখন শোয়াও যায় নতুন পাওয়া ঘরটা এত বড়। তা ছাড়া রেল লাইনের পাড় থেকে উঠে যাবার জন্য রেল থেকে ধমকিও দেওয়া হচ্ছিলো। বলা হচ্ছিলো স্বেচ্ছায় না উঠে গেলে ভেঙ্গে দেওয়া হবে।

এক ভদ্রলোক আসামের জোরহাটে থাকেন। এখন আসামের বঙ্গালখেদাও আন্দোলন বড় তীব্র হয়ে ওঠেছে। অহমিয়াদের হাতে বাঙ্গালীদের ঘর বাড়ি

পুড়ছে, মারধোর খাচ্ছে খুন জখমও হচ্ছে। যা দেখে ভদ্রলোকের মনে হয় আর বোধহয় আসামে থাকা সম্ভব হবে না। ব্যাবসাপাতি গুটিয়ে বাংলায় পালাতে হবে। তাহলে সর্বপ্রথম যা চাই তা হল একটা মাথাগোঁজার ঠাঁই। কলকাতায় ওনার এক বেয়াইমশাই থাকেন। তার মারফতে পরিচিত হন রামকৃষ্ণপুরের হেমন্তবাবুর সাথে এবং হেমন্তবাবুর সহযোগিতায় রাজা মল্লিক রোডের পাশে রামকৃষ্ণপুর কলোনির উল্টোদিকে শ্যামপুর কলোনিতে চারকাঠা জায়গা কিনে ফেলেন।

এখন এইসময় কলোনির দখলিস্বত্ব সরকারি স্বীকৃত পাবার পর কিছু কিছু লোক যাদের অন্য কোন কলোনিতে প্লট দখল করা আছে, তারা নিজের পছন্দমত কোন একটা রেখে অন্য প্লট বিক্রি করে দিচ্ছে। সেই টাকায় নিজের বাড়িটা বেশ পাকাপোক্ত করে নিতে পারছে। কেউ কেউ তো একটা ঘর নিজে রেখে বাকি তিন চারটেয় ভাড়া বসিয়ে ভালো একটা মাসিক আয়ের ব্যবস্থা করে নিতে পারছে। মাছের তেলে মাছ ভেজে দু'খানা খেয়ে দুখানা ফ্রীজে রেখে তাঁরা বুদ্ধিমত্তার পরিচয় দিচ্ছে। লেখাপড়া জানা চালাক মাথা যে।

আসামবাসী ভদ্রলোকের জায়গা কেনার পর এবার বাড়ি তৈরির পালা। উনিও ব্যবসায়ী লোক। দু'কাঠা খালি রেখে বাকি দু'কাঠায় শুরু করলেন দোতলার ভিত কাটা। আর খালি জায়গায় ফেলতে লাগলেন বাঁশ, ইট, বালি, পাথরকুচি গৃহনির্মাণের উপকরণ। গৃহনির্মাণ শেষ হবার কয়েক বছর পরে ডবল দামে এ দু'কাঠা বেচে দেবেন। সংক্ষেপে সবার মত ওনার জমিটাও বিনামূল্যে পাওয়া হয়ে যাবে। কিন্তু এখন এইসব মালপত্র পাহারা কে দেবে? উনি তো ব্যবসা ফেলে সবসময় এখানে পড়ে থাকতে পারবেন না। তখন বালি, ইট, স্টোনচিপসের কি হবে? কলোনি এলাকা। মোটামুটি সবারই কিছু না কিছু নির্মাণ হচ্ছে। কেউ যদি রাতারাতি এসব নিয়ে পালায় কে তাকে ঠেকাবে?

বলেন হেমন্তবাবু— একজন পাহারাদার রেখে দেবো।

তেমন কেউ আছে?

আছে।

লোকটা সৎ তো? নাকি নিজেই মালপত্র বেচেবুচে পালাবে! সিমেন্টও তো থাকবে শ' দুশো বস্তা!

আসামবাসী ভদ্রলোকের শংকা দূর করতে বলেন হেমন্তবাবু— অসৎ কাজ ইচ্ছা করলেই যে কেউ করে ফেলতে পারে না। সে করতে বুকে পাটা লাগে। আমি যাকে এখানে রাখবো ভাবছি, তার সে পাটা নেই। গরীব দাসের বউ বিমলা হেমন্তবাবুর বাড়ি বাসন মাজে। তারই মুখে জেনে গেছেন তিনি রেল লাইনের পাড়ের ঝুপড়ি ভেঙে দেবার কথা। ঝুপড়ি ভাঙলে সে যাবে কোথায়! হয় আবার সেই খোলায়, নয় কোন দশটাকার ভাড়া ঘরে। তাকে যদি বিনাভাড়ায় এখানে থাকতে দেওয়া হয় থাকবে না?

বিমলাকে দিয়ে গরীব দাসকে ডাকিয়ে এনে সেই কথা বলেন তিনি আমরা একটা ঘর দিচ্ছি, ঘরের এক খোপে সিমেন্ট রইলো এক খোপে তোরা রইলি। পাথর বালি পড়ে রইলো একটু দেখে টেখে রাখবি। আর যখন মিস্ত্রির কাজ চলবে সাথে সাথে একটু করলি। জানি তোর শরীরের অবস্থা ভালো নয়। তুই

না পারলে তোর ছেলে করবে। যা মজুরি সবাই পায় সে— ও পাবে। রেল লাইনের ঘরটা যেমন আছে তেমন থাক। যদি না ভাঙে পরে থাকতে টাকতে পারবি।

এই বাড়ির লিন্টন ওঠা পর্যন্ত জীবন মজুরের কাজ করেছে। মাঝে মধ্যে এক আধদিন নরেশ ঠাকুরের সাথে রান্নার কাজেও গেছে। এখন এ বাড়ির নির্মাণ কিছুদিনের জন্য বন্ধ হয়ে আছে। আর জীবন দত্তনগর থেকে ফিরে অন্য কোন কাজ খুঁজে করা থেকেও নিজেকে বিরত করে নিয়ে বসে আছে মনমরা হয়ে। কি যে হয়েছে মা বাবা কাউকে এমন কি তার পরের ভাই যতনকেও বলছে না। এত গম্ভীর জীবন তো কোনদিন ছিলো না। এই গম্ভীরতা কিসের লক্ষণ!

এই শহরের উপর এখন প্রবল বেগে ঝাঁপিয়ে পড়েছে সত্তরের দশক। রাত নামলেই দিনেরবেলার ঝিম মেরে থাকা শহরটা চরিত্র বদলে হঠাৎ সক্রিয় হয়ে ওঠে। কারা যেন ফিসফিস করে, কারা যেন হাঁটে ছোটে, কাকে ধাওয়া করে। ক'দিন আগে রাজাপুর খাল ধারে পাওয়া গেছে একটা গলাকাটা লাশ। এইসময় ছেলেটার হঠাৎ করে বড় হয়ে যাওয়া, গম্ভীর হয়ে যাওয়া মায়ের মনে বিপদের সংকেত দেয়। আর তো জীবন ছোটবেলার মতো অন্ধকার এর ভূতের ভয়ে মায়ের কোলে এসে মুখ লুকিয়ে বসে না! আর তো বৃষ্টি দিনের কড়কড় কড়াৎ বাজ পড়ার শব্দে কেঁপে কেঁপে ওঠে না! জীবন যেন সেই একই জায়গায় থমকে থাকলে বড় ভাল হতো। আর কিছু না হোক মায়ের প্রাণ এই ঘাতক সময়ে অনেক চিন্তামুক্ত হয়ে থাকতে পারতো।

এক সময় বড়ই ক্লান্ত গলায় বলে বিমলা— কই থাকোস কী যে করোস এট্যা খবরও দেস না। বাপের বয়েস হইছে। আর পেরায় হাটতেই পারে না, তয় খাটবে কেমুন কইরা। তুইও আর কাম কোম করোস না, তয় সোংসার চলে কেমনে? যহন ছোড ছিলি তহন ছিলি। এহন তো বড় হইছোস। অহনও যদি বাউলামি কইরা ঘুইরা বেড়াস তাইলে আর কি কমু। কয় বচ্ছর কই না কই গিয়া রইয়া আইলি। সে যাউক, অহন তো কয় মাস কি সুন্দর কাম করতে আছিলি। সব হঠাৎ ছাইড়া দিয়া বইসা গেলি। কি করলে কি আমরা বাঁচুম?

জীবন কোন কথা বলে না।কি বলবে? বলার মত তার কী আছে? মায়ের কথা সাধারণ কথা। এ কথার কোন জবাব হয় না। জবাব একটা হয় তা শুনে সব মায়ের প্রাণ কেঁপে যায়।

বিমলা সরল সোজা গ্রামবাংলার এক মেয়ে। যাদের শরীরের বয়েস বাড়ে মনটা রয়ে যায় অপরিণত নরম। বৃষ্টিভেজা নরম মাটির মত মনের সেই গঠন যার, তার পক্ষে বিশ্ব জগতের হিংস্রতা, জটিলতা, তার কার্যকরণ এসব বোঝা অত সহজ নয়। গরীব দাসকে বলেছিল তার বাবা। সে আবার বলেছিল তার ছেলে জীবনকে— বাপরে, খাট খেটে যা। কাজরে ভয় করিস না। যদি খাটতে পারোস, আর কিছু না হোউক না খাইয়া কোনদিন থাকবি না। নিজেও খুব খেটেছে গরীব দাস। কিন্তু খেতে পায় নি। কেন পায় নি? কে দেবে এর উত্তর?

যেকালে হরকুমার দাস তার বাবার মুখে শোনা কথা আউড়েছিল, সে দিনকাল এখন আর নেই। হয়তো সেকালে মানুষের একটা সংবেদনশীল

মন ছিল। এখন যান্ত্রিক সভ্যতা মানুষকেও একটা নির্দ্দয় যন্ত্রে পরিণত করে দিয়েছে। যার আত্মাপরমাত্মা পাপপুণ্য, স্বর্গনরকের ভয় নেই। নীতি নেই, নৈতিকতা নেই। আছে আগ্রাসনের প্রবল আসক্তি। যারফলে যার হাতে ক্ষমতা আছে, আশেপাশের মানুষ প্রকৃতি সবকিছুকে নিংড়ে ছিবড়ে দহন শোষণ করে নিজের সিন্দুক ভরে নিতে চায়। কে মরছে কে কাঁদছে সেসব নিয়ে তার কোন মাথাব্যাথা নেই।

পৌরাণিক গল্পে আছে, দেবতা আর দানবেরা মিলে সমুদ্রমন্থন করেছিল। মন্থনের ফলে অনেক কিছু পাওয়া গিয়েছিল, পাওয়া গিয়েছিল অমৃতও। কিন্তু তবু তাদের লোভের নিবৃত্তি হয়নি। অমৃত, যা খেলে অমরত্ব লাভ হয়, তারপরেও আশা করেছিল আরো বড় কিছু। আবার মন্থন করেছিল সমুদ্রে তখন উঠেছিল তীব্র হলাহল।

ক্ষমতাবান লোভী মানুষরা সমাজের শরীরটাকে মন্থন করে যা নিংড়ে নেবার তো নিয়েছে, তবু তাদের আত্মা তৃপ্ত নয়। পাহাড় তুল্য সম্পদের উপর বসে এখনও নির্মমভাবে সমাজের মন্থন দোহন চালিয়ে যাচ্ছে তারা। ক্ষুধা, বেকারী, দারিদ্রের বিষে জর্জরিত হচ্ছে জীবন। বিষে বিষে বিষক্ষয়। তাই তরাইয়ের ঘনজঙ্গল, পাহাড়মাটি থেকে কি এক মারাত্মক বিষ, যার নাম দিয়েছে ওরা শ্রেণীঘৃণা তা এ শহরটাকে কব্জা করে নিয়েছে। বুঝি জীবন এখন বুকের মধ্যে সেই ঘৃণার উপস্থিতি টের পাচ্ছে।

কিছুক্ষণ পরে আবার বলে বিমলা, তর মাইজ্যা ভাইয়ে আগের চা দোকানের কাম ছাইড়া এ্যাক হোটেলে কামে লাগছে। পাচ টেকা মাইনা বেশি পাবে। ছোড়াডারে দিতে পারলে কোনখানে খাইয়া বাঁচে। খুঁইজা দ্যাখ না কই যদি দিতে পারোস। কি কিছু কস না যে?

কি কমু! এতক্ষণ পরে নীরবতা ভেঙে বলে জীবন— চা দোকান হোটেল সব কাম করছি আমি। সারা দ্যাশ দেখছি। কামকোমের উপার আমার ঘিন্না ধইরা গেছে।

তাইলে তুই আর কোন কামকাজ করবি না! বিমলার অবোধ জিজ্ঞাসা।

কি কাম করমু?

কিছুক্ষণ চুপ করে থেকে ফের বলে জীবন— যেই কাম কইরা হাত পাও জলে পচাইয়া পেলার পরও পয়সা পাওয়া যায় না, হারামাস ঝুড়ি বইয়া মাইনা নিতে গেলে দেহায় বুড়া আঙ্গুল, হারাদিন আগুনে পুইড়া গরমে সিদ্ধ হইয়া মজুরির বদলা নাকে খত দিতে হয়, সেই কামে আর মনের সায় নাই।

নাকে খত! বিমলা বিমুঢ়, কেডা দিছে নাকে খত!

আর কেডা!

বিমলা জীবনের কথার আগামাথা ধরতে পারে না। বলে সে— কাম না করবি কি? বাঁচবি কেমনে?

মনে মনে বলে জীবন— আর বাঁচা। এই বাঁচাকে কি বাঁচা বলে! এইরকম কুকুর বেড়ালের অধম হয়ে বেঁচে থেকে আর কী লাভ। কিছু নেই আমাদের। না কোন মানসম্মান, না পেটের ভাত, এই জীবন না থাকলে কি এমন ক্ষতি! এত মানুষের এতকিছু, ভাণ্ডার ভরে উপচে পড়ছে। আর আমাদের পাত্র একেবারে

শূন্য। না ঠিক শূন্য নয় গাদা গাদা অপমান অত্যাচার আছে। এ জীবনের কী দরকার! এতো সেই জীবন, যা মৃত্যু আসে নি বলে, যেন মৃত্যু তাচ্ছিল্য করে মুখ ফিরিয়ে রেখেছে বলেই বেঁচে আছে। যে জীবনে মৃত্যুকে সসম্মানে নয়, আসতে হবে চোরের মত মুখ লুকিয়ে পা টিপে টিপে নিঃশব্দে। এই জীবনের আর কি দরকার! একদিন গরীব দাসেরও এইকথা মনে হল। মনেহল রেললাইনের নিচে ঝাঁপিয়ে পড়ে— এই অপমানিত জীবনটা শেষ করে দেবো। আর একে টেনে নিয়ে যাবার কোন সার্থকতা নেই।

সেটা শ্যামনগরে আসবার মাস পাঁচ ছয় পরের কথা। সে সময় যতন তার হোটেলের বাসন মাজা চাকরি ছেড়ে বাসায় চলে এসেছে। জীবনের চেয়ে দেড় দু' বছরের ছোট এই ছেলেটা তার মাকে খুবই ভালোবাসে। তার ধারণা, সে এখন বড় হয়ে গেছে। এবার জনমজুর খেটে হোটেলের চাইতে ঢের বেশি রোজগার করতে পারবে। দাদাটা যাচ্ছেতাই হয়ে গেছে। এখন সে যদি না সংসারের হাল ধরে সব না খেয়ে মরে যাবে। তাই করছিলো যতন। মুর্শিদাবাদের এক রাজমিস্ত্রির সাথে কাজ শুরু করেছিল সে। আবার গরীব দাসের বাসায় দিনান্তে একবার উনুন জ্বলা শুরু হয়েছিল ।

সেটা ছিলো ঈদের সময়। হিন্দুর যেমন দূর্গাপুজা, মুসলমানদের ঈদ। দিন আটদশেকের জন্য একবছর পরে বাড়ি চলে গিয়েছিল মিস্ত্রি। যতনের তাই তখন কাজ বন্ধ ছিলো। আশেপাশের ভদ্রলোকের ছেলেরা কেউ তো ওদের সাথে মেশে না খেলে না। দরকার না পড়লে কথাও বলে না। কি আর করে যতন ছোট ভাই যুগলকে নিয়ে ডাংগুলি খেলে। এদিক সেদিক ঘোরে কোন কাজ না থাকলে।

সেইসময় এক সন্ধেবেলায় গরীব দাসের বাসার সামনে এসে দাঁড়ায় রামকৃষ্ণপুর কলোনির একদল যুবক। যাদের ডেকে নিয়ে এসেছে সুশীল নামের একজন। তারা যতনকে ধরে ওদের পাড়ায় নিয়ে গেল। কেন কেন! কি করেছে যতন? হাঁস চুরি করেছে ।কে দেখেছে চুরি করতে? কেউ দেখেনি। তাহলে কি ভাবে বলা হচ্ছে যতন চোর?

একজন বলে ওঠে— সব দেখা লাগে না। অনুমানে বুঝে নেওয়া যায় সবকিছু। একেবারে সোজা যুক্তি তার— এতবছরে এখানে কারও কিছু চুরি যায় নি। এরা এখানে আসার পরই চুরিফুরি হচ্ছে। তাহলে চোর কারা? এর বড় ভাইটা যদি থাকতো বোঝা যেতো তারই কাজ। সে নেই এ আছে, তার মানে এ— ই করেছে চুরিটা। এবং সেই সাথে সে ভবিষ্যৎ বিষয়েও ভাবিত হয়, আজ হাঁস চুরি করেছে, এখন শাসন না করলে কাল তালা ভাঙবে, পরশু করবে ডাকাতি কথায় তো বলে, কলাগাছ কাটতে কাটতে গলাকাটা শেখে। তার আগেই ব্যবস্থা করা দরকার।

কি ব্যবস্থা?

এমন শিক্ষা দিতে হবে আর যেন কোনদিন চুরি না করে।

সেই শিক্ষা দেবার জন্য দড়ি দিয়ে যতনকে একটা পোস্টে বাঁধা হল। শুরু হল মার— বল হাঁস কোথায়? খেয়ে ফেলেছিস না বেচে দিয়েছিস? সত্যিকথা বল, ছেড়ে দেবো। না হলে সারারাত মারবো। বল হাঁস কোথায়?

এরা সেইসব যুবা, যারা আধপাগলা লোককে ধরে ছেলেধরা বলে পিটিয়ে মেরে ফেলে। ব্রেকফেল বাস ড্রাইভারকে মেরে হাসপাতালে পাঠায়। কাগজ কুড়ানো লোকটার দিকে কুকুর লেলিয়ে দিয়ে মজা পায়। ভাড়া বেশি চেয়েছে বলে রিকশাওয়ালার নাকমুখ ফাটিয়ে দিয়ে সমাজসেবা করে। খুব কৌশলে একদল ধূর্ত মানুষ বর্তমান সময়ের একদল অর্ধশিক্ষিত বেকার যুবককে স্বভাব দুর্বৃত্তে পরিণত করে ফেলেছে। উঠতি মাস্তান এইসব ছেলেদের তারা নানান কায়দায় দলের স্বার্থে, ব্যক্তিগত স্বার্থে ব্যবহার করে নিচ্ছে। সেই যারা দেওয়ালে শ্লোগান লেখে, সত্তরের দশক মুক্তির দশক, তাদের বিরুদ্ধে এদের দাঁড় করিয়ে দেওয়া গেছে। কারণ, এরা মারপিট পছন্দ করে। সেটা একটা প্রিয় খেলা। চাই স্রেফ মারবার মত একটা যুক্তি। একটা ছুতো, একটা অজুহাত।

এখন সেটা পাওয়া গেছে। যতন হাঁস চুরি করেছে। তাই মারা হচ্ছে।

গরীব দাস এখন শয্যাশায়ী। যখন যতনকে ওপাড়ার ছেলেরা এসে ডেকে নিয়ে যায়, কোন কারণে নিয়ে গেছে বুঝতে পারে নি সে। তার ছেলেরা খাটে পেটে খায়, কারও সাতেপাঁচে থাকে না, কেউ ডেকে নিয়ে গেলে কি ঘটতে যাচ্ছে বুঝবে কি ভাবে! এমন তো কেউ কেউ তাকেও ডেকে নিয়ে যায়। কদিন আগে যাদবপুর বাসমোড়ে গাড়ি চাপা পড়ে একটা কুকুর মারা যায়। মৃত কুকুরটাকে নিজের এলাকার বাইরে নিখরচায় চালান করে দেবার প্রচলিত পদ্ধতি অনুসারে মোড়ের লোকেরা গড়িয়া থেকে ইট নিয়ে আসা একটা ট্রাকের পিছনে গোপনে বেঁধে দেয়। ইট খালি করে ফেরা সেই লরী যেতে যেতে দড়ি ছিঁড়ে কুকুরটা পড়ে থাকে সুশীলদের বাড়ির দরজায়। এখন সুশীলের বড়দা গরীব দাসকে ডেকে নিয়ে যায়। গরীব এটার কিছু একটা ব্যবস্থা কর। একেবারে দরজার সামনে পড়ে আছে। আটআনা পয়সার বিনিময়ে গরীব সে কুকুর টেনে নিয়ে রেললাইনের পাড়ের ভাগাড়ে ফেলে আসে। ভেবেছিলো গরীব, সেইরকম কোন কাজ যা বাওন কায়েত বাবুজাতের লোকেরা করে না, তা করাতে যতনকে নিয়ে যাচ্ছে।

এখন যতনকে বেঁধে মারছে, কথাটা শোনামাত্র শয্যা থেকে শরীরটা টেনে তুললো। বাসচলা রাস্তার ওপারে সেই পাড়া। নড়বড়ে পায়ে ছুটে গেল ছেলেকে রক্ষা করার জন্য। যতনের তখন ঠোঁট ফেটে গেছে বা চোখটা ঢেকে গেছে কালসিটে পড়া চোয়ালের মাংসে। মারমুখো বাবুছেলেদের দয়ায় দরজায় হাত জোড় করে কেঁদে ফেললো সে— বাবুগো ওরে আর মাইরেন না। পোলায় মোর সারা দুপার কিছু খাইতে পায় নাই। মারলে মইরা যাবে।

গরীব দাসের কথার মধ্যে তারা আরো মারবার পক্ষে জোরালো যুক্তি খুঁজে পায়। না খাওয়া মানুষের কোন নীতি নৈতিকতা, বিধি বিধানের প্রতি আনুগত্য থাকে না। দুপুরে খায় নাই সেই জন্যই তো চুরি করেছে। হাঁস বেচে এ বেলা খাবে।

বলে একজন— সন্ধ্যাবাজারে বেচতে যেতে পারে নি। তার আগে ওকে ধরে ফেলা হয়েছে। সে হাঁস এখনও কোথাও লুকিয়ে রাখা আছে। সেটা ফেরত দিয়ে ছেলে নিয়ে যাও। না হলে মার চলছে মার চলবে।

যা নেয়নি তা কেমন করে ফেরত দেবে গরীব দাস। বাপের সামনে

ছেলেকে মারলে কোন বাপ তা সহ্য করতে পারে? আর এক প্রস্থ মার শুরু হতে সে ঝাঁপিয়ে পড়ে ছেলের উপর। দুর্বল বুকের আড়াল দিয়ে বীভৎস আক্রমন থেকে রক্ষা করে যতনকে। যে কাঁদছে আর বলছে আমি চুরি করি নাই বাবা, আমি চুরি করি নাই। তখন তার নাক থেকেও রক্ত গড়াচ্ছে। সারা শরীর ঘামে রক্তে ধূলায় লতপত।

এই মারকুটো ছেলেদের দলপতি সেই সুশীল। যার বাবার বাস মোড়ে ঝাঁ চকচকে বিশাল কাপড়ের দোকান। চার ভাইয়ের মধ্যে সে মেজো। যতনের বুকের ওপর থেকে গরীব দাসকে টেনে তুলল তারপর দুধ মাখন কাঁচাছোলা খাওয়া মনতোষ রায়ের শিষ্য পরাণদার ব্যায়ামাগারে ব্যায়াম করা, বলবান হাতে ছুড়ে ফেলে দিল পাকারাস্তার উপরে। যাঃ সরে যা এখান থেকে। না হলে তোকেও বানানো হবে।

পাকারাস্তায় আছড়ে পড়া গরীব দাসের শরীরে যে আঘাত লেগেছিল মনে লেগেছিল তার দশগুন বেশি। এত অপমানিত হতে হবে সে তার ধারণাতেই ছিলনা। শ্যামনগর আর রামকৃষ্ণপুর দুই কলোনির সে যখন যে কোন কাজে ডাকে সে শরীর সুস্থ থাকলে নিশ্চয় যায়। সাধ্যমত কাজ টুকু করে দেয়। বাবুরা খুশি হয়। এই দুইপাড়ায় তার মতো দরিদ্র এবং তার মত মজুর খাটা আর কেউ নেই। বারবার যেতে যেতে তার ধারণা হয়েছিল বাবুরা তাকে বুঝি ভালবাসে। সে যে কত মিথ্যা তা এখন হাড়ে হাড়ে টের পেল। মাধাই হালদার বলেছিল, বাবুদের ভালবাসা আর মুসলমানের মুরগীপোষা সমান। এই খুদ খেতে দেবে তো পরক্ষণে নিয়ে গলায় পোঁচ মারবে।

এখন যেন সুশীলের আঘাত সেই বিশ্বাস সেই ভালোবাসার সৌধ চুরমার করে ধূলায় মিশিয়ে দিলো। ভালোবাসা শূন্য এমন অপমানিত জীবন রেখে আর কি হবে। মাটি থেকে উঠে গরীব দাস পাগলের মত ছুটলো রেল লাইনের দিকে। রেলে মাথা দিয়ে আত্মহত্যা করে অপমানের জ্বালা থেকে মুক্তি পাবে।

জীবন সেসময় বাড়ি ছিলনা। বাসমোড়ে কী এক দরকারে দাঁড়িয়ে ছিল। রাত তখন ন'টা দশটা। তখন পথঘাট একদম ফাঁকা। সেই ফাঁকা পথে বাপকে উন্মাদের মত ছুটে আসতে দেখে আটকায় তাকে। জানতে পারে সব। তখন সে গরীব দাসকে ফিরিয়ে বাসায় নিয়ে আসে। বাপের ছড়ে যাওয়া হাঁটুতে পট্টি ফট্টি বেঁধে দেয়। এর কিছুক্ষণ পরে যতন ফিরে আসে। কারণ হাঁসটা পাওয়া গেছে। কোথায় পাওয়া গেল? রাজা মল্লিক রোডের বা দিকে শহতলীর জল নিকাশি কলোনিকে রেখে লোহার পাড়ার মধ্য দিয়ে গরীব দাসের সেই ঝুপড়ির কাছ থেকে রেললাইনের তলা দিয়ে চলে গেছে ধাপার দিকে। সেই ড্রেনের ঘন ঢোল কমলির ঝোপের মধ্যে বসেছিল হাঁসটা। কি কারণে ভয় পেয়ে প্যাঁক প্যাঁক করে ওঠে তাতেই জানা যায় তার অস্তিত্ব।

সন্ধ্যার কিছু পরে ওরা যতনকে ধরে নিয়ে গিয়েছিল। সেই থেকে রাত ন'টা দশটা পর্যন্ত স্রেফ সন্দেহের বশে মারধর করা হয় তাকে। এত দীর্ঘসময় দুপাড়ার কয়েকশ লোক দেখল সে দৃশ্য। কিন্তু কারও একটা আঙুল উঠল না। কেউ বলল না— ওরে থাম। কারণ সবাই গরীব দাসকে চেনে। সে দরিদ্র সে নিম্নবর্ণ এবং সে বহিরাগত। সে এ পাড়ার কেউ নয়। তার হেনস্থায় কার

কি যায় আসে।

কারও কিছু না আসুক, না যাক জীবনের যায় আসে। গরীবদাস তার বাপ, যতন তার ভাই। বাবা আর ভাইয়ের লাঞ্ছিত দেহ দেখে তখন ইচ্ছে করছিল সেও সুশীলকে বধ করে রক্ত পান করে। কিন্তু সেটা করার মত সামর্থ্য তখন তার কোথায়!

যখন জীবনের সে সামর্থ্য হয়েছিল, তার আগেই সুশীল মাথায় টিউমার হয়ে সদ্য বিবাহিত সুন্দরী স্ত্রীকে বৈধব্য যন্ত্রণায় ডুবিয়ে দিয়ে বিদায় নিয়ে চলে গিয়েছিল জীবনের নাগালের বাইরে।

গরীব দাস বাসায় ফিরে এসেছে। রেশন দোকানের দুই খরিদ্দারের চাল গম দুখেপে নারকেল বাগানে পৌঁছে তিরিশ তিরিশ ষাট পয়সা রোজগার করে এনেছে। ডানহাতের ঘামে ভেজামুঠোয় শক্ত করে ধরা একবেলার রোজগার অন্য হাতে গামছার পোটলায় পোয়াটাক ধূলোমাখা চাল। আজ এফসিআই গোডাউন থেকে এক ট্রাক চাল এসেছিল রেশন দোকানে। একটা বস্তা একটু ছেড়াছিল। কুলি মাথায় করে বয়ে রেশন দোকানের গুদামে নিয়ে যাবার সময় পথে কিছু চাল পড়ে যায়। ঝাট দিয়ে সেটা তুলে নিয়েছে গরীব।

সে ঘরে ঢুকে এখন জীবনকে রুটি খেতে দেখে অসহিষ্ণু গলায় বলে— খাওয়াও, জীবনের মা, খাওয়াইয়া পোলার গায়ে জোর বানাইয়া দেও। গায়ে জোর না থাকলে কাম করবে কি কইরা। খাইটা খুইটা কষ্ট কইরা আইছে। দেও আর এ্যাকখান রুটি আইনা দেও।

গরীবের জীবনকে দেখে এখন ভয় হয়। সে ভয় ধরিয়ে দিয়েছে রাখাল মাস্টার। বোঝলা গরীব ভাই, অলস মস্তিস্ক হইলো গিয়ে দুষ্টুবুদ্ধির কারখানা। এই যে তোমার পোলায় কামকাজ না কইরা বইসা আছে জানবা মাথায় কোন দুষ্টবুদ্ধি কাম করতাছে। চাইরধারে কিসব হইতে আছে টের পাও না। সবদুষ্ট বুদ্বির খেলা। পোলা গুলানরে ধইরা নিয়া কামে কাজে লাগাইয়া দিলে দেখবা মাথা আপনি নরম পইড়া যাইবো। লেহাপড়া তো জানে না তোমার পোলায়। যা কাম পারে হেই কামে ভেজাইয়া রাইখো। ছুট দিও না, সোময় বড় খারাপ।

জীবনকে নিয়ে রাখাল দাসের ভয় কোন অমুলক নয়। এই ভয় এখন শহরের যে কোন যুবককে নিয়ে হওয়া সঙ্গত। এই তো সেদিন, যেদিন সারারাত বৃষ্টি হয়েছিল, আর একটু হলে তার ঘরে জমা জল ঢুকে পড়ত। সেই ভয়ানক বৃষ্টির মধ্যে কারা কারা যেন ছুটেছিলো, কারা যেন আর্তনাদ করছিল। সকালবেলা সেই জলে ভাসতে দেখা গেল দু'দুটো মৃতদেহ। তাদের বয়েস চেহারা পোশাক সব জীবনেরই মত।

জীবন ওইরকম কোনকিছুর সাথে জুড়ে যায় যদি, যারা মরতে আর মারতে ভয় পাচ্ছেনা, সেই চিন্তা থেকে গরীব তাকে তিরস্কার করে। এ আর কিছু নয় যে পথটা গরীবের চেনা, সে পথ ছাড়া আর কিছু সে চেনে না, ছেলেকে সেইপথের উপর দাঁড়ানো দেখতে চায়। সকালে বাঘাযতীন গিয়ে কাজ করুক। সন্ধ্যায় চাল আলু কিনে ঘরে ফিরুক। খেয়ে রাতে ঘরে ঘুমাক।

জীবন রুটি খাওয়া শেষ করে ঘরের বাইরে এসে হাওয়ার উদ্দেশে বলে— যাই।

কই যাবি? কি কারণে যেন বিমলার স্বরে ব্যাকুলতা ঝরে— অরে এ জীবোন, এই অবেলায় কই যাবি! যাইস না।

কী ছিল মায়ের গলায় কে জানে, যেতে গিয়ে যাওয়া হল না জীবনের। বড় রাস্তার দিকে মুখ করে ইটের পাঁজার উপর বসে পড়ল।

৩.

শাস্তিদাতা

ভারতীয় সমাজব্যবস্থায় এখন যেন অলিখিত একটা নিয়ম হয়ে গেছে, যে দীনদুর্বল, অক্ষম, অর্থহীন তার উপর অত্যাচার করতে সবলের কোন বাধা নেই। স্রেফ তার ইচ্ছা হলেই হোল। দক্ষিণবঙ্গের এক প্রত্যন্ত গ্রাম থেকে এক দরিদ্র বাপ তার দশবারো বছর বয়সের মেয়েটাকে রেখে গেল বাবুবাড়ির কাজে। কি, না মেয়েটা ভাল থাকবে। হঠাৎ একদিন বাড়ির মালকিনের ইচ্ছা হল মেয়েটাকে ছ্যাঁকা দেবে। দিয়ে দিল হাতেপায়ে মুখে, মোট সতেরো জায়গায় খুন্তি পুড়িয়ে ছ্যাঁকা। একদিনে নয়, সারামাস ধরে মাঝে মাঝে রয়েসয়ে। ব্যাপারটা একটু বেশি, অর্থাৎ মেয়েটাকে ডাক্তারখানায় নিয়ে যাওয়ার মত অবস্থা হওয়ায় যখন কেউ কেউ একটু ছ্যাঃ বলবে বলে ভাবছে, দোর্দণ্ড প্রতাপ আইপিএস অফিসার তাতে জল ঢেলে বলে দিলেন— আমার স্ত্রীর মেন্টাল প্রবলেম আছে তো তাই ব্যাপারটা।

এক বাড়িতে কাজ করতো সুন্দরবনের সুরোবালা গায়েন। বাড়ির মালিকের ইচ্ছে হল তাকে ভোগ করবে। জোর জবরদস্তি তা করেও ফেলল একদুপুরে। পাছে মেয়েটা মুখ খুলে দেয় তাহলে তো মানসম্মান ধুলোয় মিশে যাবে। কি আর করা যায়। তাকে গলা টিপে মেরে পাখার হুকে ঝুলিয়ে দিয়ে পান চিবোতে চিবোতে অফিসে না কোথায় চলে গেল। কিছুই হল না সে কেসে। কারণ প্রমাণ করা গেল, ব্যর্থ প্রেমে মেয়েরা যা করার তাই করেছে। এটা অতি সাধারণ ঘটনা। এমন তো কত হয়।

শিলিগুড়ির সেই আধপাগলা মাস্টার বলেছিল— তলোয়ার চালালে গলা কেটে যায়। এরজন্য শুধু তলোয়ারকে দোষ দিয়ে লাভ নেই। গলারও দোষ আছে। কারণ সে কেটে যায়। কেন কেটে যায়? কেন গলা নিজেকে এত শক্ত করে না যে তলোয়ার ভেঙে যায়। কেন এত উঁচু করে না যে তলোয়ার নাগাল

না পায়।

জীবন বসে বসে এই সব আবোলতাবোল ভাবছিল আর ছোটভাই যুগলের খেলা দেখছিল। এই ভাইটাকে জীবন খুব ভালবাসে। ছোটবেলায় জীবনের কোন খেলবার উপকরণ ছিল না। ছিল না খেলায় মেতে ওঠার মত অবসর আর সে অবস্থাও। এখনো তো নেই। তবু জীবন ছোটভাইকে দশটা কাঁচের গুলি কিনে দিয়েছে দশপয়সা দিয়ে। যুগল সেই গুলি নিয়ে খেলে আর জীবন বসে বসে তার আনন্দ ঝরা মুখের হাসি দেখে নিজের বাল্যের অপূর্ণতা পূর্ণ করে।

ওরা যেখানে থাকে তার চারপাশে সবাই মোটামুটি স্বচ্ছল শিক্ষিত আর ভদ্রমানুষ। যাদের শিক্ষা সংস্কার এবং ভদ্রতা যারা কায়িকশ্রমে নির্ভর তাদের তুই সম্বোধনকারী ছোটলোক ভাবতে শেখায়। তাঁরা ছোটলোকদের সাথে মেশে না এবং ভদ্রলোক ভদ্রলোকের সাথে যে ব্যবহার করে, তা করে না। ফলে, জীবনরা এখানে ছিল সেই গ্রামদেশের "একঘরে" মত অবস্থায়।

যেখানে ওরা থাকে সেখানে খানিকটা ফাঁকা জায়গা ছিল। যুগল তার ছোটবোন অঞ্জুকে নিয়ে বিকেলবেলা খেলা করত। পাড়ার ছোট ছোট বাচ্চারাও সেখানে খেলতে আসত। তখন তারা যুগল আর অঞ্জুকে তাড়িয়ে দিত। নোংরা জামাকাপড় কালো কালো চেহারা, তেল ছাড়া রুক্ষচুল এসব দেখে সেই বাচ্চারাও বুঝে যেত এরা আমাদের শ্রেণির নয়। আফ্রিকার জঙ্গল থেকে আসা কথাবলা জন্তু।

এই মহান বঙ্গভুমিতে ছোটজাত, কায়িকশ্রম, ছোটলোক, এই তিনটি শব্দ একে অপরের সাথে অঙ্গাঙ্গী জড়িত সম্বন্ধ সম্পর্কের নাম। যারা ছোটজাত তারাই মোট বয়, মজুর খাটে, রিকশা চালায়। বাসন মাজে। যারা এসব করে তারা ভদ্রলোক নয়। যারা ভদ্রলোক নয় তাদের কাছ থেকে তফাৎ থাকা ভদ্রলোকের অবশ্যকর্তব্য। এই বৃত্তের মধ্যে ঘুরপাক খায় সকল মনন চিন্তন। যারদ্বারা পরিবেশগত কারণে শিশুরাও সংক্রামিত হয়ে যায় শিশুবয়সে।

এক রিকশাওয়ালা তার রিকশায় করে দুটো বাচ্চামেয়েকে স্কুলে নিয়ে যাওয়া নিয়ে আসা করত। দেবকান্তি সেই শিশুরা একদিন রিকশায় বসে খুব হাসছিল, কথা বলছিল কলবল করে। শিশুর সেই স্বর্গীয় হাসিতে রিকশাওয়ালার মনটাও নেচে উঠেছিল খুশিতে। আলাপ জমাতে চেয়েছিল সে ওদের সাথে। দর বিগলিত আত্মীয় ভাবনায় বলে উঠেছিল— আমাদের বাড়ি যাবে খুকু? সে দৃশ্য কিছুতে ভোলার নয়। চাঁদের মত গোলমুখ শিশুকন্যার কালোহরিণ চোখ ফুটে উঠেছিল প্রকাশ অক্ষম এক তাচ্ছিল্য দৃষ্টি। মুখটা বিকৃত করে জবাব দিয়েছিল সেই আট বছরের বালিকা, তোমরা রিকশা চালাও, কেউ তোমাদের বাড়ি যাবে না। ওইটুকু বাচ্চা যে এখনো নিজে প্যান্ট পড়তে পারে না, সেও জেনে গেছে রিকশাওলার বাড়ি যেতে নেই। কারণ, ওরা আর আমরা আলাদা জাতগোত্রের ধর্মবর্ণের মানুষ।

তাই সেদিন যখন পাঁচ ছ'টা বাচ্চা জীবনদের ঘরের সামনের মাঠে খেলতে এল ব্যাট বল নিয়ে তারা যুগল অঞ্জুকে তাড়িয়ে দিয়ে পুরো মাঠটার দখল নিল। এটা সত্যি যে এ পাড়ায় বাচ্চাদের খেলার কোন মাঠ নেই। যারা কিছু বড় তারা পাশের টিবি হাসপাতালের মাঠে খেলতে যায়। ছোটরা যাবে কোথায়?

মাঠ থেকে বিতাড়িত যুগল গিয়ে জীবনের কাছে কেঁদে পড়ল— দাদা ওরা মোর গুল্লি ফালাইয়া দিছে। দুইডা কই য্যান হারাইয়া গেছে। ধাঁ করে উঠলো এখন জীবনের মাথাটা। চির অপমানিত আত্মায় যেন আগুন জ্বলে উঠলো। এখানে আমরা থাকি। যার জমি সে আমাদের থাকতে দিয়েছে। যতক্ষন এখানে আমরা আছি আমাদের অধিকার সবার আগে। কে সে অধিকার কেড়ে নিয়েছে? কে আমার ভাইয়ের গুলি ফেলে দিয়েছে?

কার এত স্পর্ধা?

পৃথিবীতে এমন বহু বড় বড় ঘটনা আছে যার সুত্রপাত হয়েছিল অতি সাধারণ অতি তুচ্ছ কোন ঘটনার মধ্য দিয়ে। জীবনের জীবনেও আজ সেই সন্ধিক্ষণ এসে গেল এক আপাত তুচ্ছ ঘটনায়। সে ছুটে গিয়ে মাঠে পোঁতা উইকেট তুলে ছুঁড়ে ফেলে দিল— যাঃ এইখানে খেলা হবে না।

বাচ্চারা সে কথা গিয়ে তাদের দাদাদের জানালো— আমাদের খেলতে দিচ্ছে না। উইকেট ছুড়ে ফেলে দিয়েছে।

দৌড়ে এল পাঁচছয় দাদা। একজন ঠাস করে জীবনের গালে গভীর আত্মবিশ্বাসে চড় হাঁকল— বানচোত, এত সাহস তোর উইকেট ফেলে দিস! আমাদের পাড়ায় থাকিস আর আমাদের উপর মাস্তানি। আন উইকেট। যেখানে ছিল সেখানে পুঁতে দে।

চড় পড়েছে জীবনের গালে। চড় নয় যেন বহু দিনকার কাটা দগদগে ঘায়ে এক মুঠো নুন। হিতাহিত জ্ঞান হারিয়ে গেল তার। কোথায় আছি, কাদের মধ্যে আছি কে পাশে এসে দাঁড়াবে, সব ভুলে গেল সে। চড়ের বদলা চড় মেরে বসলো সে তার চেয়ে দু'চার বছরের বড় পাড়ার নেতার ছেলের বাঁ গালে।

মৌচাকে যেন ঢিল পড়েছে। আর যায় কোথায়! পাঁচ ছয়জন একযোগে ঝাঁপিয়ে পড়ল জীবনের উপর। কিল চড় লাথি ঘুসির একটা যেন ঝড় বয়ে গেল তার শরীরের উপর দিয়ে। যখন তারা থামলো তখন জীবনের নাক থেকে গলগল করে রক্তের ঢল নেমে বুক ভেসে যাচ্ছে। সারামুখ চোখ ঠোঁট কপাল ফুলে ঢোল। উচিৎ শিক্ষা দিয়ে ওরা যখন ফিরে যাবার পথ ধরেছে, ধূলো থেকে উঠে দাঁড়ালো জীবন। যেন কোন ধ্বংস প্রাপ্ত ইমারতের মধ্যে থেকে ফণা তুললো বিষধর। সে ভগবানের কাছে নয়, বর চাইলো শয়তানের কাছে— হে শক্তিমান, আমাকে শক্তি দাও, সাহস দাও তোমার কোলে আশ্রয় দাও। তারপর জীবন ছুটে গিয়ে ঘরে ঢুকলো। ঘরে সেই কুড়ুলখানা আছে। যা দিয়ে গরীব দাস বাঁকুড়ার জঙ্গলে কাঠ কাটতো। কুড়ুলের সাহসে একা চলে যেত গভীর জঙ্গলে। জন্তু জানোয়ার কিছুতে ভয় পেত না।

এখানে সেই কুড়ুলখানা হাতে নিয়ে ঘর থেকে বাইরে বের হল জীবন। যুদ্ধ ঘোষণা হয়ে গেছে, আর পেছবার প্রশ্ন নেই। সে কুড়ুল তুলে ধাওয়া করল সেই মানুষরূপী হিংস্র জানোয়ারগুলোর দিকে। ওরা এতটা আশা করে নি। আচমকা আক্রান্ত হয়ে তারা প্রাণভয়ে ছুটলো যে যেদিকে পারে। কেউ কেউ গিয়ে ঘরের মধ্যে লুকাল। পথঘাট ফাঁকা হয়ে গেল। দড়াম দড়াম করে বন্ধ হতে লাগল খোলাঘরের দরজা। তাকিয়ে দেখল জীবন সামনে পিছনে ডানে বাঁয়ে পঞ্চাশ ফুটের মধ্যে কোন জীবিত লোক নেই। সবটা মুক্তাঞ্চল। যে অঞ্চলের ঈশ্বর সে।

খানিকক্ষন আগে যাকে চক্রব্যুহ মনে হয়েছিল এক আঘাতে তা চূর্ণ হয়ে গেছে।

ছোটবেলায় কঠিন অসুখে ভুগেছে জীবন। পুষ্টিকর আহার পায় নি। শরীরটা সে কারণে রোগা। উচ্চতায় গড়পড়তা বাঙালীর চেয়ে খাটো। কিন্তু এখন মনে হল তার মাথা যেন দোতলা বাড়ি ছাড়িয়ে উপরে উঠে গেছে। যাদের ভয়ে সে এতকাল ভীত ছিলো মনে হল তার সব যেন পড়ে আছে হাঁটুরও নিচে।

আগুন নেভাবার দুটো পদ্ধতি আছে, একটা হচ্ছে জল ঢালা আর একটা হচ্ছে পেট্রোল বা কেরোসিন ছড়ানো। জল ঢাললে পরে কোন এক সময় আবার আগুন জ্বলার সম্ভাবনা থেকে যায়। অন্যটায় সে ভয় নেই। জীবন যা ঢেলেছিল তা খানিকটা পেট্রোল তো বটেই। তবে আগুন নিভে যাবার পর পড়ে থাকা ছাই বেশ কিছুদিন খুব উঠেছিল।

সেই ছাই ধোঁয়া ফুলকির মধ্য দিয়ে পথ দিয়ে পথ শুরু হয়ে গেল জীবনের এক অন্যরকম পথচলা।

রাত প্রায় দশটা। খানিকটা আগে ঝমঝম করে একপশলা বৃষ্টি হয়ে গেছে। সারাদিনের অসহ্য গরমের পর বেশ একটা ঠাণ্ডা আমেজ শরীর মন জুড়িয়ে যাচ্ছে। ফাঁকা ফুটপাত ধরে ধীরপায়ে শিয়ালদহ স্টেশনে এলেন বিবেকানন্দবাবু। বৌ বাজারে এক বিখ্যাত সোনার দোকানে কাজ করেন উনি। যে দোকানের বিজ্ঞাপন প্রতি সপ্তাহে আনন্দবাজারের পাতায় শোভা পায়। এই দোকানেই সোম বুধ শুক্র তিনদিন বসেন ভারতবিখ্যাত ভবিষ্যৎবক্তা মহারাজ ভৃগু। স্বেচ্ছাপ্রণোদিত হয়ে আজই তিনি বিবেকানন্দবাবুকে বলে দিয়েছেন সুসময় আসছে আপনার। খুশি খুশি মনে উনি এগোলেন বারো নম্বর প্লাটফরমের দিকে। লক্ষ্মীকান্তপুরের ট্রেনখানা দাঁড়িয়ে আছে ছাড়বার অপেক্ষায়। উনি ট্রেনে উঠলেন। কিন্তু একি! একটাও সিট খালি নেই যে। এমন তো কোনদিন হয়না। হঠাৎ তার চোখ গেল দরজার বা দিকের সিটগুলোর দিকে। এগুলো চারজনের সিট, তবে পাঁচজন বসা যায়। এই লাইনে সবাই বসেও তাই। এখন পাঁচ নয়, সাড়ে চারজন বসে আছে।

একটা বারো তেরো বছরের ছেলে। বড্ড রোগা। মনে হয় সিঁদুর কারখানায় কাজ করে। কারণ জামাকাপড় শরীর সব লাল। সে আট ঘণ্টা শ্রমের ক্লান্তিতে সিটে বসে ঘুমাচ্ছে। বিবেকানন্দবাবু এগিয়ে গেলেন সেইদিকে। বড় নরম গলায় বললেন— বাচ্চা একটু সরে বস না। বসি। বিনা বাক্যব্যয়ে সরে বসল ছেলেটা। অন্য চারজন বিরক্ত হলেও কেউ কিছু বলল না। রোজকার আসা যাওয়ায় এসব ছোটখাটো অসুবিধা সহ্য করতেই হয়।

অনেকটা পথ যেতে হবে। বিবেকানন্দবাবুর প্রথমে চিন্তা ছিল বসতে পাবার। সেটা মিটে যাবার পর মনোযোগ দিলেন ভালভাবে বসবার দিকে। কেউ কিছু বুঝতে না পারে এমন মৃদু মন্দ চাপে শরীরটাকে নিয়ে গেলেন সঠিক জায়গায় তারপর পিছনে মাথা হেলিয়ে চোখ বুজলেন। আর কোন সমস্যা নেই। সবে তার ঝিমুনিটা এসেছে, হঠাৎ কাঁধের উপর ঠকাস করে এসে পড়ল বাচ্চাটার মাথাটা। একটু রাগ হল ওনার। উনি বা হাত দিয়ে মাথাটা সরিয়ে দিলেন। কিছুসময় পরে আবার ঠকাস।এবারেও উনি মাথাটা সরালেন তবে বেশ জোরে। সেটা এত জোরে যে উল্টোদিকের আর একটা মাথার সাথে

বাচ্চাটার মাথা ঠুকে গেল। উঃ উঃ করে ব্যাথায় ককিয়ে উঠল সে।

পাশের যে মাথায় ঠোকা লেগেছে সে কিছু বলতে পারে। তার চোখেমুখে সেইরকম একটা ভাবান্তর লক্ষ্য করা যাচ্ছে। এসব ক্ষেত্রে আক্রমণই হচ্ছে আত্মরক্ষার শ্রেষ্ঠ উপায়। উনি গর্জে উঠলেন বাচ্চাটার উপর ওঠ। উঠে দাঁড়া। বারবার মাথায় গুঁতো দিচ্ছিস! ওঠ বলছি। বাড়ি গিয়ে ঘুমাবি। ওঠ।

একজন উঠে দাঁড়াল। তবে বাচ্চাটা নয়। সামনের সিট থেকে অন্য একজন। সে বা হাতের তর্জনি বিবেকানন্দবাবুর নাক সোজা তুলে ধরে অভব্য ভাষায় বলে উঠল— আপনে ওঠেন। এই সিট আপনের না। ও আপনেরে দয়া কইরা বসতে দিছে। আপনে দয়ার যোগ্য মানুষ না। উপকারীর উপকারের বদলায় আপনে তারেই যখন তুইল্যা দিতে চান তখন আপনে আর বসতে পারবেন না। ওঠেন। নাইলে টাইনা উঠামু।

এমনটা যে হবে ভাবতে পারেন ন বিবেকানন্দবাবু। দামী জামাকাপড় পরা লোক ধমক দেবে, গরীব গুর্বোরা চুপচাপ শুনবে এইতো নিয়ম। যা কোনদিন হয়নি ইদানিং তাই হচ্ছে। তবু মান বাঁচাতে মরিয়া চেষ্টা করলেন তিনি— আমি ডেলিকার প্যাসেঞ্জার। টিকিট কেটে আসা যাওয়া করি। ওর কী টিকিট আছে? বিনা টিকিটে যাবে, আবার সিটেও বসবে। আর আমরা টিকিট কেটে দাঁড়িয়ে যাবো!

কেডা আপনেরে কাটতে কইছে? আপনের টিকিট আপনে বাড়ি নিয়া ধুইয়া খাইয়েন। অখন ওঠেন। উইঠ্যা কথা কন।

যারা টিকিট কাটতে সক্ষম আর যারা অক্ষম, পষ্টতঃ দুই শ্রেণির যাত্রীতে এরপর শ্রেণিসংগ্রাম শুরু হয়ে যায় কামরায়। যেহেতু শতকরা সত্তরজন দরিদ্র শ্রেণির মানুষ কামরায়, তারাই জয়ী হয়। অনিচ্ছা সত্ত্বেও শেষমেষ উঠতেই হল বিবেকানন্দবাবুকে। তুলেই দিল সে।

আচারের আম নিখুঁত হতে হবে। শিল পড়া দাগি চোট খাওয়া আম বেশি দিন থাকে না। আচার পচে যায়। কোলে মার্কেটে সস্তায় পেয়ে পাঁচপাল্লা কিনেই ফেললেন রামবাবু। কিন্তু সমস্যা হল স্টেশন পর্যন্ত বয়ে নিয়ে যাবার। পঁচিশ কিলো আম বওয়া সোজা কথা তো নয়। কোলে মার্কেট থেকে মাল বয়ে নেবার জন্য ঝাঁকামুটে পাওয়া যায়। জাতমুটেরা যা মজুরি হাঁকাচ্ছে, লাভের গুড় পিঁপড়ে খেয়ে যাচ্ছে। আম আর সস্তা থাকছে না। এখন উপায়?

জ্যৈষ্ঠ মাসের দুপুর। চারদিক যেন গরমে গলে যাচ্ছে। লোকে বলে এই গরমে আম কাঁঠাল পাকে। তার আগে যে মানুষ মরে যাবে। আম কাঁঠাল খাবে কে?

পাওয়া গেছে। বিপদ উদ্ধারক একজনকে পাওয়া গেছে। একটা বাচ্চা, না ঠিক বাচ্চা নয়, বস্তা বইবার পক্ষে উপযুক্ত। বলে সে— মুটে লাগবে?

স্টেশনে দিয়ে আসবি! কত নিবি?

একটাকা দেবেন।

রামবাবু আর একটু হলে আনন্দে নেচে উঠতেন। অন্য মুটেরা যা দর হাঁকাচ্ছিল তার তিনভাগের একভাগ। এত কমে পাওয়া যাবে আশা করেন নি।

তবে চেষ্টা করতে দোষ কী! দেখা যাক না যদি আর কিছু কমে। আট আনা নিস।

ছেলেটা কড় গুনে হিসাব করে একটা পাউরুটি চল্লিশ পয়সা, আলুর দম বা ঘুগনি এক প্লেট তিরিশ পয়সা। আট আনায় তো হচ্ছে না। বলে সে— সত্তর পয়সা হলে দিয়ে আসবো।

তবে এক কাজ কর, আমার বাড়ি পর্যন্ত দিয়ে আয়। তোকে পুরো একটাকাই দেবো।

কোথায় তোমার বাড়ি?

বিদ্যাসাগর। বেশি দূর নয়, যাদবপুর স্টেশনে নেমে একটুখানি।

চলো।

নিজের বুদ্ধিতে নিজেই তৃপ্ত হলেন রামবাবু। যত কম হোক যাদবপুর থেকে রিকশায় চাপলে দু আড়াই টাকার কম কিছুতেই নিত না। হেঁটে যেতে একটু কষ্ট হবে রোদে। তা হোক। তবু দুটো পয়সা তো বাঁচানো গেল।

শিয়ালদায় আম বোঝাই বস্তাটা ঠিক মতই নিয়ে এল বাচ্চাটা ট্রেনেও তুলল ঠিকমতই। কিন্তু যাদবপুরে নেমে বস্তা মাথায় নিয়ে টলতে লাগল। গরমে না খিদেয় কে জানে। মিনিট পনেরো হাঁটবার পরই হুমড়ি খেয়ে পড়ল মাটিতে। বস্তা ফেটে আম ছড়িয়ে গেল রাস্তায়। চোট খাওয়া আমে ভালো আচার হয়না। এত কষ্ট এতগুলো পয়সা সব বেকার। ধাঁ করে মাথাটা গরম হয়ে গেল রামবাবুর। উনি সপাটে চড় কষিয়ে দিলেন বাচ্চাটার গালে। আছাড় খেয়ে উঠে দাঁড়িয়েছিল সে। চড় খেয়ে পড়ে গেল। ঠোঁট ফেটে রক্ত গড়িয়ে নামল।

বেলা দুটোর কাছাকাছি। দিনের সবচেয়ে উত্তপ্ত সময়। আকাশ যেন আগুন ঢালছে। বাসচলা রাস্তার পিচ ফুটছে টগবগ করে। পথে কোন লোকজন নেই। একটা মরাডালে বসে ডাকছে বিরক্ত কাক। একটা রাস্তার কুকুর জিভ বের করে ড্রেনের জলে বসে হাঁপাচ্ছে। একটা চা দোকানে দুপুরের টিফিন সারছে কটা মজুর। আর কিছু নেই। হঠাৎ সেই চা দোকান থেকে বেরিয়ে এল একজন। তার একহাতে একটা পেঁয়াজ অন্যহাতে পেঁয়াজকাটা চাকু। আপনে পোলাডারে মারলেন ক্যান?

রামবাবু আমতা আমতা করেন— আমার আমগুলো।

ওরে তোলেন।

তুলতে হয় না। সে আপনি ওঠে। তার ঠোঁটে রক্ত। শরীরে ঘাম। চোখে জল। মনে রাগ। মুখে গালি। হারামীর বাচ্চা আমাকে মারলি কেন?

চাকু ধরা লোকটা ধমক দেয়— চুপ। এট্যা কথা কবি না। যা মুখ ধো। চা দোকান থেকে জল এনে সে বাচ্চাটার রক্ত ধুইয়ে দেয়। রামবাবু একটা টাকা বের করে বাচ্চাটার দিকে এগিয়ে দেন— নে, যা কথা ছিল দিলাম। আর তো যেতে হবে না। আমি রিকশা করে চলে যাবো।

পেঁয়াজ কাটা লোকটা টাকাটা হাত বাড়িয়ে নিয়ে চা দোকানদারের দিকে এগিয়ে দেয়। দুধ রুটি দেও। তারপর রামবাবুর দিকে তাকিয়ে বলে— আপনে অরে মারলেন ক্যান?

আমার বস্তাটা। আমগুলো।

আপনের আমের সোগা মারি। আপনের সোগা মারি। মারলেন ক্যান অরে?

চা দোকানদার ঝগড়ার মাঝে এগিয়ে আসে— মাথা করো নি।

আপনে পোলাডারে পাচ টেকা দিয়ে দ্যান। মারার জইন্য জরিমানা। দিয়া দেন।

পাঁচ টাকা! জুলুম নাকি?

চাকু হাতে পেঁয়াজকাটা লোকটার গলায় ঘাতক আওয়াজ— আমি কইতে আছি, ভালো চান তো দিয়া দেন। নাইলে এইডা কী দেখতে আছেন? গলার নলিতে চালাইয়া দিমু।

তার গলার শব্দে চা দোকানদারও কেঁপে যায়। বলে, দিয়ে দেন, দিয়ে দেন, বিপদ ঘটবে না। দিয়ে দেন।

তার বলার মধ্যে এমন এক অনুনয় আশঙ্কা মঙ্গল কামনা ছিল যা অমান্য করবার সাহস পান না রামবাবু। পাঁচটাকা বের করে দেন। আমের আচার আর হবে না। অকারণে গচ্ছা গেল কষ্টের টাকা।

বন্দেল গেট থেকে টানারিকশায় উঠলেন মথুরবাবু। স্টোনচিপের ব্যবসা তার। ওয়াগন ভরে কেনেন, ট্রাক ভরে বেচেন। অনেক কটা ট্রাক আছে ওনার। তবে মোটরকার নেই। কিনবেনও না কোনদিন। ধুতি ফতুয়া কোলাপুরি আর রিকশা এতেই জীবন কাটিয়ে দেবেন। আর হ্যাঁ, কথাও বলবেন একদম মাতৃভাষায় সেই পদ্মাপাড়ের টানে। রেলগেটের রিকশাওয়ালারা সবাই তাকে ভালমত চেনে। খচ্চরগুলো কেন কে জানে তাকে সওয়ারি নিতে চায় না। বাধ্য হয়ে রিকশায় চড়েন কিছুটা হেঁটে এগিয়ে। পথচলা কোন কাউকে ধরে। তবে আজকের রিকশাওয়ালাটা মোটেই মনোমত হয় নি। যেন কোন বুড়ো ঘোড়া। একটু কুঁজো, আধমরা এই রিকশাওয়ালার নির্ঘাৎ টিবি আছে। দু'পা দৌড়েই হাঁপিয়ে গেছে। এখন যে গতিতে রিকশা টানছে এর চেয়ে হেঁটে গেলে তাড়াতাড়ি যাওয়া যেত। ঘড়ির দিকে তাকালেন তিনি। সাতটা দশ। আটটার মধ্যে মুদিয়ালি লেনে পৌঁছাতে না পারলে দরকারী কাজটা হবে না। তাড়া দিলেন তিনি— জোরে টান রে মাউরা।

মুদিয়ালিতে আটটার আগে পৌঁছে গেলেন। তবে কাজটা সারতে সারতে ন'টা পাঁচ। টাকাপয়সার লেনদেন। সময় তো একটু লাগবেই। সেখান থেকে গেলেন কে.পি.রায় লেন। তারপর এলেন যাদবপুর। ঘড়ি দেখলেন দশটা বাইশ। যাক দেরী হয়নি। যাদবপুর মোড়ে রিকশা থামাতে বললেন তিনি। তারপর গুনে গুনে আটটা টাকা বের করলেন ফতুয়ার পকেট থেকে। কী ভেবে যেন আরও আটআনা খুচরো নিলেন তার সাথে। সম্ভবতঃ ওটা বকশিস। এরপর সেগুলো বাড়িয়ে ধরলেন রিকশাওয়ালার দিকে— এই নে রে।

ময়লা গামছা দিয়ে গলা কপালের ঘাম মুছে বলে রিকশাওয়ালা কিতনা দিয়া বাবুসাব?

গুইন্যা দেখ। কোম দিই নাই।

কম হ্যায়। আপ বিশ রুপিয়া দিজে।

দশ না, বারো না, এক লাফে বিশ। ছাতুখোর হালার মাউরা কয় কী! মগের মুল্লুক বিহার নাকি এইডা! এই নে। আরও দেড়টাকা যোগ করে পুরো

দশ করলেন তিনি— আর দিমু না।

রিকশাওয়ালা বা হাতে টাকাটা নিল বটে, কিন্তু সরে দাঁড়াল না। সে না সরলে রিকশা থেকে নামা যাচ্ছে না। তার ভাবভঙ্গি যেন রেলস্টেশনের গেট কিপারের মত। ডানহাত বাড়িয়ে দিল সে— আউর দিজে।

কইলাম তো আর হবে না।

আপ হামকো ভিখ নেহী দে রহা। মেহনত কিয়া, উসকা কিমত মাঙ্গ রহা— আউর দশ রুপিয়া দিজে।

এই হালার মাউরা বুন্দেল গেট থিকা যাদবপুর কত ভাড়া?

গালি মাত দো বাবু ঠিকসে বাত করো। আপ হিয়া সে হুয়া হুয়া সে হিয়া তিন ঘণ্টা চক্কর লাগায়। আউর ভাড়া দে রহা সিধা। ফিন গালি বকতে হো। ক্যা হারামকা গাড়ি হ্যায়। খিচনেমে মেহনত নেহি লাগতা? যো ফোকটমে চড়কে চলা আয়া।

বেশি বেশি বলছে তো মাউরা! মথুরবাবু ভদ্রলোক। কেউ সেই সার্টিফিকেট দিতে ইতস্তত করবেন না। নাদুস গতর। পকেটে পিনমারা টাকার বান্ডিল। উনি রিকশা চালান না। রিকশা চড়েন। চড়ার মত দম রাখেন। ভদ্রলোক হতে গেলে আর কী গুণ দরকার? ভদ্রলোককে এক রিকশাওয়ালা যা তা বলছে। রাগ অতি স্বাভাবিক। উনি রাগলেন। রাগ হলে কারও মাথা ঠিক থাকে না। ওনারও থাকলো না। রিকশায় বসেই কোলাপুরি চটিশুদ্ধ গোটা পা খানা তুলে আনলেন রিশাওয়ালার মুখের কাছে— বেশি কথা কবি তো লাথ্যি মাইরা মুক ভাইঙ্গা দিমু। হালার মাউরা বিহার থিকা আইয়া বেশি চালাক হইয়া গেছোস।

গালিবালি মাৎ দো বাবু। পয়সা দো।

পয়সা? তর কপালে আছে লাথ্যি। আবার পা— টা নিয়ে গেলেন রিকশাওয়ালার মুখের কাছে। মুখ আর পায়ের দূরত্ব পাঁচ ইঞ্চির মত। আপ কেইসে ভদ্দর আদমি! পয়সা নেহি তো কিউ বইঠা রেকশামে? লাথ উঠাতে হো। লে যাও এ দশ রুপিয়া। আপনা বাচ্চাকো মিঠাই খরিদ দেনা। আউর চাহি তো বোলো। দো রুপিয়া ভিখ দে দেতে হ্যায়।

আবারও পা তুললেন মথুরবাবু। আবার সেই পাঁচইঞ্চির দূরে পা থামালেন। নিজের ভিতরকার দন্দ্বে নিজেই দীর্ণ। বুঝে উঠতে পারছে না পাঁচইঞ্চির দূরত্ব অতিক্রম করে যাবেন কি না! এ্যাক লাথি মাইরা মুখ থেতলাইয়া দিমু। যত বড় মুখ না তত বড় কথা! সর, সর সামনে থিখা। কইতাছি সর।

পা মথুরবাবুর তোলাই ছিল। শুনলেন কার যেন গলা— আপনে যদি এ্যাক বাপের পোলা হন, মারেন দেখি। মাইরা কথা কন!

হিন্দি তো নয়! পরিষ্কার পদ্মপাড়ের ভাষা। মথুরবাবুকে বিস্মিত করে ঝগড়ায় অনুপ্রবেশ করে এক অবাঞ্ছিত চরিত্র। রাস্তার পাশে ফুটপাত। ফুটপাতে সেলুন। পাছায় ইট দিয়ে বসে চুল কাটছিল চরিত্রটি। গলায় কাপড় জড়ানো। কাপড়ের নিচে ঢাকা পড়া হাতে ধারালো ক্ষুর। সোজা সেই অবস্থায় মথুরবাবুর মুখোমুখি— তখন থিকা বারবার আপনে অর মুখের কাছে পাও নিয়া যাইতে আছেন। পাইছেনটা কী? এইডা কী মগের মুল্লুক নাকি! যা ইচ্ছা তা কইরা যাইবেন! বিহার থিকা খাটতে আইছে। চুরি করতে আসে নাই। কী দোষ করছে

আইয়া? আপনে যে পাকিস্তান দিয়া আইছেন। ক্যান আইছেন?

আশ্চর্য হন মথুরবাবু। একদেশের লোক হয়ে কেউ এমন বিরুদ্ধতা করতে পারে, জানা ছিল না। চুপসে যেতে যেতে বলেন তিনি— অর আর আমার ব্যাপার। মাঝখানে তুই কথা কওনের কেডা!

আমি যেই হই, আপনে অরে মাইরা কোথা কন। কই মারেন।

এমন বিশ্রী সমস্যায় পড়তে হবে মথুরবাবু ভাবতে পারেন নি। তবে পরিত্রাণের পথও বলে দেয়— হয় মরেন, নয় ও যা চাইতে আছে সেই ভাড়া দিয়ে দ্যান।

চরিত্রটা এখন আর একা নয়। তার পিছনে একটা ভিড়। তারাও গলা ফাটাচ্ছে— দিতে হবে বিশ টাকা।

এই নে! কুড়ি টাকার একটা লাল নোট বের করে দিলেন তিনি। সাথে তর্জনী— চিনে রাখলাম তোকে। আর কোন দিন তর রিকশায় উঠুম না। এই ধমকিতে রিকশাওয়ালার কোন প্রতিক্রিয়া হল কী না বোঝা গেল না।

দক্ষিণবঙ্গের মানচিত্রে বারুইপুর শহরের একটা অতি বিশিষ্ট স্থান আছে। রেলস্টেশন থেকে দক্ষিণদিকের রাস্তায় বাইরে বের হলে একটা খেলার মাঠ। এই মাঠে বছরের নানাসময় পূজোজলসা জনসভা হয়। মাঠের সামনে থেকে একটা রাস্তা থানার পিছনে পাক খেয়ে বিখ্যাত ফলেরবাজার কাছারিবাজারে এসে পৌঁছেছে। বাজারের সামনের রাস্তায় বাস চলে।

মাঠের রাস্তার পাশে অনেকগুলো বড় বড় ছায়াওয়ালা গাছ। তার নিচে বস্তা বিছিয়ে পাল্লা নিয়ে বসে আছে আট দশজন করে। এরা পাইকারি গম কেনে। সেই গম ভাঙ্গিয়ে আটা বানিয়ে বেচে। গ্রামবাংলায় এখন ভাতের বড় আকাল। অভাবি মানুষ সেই আটা খায়।

রোজ সকালবেলা ট্রেনে ভরে গ্রাম থেকে বহু মেয়েছেলে শহরে বাসন মাজাতে যায়, তেমন কেউ কেউ ব্যবসা করতেও যায়। এই সব ব্যবসায়ি মেয়েদের একদল ধর্না দেয় শহরের রেশন দোকানে। যখনই কোন কার্ডধারী কার্ডের গম না তুলে ছেড়ে দেয়, এরা কাকুতি মিনতি জানায়— বাবুগো সেই যখন ছেড়ে দিচ্ছো, আবনার গোমটা আমারে দেও। এতে বাবুর কোন লোকসান নেই আছে দানের মহানতা। বিশেষ করে দাম যখন মেয়েটাই দেবে। তারা প্রায় সবাই দিয়ে দেয়। ওরা সেই গম এনে ফড়েদের কাছে বেচে। কিলো প্রতি আট আনা লাভ করে।

প্রচণ্ড গরম। লুঙ্গি টি— শার্ট পড়া একজন যুবক ট্রেনে থেকে নেমে এসে এইখানে একটা গাছের ছায়ায় দাঁড়ায়। মাথার উপর থেকে সামান্য পশ্চিমে হেলে পড়া সূর্যের শরীর থেকে যেন গলে পড়ছে আগুন। মাটি থেকে ছুটছে বাসুকি নাগের গরম নিশ্বাস। যুবক চারদিকে উদাস চোখ বোলায়। গরমের কারণে পথে বিশেষ লোকজন নেই। ট্রেন থামার সময় যারা নেমেছিল সাব সরে গেছে। কয়েকটা গরু রেলিংয়ের ধারে গাছের ছায়ায় বসে ক্লান্ত জাবর কাটছে। সে একটা বন্ধ দোকান দেখতে পেয়ে তার বেঞ্চিতে গিয়ে বসে। দৃষ্টি রাখে সামনের দিকে। একটা লোক আসবে এখানে। তারই জন্য অপেক্ষা।

হঠাৎ তার চোখ যায় একটা মেয়েছেলের দিকে। মাথায় একটা ভারী বস্তা।

কাখে একটা ছোট বাচ্চা। কেন কে জানে সেদিক থেকে চোখ ফেরাতে পারে না। দেখে, মেয়ে ছেলেটার চোখের কোনে পিঁচুটি। অসম্ভব কালো আর অসম্ভব রোগা। গড়ন একটু লম্বাটে বলে রুগ্নতাটা বড় প্রকট। যেন ডাল পালাহীন তালগাছ। যার গলায় ঝুলছে মাটির ভাঁড়। তার ধুলি মাটি আকীর্ণ অবয়বে যেন লেগে আছে শতাব্দীর নৈরাশ্য। মুখ দেখে মনে হয় জন্মাবধি কোন হেসে ওঠবার আনন্দিত হবার অবকাশ পায় নি। জীবনের আনাচ কানাচ জুড়ে থম মেরে আছে এক সাগর কান্না। যাতে যে কোন সময় সুপার সাইক্লোন শুরু হতে পারে। সারা শরীরকে তার অজগরের মত আঁকড়ে আছে দুঃখ দারিদ্র কষ্ট ক্লান্তির অজস্র বাঁধন।

এইসব মানুষ দেখলে মনে হয় সেই তিরিশ লক্ষ প্রান বিনষ্টকারী পঞ্চাশের জমান্তর আজও বুঝি শেষ হয় নি। কবে যে শেষ হবে তা কেউ জানে না। মেয়েছেলেটা যেন একা, আবিশ্বের তাবত বুভুক্ষু সন্তানের মায়ের যন্ত্রণা কোলে করে বয়ে নিয়ে চলেছে। বাচ্চাটা মাঝে মাঝে নড়ে উঠছে তাতেই বোঝা যাচ্ছে এখনও বেঁচে আছে। না হলে নেতিয়ে পড়া জীর্ণ হাড়ের কাঠামো দেখে একটা শিশুর কংকাল বলে মনে হয়।

মাথায় বস্তায় গম আছে। মেয়েছেলেটা বয়ে আনা গমের বস্তাটা এক ফড়ের গম গাদার সামনে ফেলে শ্রম জনিত কষ্টে হাঁপায়। তখনই কোলের বাচ্চা কঁকিয়ে ওঠে— এ মা, উটি দে, উটি দেনা মা। মা, এমা উটি দে.....।

মেয়েছেলেটার শুকনো খসখসে ঠোঁট চোখ বোঝাই জল শ্বাস টানার সময়ে রোগা বুকটার ওঠানামা, আর ভারবাহী পশুর মতো নিজের শরীর বয়ে নিতে হাঁপিয়ে ওঠা সব মিলিয়ে দৃশ্যপট বড়ই করুণ। সে তার দুর্ব্বল গলায় শিশুকে সান্ত্বনা দেয়— এট্যু চুপ যা বাপ! গোমটা মেপে দিয়েই তোরে খেতি দেবো।

আশি সুতোর চেক লুঙ্গি পড়া ফড়ের গলায় চার কোনা রুপোর মাদুলি। গালে দাড়ি মুখে পান চেহারায় ধূর্ততা। সে হাতপাল্লায় গম মাপতে শুরু করে দেয়। এই লাভ, লাভে লাভ। লাভে লাভ। লাভে দুই। লাভে দুই। লাভে তিন। তিনে তিন....। হঠাৎ দেখতে পায় যুবক, ফড়ের পাল্লার আংটাটা উল্টো দিকে আটকানো। এটা মাল মাপবার সঠিক পদ্ধতি নয়। এভাবে ফড়ে প্রতি বারের মাপে বাটখারার চেয়ে দু আড়াইশো বেশি গম নিয়ে নিচ্ছে। এই পদ্ধতির সোজা অর্থ চুরি। হলও তাই, পঁচিশ কিলো গম মাপার কেরামতিতে কুড়ি কিলো হয়ে গেল।

চালাক ফড়ে প্রতিবার গম মেপে উল্টে দিয়েছে তার গমের স্তুপে। দ্বিতীয়বার মাপবার আর কোন উপায় রাখেনি। গম মাপা শেষ করে সে সফল একটা পরিতৃপ্ত হাসি হেসে পাশের ফড়ের দিকে তাকালো। পাশের ফড়ে হেসে বাঁ চোখ টিপলো— চা বল!

যখন সেই দুঃখ পীড়িত মহিলা হাত থেকে গমের দাম নিল সে যেন তখন আর জীবিত কোন মানুষ নয়। এক প্রাণহীন পোড়া মাটির পুতুল। যাকে চূর্ণ বিচূর্ণ বিদ্ধস্ত বিলুপ্ত করে ফেলার এক গোপন ষড়যন্ত্র রচিত হয়ে গেছে দক্ষ হাতের কারিকুরিতে— এ কী হল! এ কী হয়ে গেল! কেমন করে হল। পঁচিশ কিলো গম কেনা পঞ্চাশ টাকায়। বিক্রি করে সাড়ে বাষট্টি টাকা। হিসেব মত

সাড়ে বারো টাকা লাভ। মা ছেলের রুটি মুড়ি খেতে লাগবে তিনটাকা। থাকবে সাড়ে ন'টাকা। যা দিয়ে বাড়ির সবার ভাত আর কলমিশাকের ঝোল হয়ে যাবার কথা। এখন যে পুঁজি থেকেই একটাকা কম পড়ে যাচ্ছে। যে টাকাটা, গ্যাঁট থেকে সকালে খেয়েছিল।

টাকা কটা হাতে করে সে কেমন ফ্যাল ফ্যাল করে চারিদিকে তাকায়। বোধ লুপ্ত সর্বস্ব হারানো শূন্যতা উঠেছে তার চোখে মুখে সারা শরীরে। কোলের বাচ্চাটা তখনও ঘ্যান ঘ্যান করে চলেছে– এ মা উটি দে। কোন শব্দই মায়ের কানে যাচ্ছে না। বজ্রাহত বৃক্ষের মত সে দাঁড়িয়ে আছে। রৌদ্র দগ্ধ ধূলিকীর্ণ বাতাসে উড়িয়ে নিয়ে গেছে তার বুকের আশা ভরসা, বিশ্বাস, নিঃশ্বাস।

ঘরে তার সাতমাস রোগে শয্যাশায়ী স্বামী। খেজুর গাছ থেকে পা পিছলে পা ভেঙে বিছানায়। এক মাস রোজগেরে পড়ে গেলে দিন আনি দিন খাই সংসারে উনুন জ্বলেনা। অনেক দিনের অরন্ধনের পর কাল স্বামীকে বলেছিল বউ– হ্যাগা, তুমি জেদি মত দেও তো আমি এট্যা ব্যবসা পত্তর করি।

তুই করবি ব্যবসা! স্বামীর গলায় অবিশ্বাস– তুই পারবি নে। পাচে পাচ জনায় ঠইকে নেবে। ব্যবসা অত সোজা জিনিস না।

অমন কোরো নি। দেখো আমি ঠিক পারবো। মানুষ চেষ্টা করলি সব পারে। ওই দেখো না সুরোবালা। ভাতার ছেড়ে দেছে, তেবু চারটে বাচ্চা নে সোংসার ঠিক চেলিয়ে নেচ্ছে।

তা তুই কীসের ব্যবসা করবি করবি শুনি?

সুরো যা করে। ওতি কোন ঝামেলা নি। রেশন দোকান থে মেপে নে আসবো। ফড়ের মেপে দে দেবো। কিলোতে আটআনা। যা পাঁচ দশ লাভ হবে কোন মতে দুটো চালের ভাত হলি আর কী! ছাবালডার কষ্ট আর চোখি দেখা যায় নে। বলো করবো?

ব্যবসা করতি পুঁজি লাগে। কোন থে পুঁজি পাবি?

সুরো দেবে। আমার নাকের নথ খানা বন্ধক নেবে। পঞ্চাশ টেকায় মাসে পাঁচ টেকা সুদ। ছয় মাসে ছাড়াতি না পারলি আর দেবে না। ছয় মাসে কী পঞ্চাশ টেকা জোগাড় হবে নে? ঠিক হবে।

নাকের নথ খেনার কত দাম জানিস। আড়াইশো টাকা। বাবা কিনে দেছালো মা'রে।

বেচতিছি নাকি! বন্ধক তো। ঠিক ছেড়িয়ে নেবো।

এখন যেন তার সব অবলম্বন হাতের ফাঁক গলে ধূলোয় পড়ে যাচ্ছে। সেই ভগ্ন চূর্ণ মানবী কাঠামোয় এতক্ষণে যেন সামান্য প্রাণের লক্ষণ ফিরে আসে। টাকা কটা আবার গোনে সে, তারপর হাহাকারে ফেটে পড়ে– খি তোমরা মাপলে গো দা। এ্যতো কোম খি করে হয়! আমি গুনে মেপে এনিচি।

যেন বহুদুর পাহাড় চূড়া থেকে কিংবা কোন পাতালতল ভেসে আসছে কোন আর্ত মানবীর আকুলস্বর। ফড়ে সেদিকে কান দেবার প্রয়োজন বোধ করল না। নির্মোহ উদাসীনতায় লাইটার জ্বালিয়ে বিড়ি ধরিয়ে ধোঁয়া ছেড়ে পাশের ফড়েকে বলে– লাইট শোতে যাবি নাকি শো হাউসি? মমতাজের বই লেগেছে।

মেয়েছেলেটার গলায় আবার বেজে উঠল সেই তীব্র আকুতি ও দাদা গো! আমি বড় গরীব। আমারে ঠইকো না। ভগমান তোমারে ভালো করবে। আমার বাছাটারে দেখো। সকল থিকে কিছু খায় নে।

ফড়ে বিড়ির ধোয়া ছেড়ে যে বিরক্তিতে লোকে ভিখিরির দিকে তাকায় সেই ভাবে বলে— তোমার চোখির সামনেই তো মেপে নেলাম। তুমিও গুনেছো, আমিও গুনেছি। তেখন কী চোখির মাথা খেয়ে বসে ছেলে! প্যান প্যান না করে এখন যাও দিকিন। মাথা গরম করে দিও নি।

যুবক ফড়েকে দেখে। গরীব। এমন কোন বিশাল বিত্তবান নয়। চেহারায় প্রমাণ দিচ্ছে উচ্চকুলেরও নয়। সেই লোক ঠকাচ্ছে তারই মত আর এক দুঃখীকে। তবে কী শঠ জোচ্চর ঠক বজ্জাত একমাত্র ধনবান উঁচুজাত মানুষের রোগ নয়! মেয়েছেলেটা তখনও বিনয় করে যাচ্ছে— আমার পচিস কিলো গম ছেলো গো দাদা। বিশ্বেশ করো।

এবার ফড়ে খেপে ওঠে— তুমি যাবে! নালি কিন্তু ধাক্কা মেরে সরিয়ে দেবো। কারে তুমি কী বলতে ছো? তোমারে ঠইকে নিছি? ওরম পয়সায় আমি পেস্তাপ ফিরি।

আর সহ্য করতে পারে না যুবক। বেঞ্চি থেকে উঠে দাঁড়িয়ে লুঙ্গিটাকে দু ভাঁজ করে সে এগিয়ে আসে— এ্যাই ভাই, ক্যান মাইয়া মানুষডারে ঠকাইতে আছোস! গরীব মানুষ হইয়া আর এক গরীবের কেন কান্দাস! দিয়া দে অর উচিৎ দামটা।

ফড়ে একা নয়। এক ব্যবসায় আট দশ জন। তারা বিপন্ন সময়ে একে অপরের পাশে দাঁড়াতে প্রতিশ্রুত। সেই সাহসে বলে ফড়ে— ঠিক দামই দিয়েছি।

না দেস নাই। আমি তর পাল্লার মাপ ওইখানে বইসা দেখছি। দিয়া দে অরে আর সাড়ে বারোটাকা।

ফড়ে বসে বসে এবার গর্জে ওঠে— তুই কে রে! যাঃ বেশি ফোঁপড় দালালি দেখাতি আসবি নে। যেখেন যে এয়েছিস সেখেনে গে বসে পড় নালি ভালে হবে না।

যুবকের গলার স্বর কড়কড়ে হয়ে যায়— বলতাছি দিয়া দে। মেয়েছেলেটার ছল ছল চোখে কৃতজ্ঞতা— দা— রে। আর জন্মে নির্ঘাৎ তুই আমার ভাই ছিলি।

ফড়ে এবার বেসামাল হয়ে বলে— মাগি দেখে সাপোট করতি এয়েচে। আমাগার বেপারে কথা বলার তুই কে! ভালো চাস তো হটে পড়। নালি এমন মার দেবো— । সে তার বাক্য সম্পূর্ণ করার সুযোগ পেল না। তার আগে পাল্লার উপর রাখা একটা বাটখারা সজোরে আঘাত করল কানের নিচের সেই বিশাল আয়ত ক্ষেত্রে। যেখানে মাঝারি মাপের একটা ঘুষিতে প্রাণ পাখি উড়ে যেতে পারে। আঘাত খেয়ে গমওয়ালা গড়িয়ে পড়ল সেই স্তুপাকার গমের উপর। গলগল করে রক্তের ধারা নামলো। ভেসে যেতে লাগল তার অবৈধ উপার্জন।

আর এখানে থাকা চলে না। থানা মাত্র দুশো গজ দূরে। ঘটনার আকস্মিকতা কাটিয়ে দলবদ্ধ ফড়েরা পাল্টা আঘাতের প্রস্তুতি নিচ্ছে। যুবক ছুটলো সামনের দিকে। রেল লাইন, পাকা রাস্তা ঘর বাড়ি দোর দালান পেরিয়ে এসেও মনে হল

দৌড় থামানো চলবে না।

কিন্তু সে জানতো না এই দৌড় তাকে একদিন জেলখানার কালো কুঠুরিতে নিয়ে ফেলবে। নিয়ে যাবে বধ্যভুমিতে, পোস্টমর্টেম টেবিলে এবং বেওয়ারিশ লাশের গাদায়।

৪.

মহাপ্রস্থান

রামকৃষ্ণপুর কলোনির একেবারে শেষ মাথায় একটা পাকা বাড়ি আছে। যার পশ্চিম দিকে জল নিকাশি সেই বড় ড্রেনের ওপাড়ে টিবি হাসপাতাল। উত্তর দিকে কিছুটা ফাঁকা জায়গা তারপর সুইপার কোয়ার্টার পেরিয়ে লোহার পাড়া। এইখানে একটা পাকা বাড়ি আছে। সুরক্ষার জন্য বাড়িতে লাইসেন্স বন্দুক আছে। বাড়ির চারদিকে উঁচু পাঁচিল আছে। এই জায়গাটার আগে মালিক ছিলো মাটি কামড়ে পড়ে থাকা এক মুসলমান। যে ছেষট্টির দাঙ্গার সময়ে পঁচিশ হাজার টাকা এবং নিরাপদে ট্রেনে তুলে দেবার শর্তে জায়গাটা ভাদুড়িদের কাছে বিক্রি করেছিল।

ভাদুড়িরা রিফিউজি নয়। তারা উত্তর চব্বিশ পরগণার কোন এক অঞ্চলের লোক। যেখানে তাদের বেশ কিছু জমি জায়গা আছে। এই রকম জোত মালিককে জোতদার বলে। জোতদার শব্দটা এ সময়ে পুলিশ উকিল দালাল এইরকম একটা ঘৃণা উদ্রেককারী শব্দ। জোত জমি থাকা কোন অপরাধ নয়, কিন্তু সেই জোত জমি সংগ্রহের যে পদ্ধতি, এবং সেই জোত জমির কারণে যে মানসিক পরিবর্তন সেটা খুবই খারাপ। গ্রামের মানুষরা তাকে আপনজন মনে করে না।

ভাদুড়িরা মোটামুটি পড়াশোনা জানা লোক। তারা সোভিয়েত রাশিয়ার, চিনের বৈপ্লবিক কর্মকাণ্ডের কথা জানে। এ দেশের তেভাগার আন্দোলন দেখেছে। এই সব কারণে ষাটের দশকেই গ্রামের মানুষের বদলাতে থাকা আচরণ দেখে ধারণা হয়ে গিয়েছিল নিকট ভবিষ্যৎতে এ দেশে এমন একটা কিছু হয়ে গেলেও যেতে পারে। তখন গ্রামে বাস করা খুবই কঠিন ব্যাপার হবে। তাই তাই তারা শহরে আসার কথা ভাবে। কিন্তু সেই পরিমাণ নগদ টাকা তাদের ছিলো না যে মধ্য কলকাতায় জমি কিনে বাড়ি করে। সে কারণে

বেছে নেয় দক্ষিণ কলকাতা, এখানে তখন পূর্ববঙ্গের ভদ্রলোকরা এসে বসবাস করায় শিক্ষা সংস্কৃতি আর্থ সামাজিক পরিমণ্ডল যথেষ্ট উন্নত হয় গেছে। স্টেশন থেকে যে রাস্তাটা বাস মোড়ে গেছে তার দান পাশে যাদবপুর বিশ্ববিদ্যালয়। তার পশ্চিম দিকে থানা। সুরক্ষার জন্য জায়গাটা পছন্দ হয়ে যায় তাদের এবং কিনে নেয়।

বিখ্যাত লেখক যাযাবর বলেছেন বাঙ্গালীরা যেখানে যায় সবার আগে একটা কালী মন্দির গড়ে। ভাদুড়িদের বাড়ির ডান দিকে জল নিকাশি বড় ড্রেনের পাশে এখানেও একটা কালি মন্দির আছে। বিকেল বেলায় এখানে এ পাড়ার কটা ছেলে আড্ডা মারে। এদের এক জনের নাম স্বপন। স্বপন রামকৃষ্ণপুর এবং শ্যামনগর দু'পাড়ার মধ্যে সব চেয়ে দুরন্ত বেপরোয়া সাহসী ছেলে। চৌদ্দ থেকে আঠারো এইসব তরুণদের সে হিরো। সে যদি কোন কাজে একবার ঝাঁপায় সফল না করে দম নেবে না। মাত্র উনিশ কুড়ি বছর বয়েস। সেই বয়েসে সে এই অঞ্চলে সব চেয়ে বড় জলসা করে সবাইকে চমকে দিয়েছিল। যাতে বিনা পয়সায় গান গেয়েছিলেন বনশ্রী সেনগুপ্ত আর নেচে ছিলেন দুই বোন রুমকি আর চুমকি। কার সাথে না স্বপ্নের চেনা জানা ছিলো। সুরজিৎ সমাজপতি থেকে জুনিয়র পি সি সরকার সবাই তাকে ভালবাসত।

কেন কে জানে স্বপন, জীবনকে পছন্দ করতো। ওরা দু'জন সেই কালীমন্দিরের সামনে ভাদুড়িদের দেওয়ালের কাছে কখনো কখনো বসে গল্প করতো। সেই গল্প বাসরে যোগ দিতো সতীন্দ্র নামের আর একটা ছেলে। সে সেই বয়সেই একটা দু'ফর্মার পত্রিকা বের করে ফেলেছিলো। যার প্রথম সংখ্যার পরে আর কোন সংখ্যা বের হয় নি।

তখন সারা শহর কলকাতা 'নকশাল বাড়ির লাল আগুনে' দাউ দাউ করে জ্বলছে। সিপিএম নকশালে তুমুল বোমাবাজি হচ্ছে। লাশও পড়ছে একটা দুটো। কারা যেন দেওয়ালে দেওয়ালে মাও সে তুংয়ের ছবি আঁকছে। সেই সময় একদিন আড্ডায় বলে জীবন— আমি আসল নকশাল দেখছি। আসল নকশাল! সতীন্দ্র অবাক জিজ্ঞাসার জবাবে বলে জীবন— হ' এক্কারে আসল। যাগো পুলিশ খোদ নকশালবাড়ি থিকা ধইরা শিলিগুড়ি কোর্টে আনছিলো।

তখন দেওয়ালে দেওয়ালে লেখা হচ্ছে কানু জঙ্গল ছুটে গা, জেলকা তালা ছুটে গা। এরা এক পাট ক্ষেতের মধ্যে থেকে পুলিশের হাতে ধরা পড়েছিল। জীবন কী এদের কথা বলেছে?

জীবন বলে নাম নুম জানি না। তয় যেদিন তাগো কোর্টে আনছিলো কয় শো যে পুলিশ ঘিইরা ধরছিল, বাপরে! কাউরে ধারে কাছে যাইতে দেয় নাই। যখন ভ্যান থিকা লামাইয়া কোর্টের মইধ্যে নিয়া যাইতে আছিলো এ্যাকবার দেখছি।

কথায় কথায় জীবন তার বিনা পয়সায় ভারত ভ্রমনের অপমানিত হবার অংশগুলো বাদ দিয়ে সবটা বলে দেয়। গল্পে গল্পে বেলা বেড়ে যায়। এবার সতীন্দ্র যাবে ইস্কুলে। তখন তার উচ্চ মাধ্যমিক পাশের প্রস্তুতি চলছে। আর স্বপন যাবে পাল পাড়ায় তার বাবার দোকানে গিয়ে বসতে। দুপুরটা খুব খদ্দের বেড়ে যায়। একা বাবার পক্ষে সামলানো কঠিন হয়।

সতীন্দ্র ওরফে সতী একটু একটু এগিয়ে গেছে। স্বপন যাবার জন্য উঠলো। ওর সামনে পড়ে ছিলো একাট পোড়া কাঠ কয়লার টুকরো। সম্ভবত কালী মন্দিরে যে হোম যজ্ঞ হয়েছিল গত অমাবস্যার রাতে, সেই কাঠ কয়লা। কি ভেবে কি জানে সে সেই টুকরোটা হাতে তুলে নিয়ে গিয়ে দাঁড়ালো ভাদুড়িদের সেই দেওয়ালের সামনে। সাদা চুনকাম করা লম্বা দেওয়াল। যার এক কোণে লেখা আছে ভুষিকালির গোটা গোটা চারটে ইংরাজী অক্ষর সি. পি. আই. এম.। এটা দেওয়াল দখল করে রাখার আধুনিক পদ্ধতি। এখন এই দেওয়াল আর অন্য কোন দল অধিকার নিতে পারবে না। যারা আগে দখল নিয়েছে চিরকাল তাদের দখলে থাকবে। মিছিল মিটিং নির্বাচন, যখন তাদের ইচ্ছা হবে তখন এখানে তারা তাদের বক্তব্য লিখবে। স্বপন সেই দেওয়ালে সেই এম অক্ষরের পাশে কাঠ কয়লার টুকরোটা দিয়ে একটা ‘এল’ বসিয়ে দিল।

একটা ‘এল’, একটা কাঠ কয়লার আঁচড় একটা অক্ষর। কেউ জানতো না সেই সামান্য আঁচড় কি ভীষণ বিপদ নিয়ে আসছে। জীবন তো আরোই জানতো না। সে তো তার মাতৃভাষা বাংলাই লিখতে পড়তে জানে না। ‘ক’ অক্ষরের পরে সারা জীবনে আর একটাও অক্ষর লেখা হয়ে ওঠেনি। আর এতো ইংরেজি। সাগরপারের ভাষা। এই একটা অক্ষর বসে যাবার ফলে গোটা দেওয়ালটা ভারতীয় কমুনিষ্ট পার্টি মার্কসবাদীদের কবল থেকে তাদের ঘোর শত্রু নকশালদের দখলে চলে গেছে। এর অর্থ লোহার পাড়া টিবি হাসপাতাল চিত্তরঞ্জন কলোনি মিস্ত্রি পাড়া রামকৃষ্ণপুর আনন্দপল্লী সিপিএমের এই সব দুর্ভেদ্য দুর্গের মধ্যে ওরা আছে। এবং এত সাহস নিয়ে আছে যে, তারা যে আছে তা দেওয়ালে লিখে জানিয়ে দেবার মত ক্ষমতাও রাখে। এ সময়ের একটা বহুল প্রচারিত শ্লোগান স্ফুলিঙ্গ থেকে দাবানল সৃষ্টি হয়। কে বলতে পারে এই স্ফুলিঙ্গ থেকে দাবানল সৃষ্টি হবে না?

রামকৃষ্ণপুরের এক পাশে বড় রাস্তার ধারে একটা কালি তৈরির কারখানা। বারোশো শ্রমিক এখানে কাজ করে। এই কারখানার কর্মী এবং শ্রমিক ইউনিয়নের নেতা দেবেশ সেন। সে রামকৃষ্ণপুরেই থাকে। কি এক দরকারে সে পথে যেতে যেতে স্বপনকে গভীর নিষ্ঠা সহকারে দেওয়ালে শিল্প করতে দেখে নেয়। কিন্তু সে কোন বাধা দেয় না। সেটা তার কাজ নয়। সে সব করার জন্য অন্য লোক আছে। পার্টির একজন একনিষ্ঠ কর্মীর যা করা কর্তব্য সে তা করে। তৎক্ষনাৎ রামকৃষ্ণপুর সি ব্লকের পার্টি অফিসে খবরটা পৌঁছে দেয়।

তখন পার্টি অফিসে এত লোক জন ছিলে না যে নকশাল নামক আগুনখোর একদল ছেলেদের যাদের কাছে মারণাস্ত্র থাকা অসম্ভব নয়, তাদের তাড়া করে ধরে ফেলে গন আদালতের বিচারের সামনে হাজির করে। সেটা স্থগিত রাখা হয় আগত রাত্রির জন্য।

সেদিন সিপিএম পার্টির যুব শাখা ডিওয়াইএফ-এর একটা রুটিন মিছিল ছিলো সন্ধ্যায়। মোটা মোটা ডাণ্ডার মাথায় ঝাণ্ডা। শ দুয়েক ছেলের সেই মিছিলকে নেতৃত্ব দিচ্ছিলো অঞ্চল কাঁপানো সাড়ে ছয় ফুট লম্বা পিনাকি সেন। যাদবপুরের নানা পথ পরিক্রমার পর সে মিছিল এসে শেষ হল সি ব্লকের পার্টি অফিসের সামনে। দেবেশ সেন তার কাছেও খবরটা পৌঁছে দেয়। আমাদের

নিরাপত্তা বিঘ্নিত হতে চলেছে কেননা বাঘের ঘরের মধ্যে ঘোগের অনুপ্রবেশ ঘটে গেছে। অতি শীঘ্র প্রতিশোধ ব্যবস্থা গ্রহন করা আবশ্যক। সত্যিই এটা বাঘেদের এলাকা। আশেপাশের দশ বারোটা পাড়ায় সিপিএম ছাড়া অন্য কোন পার্টির নাম নিশান নেই। সব সমূলে মুছে দেওয়া গেছে। সেইখানে একেবারে নকশাল! ব্যাপারটা মোটেই ঠিক নয়।

পিনাকি সেন দূরদর্শী নেতা। সব শুনে তিনি তক্ষুনি ঠিক করে ফেললেন কি করিতে হইবে। বস্তুবাদী দর্শনের নিরিখে কোন কাজ রাজনৈতিক দিক থেকে যথেষ্ট লাভজনক। স্বপন এ অঞ্চলের স্থায়ী বাসিন্দা, তাছাড়া সে যুবকজনের কাছে খানিকটা প্রিয়। তাকে কিছু বললে বা করলে জনমানসে একটা বিরূপ প্রতিক্রিয়ার সৃষ্টি হতে পারে। হোক তুচ্ছ, তবু কাম্য নয়। একটা চান্স ওকে দিয়ে দেখা যেতে পারে। কিন্তু ওই ছেলেটা? কি নাম যেন? জীবন সে এই অঞ্চলের কেউ নয়। তাছাড়া যথেষ্ট গরীব। থানা পুলিশও করতে পারবে না। তার উপর এর তার সাথে ঝগড়া মারামারি করে খানিকটা বদনামও করে ফেলেছে। এমন ছেলেকে কিছু করায় কোন বাধা নেই।

একেই মারতে হবে। কিছু করার নেই। এটা একটা রাজনৈতিক দায়বদ্ধতা। সবার আগে রাজনীতি বাকি সব তার পরে। ওকে একটা এমন দৃষ্টান্ত মূলক মার দিতে হবে যা দেখে এই এলাকার কেউ নকশাল নাম মুখে আনতে ভয়ে কেঁপে যায়। সাপ মরে যাবে অথচ লাঠির কোন ক্ষতি হবে না। আঞ্চলিক রাজনীতির ক্ষেত্রে সেটাই হবে সঠিক পদক্ষেপ। কিছু করার নেই ধরে আন ওটাকে।

সেনানায়কের মুখ থেকে হুকুম বের হবার সাথে সাথে একদল যোদ্ধা ঝাণ্ডার লাঠি নিয়ে বের হয়ে গেল জীবনকে ধরতে। তখন সন্ধ্যা একটু ঘোর হয়ে এসেছে। জীবন বসেছিল মোড়ের মাথার মেজদার চায়ের দোকানে। সেখানে কিছু অন্য লোকও ছিলো। যার মধ্যে একজন পালপাড়ার বাজারের ওদিককার সেলিমপুর বস্তির উনুন ধরানো কুঁচো কাঠ বিক্রি করা তারক বাগ। জীবন কিছু বুঝে ওঠার আগেই অনেকটা যেন গেরিলা যুদ্ধের কায়দায় যোদ্ধারা ঘিরে ফেলল তাকে। সেনবাবু ধরে আনতে বলেছিলেন, ওরা জীবনকে বেঁধে নিয়ে চলল। জীবনের নিজের গামছা দিয়ে পিছমোড়া করা বাঁধা হল হাত। যেন কোন মহাযুদ্ধের পরাজিত সেনাধ্যক্ষকে নিয়ে যাওয়া হচ্ছে বিজয়ী রাজার বিচার শালায়।

এ সময়ে একটা নতুন আমদানি হয়েছে দুধ ছাড়া চা। সেনবাবু তখন লাল চা খাচ্ছেন। ইদানিং চারদিক বড় লাল। কে জানে চায়ের সেই ছোয়া লেগেছে কিনা! এক চুমুক চা খেয়ে কাপটা তিনি টেবিলে নামিয়ে রেখে জীবনকে দেখলেন যেন ফাঁদে পড়া বাঘ দেখছেন বাঘ মারা ব্যাধ।

কি নাম তোর?

প্রায় ছয় ফুটের উপর উঁচু পেটানো শরীর সেনবাবুর গলার পাথর ভাঙ্গা আওয়াজ কেন কে জানে জীবনের বুক কাঁপিয়ে দেয়। নাম বলে সে।

কবে থেকে নকশাল করিস?

আমি নকশাল ফকসাল করি না তো।

দেওয়ালে কেন লিখেছিস?

ও তো স্বপোন লিখেছে। কি লিখেছে ক্যামনে কমু। আমি তো লেহা পড়া জানি না।

তোদের বোমা পাইপগান কোথায় থাকে?

প্রশ্ন করতে করতে চা শেষ করলেন সেনবাবু। তারপর একটা লাঠি নিলেন। এক সময় ক্রিকেট খেলেছেন। ছক্কা মারার মত লাঠিটা জীবনের হাঁটুর মালাইচাকিতে মেরে দিলেন— কটা খুন করেছিস? আবার হিট— বল আর কোনদিন নকশাল করবি? –হিট। তোর সাথে আর কে কে আছে। একটা করে প্রশ্ন একবার করে গরান কাঠের মোটা লাঠির আঘাত। প্রায় ঘণ্টা দুয়েক মেরামতের পর মনে হল সেনবাবুর।–এনাফ। এবার জীবনের দলা পাকানো দেহটা একটা রিকশা ডেকে তার পাদানিতে তুলে দেওয়া হল। রিকশা ভাড়া সেনবাবু দিলেন। যা এটাকে শ্যামনগরের মোড়ে যে বাড়িটা তৈরী হচ্ছে তার সামনে ফেলে দিয়ে আয়।

স্বপনের মেজ ভাই ছোট হলেও প্রখর বুদ্ধি। এই রকম সময়ে কি করা দরকার তা সে বুঝতে গিয়ে পালপাড়ার তার বাবার দোকানের দিকে ছোটে। যা যা ঘটেছে জীবনকে ধরে নিয়ে যাবার পরের সেই সব কথা স্বপনকে গিয়ে বলে। তাও বলে যেসব পরে, রাত গভীর হলে ঘটতে পারে। স্বপন আর বাড়ি আসে না। দু'চার দিন তার মামার বাড়ি সোদপুরে গিয়ে থাকে। আর স্বপনের বাবা হেমন্ত বাবুকে সঙ্গে নিয়ে মিস্ত্রি পাড়ায় সেনবাবুর বাসায় গিয়ে দেখা করে। আপনি তো জানেনই আমি কোন পার্টির লোক। আমার ছেলে, ছেলে মানুষ। না বুঝে না জেনে ওই জীবনের পাল্লায় পড়ে একটা ভুল করে ফেলেছে। এবারের মত ক্ষমা করে দেন। আমি ওকে বুঝিয়ে দেবো আর কোনদিন ও সব করবে না।

সেনবাবু বলেন— ওকে আমার কাছে একবার নিয়ে আসুন। কোন ভয় নেই। আমি ওকে বুঝিয়ে বলে দেবো।

পরে কোন এক সময় স্বপনকে নিয়ে আসা হয় সেনবাবুর সামনে। সেনবাবু তাকে বুঝিয়ে বলে। এরপর স্বপন সিপিএমের একজন জঙ্গি কর্মী হয়ে যায়। এবং এক এ্যাকশানে রামঠাকুর আশ্রমের কাছে কংগ্রেস দলের ছেলেদের হাতে পেটে বুকে ছররা গুলি খায়। সেগুলি বের করতে ছিয়াশিখানা সেলাই হয়, দু'মাস হাসপাতালে থাকে। তবে সে অনেক পরের কথা।

জীবনকে রিকশাওলা রিকশা থেকে নামিয়ে ধরে ধরে দরজা পর্যন্ত এগিয়ে দিয়ে চলে গেলে সে গিয়ে শুয়ে পড়ে। সে জানে তার বাপ মা— ও জানে যে এ সময়ে ডাক্তারের কাছে যাওয়া খুবই দরকার। কিন্তু তা যাওয়া যাবে না। যেতে হলে সামর্থ দরকার তা তাদের নেই। এখন একটাই স্বান্তনা নিয়ে পড়ে থাকতে হবে প্রান যখন বেঁচে গেছে একদিন না একদিন পা হাত বুক পিঠের ফোলা ব্যাথা টনটনানি আপনা আপনি সেরে যাবে।

শহরের বুকের ভেতর থেকে ধনুকের ছিলার মত যে রেললাইনটা চলে গেছে সোজা দক্ষিণ বঙ্গের শেষ প্রান্তে, ঢাকুরিয়া যাদবপুর বাঘাযতীন এই তিন স্টেশনের উত্তর প্রান্ত সবটা চলে গেছে নকশাল ছেলেদের দখলে। এটা

তাদের এক রকম মুক্তাঞ্চল। রেললাইনটাকে ম্যাকমোহন লাইন মনে করলে, দক্ষিণ দিকের অঞ্চল সবই প্রায় সিপিএম পার্টির দখলে। ব্যতিক্রম শুধু বিজয় নগরের তেরটা ওয়ার্ড। এগুলোর সবই কংগ্রেস পার্টির কবজায়। যে এলাকা যে পার্টির কবজায় তার মোড়ে মোড়ে পাহারায় থাকে দলের সশস্ত্র কর্মীরা। পাছে প্রতিপক্ষের আক্রমণ হয়। হয়, সেটা হয়। দিনে কিংবা রাতে একদল আর এক দলকে উৎখাত করে দেবার জন্য আক্রমণ শানায়। তবে এ সময় যা কিছু লড়াই তা সিপিএম আর নকশালে হচ্ছে। এই দুই দল লড়ে লড়ে ক্লান্ত হয়ে পড়লে তখন পুলিশকে সাথে নিয়ে কংগ্রেস আসরে নামবে।

যাদবপুর রেললাইনের ওপারে পালপাড়া গরিফা সালামপুর এ সব নকশালদের এক একটা শক্তঘাটি। এই সালামপুর রেল কলোনির তারক বাগ মেজদার চা দোকানে বসে জীবনকে ধরে নিয়ে যাওয়া দৃশ্য স্বচক্ষে দেখেছে। সে তার কলোনিতে ফিরে গিয়ে যারা কেউ আগে তারই মত কাঠ বেচতো রিকশা চালাতো টিউবওয়েল মিস্ত্রি ছিলো এখন নকশাল, তাদের কাছে খবরটা দেয়— আমাগার এ্যাকজনরে সিপিএমরা ধরে নে গেছে। খুব ভালো কমরেড। শোনলাম সে নাকি ইখেন থিকে নকশাল বাড়ি চলে গে সিখেনকার লড়াইয়ে যোগ দিতে চেয়েছেলো। পেরায় দুশো জন ঘেরাও করে তারে ধরিছে। মোনে হয় মাটার করে দেবে।

সেদিন সারা রাত গায়ের ব্যাথায় কাতরে ছিলো জীবন। জ্বরও এসে গিয়েছিল। মনে হচ্ছিলো আর বাঁচবে না। যদি বা বেঁচে থাকে পা দুটো চির দিনের মত পঙ্গু হয়ে যাবে। কোমর থেকে নিচে কমপক্ষে গোটা কুড়ি গরাণ কাঠের লাঠি পড়েছে। নিম্নাঙ্গে এখন পাকা ফোঁড়ার মত ব্যাথা। নড়বার ক্ষমতা নেই।

তবে গরীবের জান বহুত কড়া, সহজে মরে না। যে রোগে বড়ো লোকের লাখ টাকা খরচা হয় গরীবরা কেমন জল পড়া খেয়ে মাদুলি গলায় বেঁধে দিব্যি বেঁচে যায়। তাই এ যাত্রাও বেঁচে গেল জীবন। পাঁচ দিন পড়ে দু'পায়ে ভর দিয়ে ঘরের বাইরে এসে দেখতে পায় কাঠওলা তারক আর তার সাথে আর একজন যার নাম নকুল দু'জন তারই খোঁজে এসেছে। কাছে এসে নিচুস্বরে বলে টিউবয়েল মিস্ত্রি নকুল— এখেনে সব কথা বলা যাবে না। বেশিক্ষণ থাকাও যাবে না। কেউ আমাদের চিনে ফেললে মুশকিল হয়ে যাবে। একটাই কথা বলছি ভেবে দ্যাখ কি করবি। আশুদা তোকে দেখা করতে বলেছে। আশু মজুমদার।

চমকে ওঠে জীবন— কোন আশুদা?

বলে তারক— আকাশে চাঁদ একটা সূর্য একটা। সেই রকম চারু মজুমদার এক জন আশু মজুমদার একজন।

তোমরা তারে চেনো! তোমাদের সাথে দেখা হয়। কথা বলো!

কথা বলি একসাথে খাই, একসাথে ঘুমাই।

বলে কি নকুল তারক। যাদবপুর ইউনিভার্সিটির কৃতী ছাত্র, অসম সাহসী নকশাল নেতা আশু মজুমদার। যাকে পুলিশ হন্যে হয়ে খোঁজে তাকে এরা চেনে? সে জীবনকে দেখা করতে যেতে বলেছে। কি করে জানলো জীবনের

কথা!

রানা! সেই যে বড় লালের দোকানে কাজ করার সময়ে বিভু সাঁপুই আর বিহারী মণ্ডলদের কয়েক হাজার বিঘে জমি দখল করে কলোনি বসানো হয়েছিল যার নেতৃত্বে রানা চৌধুরীও ছিলো। জীবন তার মুখ চেনে। কিন্তু কোনদিন কথা বলে নি। বলতে পারে নি।

জানতে চায় জীবন আশুদায় আমারে ক্যান ডাকছে? নকুল বলে— এই যে তোরে নিয়ে গিয়ে গরুর মত মারলো এর বদলা নিতে চাস কিনা? বল, বল, চাস কিনা?

চাই।

একলা পারবি?

পারবো না।

সেই জন্যই তো সবার এক সাথে হতে হবে। এক সাথ হয়ে একদিন থেকে নিকেশ করে করে এলাকা বাড়াতে হবে। মুক্তাঞ্চল বানাতে হবে। সেই জন্য তোর যেতে হবে। যাবি?

কি করে যাবো? আমি তো হাটতে পারছি না এখনো।

রিকশা ডাকি? ওখানে গেলে চিকিৎসাও তো পাবি।

ডাক্তার আছে?

সব আছে। ডাক্তার ইঞ্জিনিয়ার উকিল ব্যারিস্টার কি নেই।

সেই দিন সেই সময় নকুল আর তারকের সাথে মহানিষ্ক্রমণ ঘটল জীবনের। যেন তার ভাগ্য তাকে পিছন থেকে ঠেলে নিয়ে চলল সুমুখ পানে। মন জানতে পেরে ছিলো জীবনের যে পথ ধরে সে এগিয়ে যাচ্ছে সে পথ ধ্বংস রক্ত চোখের জলের এক বন্ধুর পথ। ও পথে চলে যাওয়া যত সহজ, ফিরে আসা তত সহজ নয়। এই পথ থানা পুলিশ কোর্ট জেল হাসপাতাল মর্গের লাস কাটা ঘর পেরিয়ে শ্মশানে গিয়ে শেষ হয়। কিন্তু এখন আর এত ভাববার সময় নেই। অতীত ধাক্কা মারছে এগিয়ে চল, থামিস না।

সারা শহর, শুধু এই শহর বা কেন বলা চলে সারা দেশ এখন দুই ভাগে ভাগ হয়ে গেছে। এক ভাগ, যাদের সব কিছু আছে আর এক ভাগ যাদের কোন কিছু নেই। দুয়ের মাঝে আছে আর এক একটা দল যাদের কিছু কিছু আছে। এই দল বড়ই ধূর্ত সুযোগ সন্ধানী। পেটে বিদ্যে আছে, ফলে এদিক ওদিক দুদিকের বুলি বলে সুযোগ মত যে দিকে লাভ ঝুঁকে যেতে পারে। কিন্তু মূল দ্বন্দ্বটা রয়েছে সেই হ্যাভ আর হ্যাভনটের মধ্যে। এই দু দলের যে দলের সব কিছু আছে তাদের পিছনে এখন সব আবরণ সরিয়ে এসে দাঁড়িয়েছে পুলিশ মিলিটারি আইন আদালত রং বেরংয়ের পার্টি। এক কথায় সম্পূর্ণ রাষ্ট্র যন্ত্র। জন সাধারণের মধ্যেও আর কেউ নিরপেক্ষ নেই। প্রত্যক্ষ বা পরোক্ষ ভাবে কোন না কোন পক্ষে দাঁড়িয়ে পড়েছে।

জীবন বুঝতে পারছে সময়ের দাবি মেনে তাকেও কোন না কোন দিকে অস্ত্র হাতে গিয়ে দাঁড়াতে হবে। শহর কলকাতায় এসে বহু বার বহুলোকের মুখে শুনেছে জীবন কমুনিস্ট পার্টি, যাদের পতাকার রঙ লাল, এই লালরঙ শ্রমিকের বুকের রক্তের লাল। এরা শ্রমিক কৃষক সর্বহারা মানুষদের স্বার্থে লড়াই করে।

এরই সাথে তার যাওয়া দরকার। কারণ সে সর্বস্বহারা। কিন্তু কিছুতেই মন স্থির করতে পারছিলো না, সিপিএম না নকশাল কোন কমুনিস্ট দলে যাবে। কে আসল আর কে আসলের মত কিন্তু আসল নয়। নকশালবাড়ির সাত সাতটি আদিবাসী দরিদ্র কৃষক রমণীর মৃতদেহ কিছুটা চোখ খুলে দিয়েছিল। আর এখন লাল ঝাণ্ডা বাধা গরাণ লাঠির আঘাত পথ নির্দিষ্ট করে দিলো জীবনের।

সেদিন নয়, তারপরের দিন কালীপুরের সেই মাঠে যেকানে একদিন জীবনকে শেয়ালে খেতে চেয়েছিলো। এখন সেখানে আর সেই ঘন জঙ্গল নেই। জন সমাগমে পূর্ণ। চারদিকে গড়ে উঠেছে ঘর দোর দালান। সেখানেই সন্ধ্যার অন্ধকারে জীবন দেখা পেল কিংবদন্তীর নায়ক আশু মজুমদারের। জীবনের মত আরো গুটিকয়েক ছেলে ছিলো। আশু মজুমদার ছেলেদের ক্লাশ করাচ্ছিলেন। জীবনরা পৌঁছেছিলো খানিকটা দেরীতে। হাতের ইশারায় মাঠের ঘাসে বসে পড়ার আদেশ দিয়ে কথা বলে যাচ্ছিলেন তিনি— আমরা চাই একটা শোষণমুক্ত শ্রেণিহীন সমাজ গড়তে। যে সমাজে কোন বৈষম্য জাতপাত থাকবে না। সব মানুষের থাকবে সম অধিকার সম মর্যাদা। সবার জন্য খাদ্য বস্ত্র শিক্ষা বাসস্থান চিকিৎসার সমান সুযোগ থাকবে। কিন্তু সেটা সম্ভব হবে কেমনভাবে? সম্ভব হতে পারে যদি এই পচা গলা সমাজটাকে ধ্বংস করে একটা নতুন সমাজ নির্মাণ করা যায়। যে সমাজে নেতৃত্ব কর্তৃত্বে থাকবে শ্রমজীবি মানুষ। অর্থাৎ শ্রমিক কৃষক সচেতন জনতার হাতে। এই যে ধ্বংস আর নব নির্মাণ এরই নাম বিপ্লব। বিপ্লবের জন্য রক্ত দিতে হয়। কারণ কোন দেশের কোন শাসক শোষকশ্রেণি স্বেচ্ছায় কখনো ক্ষমতাকেন্দ্র থেকে সরে যায় নি। তাদের সংগঠিত জুন্টা ধাক্কা মেরে সরিয়ে দিয়ে ক্ষমতা কেড়ে নিয়েছে। আমাদের মহান পার্টি খুব অল্প সময়ে সততা সাহস আর আত্মত্যাগের যে দৃষ্টান্ত স্থাপন করেছে তা ভারতবর্ষের রাজনৈতিক ইতিহাসে বিরলতম বিষয়। তোমরা সেই মহান পার্টির সৈনিক। এটাই তোমাদের গর্ব তোমাদের অহংকার। আশা করি তোমরা চেয়ারম্যান এবং মহান নেতার প্রদর্শিত পথ অনুসরন করে এক একজন সাচ্চা কমুনিস্ট হয়ে উঠবে।

আশু মজুমদার থামলে নকুল বলে— কমরেড এই যে এরই নাম জীবন। যেন কতকালের চেনা এমন ভাবে জীবনকে কাছে বসায় আশু মজুমদার। কাঁধে হাত রাখে। সারা শরীর কেঁপে যায় জীবনের। সামনের মানুষটা আর কেউ নয়, আশু মজুমদার। তার কাছ থেকে এমন আপ্যায়ন পাবে ভাবতে পারে নি। চিরকালের বঞ্চিত লাঞ্ছিত আত্মা যেন অমৃত পরশ পায়।

আশু মজুমদার বলে— তোমার কথা শুনেছি। এখন আর কথা বলা কথা শোনার সময় নেই। যুদ্ধ শুরু হয়ে গেছে। তুমি যুদ্ধ ক্ষেত্রে দাঁড়িয়ে আছো। এখন একটাই কাজ— সি পি বলেছে সত্তরের দশক মুক্তির দশক হবে। কেন বলেছেন? বলেছেন, কারণ যে যে কারণগুলো থাকলে বিপ্লব অর্থাৎ মুক্তি আসে তা আমাদের সমাজে এখন বিদ্যমান। চেয়ার ম্যান বলেছেন— এটা বিশ্ব বিপ্লবের যুগ। গ্রামে গ্রামে কৃষকরা শ্রেণিশত্রু খতম করছে। পুলিশ মেরে অস্ত্র কেড়ে নিয়ে গণমুক্তি ফৌজ গড়ছে। শ্রীকাকুলামে মুক্তাঞ্চল হয়ে গেছে। সেইজন্য সি এম বলেছেন— এইভাবে লড়াই চললে সত্তর দশক অবশ্যই

মুক্তির দশক হবে। নেমে পড়ো কমরেড। সি এম -এর কথা সত্য প্রতিপন্ন করার জন্য সর্বশক্তি নিয়োগ করো। একটু সময় থেমে জীবনের কাঁধে ঝাঁকানি দিয়ে বলেন তিনি— তুমি পাল পাড়া গ্রুপের সঙ্গে থাকো। রানা তোমাদের গ্রুপ লিডার। সে যেমনভাবে যা বলবে তাই করবে। মনে রাখবে একজন সৈনিকের কাছে শৃঙ্খলা এবং আনুগত্য হল সব চেয়ে প্রধান বিষয়। ঠিক আছে?

বলে জীবন— আমার একটা কথা একটু বুইঝা নেওয়ার দরকার আছিলো।

কি কথা তাড়াতাড়ি বলো, আমার অন্য একটা মিটিং আছে।

এই যে আপনে কইলেন আমরা, যারা গরীব মাইনষেরে শোষণ করে তাগো বিরুদ্ধে যুদ্ধ করমু। তয় এই যে দুই পার্টির মারামারি, ওই দিকে গরীব এই দিকেও গরীব, এই মারামারি ক্যান!

ভালো প্রশ্ন। বলে আশু মজুমদার— এমন এক প্রশ্ন যে খুব সহজ ভাবে এক দু কথায় এর উত্তর দেওয়া যাবে না। এই যে রাষ্ট্রযন্ত্র এ হচ্ছে এক শ্রেণির দ্বারা আর এক শ্রেণিকে শোষণ করবার একটা হাতিয়ার। শোষণ ব্যবস্থাটা শাসন ব্যবস্থার সহায়তা ছাড়া চলতে পারে না। এখন এই শাসন ব্যবস্থার আসল স্বরূপ গোপন রাখার জন্য একটা জামা পড়ানো হয় তার নাম গণতন্ত্র। যে কেউ একটা দল গড়ে ভোটে জিতে শাসন ক্ষমতার দখল নিতে পারে। কিন্তু দল গড়লেই তো মানুষ ভোট দেবে না। তার জন্য ওরা কি করে কিছু মানুষের মন জয় করার কথা বলে। ছাপ্পা ভোট জাল ভোট রিগিং পয়সা দিয়ে ভোট কেনা এসব গুলোতে আছে। সে সব বলছি না। বলছি জনগনের মন থেকে দেওয়া ভোটের কথা। তো সেই ভোটে জিতে যারা ক্ষমতায় গেল তারা কিন্তু ইচ্ছা করলেই জনগণের মঙ্গল করতে পারবে না। তাকে কাজ করতে হবে সংবিধান মেনে পূর্ব নির্দিষ্ট সীমাবদ্ধতার মধ্যে। তা ছাড়া যারা ভোটে জিতে শাসন ক্ষমতা পায়, বেশিরভাগই ব্যক্তিজীবনে সৎ নয়। এরা প্রায়শই বিত্তবান পরিবারের লোক হয়ে থাকে। ফলে তাদের একটাই উদ্দেশ্য থাকে ছিটে ফোটা দিয়ে মানুষকে সন্তুষ্ট রেখে নিজেদের স্বার্থ অক্ষুন্ন রাখা। এমন এই যে দল সিপিএম যারা এখন আমাদের সামনে বড় বাধা হয় দাঁড়িয়েছে, এরা হাতে রেখেছে লাল পতাকা মুখে বলছে বিপ্লবের কথা। কিন্তু এরা ছদ্মবেশী বুর্জোয়াদের দালাল। যেহেতু লাল পতাকার উপর মানুষের আস্থা আছে, যেহেতু মানুষ বিপ্লব চায়, ওরা একটা বিরাট সংখ্যক মানুষকে চারপাশে জড়ো করতে পেরেছে। ভুল বুঝিয়ে তাদের দু'দশ জনকে আমাদের বিরুদ্ধে লেলিয়ে দিতে পেরেছে। তো তারা যখন আমাদের আক্রমণ করছে, যদিও এ লড়াই কাম্য নয়, তবু আত্মরক্ষার জন্য আমাদের লড়তে হচ্ছে। তবে এর একটা অন্য দিকও আছে। শহরে এই লড়াই চলছে বলে বিরাট একটা পুলিশ বাহিনীকে এখানে মোতায়েন রাখতে হচ্ছে। তা না হলে সব গ্রামে যেখানে কৃষকরা জোতদার জমিদারদের খতম করছে সেখানে চলে যেতো। এখন তা পারছে না। জীবন বলে— আপনে কইলেন, শোনলাম, কিছু বোঝলামও। তয় যখন কোন গরীব মানুষের কিছু হইয়া যায় কষ্ট পাই। এই যে কানু বাজারে মাছ বেচতো, তিন মাস আগে বিয়া করছে— মইরা গেল।

আশু মজুমদার বলে— পার্থেনিয়াম গাছ চেনো? বিষাক্ত গাছ, তার হাওয়া

পর্যন্ত বিষ। তা তুমি যদি পার্থেনিয়ামের জল পোড়াবার জন্য আগুন দাও আর সেই জঙ্গলের মধ্যে যদি একটা তুলসি চারা থাকে সেও পুড়ে যাবে। কোন ভাবে বাঁচানো যাবে না। এই যে পুলিশ মারা অস্ত্র কাড়া চলছে, পুলিশরা তো আমাদের ঘরেরই ছেলে। কিন্তু সে রক্ষা তো করছে মানুষের শত্রুদের। তাদেরই হুকুমে মানুষকে মারছে। আমাদের একটা শ্লোগান, হত্যাকারীকে বাঁচিয়ে রাখার অর্থ মৃত্যু। তাহলে যে বা যারা আমাদের হত্যা করতে সামনে এগিয়ে আসছে আর যে তাদের পিছন থেকে ইন্ধন যোগাচ্ছে তাদের বিরুদ্ধে আমারা যদি কিছু না করি, বাঁচাতে পারবো? পারবো না। ফলে আমাদেরও এমন কিছু করে ফেলতে হয়, যা আমাদেরও কষ্ট দেয়।

এই ভেবে জীবন জিজ্ঞেস করে— আর একটা কথা।

আবার কথা! বললাম না আমার আর একটা মিটিং আছে। আবার কাল। কাজে নেমে পড়ো, নিজেই সব প্রশ্নের উত্তর পেয়ে যাবে। রেড বুক, জন যুদ্ধের জয় দীর্ঘজীবী হোক আর চেয়ারম্যানের তিনটি লেখা পড়ো। কিছু আর অবোধ্য থাকবে না। আজ চলি।

৫.

অসম লড়াই

এই সময় শহরের সবকটা রাতই যেন ঘনঘোর আলকাতরা মাখামাখি হয়ে থাকত। সব রাতই বুকে চেপে বসা অনড় জগদ্দল পাথরের মত দম চাপা ভয়ের। এই সময় রাস্তায় থাকে তারা যারা জীবন যুদ্ধের অসহায় নিরুপায় দুর্বল সৈনিক। যারা একমাত্র পোড়া পেটের দাস, গোলাম। এদের কেউ রোগা রোগা পায়ে রিকশা চালায় কেউ কোন ভাঙ্গা দরমার বেড়ার চা দোকানদার কেউ কোন ছোট কারখানার ছোট কর্মী। যে ডিউটি শেষ করে ঘরে ফিরছে যে যার ইষ্টদেবতাকে ডাকছে, হে প্রভু ভালোয় ভালোয় যেন পথটা পেরিয়ে যেতে পারি। আজকাল রাত হলেই রাজপথে নেমে আসে পাগল কুকুরের মত হিংস্র পুলিশ বাহিনীর প্রশিক্ষিত একদল সেপাই। যাদের ডানহাতের তর্জনি চেপে বসে থাকে স্বয়ংক্রিয় অস্ত্রের ট্রিগারে। মানুষ তাদের চোখে চেতনায় স্রেফ একটা টার্গেট। ওরা আর কিছু নয় মানুষ খুন করার জন্য শুধু একটা ছুতো চালিয়ে ঝাঁঝরা করে দেবে। দেওয়ালে মাও সেতুংয়ের ছবি আঁকছিল তিনটে ছেলে বয়েস যাদের ষোলরও কম। সেই অপরাধে এফোঁড় ওফোঁড় করে দেওয়া হয়েছে তিনজনকে। মানুষ মারার মত বীভৎস মজা আর কী সে পাওয়া যায়? ওদের কাছে এ এক উপভোগ্য আমিষ আনন্দ।

এই ভয়াল অন্ধকারে পাঁচজন মানুষ, পাঁচজন তরুণ পথ চিনে চিনে সন্তর্পণে সামনের দিকে হেঁটে চলেছে। পাঁচজন ছেলেই ক্ষুধার্ত। কারণ পাঁচজনের হাতেই পাঁচটা মুড়ি তেলে ভাজার ঠোঙ্গা। ঠোঙ্গা থেকে অল্প অল্প মুড়ি খেতে খেতে তারা পথ হাঁটছে। দেখে বোঝা যায় এরা মজুর শ্রেণির মানুষ। কেউ রিকশা চালায়, কেউ টিউবওয়েল মিস্ত্রি, কেউ কাঠ বেচে। যদিও সমাজের দুর্বল অংশের মানুষ তবু তাদের সাবধানী পায়ে সে দুর্বলতা নেই। সে পা সবল এবং দৃঢ়। পায়ের চাপে মাটি যেন ফেটে যেতে চাইছে। তাদের চোখ জ্বল জ্বল করছে শিকার

সন্ধানী রাগী বাঘের মত।

ওরা যাবে সেই তেমাথার মোড়ে। যেখানে পাওয়া যাবে পিনাকি সেন মহাশয়কে। বিশ্বস্ত সুত্রে খবর পাওয়া গেছে সে এখন তার লেদ কারখানায় আছে। সারাদিনের হিসাব বুঝে নিতে এ সময়ে রোজই খানিকক্ষণ সেখানে থাকে। এই কারখানায় আট দশ জন মিস্ত্রি কাজ করে। আগে তারা যা বানাতো এখনও তাই বানায়। তবে পরিবর্ত্তিত পরিস্থিতির রাজনৈতিক বাধ্যবাধকতার কারণে এখন কিছু অন্য জিনিসও বানাতে হয়। যাকে পাইপগান ওয়ান শটার ছক্কা বলে। এ জি অর্থাৎ অ্যাকশন গ্রুপের কর্মীদের এগুলো খুবই দরকারে লাগছে। সারা যাদবপুর এবং দক্ষিণবঙ্গে এই কারখানার অস্ত্র সাপ্লাই যাচ্ছে। অস্ত্র কারখানার মালিক পিনাকি সেন। তারই সাথে সাক্ষাৎ করতে যাচ্ছে এই পাঁচজন।

এরা হাঁটছে, তবে এক সাথে দল বেঁধে নয়। দু'জন এই ফুটপাতে তিন জন ওই ফুটপাতে। একজনের পিছনে একজন কমপক্ষে কুড়ি ফুট দূরত্ব রেখে। ওদের প্রতি নির্দ্দেশ আছে এভাবে পথ চলার। যদি প্রথম জন কোন বিপদে পড়ে যায় পিছনের জন তা দেখে সাবধান এবং প্রতিকার ব্যবস্থা নিতে পারবে।

এই পাঁচ পদাতিক যাত্রা শুরু করেছিলো সালামপুর রেলবস্তি থেকে। রেল লাইন ধরে মিনিট পনেরো হেঁটে লেভেল ক্রশিংয়ে উঠে ডানদিকে বাঁক নিয়ে স্টেশনে যাবার বা দিকের রাস্তা ছেড়ে একদিকে টিবি হাসপাতাল অন্যদিকে বিশ্ববিদ্যালয় তার মাঝের পথ ধরে রাজা মল্লিক রোডে উঠে বা দিকের সরু পথ ধরে। এই রাস্তায় কোন বড় গাড়ি চলে না। রিকশা আর ট্যাক্সি। পথটা একেবারে ফাঁকা। আলোও অপ্রতুল নয়। পথের দুধারে ঘর বাড়িগুলো যেন কী একটা অজানা আতঙ্কে ঝিম মেরে আছে। বন্ধ দরজা জানালার ওপারে সব প্রাণ যেন মরে গেছে। বড় বিপন্ন সময়। ঘরের সামনে কেউ খুন হয়ে গেলেও এ দরজা খুলবে না। মধ্যবিত্ত পাড়ায় মানুষ যেমন হয়ে থাকে আর কি! ওরা পাঁচজন সেই পথ ধরে হেঁটে পৌঁছে গেল তে- মাথায়। এখানে এক বিহারীর ছোট্ট একটা চা দোকান। সেই দোকানে বসে দুটো ছেলে চারদিকে নজর রাখছে। পুলিশের ভয়, প্রতিপক্ষ দলের লোকের হামলার ভয়। যুদ্ধ চলছে। শত্রুকে ছোট করে দেখার অবকাশ নেই। তাই নজরদারি। পিনাকি সেন এলাকার নেতা। তার সুরক্ষার দায়িত্ব দলের আবশ্যিক কর্তব্যের মধ্যে পড়ে। ছেলে দু'জন এই সময়ে গলি ধরে একে একে যে পাঁচ পদাতিক এগিয়ে আসছে তাদের দেখতে পায়। তখনই ষষ্ঠ ইন্দ্রিয়ের গোপন রাডারে টিক টিক করে সংকেত দেয়, ব্যাপারটা ঠিক স্বাভাবিক বোধ হয় নয়। লোক পাঁচজন আলাদা আলাদা হাঁটছে। পদক্ষেপ সতর্ক আর পাঁচ জনার হাতে একই রকম ঠোঙ্গা। কেন! কেন? বুঝতে পারে না তারা এই সময় পিনাকিদাকে সাবধান হবার জন্য একটা খবর ছুটে গিয়ে দিয়ে ঠিক হবে কি হবে না।

সিদ্ধান্ত নিতে তাদের একটু দেরি হয়ে গেল। ততক্ষণে পাঁচজন তে- মাথার মোড়ে পৌঁছে গেছে। পাঁচ জোড়া চোখ অন্ধকারে চক চক করে ওঠে। ইশারায় কি যেন কথা হয়ে যায়। চা দোকানের উল্টোদিকে সেই লেদ কারখানা। খোলা

দরজা দিয়ে পিনাকি সেনকে দেখা যাচ্ছে। সবটা নয় ডানদিকের কিছুটা। হাফ হাতা সাদা শার্ট অন্ধকারেও চকচক করছে। একটা চেয়ারে বসে উবু হয়ে টেবিলে ঝুঁকে কিছু লিখছে। এটা বারান্দার একদিক। ছোট বারান্দা। তার অন্য দিক থেকে একটা দরজা। সেই দরজার ও পাশে বড় বড় লেদ মেশিন। ক'জন কাজ করছে। পাঁচ জনের যে ছেলেটা সব চেয়ে কালো, সব চেয়ে লম্বা সে চা দোকানে বসে নজরদারি করা ছেলের কোন একজন উঠে লেদ কারখানায় গিয়ে পিনাকি সেনকে কিছু বলার আগেই তার হাতের মুড়ির ঠোঙ্গাটা কারখানার দরজা লক্ষ্য করে ছুড়ে মারে। তার দেখাদেখি অন্য দু'জনও ছোড়ে। প্রথম ঠোঙ্গাটা দরজার ডানদিকের দেওয়ালের লেগে বিকট এক শব্দ করে ফেটে যায়। বোঝা গেল মুড়ির নিচে বোমা ছিল। পরের দুটো খোলা দরজা দিয়ে কারখানার মধ্যে ঢুকে যায়। একটা ফাটে অন্যটা রয়ে যায় অক্ষত। বোমা ফাটার শব্দে কারখানার দেওয়াল থর থর করে কেঁপে ওঠে। ধোঁয়ায় চারদিক ভরে যায়। সেই ধোঁয়ার মধ্যে শোনা যায় আহত আর প্রাণভয়ে ভীত মানুষের আর্তনাদ আর পালানোর শব্দ। ধোঁয়া সরে গেলে দেখা যায় সামান্য আহত পিনাকি সেন চেয়ার শুদ্ধ উল্টে পড়ে গেছেন বা দিকের কোনে। কিন্তু সেই মিস্ত্রি কই। যে লেদ মেশিনটার কাছে কাজ করছিলো যার নাম অমর! সে আছে, তবে শোয়া। বোমার স্প্লিন্টার তার কানসহ মাথার এক খাবলা উড়িয়ে দিয়েছে। রক্তে ভেসে যাচ্ছে তার শরীর। তখনো অল্প অল্প নড়ছে সে।

পাঁচ পদাতিক বোমা ছুঁড়ে দিয়েই পিছন ফিরে ছুটতে শুরু করেছে বাস মোড় পেরিয়ে স্টেশন রোডের প্রায়ান্ধকার পথ ধরে পাল পাড়ার দিকে। যে ছেলে দুটো এই আকস্মিক ঘটনায় হতচকিত হয়ে গিয়েছিলো সে ভাব কেটে যেতে কয়েক মুহূর্তে সময় লাগলো। তারপর তারাও ধাওয়া করলো পলাতকদের পিছু পিছু। তাদের কাছে যে ওয়ান শটারও ছিলো, তা থেকে দুটো ফায়ার করলো। কিন্তু গুলি কারোর গায়ে লাগলো না। জবাবে বাস মোড়ে পলাতক দলও দুটো ফাঁকা বোমা ফাটিয়ে গেল।

রেললাইন পার হয়ে বা দিকের গলি ধরে এগুতে এগুতে একজন বলল শালা সেনটা বেঁচে গেল। মাঝখান থেকে মিস্ত্রিটা ঝাড় হয়ে গেল।

আর একজন জবাব দিল, কিছু করার ছিল না। পার্থেনিয়াম জঙ্গলে আগুন দিলে এক আধটা তুলসী চারাও পুড়বে। কারা পিনাকি সেনের কারখানায় হামলা চালিয়েছে সেটা প্রমাণের অপেক্ষা রাখে না ফলে পুলিশ যে পাল পাড়ায় আসবে সেটা সবার জানাই ছিলো। এবং পাল পাড়ার মোড়ে অলি গলিতে জনা কুড়ি বাইশ ছেলে প্রস্তুত বসে ছিলো। এবার পুলিশকে কিছুতে বিনা বাধায় এলাকায় ঢুকতে দেওয়া হবে না। রেল লাইনের সিগন্যাল পোস্টের কাছে রেল বস্তিতেও তৈরি হয়েছিলো সাত আট জনের একটা গ্রুপ। ননী আনন্দ রতন হারু নিতাই গোষ্ট নকুল মণ্টু এই সাথে জীবনও। প্রত্যেকের কাছে ছোট কিছু মারাত্মক সুতলির আপাত নিরীহ গোলা। যা যতক্ষণ হাতে আছে ততক্ষণ নিরাপদ। মাটিতে পড়ার পাঁচ সেকেন্ডের মধ্যে বিপদ কারক।

রেল লাইনের বাঁ দিকে, বস্তির পিছন দিকে বিশ্ববিদ্যালয়ের পাঁচিল। ডান দিকে মোটামুটি সম্পন্ন মানুষের পাড়া। সেই পাড়ায় ঢোকার গলির বাঁকে

পজিশন নিয়ে দেওয়ালে পিঠ রেখে দূরের লেভেল ক্রশিংয়ে চোখ রেখে স্থির বসে আছে জীবন। আজই হবে তার প্রথম শত্রুর সাথে মুখোমুখি সশস্ত্র সাক্ষাৎকার।

এরকম কড়া পাহারা গতকাল সারা রাত ধরে চলবার পর আজ বেলা দশটা নাগাদ প্রত্যাশা মত ওনারা এলেন। জনা কুড়ি পঁচিশের একটা দল। পাল পাড়ার লেভেল ক্রশিংয়ে গাড়ি রেখে রেল লাইন ধরে হেঁটে খাকি পোষাকের সেই বাহিনী সেফটি লক খোলা রাইফেল মাসকেটের ট্রিগারে আঙ্গুল রেখে এগিয়ে চলল ঢাকুরিয়ার দিকে। ঠিক কোথায় তারা ঢুকবে সেটা বোঝা যাচ্ছে না। কোথায় খানা তল্লাসি চালাবে কাকে ধরবে মারবে সেটাও আন্দাজ করা যাচ্ছে না। সে যাইহোক গ্রুপ লিডার রানা চৌধুরির কঠোর নির্দেশ— ওদের এলাকায় ঢুকতে দেওয়া হবে না। ঢুকলে ম্যাসাকার করবে। গ্রুপের সবারও মনোভাব তাই— পুলিশকে আটকানো হবে।

কিছুক্ষণ আগে এক পশলা বৃষ্টি হয়ে গেছে। পথ ঘাট সব ভেজা। পালপাড়া বাজারের সামনের রাস্তায় তো জল জমে গেছে। সম্ভবতঃ সেই কারণে পুলিশ ওই পথটা ধরে নি। তারা লাইন ধরে এগোবার সিদ্ধান্ত নিয়েছে। যে গলিতে জীবনরা পাহারায় সেই গলি দিয়ে পাড়ার মধ্যে ঢুকবে তাদের চাকরি পাওয়া ছেলে। এ এখনো পার্মানেন্ট হয় নি। অফিসার বলেছে— ভালো কাজ দেখলে ছয় মাসে রেগুলার।

ভালো কাজ! জীবনও বসে আছে একটা ভালো কাজ করবার অধীর আগ্রহে। এই পুলিশ এরাই তার অনাহারী বাবাকে নির্মমভাবে পিটিয়ে ফেলে এসেছিল গভীর জঙ্গলে। এই পুলিশ তার উপর চালিয়েছিল এক অন্ধকার রাতে এমন ঘৃণ্য জঘন্য অত্যাচার যা মনে পড়লে মরে যেতে ইচ্ছে করে আর না হয় মেরে দিতে ইচ্ছে করে। আজ সেই হিসাব নিকাশ করার জন্য বাংকারের সেপাইয়ের মত বসে আছে সে। সেই প্রতীক্ষার অবসান হচ্ছে। ওরা আসছে। ওদের খাকি পোষাকের আড়ালে ঢাকা পড়ে গেছে পূর্বসিদ্ধান্ত। যেদিক থেকে সূর্য ওঠে। সূর্য এখন ওদের মাথার উপর। একটা প্রাকৃতিক আর একটা রাজনৈতিক। বলা হচ্ছে সেই রাজনৈতিক সূর্য শুধু এই দেশে নয় সমগ্র এশিয়ার মুক্তির সূর্য। এগিয়ে এল তার দর্পিত পায়ে ভারী বুটের শব্দ তুলে গলির সামনে। পাঁচিলের আড়াল থেকে তাদের দেখে হাতের বোমাটা নিয়ে উঠে দাঁড়ালো জীবন। সঙ্গীদের দিকে ইশারা করলো— আগে আমি। তার লক্ষ্য মোটা ভুঁড়িওয়ালা গুফো সেই লোকটা, যার চেহারা চলন হাবিলদারের মত। এক দুই তিন পা পা করে সে এগিয়ে এল জীবনের পঞ্চাশ ফুটের মধ্যে। ব্যাস আর বিলম্ব নয়। জীবন তার হাতে ধরা বোমাটা ছুঁড়ে দিল রেললাইনের উপর। ফেটে গেল সেটা। সবল শক্তিমান রাষ্ট্রযন্ত্রের বিরুদ্ধে। এই প্রথম মোক্ষম আঘাত হানলো এক নিঃস্ব নিরন্ন নির্বল বালক।

বোমাটা ফাটার সাথে সাথে ওদিক থেকে এক ঝাঁক বুলেট ছুটে এল। এদিক থেকে ছুটে গেল হাতে তৈরী অতি সাধারণ বোমা। যার আওয়াজ বেশি কিন্তু ক্ষতি করার ক্ষমতা কম। ততক্ষণে পাল পাড়ার ছেলেরা যার গ্রুপ লিডার কাতু নামের কলেজে পড়া সুদর্শন এক যুবা সে তার সঙ্গীদের নিয়ে লেভেল

ক্রশিংয়ের দিক থেকে হামলা করে দিয়েছে। পুলিশ দলের অবস্থা তখন যাতার চাপে পড়া গমের মতন। সামনে রানা চৌধুরির গ্রুপ পিছনে কাতুর গ্রুপ। বোম পড়ছে কালি পূজার বাজির মত। যদিও পুলিশের হাতে আধুনিক অস্ত্র কিন্তু অস্ত্র তো লড়াই করে না! লড়াই করে মানুষ। এবং যে মানুষ আদর্শের বলে বলিয়ান তার সামনে বেতনভুক সেপাই কি করবে। তারা বেপরোয়া বোমার জ্বালায় নাজেহাল হয়ে পাঁচিল টপকে বিশ্ববিদ্যালয়ের মধ্য দিয়ে থানার দিকে পালালো আহত সঙ্গীদের নিয়ে। আধ ঘণ্টা পরে তারা আবার এল। এবার সংখ্যায় দেড় দুশো জন। ছেলেরা জানতো ওরা আবার আসবে। এবং আক্রমণ এবার আরো তীব্র হবে। তারা সে জন্য ভীত হয় নি। যোদ্ধার ধর্ম পালন করার জন্য নিজেকে প্রস্তুত রেখেছিল।

পুলিশ এবার পাল পাড়া বাজারের সামনে থেকে যে রাস্তা সেই রাস্তা ধরে গুলি চালাতে চালাতে সামনে আগালো। পালপাড়া বাজারের পিছনে কাঠ গোলা। কাঠ গোলার দক্ষিণ দিকে রেল লাইন উত্তর দিকে বড় ঝিল। সেখানেই মুখোমুখি হল দু'দল। একদলের হাতে আধুনিক মারণাস্ত্র অন্য দলের হাতে কিছু সাধারণ পটকা একটা দুটো পাইপগান আর রেললাইনের পাথর। একদল লড়ছে চাকরি বাঁচাবার তাগিদে অন্য দল লড়ছে এক বৈপ্লবিক তাড়নায়। প্রায় দু'ঘণ্টা চলল সেই লড়াই। দাঁতে দাঁত চেপে এক অসম লড়াই লড়ে গেল কটা সাধারণ ছেলে স্রেফ সাহস সম্বল করে। এক সময় অস্ত্র ফুরিয়ে গেল তাদের। আর বোম নেই পাথর নেই। এখন পশ্চাদপসারণ করতে হবে। প্রবল গুলি বৃষ্টির মধ্যে দ্রুত পালাতে গিয়ে কাঠ গোলায় কাঠের উপর শ্যাওলা ধরা বৃষ্টি ভেজা একটা বড় গাছের টুকরোর উপরে পা পিছলে গেল পাল পাড়ার গ্রুপের লিডার কাতুর। বোম শুদ্ধ আছাড় খেয়ে পড়ে গেল সে। ফেটে গেল হাতের বোমা। উড়ে গেল তার ডানহাত কবজি থেকে। ব্যাস দু'ঘণ্টার লড়াইয়ে এ পক্ষের এই একটা মাত্র ক্ষতি।

সত্তর সালের প্রথম দিকে ঘর ছেড়েছিলো জীবন। শীত গ্রীষ্ম বর্ষা নয়, অনেক রক্ত ধ্বংস চোখের জল অনেক বিপদ বিঘ্ন লাশের উপর দিয়ে পার হয়ে গেল একটা বছর। কলেজে ইউনিভার্সিটিতে পড়া মধ্যবিত্ত ঘরের ছেলেরা দেশব্রতী পড়ে শোনাচ্ছিলো জীবন নকুলদের কোথায় কোথায় বিপ্লবী কৃষক জনতা জোতদার জমিদারদের খতম করে পুলিশের অস্ত্র কেড়ে নিয়ে মুক্তাঞ্চল গঠন করে ফেলেছে। বলেছিল তারা— শহরে আমরা যা করছি তা ওই কৃষক সংগ্রামেরই পরিপূরক সংগ্রাম। রাষ্ট্র যন্ত্রের প্রধান পৃষ্ঠপোষক পুলিশ মিলিটারিকে এখানে আক্রমণ করে ব্যতিব্যস্ত রাখতে হবে। না হলে তারা সর্বশক্তি দিয়ে কৃষক সংগ্রামকে ধ্বংস করার কাজে ব্যবহার করবে।

নকশালবাদী ছেলেদের কাছে তেমন কোন অস্ত্র ছিলো না। তবু সীমিত সামর্থ দিয়ে আধুনিক অস্ত্র আর প্রশিক্ষিত বাহিনীর সাথে লড়াই করে যাচ্ছিলো যৌবনের অদম্য মনোবল আর আবেগ সম্বল করে। ফলে প্রচুর ক্ষয় ক্ষতি হয়ে যাচ্ছিলো তাদের। হীরের টুকরো ছেলেদের লাশে মর্গের লাশের গাদা ভরে যাচ্ছিলো!

এই সময় শুরু হল পাশের দেশ পূর্ব পাকিস্তানে তথা কথিত মুক্তিযুদ্ধের

ঘন ঘন লড়াই। একদিকে আওয়ামি লিগ অন্য দিকে খান সেনা। আওয়ামি লিগের পিছনে সব রকম সহায়তা নিয়ে দাঁড়িয়ে পড়ল ভারত সরকার। যার প্রধান মন্ত্রী ইন্দিরা গান্ধী। ভারতবর্ষ পাকিস্থানি নেতাদের চোখে এক হিন্দু তথা শত্রুরাষ্ট্র। ভারত আওয়ামি লিগের পাশে দাঁড়িয়ে যাওয়ায় ভারতের উপর রাগে পূর্ব পাকিস্থানে বসবাসকারি বাঙ্গালী হিন্দুদের উপর খান সেনারা শুরু করল খুন জখম বলাৎকার, লুটপাট। ফলে আর একবার ওপার বাংলা থেকে পলায়ন শুরু করলো প্রাণ ভয়ে ভীত নরনারী। আবার ও পাড় বাংলার সীমান্ত এলাকার বনগাঁ টাকি বসিরহাটে ভিড় জমাল দেশত্যাগী শরণার্থী বাঙালিরা।

আজ কাজ শেষ করে সন্ধে নাগাদ বাসায় ফিরে দেখে গরীব দাস— তার ছোট ভাই শশীকান্ত এসে বসে আছে। শশীকান্ত গরীব দাসের কয় ভাইদের মধ্যেএকেবারে ছোট। যখন সেই স্বাধীনতার সময় গ্রামকে গ্রাম উজাড় করে পূর্ব পাকিস্তান থেকে মানুষ ভারতবর্ষ পাড়ি দিচ্ছিলো সে কিছুতে আসতে চায় নি। গরীব দাস বার বার বলেছে মোগো লগে ইনডিয়া চল। একলা তুই এ্যাই দ্যাশে কেমনে থাকবি!

তার জবাব ছিল— তোমরা যাইতে চাও যাও, মুই যামু না।

মোরা হেইখানে কেমুন কইরা নিচ্চিন্দে থাকুম তরে ফালাইয়া! যদি তগো কিছু আপদ বিপদ হইয়া যায়! মেয়ারা যেরকম খেইপা উঠেছে!

বিপদ আপদ যা হয় হউক। আমি যামু না।

জিদ করিস না ছোড এই দ্যাশ আর আমাগো নাই। এইখানে আর কোন হিন্দু থাকতে পারবে না। বেবাকরে অরা মাইরা কাইট্যা ফালাইবে।

কালো শরীরটা ঝাঁকিয়ে বলেছিল শশীকান্ত— বিদ্যাশ বিজাগায় গিয়া রাজা হওনের চাইয়া চৌদ্দ পুরুষের ভিটায় পইড়া যদি পরাণ যায় সেও ভালো।

সেই শশীকান্ত আজ এত বছর পরে ইণ্ডিয়ায় কেন! বলে সে— থাকোন গেল না। তোমরা আসোনের পর পর এ্যাক দুই খ্যাপ মেয়াগো লগে হিন্দু গো কাইজ্যা ফাসাদ হইছে। তয় সে তেমন বড় কিছু না। এ্যাকবার কালী মন্দির খান পোড়াইয়া দিছিলো আর এ্যাকবার খান চাইর ছয় ঘরে লুট করেছিলো। তারপরে বেবাক পেরায় ঠিকঠাক আছিল। এই সনে শুরু হইছে এক্কারে নতুন বিপদ। পচ্চিম পাকিস্তান থিকা খানা সেনারা আইস্যা যারে পাইতে আছে গুলি মাইরা দিতে আছে। তাগো চক্ষে হিন্দু মোসলমানের কিছু বাছবিছ নাই। খালি বাঙ্গালী হলেই হইলো। মামুদের বড় পোলারে তোমরা দেইখ্যা আসো নাই? মইরা গেছে। নাইরকেল গাছে পিছমোড়া দিয়ো বাইন্ধ্যা পিডাইয়া পিডাইয়া রাজাকাররা মাইরা দিছে।

রাজাকাররা হে আবার কারা? বিমূঢ় গরীব দাস একটাই প্রশ্ন করতে পারে।

রাজাকার হইলো পূর্ববাংলার খান সেনগো বন্ধু দল।

ওরা মেয়া হইয়া আর এক মেয়ারে মারাতাছে কেন?

অখন আর মেয়া হিন্দুর বিবাদ অতটা নাই। শুরু হইছে বাঙ্গালী আর বিহারীর বিবাদ। বাঙ্গালীরা কয় আমাগে আলাদা দ্যাশ চাই। অরা কয় পাবি না। বাঙ্গালীগো দিক আছে মুক্তি সেনা ওইদিক আছে খানসেনা, রাজাকার। দুই দলে

বাঁধছে যুদ্ধ। পিঁপড়ার নাহাল মানুষ মরতে আছে। হাজার হাজার। নদীতে নাও ডোঙ্গা চালানো যায় না এত মড়া ভাসে। মোরা পরাণ লইয়া পলাইয়া আইছি কোন মতে।

বাড়ির আর সব কই! তোর বড় পোলা মাইয়া?

তাগো টাকির শরণার্থী ক্যাম্পে রাইখ্যা তোমাগো তালাশে আইছি। গেছিলাম খোলা দোলতলায়। বড়দায় তামাগো ঠিকানা দিছে।

জানতে চায় গরীব দাস— টাকিতে আবার ক্যাম্প হইছে নাকি!

হইছে তো। হাজারে হাজারে মানুষ আইয়া রইছে। পূর্ব বাংলায় আর মানুষ নাই। সব খালি কইরা আইসা ওইখানে ঠাই নিছে। কইতে আছে যুদ্ধ থামলে যে ফিরত যাইতে চায় ফিরত পাঠাবে। যে না যাইতে চায় তারে রাইখ্যা দিবে জমি জাগা দিয়া দণ্ডকারণ্যে। আমি কইছি, দণ্ডকারণ্যে গিয়াই থাকুম। আমার আর দ্যাশে যাওনের কোন ইচ্ছা নাই।

সেই উনিশশো ছাপান্ন সালের দণ্ডকারণ্য পূর্ণবাসন প্রকল্প তখনও চালু আছে। সরকারি সব রকম প্রচেষ্টা সত্ত্বেও তখনও পর্যন্ত ওই বিশাল অঞ্চলে আশানুরূপ জনসংখ্যা বৃদ্ধি করা হয় নি। কিছু কিছু রিফিউজিকে নানা ক্যাম্প থেকে নানা কায়দায় সেখানে পাঠানো হয়েছিল বটে কিন্তু তাদের বড় অংশই ওখানে টিঁকে থাকতে পারে নি। পালিয়ে এসে মিশে গেছে পশ্চিমবঙ্গে জন সমুদ্রের মধ্যে। ফলে দণ্ডকারণ্যের বিশাল বনাঞ্চল মানব শূন্য পড়ে আছে। কোটি কোটি টাকার বন সম্পদ পড়ে পড়ে বিনষ্ট হয়ে যাচ্ছে। মজুরের ওভাবে যা অভাবে সংগ্রহ করা যাচ্ছে না। এই কারণে আদর করে এদের নিয়ে যাওয়া হচ্ছে।

এবার সরকার আর আগের মত ভুল করছে না। কোন দেরী না করে টাকি থেকে সরকারি শিয়ালদহ এনে শরণার্থীদের তুলে দেওয়া হচ্ছে দণ্ডকারণ্যে ট্রেনে। মালকানগিরি উমরকোট পারালকোট নিয়ে নামিয়ে দেওয়া হচ্ছে তাদের। থাক এখানে যতদিন ইচ্ছা। যে কদিন থাকবি সেটাই লাভ।

কিছুক্ষণ পর শশীকান্ত বলে ওঠে— এইখানে আইসা যা দেখতে আছি আর যা শোনতে আছি তাতে বোঝতে আছি তোমাগো বেবাকের অবস্থা বড় খারাপ। এতো খারাপ যার পরে আর খারাপ বইলা কিছু হয় না। বড়দা মাইজদারে কইছি, তোমারেও কই— এই অবোস্থায় আর এইখানে থাইকা কি করবা! তার চাইয়া আমার একটা বুদ্ধি শোন, আমার লগে দণ্ডকারণ্য চইল্যা চলো। আমার ধারে দ্যাশ ছাইড়া আওনের ‘বর্ডার সিলিপ’ আছে। হেই দেখাইয়া নাম লেখাইয়া টাকির শিবিরে গিয়া ঢুইক্যা পড়ো। তারপর যেদিন নিয়া যায় থামু সব এক লগে।

সেইখানে শুনি শতেক বিপদ?

বিপদ আর কোনখানে নাই? পূর্ব পাকিস্তানে খুনাখুনি ভয়ে পলাইয়া আইলাম এইপাড়ে। আইসা শুনি এইখানেও মাইনষে মাইনষেরে পাডা ছাগোলের নাহাল কাটতে আছে। তাইলে আর যামু কই! যাই। আউগাইয়া দেখি সামনে কী আছে। হয় মরা নয় বাঁচা সবার যা হবে আমারও তাই হবে। ভাইগ্যা যা লিখা আছে ভোগাই লাগবে। এখন এয়ার চাইয়া বেশি কিছু ভাবি না।

বড়দায় কি কয়?

বড়দা মাইজদা সাইজদা বেবাকে রাজী। অহন তুমি কি করবা তাই কও। আমি তো বেশিদিন 'ডাক ফেল' কইরা থাকতে পারুমনা। যা কবা শুইনা যামু।

মনে হয়, শশীকান্ত যেন নিয়তি নির্দিষ্ট সেই পুরুষ যে শেষ সময়ে বার্ত্তা নিয়ে এখন গরীব দাসের দরজায় এসে দাঁড়িয়েছে। আজই সকালে হেমন্তবাবু গরীব দাসকে ডেকে বলে দিয়েছেন ঘর ছাড়ো। তোমাকে ভালো লোক ভেবে থাকতে দিয়েছিলাম। তুমি খারাপ সে আমি বলছি না। তবে তোমার ছেলে যা করছে তাকে কি বলা যায়! ওতো যেদিন আমাদের ছেলেদের হাতে পড়বে কি হবে তা দেখো। যে আমাদের এত ক্ষতি করছে তার বাপ মাকে আমরা দয়া দেখাতে পারি না। তিনদিন সময়, ঘর ছাড়ো।

বলে গরীব দাস— তাইলে আর কি! বড়দা মাইজদায় যহন যাইতে আছে যা থাকে কপালে আমিও যামু।

কিছুক্ষণ পরে জানতে চায় শশীকান্ত জীবোনের কথা যেন কি কি শোনালাম। হে অহন কই?

হতাশা ঝরে পড়ে গরীব দাসের গলা থেকে কেমনে কমু হে অহন কই। মরছে না বাইচা আছে ভগমানই জানে। আস্টো দশ মাস তার লগে দেখা সাক্ষাৎ নাই। মাঝে মাঝে এর তার মুখে খবর পাই সালামপুরে পালপাড়া ওইসব দিকে নাকি থাকে।

চোখ ছল ছল করে ওঠে গরীব দাসের। ফের বলে সে— কী কুক্ষণে যে এমুন কুলাঙ্গার পোলা আমার ঘরে আইছিলো কইতে পারি না। কোন পাপে যে ভগমান আমারে এই শাস্তি দিতাছে তা সেই জানে। এয়ার চাইয়া সেই আতুর ঘরে মইরা গেলে অনেক শান্তি আছিলো। দুই চাইর দিন কাইন্দা ভুইলা যাইতাম। অহন যা দশা মোনে কয় সারা জীবন কান্দা লাগবো। হয় জেল নয় খুন হইয়া যাইবে।

এবার গরীব দাসের চোখ থেকে ঝর ঝর করে জল পড়ে। গামছা দিয়ে চোখ মুছে বলে— জগতে যত রকম মহাভার আছে তার মইধ্যে বড় ভার বাপের কান্ধে পোলার মরা শরীল। কেডা জানে ভগমান আমারে দিয়া সেই ভারও বওয়াবে কি না!

শশীকান্ত বলে— আর একদিনও দেরী কইরো না। চইলা চলো। জীবোনেরে বাঁচাইতে হইলে এয়ার চাইয়া ভালো পথ আর নাই। হেইখানে কে কারে চিনে! অরে যেমুন কইরা পারো খুঁইজা বুঝাইয়া লগে লগে নিয়া গেলে হেইখানে গিয়া নতুন কইরা বাঁচতে পারবো।

সেদিন শশীকান্ত রয়ে গেল গরীব দাসের কাছে। সারা রাত বোমা আর গুলির শব্দের মধ্যে গভীর উৎকণ্ঠায় জেগে রইলো দুই ভাই। পরদিন সকালে শশীকান্ত ফিরে গেল টাকিতে আর গরীব দাস খুঁজতে বের হল জীবনকে। যে গরীব দাস একদিন দণ্ডকারণ্য যাবার নামে মুর্চ্ছা গিয়েছিল এবার সে স্থির করেই ফেলেছে জীবনকে নিয়ে সেই অরণ্যের অন্ধকারে গিয়ে আত্মগোপন করবে। এই হয়, পিছনে বাঘ যদি তাড়া করে সামনে যদি নদী থাকে সেই নদীতে ঝাঁপাবে। জলের কুমীরের কথা মাথায় আসবে না। ছেলের প্রাণ রক্ষার

জন্য উদগ্রীব এক বিপন্ন বাপ শেষ কালে সেই ভয়াল অরণ্যকেই সব চেয়ে নিরাপদ মনে করছে এখন। কিন্তু জীবন! জীবন কোথায়?

সেদিন তারপরের দিন এভাবে তিন চার দিন যে সব জায়গায় জীবনকে পাওয়া যেতে পারে সম্ভাব্য সমস্ত জায়গায় গরীব দাস খুঁজে বেড়ালো তাকে। এগলি ও গলি যেখানে যেখানে নকশালদের ঘাঁটি আছে। কাউকে জিজ্ঞাসা করার সাহস হয় না। তোমরা কি কেউ জীবন নামের ছেলেটাকে চেনো? বড় শ্যামলা উচ্চতা পাঁচ ফুট দুই ইঞ্চি মাথার চুল ছোট মাতৃভাষা বাংলা কপালের ডান দিকে একটা কাটা দাগ আছে। ভয় হয়, যারা ওকে খোঁজে ওরা জীবনের বাপ হবার অপরাধে তাকেও হেনস্থা করতে পারে। তাই কাঁধে একটা কোদাল ঝুড়ি নিয়ে চারদিকে চাতক চোখে তাকাতে তাকাতে অনরবত পাল পাড়া গরিফা কালিপুর সালামপুর প্রতাপ নগরের পথে পথে হাঁটে।

মেজ ছেলে যতন বলেছিলো— তুমি খুঁইজা পাবা না। আমি যাইয়া তালাশ করি। গরীব দাস এক ধমকে থামিয়ে দিয়েছে তাকে— তুই কই যাবি! এখন পাড়ার পোলা আর এক পাড়ায় যায় না। গেলেই ধরে মারে কাইটা ফালায়। আর তুই যাবি পাড়ায়! আমি বুড়া মানুষ, আমারে কেউ কিছু কবে না।

বিমলা কিছু বলে না। শুধু কাঁদে। মনের মধ্যে কুডাক ডাকে। কত ঠাকুর দেবতাকে মানত উপবাস করে পাওয়া এই সন্তান। তার জীবনটা যে এমন হয়ে যাবে কে তা ভাবতে পেরেছিল। বোধ হয় সেদিন ঠিকই বলে ছিল গগনের মা— খুড়ি, এক ফোটা মধুর অভাবে ছেলেটার সারা জীবন তেতো হয়ে যাবে। মধু তো কোন ছেলে মেয়ের মুখেই পড়ে নি। কিন্তু কারোর জীবন, জীবনের মত এত তেতো হয় নি। ভাবে বিমলা এক ফোঁটা মধু জন্ম মুহূর্তে মুখে দিতে পারলে ছেলেটা এত রাগী এত জেদী এত দুঃসাহসী নিশ্চয় হতো না। দয়া মায়া স্নেহ ভালোবাসার কিছু অন্তত থাকতো। তাহলে হয়তো খেটে খুটে বাপ মাকে খাওয়াতো। এখন আর ওর মন বলে কিছু নেই। মনটা একটা নিরেট পাথর।

সেদিন সকালে গরীব দাসের সাথে রাখাল মাস্টারের দেখা হয়ে গেল। বলে সে— জীবন রে খোঁজতে আছো তড়াতড়ি গেলে পাইয়া যাবা। মোর মাইয়া ট্রেনে কইরা আওনের কালে তারে সালামপুর রেল বস্তির সামনে লাইনের ধারে দাঁড়ানো দেইখ্যা আইছে। এহনই গেলে পাইয়া যাবা।

খবর পেয়ে রেল লাইনে ধরে সালামপুর বস্তির দিকে ছুটলো গরীব দাস। লেভেল ক্রশিং পিছনে ফেলে কিছুটা সামনে এগিয়ে চোখে পড়ল দরিদ্র মানুষের কুঁড়ে ঘরগুলো। ঘরের সামনে কিছু মানুষের জটলা। কে জানে কেন! জটলা দেখে কি এক অমঙ্গল ভাবনায় মন খারাপ হয়ে গেল তার। সেই মন খারাপ খুবই ভয়ের কারণ হয়ে গেল লাইন ধরে হেঁটে আসা দুজন মজুর শ্রেণির লোকের কথোপকথনে— বেশ হয়েছে। যেমন কর্ম তেমনই ফল। বার বার বারণ করেছি, শুনলি না। নে এবার বোঝ।

গরীব দাস তাদের কাছে কাঁপা কাঁপা গলায় জানতে চায়— কি হইছে ওইখানে? অত মাইনষের ভিড় ক্যান?

এক শালা পটল তুলেছে। হাঁটতে হাঁটতে জবাব দেয় দুজনের একজন। পটল তোলার মানে তো মরে যাওয়া। কি করে মরছে?

চোখ বুজে। বুঝলে বুড়োদা, চোখ বুজে চিৎপাত হয়ে অক্কা পেয়েছে। মানুষের মৃত্যুও মানুষের কাছে এমন রসিকতার বিষয় হয়! সে কোন হতভাগ্য মানুষ যার মৃত্যুতেও মানুষ শোকাভিভূত হয় নি! বুক দুরু দুরু করে গরীব দাসের। মৃত মানুষটা জীবন নয় তো? যে পথের সে পথিক তার পথের দুধারে তো নিহত মানুষের দীর্ঘ মিছিল। এই তো মাস দুয়েক আগে এই রকম এক মৃত্যু পথযাত্রীকে দেখে ছিলো গরীব দাস। সে কেঁদেছিলো আর লোকেরা হাসছিল। সে জল চাইছিল লোকে ব্যঙ্গ করছিল। জল? তোর মুখে মুতে দেবো। রক্তে ভেসে যাচ্ছিলো তার সার শরীর তবু লোকে তাকে মারছিলো। কি তার অপরাধ, কেন মানুষ তাকে এভাবে রাস্তায় ফেলে মারছে তা কাউকে জিজ্ঞাসা করতে পারে নি। দ্রুত সরে গিয়েছিল সেই ভয়াবহ দৃশ্যের সামনে থেকে।

এখন সরে যাবার কোন উপায় নেই। কে জানে সামনের মৃতদেহটা কার! টলোমলো পায়ে সে এসে দাঁড়ায় ভিড়ের কাছে। দেখা হয়ে যায় তারই মত আর এক মজুর কালো সোনা নস্করের সাথে। তার কাছে শোনে গরীব দাস— জীবন নয়, কোন এক রিকশাওয়ালা অত্যাধিক মদ খাওয়ার কারণে মারা গেছে। সে একাই এখানে থাকতো। বউ তাকে ফেলে কোথায় কোথায় যেন চলে গেছে। তার মৃতুতে এখানে কেউ চোখের জল ফেলার মত নেই।

জানতে চায় কালো সোনা— বুড়োদা তুমি এখানে ক্যান?

একবার ভাবে গরীব বলবে না। পরক্ষণে মন স্থির করে যাকে পুলিশ খোঁজে সিপিএম খোঁজে সেই নাম উচ্চারণ করে গরীব দাস— এইখানে জীবোন, তুমি কি তারে চেনো? আমি জীবোন রে খোঁজতে আইছি।

বলে কালো সোনা— অন্য কেউ জিজ্ঞেস করলি বলতাম চিনি না। তোমারে বলতিছি চিনি। তা তারে তুমি খোঁজো ক্যান? কাজের মজুরি নে মিস্ত্রির সাথে ঝামেলা হয়েছে?

না তা নয়।

তবে ওরে কি দরকার!

জীবোন আমার পোলা।

তোমার ছেলে! কোন জীবোনের কথা বলতেছো তুমি?

গরীব দাস একটু বিব্রত হয়ে বলে— ওই যে যারে মাইনষে চণ্ডাল জীবোন বলে চেনে।

সে কী! কোনদিন বলো নিতো, তোমার ছেইলে। আছে, বস্তিতেই আছে। দামোদর তারে খেতি ডেকে নে গেল। ওই যে কেথা শুকুচ্ছে ওই দামোদরের ঘর। চলো তোমারে দেখিয়ে দিছি।

এখানে পাওয়া গেল জীবনকে। কতদিন পরে পিতা পুত্রের সাক্ষাৎ। একটু যেন রোগা হয়ে গেছে। সারা শরীর মন এক অচেনা কাঠিন্য। গরীব দাসকে সে এখানে দেখে হতবাক। বাবা তুমি। বাড়ির বেবাকে বালো আছে? গরীব দাস একটু কেঁদে নিয়ে তার এখানে আসার উদ্দেশ্য খুলে বলে— মোর কপালে নিচ্চয়ই দণ্ডকারণ্যে মরণ লিখা আছে। নাইলে যে দণ্ডকারণ্য দশ বচ্ছর আগে যাই নাই এতদিন পর তোর কাকায় আইয়া যাওনের কথা কবে কেন? আমি ভাবতে আছি, এইখানে তো কোন কিছু ভালো হইলো না, হবার মত কোন

দিশ্য চোইখেও দেখি না। তয় একবার গিয়া দেখি হেইখানে, যদি কপাল একটু ফেরে। মোরা টাকি গিয়া নাম লেখামু। নাম লেখাইলে চাউল ডাইল চিড়া গুড় দিবে। কয় দিন পর নিয়া যাবে হেইখানে। তুইও আমাগো লগে চল।

কবে যাবা?

যেদিন তুই কবি। শশী বইসা আছে বেশি দেরী করা যাবে না।

যাবো না তোমাদের সাথে, এ কথা এখন বলতে পারছে না জীবন। সে জানে যে এখন, যখন রাষ্ট্রযন্ত্রের সব চেয়ে নির্মম হিংস্র আক্রমণ নেমে এসেছে দলের ছেলেদের উপর, রোজ কেউ না কেউ খুন হয়ে যাচ্ছে তাদের হাতে। সেই বিপদজনক সময়ে সাথীদের ফেলে চলে গেলে সেটা খুব ভালো উদাহরণ হবে না। সবাই তাকে পলাতক কাপুরুষ বলবে। কিন্তু সে যদি না যায়, বাবা মা ভাই বোন চিরকালের জন্য হারিয়ে যাবে সেই গভীর অরণ্যের অন্ধকারে। আর তাদের কোনদিন খুঁজে বের করা নাও সম্ভব হতে পারে। যদি সেই অজানা প্রদেশে গিয়ে তারা কোন বিপদে পড়ে যায় কাউকে সাহস দেবার জন্য পাশে পাবে না। তা ছাড়া জীবন যে তাদের যেতে বাধা দেবে তেমনও কোন উপায় নেই। কোথায় থাকবে তারা! তাই তাদের যেতে হবে। সেই জন্য জীবনকেও সাথে যেতে হবে। গিয়ে, তাদের রেখে, থাকতে ইচ্ছা না করলে ফিরে আসতে কতক্ষণ! জীবন ঠিক সেই অর্থে মতাদর্শের প্রতি সমর্পিত প্রাণ নিষ্ঠাবান রাজনৈতিক কর্মী নয় যারা শরীরে বোমা বেঁধে শত্রু দুর্গে ঢুকে বিস্ফোরণ ঘটায়। সে নিতান্তই এক অন্নদাস। জীবনের প্রতি পদে প্রতারিত ঘটনাচক্রে রাজনৈতিক কর্মকাণ্ডের অংশ হয়ে যাওয়া একজন আক্রোশী মানুষ। সে ভাবে, বিষয়টা যখন ভারতবর্ষের বিপ্লব, দণ্ডকারণ্যও তো ভারতবর্ষের বাইরে নয়। সেখানেও তো সুযোগ সুবিধা পেলে একটা ঘাঁটি, এলাকা গঠন করা যেতে পারে। যার নামে যুবসমাজ উদ্বেল হয় সেই চে গুয়েভারা তো নিজের জন্মস্থান ত্যাগ করে কিউবায় চলে গিয়েছিলেন! তার যাওয়াটা আজকের চোখে বিচ্যুতি হলেও কাল নাও হতে পারে।

কালকে, কালের কাছে গচ্ছিত রেখে বলে জীবন— কাইল আমি টাকি ইষ্টশনে গিয়া তোমাগো জইন্য দাঁড়াইয়া থাকুম। তোমরা তোমাগো মত চইলা যাইও। আমি ঠিক থাকুম চিন্তা কইরো না।

৬.

দণ্ডকারণ্য

প্রায় দু'সপ্তাহ গরীব দাস এবং তার পাঁচ ভাইসহ নতুন নাম লেখানো সব পরিবারকে সেই পুরাতন দিনের রিফিউজি ক্যাম্পের মত লাল ত্রিপলের তলায় রেখে দেওয়া হল টাকি রেল স্টেশনের সন্নিকটে এক মাঠে। যেখানে আগে থেকেই হাজার দশ বারো পরিবার রয়েছে। তাদের মল মুত্র ত্যাগের জন্য নির্দিষ্ট কোন জায়গা নেই। ফলে, আশেপাশে সেই মানবমল বর্জনের ফলে ভয়ানক দুর্গন্ধ। এখানেও ওদের জন্য বরাদ্দ হল সেই লাল কাঁকড় ধূলো মেশানো চাল ডাল। সেই কবে কতকাল আগে এই চাল দেওয়া হতো গরীব দাসদের। এখনো সেই গোডাউন খালি হয় নি দেখে অবাক হয় ওরা। এই সেই চাল যা দেখে সেই কতযুগ আগে বলেছিল তিন ট্রাক চাল– ডাল বোঝাই হয়ে এক ট্রাক চলে যায় চিড়িয়াখানায় পশুদের জন্য এক ট্রাক চলে যায় খুনি চোর ডাকাতদের জন্য, এক ট্রাক চলে আসে এই সব হতভাগ্য রিফিউজিদের জন্য।

এরপর একদিন সরকারি নির্দ্দেশে নির্ধারিত সময়ে যে যার নিজস্ব উদ্যোগে টাকি থেকে ট্রেন ধরে এসে পৌঁছালো শিয়ালদহের নর্থ সেকসনে। যেখানে তাদের জন্য অপেক্ষা করছে ট্রেন যার নাম রিফিউজি স্পেশাল। সেই স্পেশাল ট্রেনে শরণার্থীদের গাদা গাদি করে ভরে আউট লাইন দিয়ে ঘুরে ঘুরে তিন চারদিন অবিরাম চলে বহু পাহাড় জঙ্গল নদী ব্রীজ গুহা শহর নগর পার হয়ে অবশেষে এক সকালে সে ট্রেন পৌঁছালো মধ্য প্রদেশের আদিবাসী জেলা বস্তারের প্রধান শহর জগদ্দলপুরে। এখানে ট্রেন খালি করে সবাইকে নামিয়ে তোলা হতে লাগলো আবার ট্রাকে। ছুটলো সেই ট্রাক এক একখানা এক একটা দিকে। গরীব দাস এবং পাঁচ ভাইয়ের পরিবার সব এক ট্রাকে। নাম মিলিয়ে গুনে গুনে ট্রাকে তোলা অধিকারিককে বলে রেখেছিলো তারা যেইখানে দিবেন ছার আমাগো ছয় ভাইয়ের এক জাগায় দিবেন। তাই করেছে আধিকারিক।

এক ট্রাকে ভুল করে পাঁচ পরিবারকে তুলে ফেলে ফের নামিয়ে দিয়েছে পরের ট্রাকের জন্য। ওই ট্রাকে আর এক পরিবার তোলা যাবে না। ষোলর বেশি তোলার নিয়ম নেই। সে ট্রাক যাবে মালকান গিরি। সেটা উড়িষ্যার মধ্যে।

গরীব দাসরা যেটায় উঠলো এটা কোথায় যাবে? যাবে পারালকোট। পারালকোট একশো তেত্রিশটা ভিলেজ। এক দু'ট্রাক ভিলেজই যাবে। এই সব ভিলেজ একটা থেকে আর একটা দূরত্ব দশ মাইলের কম নয়। মাঝখানে আছে সেই নামে বুক হিম করা অরণ্য দণ্ডকের ঘন আকাশ ছোঁয়া গাছের জঙ্গল। কোথাও কোথাও তা এতঘন এত গভীর যে আকাশ ঢাকা পড়ে গেছে। চারদিকে ছেয়ে আছে এক সবুজ অচেনা অন্ধকার। এরই মধ্যে আছে সেই গোড় জনজাতির আদিম মানুষরা। যাদের দেবী বা দেবতার নাম আঙ্গা। যে রক্ত ছাড়া তৃপ্ত হয় না। এবং সব চেয়ে তৃপ্ত হয় নররক্ত পেলে। তাই আঙ্গার পূজারীরা সুযোগ পেলে আঙ্গার সামনে নরবলি দিয়ে দেয়। কোথাও কোথাও কবে কবে কত নর বলি দেওয়া হয়েছে গভীর জঙ্গলের সব কথা তো প্রকাশ হয় না। তবে যে দু' চারটা জানাজানি হয়েছে যে দু'চার জন্য পূজারীকে পুলিশ প্রশাসন ধরতে পেরেছে, সেই সংবাদে বুকে কাঁপন ধরে যায় যারা এখানে পূর্বে পুনর্বাসন পেয়ে এসেছে সেই সব শরণার্থীদের।

জগদ্দলপুর থেকে চার পাঁচ ঘণ্টা ট্রাক চলে যেখানে এসে একটু হাগামোতা চিড়ে জল খাবার জন্য থামা হল এর নাম মাড়োরা। সেই কবে কত যুগ আগে শোনা যায় বাদশা আকবরের সময়ে একবার রাজস্থানে ভয়াবহ আকাল পড়েছিল, তখন দলে দলে মাড়োয়ারি সম্প্রদায়ের মানুষ বেড়িয়ে পড়েছিল দেশ ছেড়ে ভাগ্যের সন্ধানে। ছড়িয়ে গিয়েছিল তারা ভারতবর্ষের নানা প্রান্তে। সেই মানুষদের একজন এখানে একটা মুদিখানা বানিয়ে আছে। ধন্য মাড়োয়ারী জাতের মানুষরা। আশে পাশে দশ পনেরো মাইলের মধ্যে কোন মানুষ নেই। শুধু পাহাড় আর জঙ্গল। এখানে একলা বসে আছে তার পণ্যসম্ভার সাজিয়ে ব্যবসা করবে বলে। ফেলে আসা জন্মভূমির কোন এক প্রিয় অঞ্চলের নামে নামকরণ করেছে এই জঙ্গলের মাড়োরা। এখন এখানে সপ্তাহে একদিন হাট বসে। তারই মত কিছু মাড়োয়ারী জিপ ভরে নানা দ্রব্য নিয়ে এসে বেচে আর কিনে নিয়ে যায় জঙ্গলের নানান জিনিস। আমলকি হরতকি বহেড়া কতিলা মধু আরো কত কি।

এটা একটা চৌরাস্তার মোড় এখানে একটা নাকা আছে। নাকার কর্মচারীরা পাহারা দেয় যেন জঙ্গলের বাঁশ কাঠ তেন্দুপাতা বেআইনি পথে পাশের রাজ্য অন্ধ্রপ্রদেশে পাচার হয়ে না যায়। পাহারা দেয় যেন এই পথে এত কষ্ট করে নিয়ে আসা রিফিউজিরা যেন না পালায়। এই সব মানুষ, এই সব অঞ্চলে এই সময় মূল্যবান। কারণ তারা পরিশ্রম করতে পারে। যাদের নাম মাত্র পারিশ্রমিকে খাটিয়ে নেওয়া যাবে। নাম মাত্র পারিশ্রমিকে মানুষকে দিয়ে খাটিয়ে নেওয়া যায় কখন? যখন তার পেটে দাউ দাউ আগুন জ্বলে। সে অবস্থা তৈরি করার ব্যবস্থা এখানে পাকা করা আছে। একবার খাঁচায় নিয়ে ফেলার অপেক্ষা।

কিছুক্ষণ পরে আবার ট্রাক চলা শুরু হল। দুধারে ঘন বনের মধ্য দিয়ে এবরো খেবরো কাঁচা রাস্তা। জঙ্গলের বাঁশ কাঠ তেন্দুপাতা এসব যাকে বনউপজ

বলে তা শহরে নিয়ে যাবার প্রয়োজনে এই রাস্তার নির্মাণ। রাস্তার উপর লাল ধূলো। প্রত্যেকটা লোক ট্রাকের পিছন পিছন ধাওয়া করে আসা ধুলোয় ধূলোময়।

মাড়োরা থেকে একটা ট্রাক সন্ধ্যার কিছু আগে পৌঁছে গেল যে ভিলেজে তার নাম্বার ছাপান্ন। মধ্য প্রদেশের দুটো অংশ। একটা বুন্দেলখণ্ড আর একটা ছত্তিশগড়। ছত্তিশগড়ে সাত জেলার এক বস্তার। যে জেলার প্রায় নব্বই শতাংশ জুড়ে ঘন বন। যার আয়তন কেরল রাজ্যের চেয়েও বড়। এই বস্তার জেলার উবর খাবর পাহাড় পাথর মুরোম কাঁকড় এক অজন্মা অঞ্চলের নাম পারালকোট। মধ্যপ্রদেশ আর উড়িষ্যার যে অঞ্চলকে দণ্ডকারণ্য প্রকল্পের আওতায় আনা হয়েছে সেখানে সারা ভারতবর্ষের তুলনায় জনসংখ্যার হার খুবই কম। ম্যালেরিয়া আন্ত্রিক আমাশয় মস্তিস্ক জ্বর এই সব রোগের প্রকোপে মৃত্যুর হার বেশি থাকায় জনসংখ্যা প্রয়োজন অনুপাতে বৃদ্ধি হতে পারে নি। অথচ মানুষের এখানে খুবই দরকার। মানুষ মানে চিন্তা শক্তিসহ এক শ্রমদানযোগ্য প্রাণী। আর এটা কেনা জানে যে শ্রমজীবী মানুষের শ্রমে ঘামের উপর দাঁড়িয়ে থাকে দেশের অর্থনীতির যাবতীয় স্তম্ভ।

বস্তার জেলার মাটির নিচে কত রকমের মূল্যবান খনিজ সম্পদ। লৌহ আকর কয়লা সাদা পাথর ডিনামাইট তামা ইউরেনিয়াম বক্সাইট ক্রোম ম্যাঙ্গেনিজ। মাটির উপরে আছে শাল সেগুন রীজা নীল গিরি লক্ষ লক্ষ আকাশ ছোয়া বৃক্ষ। এখানে শত শত মাইল জুড়ে পড়ে আছে অসংখ্য বাঁশের ঝাড়। যা কাগজতৈরীর এক আবশ্যিক উপাদান। এখানে আছে মহুয়ার হাজার হাজার বৃক্ষ। যার ফুলে মদ, ফলে তেল হয়। যে মদ যে তেল দামে বিকোয়। আর আছে তেন্দুলপাতার বিস্তীর্ণ জঙ্গল। যে পাতায় বিড়ি হয়। লক্ষ কোটি টাকার লেনদেন চলে এই পাতার ব্যবসায়। মধ্যপ্রদেশের রাজ্য রাজনীতিতে এই তেন্দুলপাতা লবির বিশাল ক্ষমতা। তাদেরই ইচ্ছায় সরকার গড়ে অনিচ্ছায় সরকার পড়ে। সবটা মিলিয়ে জঙ্গলের যা কিছু ক্রয় বিক্রয়যোগ্য সম্পদ যাকে বলে বনউপজ তার সিকি ভাগও মজুর অভাবে সংগ্রহ করা যায় না। এই অঞ্চলের ছড়িয়ে ছিটিয়ে বসবাস করে সে সব আদিম জনজাতির মানুষ তারা সভ্য জগতের মানুষকেই অসভ্য বর্বর অত্যাচারী বিবেচনায় দুরত্ব রেখে চলে। পারত পক্ষে তারা সভ্য মানুষের ধারে কাছে আসতে চায় না। আর সভ্য জগতের মানুষ তাদের কাছে গোন্দ মারিয়া মুরিয়া হল্ব দণ্ডামি এদের ভাষা অবোধ্য সংস্কৃতি দুর্বোধ্য ধর্মীয় অনুষ্ঠান খুবই ভীতিপ্রদ আর মানসিকতা জটিল। মনের ভাব প্রকাশ করার প্রধান বাহন ভাষা। দু'পক্ষ কেউ কারও ভাষার দেওয়াল ভেঙ্গে মনের মধ্যে উঁকি দিতে পারে নি বলে দু'পক্ষই দুপক্ষের কাছে আতংক।

এই ধরনের মানুষ দ্বারা সভ্য সরকারের আর্থ স্বার্থপূর্তি কার্যক্রম সুচারু রুপে সঞ্চালন করা কঠিন। তাই এমন একদল লোক চাই যাদের মনন চিন্তন চাহিদার সাথে সবাই পরিচিত। অবস্থার চাপে যারা দিশেহারা যাদের পেটের দাউ দাউ আগুন নির্বাপণের জন্য ঠিকেদার দ্বারা নির্দ্ধারিত নামমাত্র পারিশ্রমিকে শ্রম বেচতে বাধ্য। না বেচে এই ঘন জঙ্গলে করবেটা কি? তা না খেয়ে শুকিয়ে মরা ছাড়া এখানে কোন উপায় নেই। সব উপায় যে নাগালের বাইরে।

এই কারণে গত পনেরো ষোল বছর ধরে লোক সংগ্রহের আপ্রাণ চেষ্টা করে যাচ্ছে সরকার। বার বার সে চেষ্টা বিফল হয়েছে। এতদিন যা পারা যায় নি পারা যাচ্ছে। খান সেনা রাজাকারদের অত্যাচার অনন্তঃ ভারত সরকারের এই উপকারটুকু করতে পেরেছে। সেই ছাপান্ন সাল থেকে মাঝে মাঝে পশ্চিমবঙ্গের ক্যাম্প থেকে যেসব রিফিউজি পরিবারকে এখানে নিয়ে আসা হয় কড়া পাহারা বসিয়েও তাদের সবাইকে আটকে রাখা যায়নি। তারা পাহারাদারদের চোখে ধূলো দিয়ে বা ঘুষ দিয়ে জঙ্গল পথে হেঁটে হেঁটে পালিয়ে গিয়ে সেই পশ্চিমবঙ্গের রেললাইনের পাড়ে খাল ধারে ফুটপাতে রেলস্টেশনে আশ্রয় নিয়েছে। যারা পালিয়ে না যেতে পেরে দণ্ডকারণ্যে রয়ে গিয়েছিল তার কিছু মরেছে অনাহারে কিছু অপুষ্টিতে কিছু বিনা চিকিৎসায় কিছু ভুল চিকিৎসায়। এখানকার রোদ বড় কড়া মাটি বড়ই কঠোর তাই রোগইও বড় কঠিন। এক আন্ত্রিক যা জল বাহিত রোগ তাতেই শত শত লোক মরে যায়। এখানে পানীয় জলের কোন সুব্যবস্থা নেই। একশো পরিবারের ভিলেজ কোথাও একটা কোথাও দুটো টিউবওয়েল। সেগুলো যদি একবার খারাপ হয়ে যায় কবে মেরামত হবে কেউ জানে না। ফলে ডোবা নালার নোংরা জল খেয়ে যা হবার তা হয়।

সবটা মিলিয়ে এখানে এখন মানুষের সংখ্যা খুবই কম। এখন যে সব শরণার্থীদের নিয়ে আসা হচ্ছে তাদের এখানকার মৃত বা পলাতক পরিবারদের স্থলে রাখা হবে। তাদের নামে হাল বলদ সার বীজ জমি ঘর, যা যা বরাদ্দ ছিল দেওয়া হবে। তবে একটু সময় তো লাগবেই। লালা ফিতার ফাঁস বলে কথা।

গরীব দাসরা যেখানে এসেছে এই পারালকোটে একশো তেত্রিশটা বাঙ্গালী গ্রামের মধ্যে মধ্যে একশো কুড়িটা আদিবাসী গ্রামও আছে। এখানকার বাঙ্গালী গ্রামকে যেমন গ্রাম না বলে বলা হয় ভিলেজ তেমনি আদিবাসী গ্রামকে বলা হয় বস্তি। তবে আদিবাসী বস্তির প্রত্যেকের এক একটা নাম আছে, বাঙ্গালীর শুধু নম্বার। ছাপান্ন নম্বার ভিলেজ। একশোখানা ঘর বানিয়ে প্রথমে একশো পরিবারকে এনে রাখা হয়। যার সত্তর পরিবারই চলে গেছে। সেই চলে যাওয়া এক পরিবারের ঘর এখন গরীব দাস পাবে। এখানে ট্রাক থেকে নিচে নেমে দেখতে পায় গরীব দাস সেই শিরোমণীপুর ক্যাম্পের পাশের তাঁবুর সুবল সুতার আগে ভাগে এসে বসে আছে। বলে সে শ্যাষকালে তোমারাও আইলা। অহন যে কী করি বুইঝা কুল পাইতে আছি না!

অসুবিধা কি?

অসুবিধার কয়টা কমু।

সুবলের পাশের ঘর শচীন মণ্ডলের। সে সেই প্রথম দিককার আসা পরিবার। তাকে ডাকে সুবল— ও শচী দা, এই আমার শিরোমণীপুর ক্যাম্পের সময়ের চিনা গরীব দাদা। হে কয়, কি অসুবিধা। কী অসুবিধা একটু কও না।

আরে কও না অসুবিধা। বলে গরীব দাস— জমি জাগা দেয় নাই?

দেয় নাই আবার! শচীন বলে, দিছে, খুব দিছে। কপাল আমার তারে কি জমি কয়! একদিক উচা আর একদিক ঢাল। বিষ্টি যখন হইলো তখন জল। বিষ্টি থামলো জল গড়াইয়া নালায়। জল যদি জমিতে না খাড়ায় ধান চাষ হয় কেমনে? তার উপর মাটির এক দেড় হাত নিচে চুনের মতোন সাদা পাথর।

গাইতি মারলে টন কইরা ওঠে, আগুন ছেড়ে। এই জমিতে চাষ কেমনে করমু? ফসল কেমনে ফলামু?

একটু থেমে ফের বলে শচীন মণ্ডল— তয় ওই সব জমিতে আদিবাসিরা যা বোনে সেই কোদো কুট্টি মান্ডিয়া কুলতি এই সব বোনলে কিছু কিছু হয়। এই সব চাষে জল বেশি লাগে না, ছিডা ফোডায় চইলা যায়। যদি এই সব ছাতা মাতা খাওয়ার অভ্যাস করতে পারো তাইলে আমাগো মত এইখানে টিইকা পারবা। না পারলে তো পলান দেওয়া ছাড়া গতি নাই।

যা নাম কইলা এইখানে বেবাকে এই সব খায়? খাইতে পারে?

না পাইরা করবে কি?

ভাত খাওনা? খাই। মাসে এক দুইবার।

যেদিন শচীন মণ্ডল এখানে এসেছিল তার কিছুদিন পরে এল এক অফিসার। এর পদের নাম পাটোয়ারী। ম্যাপ খুলে ফিতে ধরে মেপে শচীন মণ্ডলকে বুঝিয়ে দিলো পুরো চার একের চাষের জমি। তবে তা এক লপ্তে নয়। একটা টুকরো আড়াই একর আর এক টুকরো দেড় একর। দেড় একরের প্রায় আধ একর জুড়ে দাঁড়িয়ে আছে একটা শিশু পাহাড়। বাকি জমিটা টিনের চালের মত কাত। এর কোথাও একটা ঘাসও গজায় নি। কোন কালে গজাবে তেমন ভরসা হয় না। কারণ সবটা জুড়ে শুধু মুরোম পাথর। আর আড়াই একর সেটায় এখন মাথা উঁচু করে আছে দোতলা তিনতলা সমান উঁচু জংলা গাছ। এ গাছে কোন খাওয়ার যোগ্য ফল ফুল হয় না। আসবাবও বানানো চলে না। স্রেফ জ্বালানি।

মাপ জোপ করা পাটোয়ারী ছত্তিশগড়ের বিলাসপুরের লোক। তবে বাংলা বোঝে। তার কাছে কাতর গলায় বলে শচীন মণ্ডল— এ আমারে কি জমি দিলেন ছার। এই জমিতে ফসল কেমনে ফলামু।

কর্তব্য বড়ই কঠিন জিনিস। কষাইকে পাঠা ছাগলের ব্যাচার দিকে কান দিতে হলে আসল কাজ করায় সমস্যা হয়। নির্বিকার ভাবে পাটোয়ারী ম্যাপে লাল দাগ মারতে মারতে বলেন— জমিটা খারাপ কীসে!

বড় বড় গাছ এইটায়, ওইটায় পাহাড়।

মুখের চামড়া একটুও না কুঁচকে বলে পাটোয়ারী— অফিস থেকে তোমাদের দা কুড়ুল সব দেওয়া হয়েছে কী মুখ দেখতে? যাও ভালো করে দা কুড়ুলে ধার দিয়ে কাজে নেমে পড়ো। গাছগুলো গোড়া থেকে কেটে ফেলো। ফেললে? ছোট ছোট টুকরো করো। করলে? এবার ওগুলো এক জায়গায় জড়ো করে শুকাতে দাও। যা রোদ দশদিনে শুকিয়ে যাবে। লাগিয়ে দাও আগুন, পুড়ে সাফ। এবার গাঁইতি শাবল দিয়ে গাছের গোড়াগুলো তুলে ফেলো। আবার শুকিয়ে দাও আগুন। এবার কি করবে বলো তো? জমিটাকে ছোট ছোট ভাগে ভাগ করে আল দিয়ে দাও। বর্ষার জল যাতে গড়িয়ে না যায়। ব্যস মনের সুখে চাষ করো, খাওদাও।

যা কইলেন তা করতে কত দিন লাগবে ছার!

কতদিন আর! মন দিয়ে খাটলে ছয় আট মাসে হয় যাবে। তাড়া নেই কোন ধীরে ধীরে করো। জমিতে আল দেওয়া হয়ে গেলে আমাকে বলবে। আমি লিখে

দেবো। সার বীজ সব পেয়ে যাবে।

যেন কোন সুখবর দিচ্ছে এমন ভাবে বলে পাটোয়ারী— এইসব কাজের জন্য মজুরি পাবে। এক একর জঙ্গল সাফের জন্য দেড়শো টাকা, এক একর আল পঁচাত্তর টাকা। আর কি চাই? সরকার চাল ডাল দিচ্ছে মাথা পিছু দুকিলো করে সপ্তাহে। এটা দিলো বাড়তি রোজকার।

এত সুসংবাদে পরেও কাতরায় শচীন মণ্ডল— জঙ্গল তো একদিন না একদিন সাফ হবে পাহাড় সাফ হবে না। আমারে ওই জমিখান বদলাইয়া দ্যান। ম্যাপ ভাঁজ করে কাগজ পত্র এ্যাটাচিতে ভরতে ভরতে বলে পাটোয়ারী— ওটা বদলানো তো আমার হাতে নেই। আমারও বস আছে। আমি তোমাদের থেকে এক পয়সা চাই না। কিন্তু তাকে রাজী করাতে হলে কমপক্ষে দুশো তো লাগবেই। যদি তুমি দু'শোর ব্যবস্থা করতে পারো—

কই পামু এত টাকা! দুইশো— ।

জানি আমি, তোমার কাছে এখন নেই। সেই জন্য বলছি আগে ওই আড়াই একর সাফ করো, আল দাও; বিল বানিয়ে দেবো টাকা পেয়ে যাবে। তখন তো অসুবিধা হবে না দুশো দিতে!

এর কিছুদিন পরে শচীন মণ্ডল গেল আর এক অফিসারের কাছে। এই পদের নাম সেবক। পাটোয়ারী জমি দিয়ে সেবা করেছে ইনি গরু দিয়ে সেবা করবেন! চাষের কাজের জন্য হাল বলদ একটি অতি প্রয়োজনীয় বস্তু। সেবক সাহেব তখন তার কোয়ার্টারে বসে টেবিলের উপর পা তুলে দিয়ে চা খাচ্ছে আর কোয়ার্টারের এক কোণে থার্ড ডিগ্রির আসামির মত জড়ো সড়ো হয়ে বসে আছে জনা কুড়ি নতুন আসা শরণার্থী। এদের কারো গলায় গামছা আর হাত দুটো জোড় করা নেই। তাহলে পুরনো দিনের সেই জমিদার কাছারির চিত্রটা একদম ফিট বসে যেতো।

চা খেয়ে কাপ নামিয়ে রেখে চাপরাশিকে চায়ের জল তোলার নির্দ্দেশ দিয়ে বসা লোকেদের দিকে অলস চোখে তাকায় সে। তারপর বলে— পাশের খোঁয়াড়ে গরু রাখা আছে, তোমরা দেখেছো নিশ্চয়। না দেখে থাকলে গিয়ে দেখে এসো। তোমরা কুড়ি জন গরুও কুড়ি জোড়া। একদম গোনা। না কম না বেশি। আমি যার নাম প্রথম ডাকবো সে গিয়ে প্রথম জোড়া বেছে নেবে। কী বুঝলে? যার নাম প্রথম ডাকবো।

সেবকের কথা শুনে শচীন মণ্ডলের বুকে কাঁপন শুরু হয়ে যায়। যদি তার নাম শেষে ডাকা হয়। আসবার সময় সে খোঁয়াড় দেখে এসেছে। গরুতো নয় সব যেন গরুর কংকাল। এ সব গরু খোঁয়াড় থেকে ভিলেজ পর্যন্ত্য হেঁটে যেতে পারবে কিনা তা কে জানে? কাল রাতে রায়গড় থেকে এসেছে এই গরু। ক্ষুধা তৃষ্ণায় কাতর সবার শরীর ধূলোয় ঢাকা। মুখে ফেনা চোখের কোণে পিচুটি। লেজ তুলে মাছে তাড়াবার ক্ষমতা নেই। বেছে খুটে নিতে পারলে এক জোড়ায় কোন মতে একটা চাষ তোলা যেতে পারে। সে সুযোগ যে না পাবে সে গরু নিয়ে গিয়ে ভাগাড়ে ফেলে আসা ছাড়া আর কিছু করতে পারবে বলে মনে হয় না। একটু থেমে বলে সেবক— এখন কথা হচ্ছে কার নাম আমি আগে ডাকবো? দেখি হাত তোলো! হু! সবাই চাইছো তার নাম আগে ডাকা হোক।

এভাবে হবে না। আমি তার নাম সবার আগে ডাকবো যে আমাকে দিয়ে তার নাম ডাকিয়ে নিতে পারবে। বুঝতে পারছো তোমরা আমি কি বলছি? খালি হাত যেমন মুখে ওঠে না খালি নাম মনে আসবে না। তাই যে আমার মুখ থেকে প্রথম নাম শুনতে চাও দুশো। তার পরের জন্য দেড়শো তারপর একশো। তারপর পঞ্চাশ। নাঃ তারপর আর চাই না সব ফ্রি একদম মুফতে।

শচীন মণ্ডল ঘাড় গুঁজে বসেছিল সেদিন। কি করবে! তার কাছে আত্মহত্যা করার জন্য বিষ খাবারও পয়সা ছিলো না। সে আর শুভ কিছু ভাবতে পারে নি। যা আছে ভাগ্যে সেই ভেবে বসেছিল ঘাড় গুঁজে। জঙ্গলের রাজত্ব কথাটা তার জানা সেটা যে কেমন ওই প্রথম জানতে পারছে। এখানে কোন ন্যায় নীতি নেই আইন কানুন নেই। যার হাতে ক্ষমতা সে মানুষকে যেভাবে পারে লুট করছে। যত দূর চোখ যায় কোথাও কোন মানুষ নেই। সব যেন একদল হৃদয়হীন হিংস্র লোভ লালসায় আকণ্ঠ ডোবা নর শিকারী, আর একদল তাদের কাছে ছাগল ভেড়ার মতো নিরীহ শিকার। এইসব মানুষের কাছে কোন কৃপা উপকার উপহার পাবার আশা করা অন্যায়। কি আর করা যাবে যা হবার তাই হবে বলে ভাগ্যের হাতে নিজেকে সমর্পণ করে দিয়েছিল সে।

সেই শচীন মণ্ডলও কারো কারো চোখে ভাগ্যবান বলে বিবেচিত হল তখন যখন বারো নাম্বারে তার নাম ডাকা হল। আট জন তখনো বাকি ছিলো যে।

সে সব গল্প বলে শচীন এখন আর নতুন আসা লোকজনের মন ভেঙ্গে দিতে চায় না। দু'চার দিনে সব আপনা আপনি জেনে যাবে।

জানতে চায় গরীব দাস— এখোন আমাগো কি হবে। কই থোবে আমাগো! কাউরে তো দেহিনা।

বসে সুবল সুতার— আইজ আর কেউরে পাবা না। সব আবে কাইল। রাইতটা যেইরকম সেইরকম কইরা কাটানো লাগবে আর কি! শচীনদায় কয় তাগো নাকি ছয়দিন খোলা আকাশের নিচে পইড়া থাকতে হইছিলো। হেইদিক দিয়া আমি ভাইগ্যবান। পরদিনই ঘর পাছি। তোমরাও পাবা খানে।

জীবন এই প্রথম একটা বড় সিদ্ধান্ত নেয়। বলে, এত খালি পইড়া আছে তয় আমরা এই মাঠে কেন থাকুম। এক এক পরিবার এক এক ঘরে ঢুইকা পড়ি। রাইতটা তো কাটুক। কাইল হেরা আইয়া যাবে যে ঘর দেয় দেবে।

সিদ্ধান্তে কোন ভুল ছিল না। কারণ পরের দিন দশটায় দুই তিনজন সরকারি কর্মচারী এসে যে পরিবার যে ঘরে ঢুকেছে তারই নামে লিখে দেয়।

পারালকোটের সব চেয়ে কাছের রেল স্টেশনটার নাম দ্রুগ। বাসে কিংবা ট্রাকে সেখানে পৌঁছাতে আট থেকে দশঘণ্টা লাগে। এই ঊনিশো একাত্তর বাহাত্তর সালে যখন এখানে দু'টাকায় মানুষ সূর্যোদয় থেকে সূর্যাস্ত পর্যন্ত খাটে তখন ছাপান্ন নাম্বার ভিলেজ থেকে দ্রুগের বাস ভাড়া পঁচিশ টাকা দ্রুগ থেকে দিল্লী রাজহরা ভানুপ্রতাপপুর বড়ে গাঁও কাপসী হয়ে ছাপান্নর উপর দিয়ে পাখানজুর, কেলে বান্দে পর্যন্ত যায় একটা বাস। একটা বাস সকাল বেলা বান্দে থেকে ছেড়ে যায় আর একটা বাস দ্রুগ থেকে ছেড়ে বিকেল বেলা বান্দে আসে। তবে কখনো সখনো এ পথে কাঠ বাঁশ তেন্দুলপাতা বোঝাই ট্রাক চলাচল করে। তাতে ভাড়া দিলে যাত্রী তুলে নেয়।

কাপসী থেকে এই পথে ছাপান্ন নাম্বারে ঢুকে বাঁ দিকের দ্বিতীয় ঘরটা সুবল সুতারের। আর গ্রাম শেষ হয়ে ডান দিকের একটা সরু পথ ধরে খানিকটা হেঁটে আট দশটা ঘর পিছনে ডানে বামে কিছু পাহাড় কিছু জঙ্গল কিছু চাষের জমি। উত্তরদিকে মাইল দুয়েক বোন পথে হাঁটলে একটা সরু পাহাড়ি নদীরও দেখা মেলে। যার কোথাও হাঁটু জল কোথাও গোড়ালি ডোবে। তবে বর্ষাকালে এ নদী বড় খরস্রোতা। এই নদীর পাড় ধরে পূর্ব দিকে মাইল তিনেক গেলে সেই গোন্দ জন জাতির আদিম মানুষের গ্রাম ডোণ্ডি। বস্ত্রের ব্যবহারে এরা এখনো অতটা পারঙ্গম নয়। তুলো দিয়ে সুতো বানিয়ে কি করে কাপড় বুনতে হয় তা তারা এখনো শিখে উঠতে পারে নি। জুম পদ্ধতিতে সামান্য কিছু চাষবাদ করে নিতে পারলেও তেল মশলার ব্যবহার কি করে খাদ্যকে সুস্বাদু করা যায় তাও এদের অজানা। মূলতঃ গরু মোষ শুকর মুরগী এই সব কিছু গৃহপালিত জীব জন্তু পোষা আর জঙ্গল থেকে শিকার ফলমূল আহরণ এই করে এরা বেঁচে থাকে। দেশ রাষ্ট্র সমাজের কাছে এদের বিশেষ কোনও দাবি নেই ক্ষোভ নেই এখন পর্যন্ত। বড় শান্ত সরল নিরীহ মানুষ এরা। কারো কোন সাতে পাঁচে নেই।

৭.

কুসুম

একদিন এক বিকালে যখন দুপুর বেলার রাগী সূর্য তার রোষ কিছুটা সংযত করতে শুরু করেছে, শাল সেগুন, আমলকী, মহুয়ার সবুজ পাতা ছুয়ে একটা নরম বাতাস হালকা সুরে গান গেয়ে দক্ষিন থেকে উত্তরের দিকে যাত্রা শুরু করেছে, সেই বাতাসে ভেসে আসছে সদ্য পাকতে থাকা মহুয়া ফুলের মাতাল করা গন্ধ তখনই ঘর থেকে বের হয়ে পূর্ব দিকের নেড়া পাহাড়ের মাথার দিকে তাকিয়ে অবাক হয়ে দেখলো জীবন যেন আকাশ থেকে এই বনের মাটিতে নেমে এসেছে এক লাল পরী। সে এদিকেই তাকিয়ে আছে। যেন হাসছে যেন জীবনকে ডাকছে। তার কালো চুলে বিনুনি বাঁধা লাল ফিতের উপর পড়ে ঠিকরে যাচ্ছে বিকেলবেলার পড়ন্ত রোদের সিঁদুর আভা। মুখ মণ্ডলে মুক্তোদানার মত বিন্দু বিন্দু ঘামে রোদের সোনা রঙের আহামরি শোভা। তার দুটো বড় কালো চোখে যেন ঝিলিক দিচ্ছে আমন্ত্রণ। আত্মহত্যার অমোঘ আমন্ত্রন।

জীবনদের ঘর থেকে পাহাড়টার দূরত্ব খুব একটা বেশি নয়। তবে কিছু চাষযোগ্য জমি কিছু ঝোপঝাড় পার হয়ে যেতে হয়। প্রায় সিকিমাইল লম্বা এই পাহাড়ের একটা মাথা গিয়ে মিসেছে বাস চলা রাস্তার গায়ে। ওদিক থেকে লোক জন বেশি ওঠা নামা করে বলে একটা পথ মত তৈরি হয়ে গেছে। পাহাড়ের মাথায় একটা মহুয়া গোটা কয়েক আমলকি একটা বেল গাছ আছে। সেই টানে কেউ কেউ আসে। পাহাড়ের ওপাশে ঘন জঙ্গল। সেই জঙ্গলে মাঝে মাঝে হরিণ ময়ুর নীলগাই চড়তে দেখা যায়। শোনা যায় পাখিদের কলকাকলি।

নিশিতে পাওয়া মানুষের মত উল্টো দিক থেকে ঝোপ ঝাড় ঠেলে খাড়াই বেয়ে পাহাড়ের মাথায় চড়তে থাকে জীবন। পাহাড়টা উচ্চতায় খুব বেশি নয়। আট দশ তলা বাড়ির মত হবে। সকালবেলার রোদ ওই পাহাড়টার জন্য জীবনদের উঠোনে আট দশ মিনিট পরে পৌঁছায়। পাহাড়ের শরীর জুড়ে কিছু

ছোট বড় গাছগাছালি থাকলেও মাথার একটা দিক একেবারে ন্যাড়া এবং সমান। অনায়াসে বাচ্চাদের সেখানে ডাংগুলি দাঁড়িয়াবান্ধা হাডুডু খেলতে পারে। হাঁপাতে হাঁপাতে উপরে পৌঁছে দেখে জীবন সত্যি সেখানে ভিলেজের দশ বারো বছরের কটা বাচ্চা ডাংগুলি খেলছে। ডাংগুলি বড় নিখরচার খেলা। একটা ছোট একটা বড় দুটো কাঠের টুকরোয় হয়ে যায়। জঙ্গলে কাঠের কি অভাব! কিন্তু এখানে সেই চুলে বিনুনি বাঁধা লাল পরী কই! পরী কোথাও নেই। তবে কী আমি ভুল দেখলাম। দেখটা একটা যুবা মনের আবেগী বিভ্রম। কল্পনা বিলাস! না, তা বা কী করে হয়। স্পষ্ট তার কপালে কাঁচ পোকার টিপ, গালের মুক্তোর দানা চোখের মরণ আহ্বান দেখেছে জীবন। সে দেখায় কোন ভুল হতে পারে না। যেভাবে হাসছিলো পরী যেন কত কালের চেনা সে হাসিতে আর একটু হলে প্রাণ উড়ে যেতো জীবনের।

ব্যাকুল চোখে চারিদিক তাকিয়ে তাকে দেখতে না পেয়ে একটা দীর্ঘশ্বাস ফেলে পাহাড়ে চড়ায় ক্লান্তিতে, কষ্টে, নিরাশায় একটা বড় পাথরে বসে পড়ে সে। বুকটা বড় মোচড়ায়। কেমন যেন কান্না কান্না পায়।

বাচ্চারা খেলছে আর তাকে দেখছে। দেখে বোবা ভাষায় নিজেদের মধ্যে কী যেন বলাবলি করছে। বোঝা যাচ্ছে সে আসায় বাচ্চারা ঠিক সন্তুষ্ট নয়। তাদের খেলায় কী যেন এক ছন্দ পতন ঘটে গেছে। শেষে এক সময়ে একটা বাচ্চা বলে তাকে— তুমি এইখান দিয়া যাও।

জীবন বলে— তোরা খেলতাছোস, খেলনা। আমি বইসা খেলা দেখতে আছি তো কি হইছে।

না, তুমি যাও। এখোন দিদির দান। তুমি না গেলে দিদি বইরাবেনা।

কোথায় তোর দিদি?

পলাইয়া রইছে।

পলাইছে ক্যান! আমি কি বাঘ ভাল্লুক? কেডা তোর দিদি?

চেনো না বুঝি! আমার দিদির নাম কুসুম।

কুসুম! কোন কুসুম? সুবল কাকার মেয়ে! সেই কথায় কথায় ঠোঁট উল্টানো নাকে কাঁদা অভিমানী, বাল্যবেলার খেলার সাথী! এতদিনে তো তার কথা একবারও মনে পড়েনি। গত কয়েক বছর যা ঝড় ঝাপটা গেল কিছুই আর মনে রাখা সম্ভব ছিলো না। এখন কুসুমের মুখটা মনে পড়তে অদ্ভুত এক ভালোলাগা আছড়ে পড়ল মনের দরজায়। সেই ছোট কুসুমই তাহলে আজকের গগন বিহারিণী লাল পরী! যে তাকে ডাকছিলো।

জীবন বলে, আমি কিছু কমুনা। ওরে ডাক। ক' আমি জীবোন।সেই শিরোমণীপুরের জীবন। কিছু করুমনা আমি। খালি একবার দেইখা চইলা যামু। ছেলেটা ডাকে, ও দিদি বাইরাইয়া আয়। এখোন তোর দান। জীবোন দায় তরে কিছু কইবে না। দেইখাই চইলা যাবে।

পাহাড়ের গায়ে ছোট ছোট কড়ড়্যা গাছের ঝোপ। কালো কালো বড় বড় পাথর। কোন ঝোপ কোন পাথরের আড়ালে কুসুম খাপটি মেরে বসে আছে তা কে জানে। জীবন ভয় দেখিয়ে তাকে সেখান থেকে বের করে আনবার চেষ্টায় বলে— ওই ঝোপে টোপে সাপখোপ আছে। বিছা আছে। তেমন তেমন সাপে

কামড়াইলে আর জল চাওয়া লাগবে না। কাইল সাত নাম্বারে এক জনকেই কামড়াইছে।

সাপ বিছার ভয় বড় ভয়। এসব প্রচুর আছে এখানে। পাথরের আড়াল থেকে বাইরে আসে কুসুম। তবে কাছে আসে না। দূরে দাঁড়িয়ে গলা বাঁকিয়ে ভুরু কুঁচকে বলে— কইয়া দে বিশ্ব, চইলা যাউক। এইখানে কি কাম। হে না গেলে আমি খেলুম না। আমি কার ক্ষতি করতে আছি? চুপচাপ বইসা তো রইছি।

চুপচাপ বইসাই থাকো। যেইখানে এতোদিন বইসা ছিলো সেইখানে গিয়া বইসা থাকো। এইখানে বসোন লাগবে না।

রাগ নয় এটা অভিমান। মনে মনে হেসে বলে জীবন— খেদাইয়া দিবা তো আমারে ডাইকা আনলা কেন।

আমি তোমারে ডাকছি! এই বিশ্ব তোরা শোনতে আছোস? কয় আমি নাকি ডাইকা আনছি। তগো লগে তো খেলতে আছি, তয় ডাকতে গেলাম কখন? কী মিথ্যাবাদীরে বাবা। এতো দিনে দুপারে মাইনষেরে চোর বানাইয়া দেবে। এমুন মিথ্যাবাদী আমি তো জীবোনে দেখি নাই।

সত্যি কইতে আছো? ডাকো নাই?

ঝংকার দিয়ে ওঠে কুসুম— তোমারে ডাকতে আমার বইয়া গেছে। তুমি আমার কেডা যে তোমারে ডাকতে যামু।

আমি তোমার কেউ না?

বিশ্বর দিকে তাকিয়ে বিনুনি দুলিয়ে বলে কুসুম— কেউ হইলে, কতদিন হয় আইছে, এতদিনও আমাগো ঘরের দরজায় গিয়া খাড়ানোর সোমায় হইলো না? কুসুমডা মরছে না বাঁইচা আছে খবর নেবার গরজ হইলো না। হে আবার কয় আমি তোমার কেউ না! কোন মুখে কয়? তারে ডাকনের আমার কি এমন গরজ!

এবার জীবনের দিকে ফিরে আবার বলে— যাও তুমি। আমার লগে আর তোমার কিছু নাই। বেবাক কাটাকুটি। কথার শেষে কুসুমের চোখ চিক চিক করে ওঠে। ওই জল কণায় কিশোরী মনের অনেক অকথিত বেদনার ঢেউ।

কষ্ট হচ্ছে জীবনের। ভালোও লাগছে। হৃদয়মন মথিত করে যা উঠছে তা এক মিশ্র অনুভূতির বাধভাঙ্গা জলোচ্ছাস। তার সাথে এমনভাবে এমনভাষায় কেউ কোনদিন কথা বলে নি। এ ভাষা মুখের নয়, মনের। ক্ষোভের নয়, আবেগের। এ ভাষা অভিধান দিয়ে নয় অনুভূতি দিয়ে অনুবাদ করে নিতে পারলে যা পাওয়া যায় তা ব্যাখ্যার অতীত। যদি যুক্তি বুদ্ধির পোস্টমর্টেম টেবিলে ফেলে চেরাই ফাড়াই করা হয় তবে তা পথহারা প্রাণহারা হয়।

কিছুক্ষণ পরে কুসুম একটু শান্ত হলে ধীরে ধীরে বলে জীবন— কত বচ্ছর তোমার লগে দেখা নাই। এত বচ্ছর কই ছিলাম কেমনে ছিলাম, কী অবস্থায় মইধ্যে পইড়া এইখানে আইছি, ক্যান তোমাগো ঘরে যাই নাই কিছুই না শুইন্যা না জাইন্যা শুধা আমারে দোষারোপ কইরা গেলে আমি তার কি জবাব দিমু। বেশ যাইতে কইতে আছো, তয় যাই গিয়া।

জীবন পাথর থেকে উঠে দু'পা সামনে আগাতেই কুসুম একটু এগিয়ে

আসে— দেখতে আছো বিশ্ব তেজ দেখতে আছোস?এইনো তেজ কম নাই। জিগা কার উপার এত তেজ দেখায়! আমি কাউর তেজের ধার ধারি না। ধরমু ক্যান? আমি কোন দোষ করি নাই। কয় না চোরের মার বড় গলা। হেই দশা হইছে তোর জীবন দার। দোষও করছে আবার তেজও দেখাবে। যার গায়ে মাইনষের চামড়া আছে সে দোষ করলে কেউ কিছু কইলে চুপ কইরা শোনে। আরনা হইলে কয়, ভুল হইয়া গেছে। আর এইরকম করমু না। দোষ কইরা স্বীকার করলে মাইনষে তারে কী মাইরা ফালায়, না মাফ কইরা দেয়।

ভুল হইয়া গেছে। বলে জীবন— এবারের মত মাফ কইরা দাও। অর কোনদিন এমুন ভুল করমু না। এই তিন সত্যি করলাম।

এবার একেবারে সামনে এগিয়ে আসে কুসুম। তার চোখে মুখে চলনে বিজয়ীনির দৃপ্ত ভঙ্গিমা। না, সেই বাল্যবেলার খেলাঘরের কুলকুল অমৃত ঝরনা শুকিয়ে মরুভুমি হয়ে যায় নি। বালুরাশির নিচে এখনো একটু প্রস্রবণ আছে। আর জীবন? মুগ্ধ চোখে বাকহারা জীবন প্রাণভয়ে দেখে তাকে। এ সেই বাল্যকালের খেলার জীবন প্রাণভরে দেখে তাকে। এ সেই বাল্যকালের খেলার সাথী বনবাসী সীতা নয়, এ যেন রাজ রাজেশ্বরী সোনার প্রতিমা। জনক রাজার দুহিতা। যার সারা শরীর জুড়ে মহার্ঘ্য সব সম্পদ ভরে পড়ে আছে। চুল চোখ ঠোঁট চিবুক গাল বুক কোমর পায়ের পাতা সব প্রকৃতির অকৃপণ সম্ভারে পরিপূর্ণ। কোথাও কম কোথাও একটু বেশি নাই। যেখানে যা যতটুকু প্রয়োজন ঠিক ততটুকু দিয়ে রেখেছে কোন এক দক্ষ প্রতিমা শিল্পী।

কী দেখতে আছো?

কতদিন তোমারে দেখি নাই। কত বড় হইয়া গেছো। শিরোমণীপুর গিয়া যাওনের পর কোম বছর তো হয় নাই।

হ' তা পেরায় দশ বচ্চর।

কই আছিলা এতো দিন?

এই দুই কোথায় কেমনে কমু কই ছিলাম আর না ছিলাম কি করছি আর না করছি সেই মহাভারত। একদিন বইসো আমার ধারে তখন সব কমু।

একটা লম্বা শ্বাস, যেন বুক থেকে ঝেড়ে ফেলা স্বস্তির নিশ্বাস ফেলে বসে কুসুম— যাউক শেষ মেষ তবু আইলা তো! আমার মোন কইতো একদিন না একদিন ঠিক তোমার দেখা পামু। তোমার মোন কইতো না?

জীবন জবাব দেবার আগেই বাচ্চারা ডাকে— ও কুসুমদি, খেলবি আয়।

তরা খেল। কুসুম বলে ওঠে , আমার দান আমি ছাইড়া দিলাম।

সূর্য ডুবে যাচ্ছে। শাল সেগুন মহুয়া আমলকি পাতার ফাঁক থেকে চুঁইয়ে নামছে জাফরি রোদ। পাহাড়ের মাতায় ছাতার মত মেলা মেলা ঘন নীল উদার আকাশ। আকাশে সাঁতার কাটছে এক ঝাঁক মুক্ত বিহঙ্গ। সেদিকে তাকিয়ে বুক কাঁপিয়ে একটা ঝোড়ো বাতাস বের হয় জীবনের। ওরা কত সুন্দর, কত সুখী ওরা। মানুষের জীবন কেন ওই রকম হলো না। কেন তাদের জীবন দুঃখ কষ্ট অত্যাচারে ভরা! কেন মানুষ মানুষের জীবন এত দুর্বিসহ করে দেয়!

কুসুম বলে— কিছু কও।

কি কমু?

যা তোমার মনে লয়।

বলে জীবন— আমার কথা পরে কমু। এহন তোমার কথা কও। শিরোমণিপুর থিকা কই গেছিলা তোমরা।

প্রেথমে গেছিলাম গরবেতা। কিছুদিন আছিলাম সেইখানে। তারপর গিয়াছিলাম কিছুদিন রানাঘাট। সেইখানে থিকা আইছি এইখানে।

জীবনের মত জটিল নয়, কুসুমের ছোট জীবন নিস্তরঙ্গ। কাল প্রবাহের ঘাত প্রত্যাঘাত তাকে সেভাবে চূর্ণ করতে পারে নি। তাই মনে কোন দাগ আঁচড় রক্ত ক্ষরণ নেই! আছে শুধু একান্ত গোপন একান্ত আপনার একটা নিটোল স্মৃতি। যা সে এত কাল ঝিনুকের মুক্তোর মত মনের কন্দরে ঢেকে রেখে দিয়েছিল। উতল হাওয়া না এলে তা হয়তো চিরকাল ঢাকাই রয়ে যেতো। এই হাওয়ার নাম জীবন।

শিরোমণীপুর ক্যাম্পের জীবন কুসুমদের তাঁবুর সামনের দিকের লাইনের এক কোনার দিকে থাকতো আভা আর মিনতি। আভা একটু বড় আর মিনতি তার চেয়ে বছর দুয়েকের ছোট। এক দুপুরে যখন সারা ক্যাম্প গরমে হাঁস ফাঁস করছে আভা এসে জীবন আর কুসুমকে ডেকে নিয়ে গেল স্কুলের ফাঁকা ঘরে— চল বর— বউ বর— বউ খেলবো। মিনতি স্কুলেই অপেক্ষা করছিল। তার কাছে ছিল একগাদা মাটির পুতুল। মাটির পুতুলের বিয়ে বিয়ে খেলায় ওরা আর মজা পাচ্ছিলো না বলে জ্যান্ত পুতুল ধরে নিয়ে এসেছে। আভা সাজলো জীবনের অর্থাৎ বরের মা আর মিনতি কনের মা। তারপর ছেলের মা মেয়ে দেখলো মেয়ের মা দেখলো ছেলে। দেনা পাওনার কথা হল। তারপর গোধূলি লগ্নে গোল পাতার মালা বদল করে গন্ধর্ব মতে বিয়ে হয়ে গেল জীবন আর কুসুমের। বউ ভাতও হল। ধূলোর ভাত কলাপাতায় রেখে দূর্বা ঘাসের চচ্চরি দিয়ে সে কি খাওয়া। দু'চার জন নেংটা, পোদ ছেড়া, নাকে পোটা, বিশিষ্ট অতিথিরও আমন্ত্রণ হয়েছিল বিনা নিমন্ত্রণেও এসেছিল কেউ কেউ। সবটা মিলিয়ে হয়েছিল একটা সর্ব্বাঙ্গ সুন্দর বিবাহ বাসর।

খেলা শেষে তাঁবুতে ফেরার সময় স্বামীর অধিকারে কুসুমকে বলে দেয় জীবন আইজ থিকা কিন্তু তুই আমার বউ হইলি। মোনে থাকে য্যান। আমি যা কমু মাইনা চলবি। নাইলে কিন্তু পিডামু। চলবি তো?

মাথা নেড়ে জানিয়ে ছিল কুসুম— চলবে।

সেই কথাই কি এখন মনে পড়ে গেল নাকি কুসুমের। একটু লজ্জিত হেসে বলে সে— তোমার ছোডবেলার কথা কিছু মোনে নাই?

ছোড বেলার কত কথা। সব কি ভোলা যায়! বলে জীবন।

কও তো।

তারে একবার মারছিলাম। তুই— ইসে— তুমি আমার বাপেরে কইরা মাইর খাওয়াইছিলা।

আর কিছু মোনে নাই?

একবার রাম সীতা সেজে বনে গেছিলাম।

পায়ের বুড়ো আঙ্গুল দিয়ে একটা ছোট পাথর নাড়াতে নাড়াতে বলে কুসুম— রাম সীতা যে বনে গেছিলো এই সেই দণ্ডকারণ্য। জগদ্দলপুরের ওই

দিক সেই চিত্রকূট পাহাড় আছে।

জীবন বলে— চৌদ্দ বছর নাকি এই খানে ছিলো। কেমনে আছিল আমি তো ভাইবা পাইনা। চাইর দিক পাহাড় আর জঙ্গল। এইখানে যদি আমরা মইরাও যাই কেউ টের পাবে না। যদি কোনদিন বাংলা ধ্বংসও হইয়া যায় আমরা কিছু জানতে পারমু না। শোনতাম মাইনষেরে কালাপানি জেল দেয়। আমরা যেন সেই রকম জেলে পইড়া আছি। দ্যাশ দুনিয়ার কোন খবর জানি না। আমি তো এই কয়দিনে হাঁপাইয়া গেছি। বোঝতে বোঝতে পারতে আছি না কেমুন কইরা এইখানে থাকুম।

আকাশের দিকে একবার তাকায় কুসুম তারপর মাটির দিকে। তারপর বলে— আমার বাপেও ওই কথা কয়, কেমনে থাকুম কেমনে বাঁচুম। আমি কই যামু কই? কত বচ্ছর তো কোথায় না কোথায় ঘোরালাম। যেইরকম পাগোল হইয়া উঠছে। কোনদিন আবার কই গিয়া যে ফালাবে তা কইতে পারি না। গরীব কাকারে কইও য্যান বাবারে এট্যু বুঝাইয়া কয়। য্যান আর পাগলামো করে না। কত মানুষ আছে আমরাও থাকতে পারমু। একটু থেমে জীবনের দিকে তাকিয়ে যেন মিনতি মাখা গলায় বলে— তুমিও যাইও না। যাবা না তো?

ছাপান্ন নম্বর ভিলেজ যেখানে, তার পাঁচ কিলো মিটার ব্যাসার্ধের মধ্যে কোন জনবসতি নেই। যত দূরে চোখ যায় শুধু জঙ্গল আর জঙ্গল। এই ঘন জঙ্গলের মধ্যে ভিলেজটা যেন স্বজন স্বদেশ হারানো শোকে সারা দিন ঝিম মেরে পড়ে থাকে। হাসি গান গল্প যাত্রা কথকথা কবির গান যা ছিল পুব বাঙলার মানুষের স্বাভাবিক প্রবৃত্তি সে সবের মুখে যেন পাথর চাপা পড়ে গেছে। আর কেউ কারও সাথে প্রাণ খুলে গল্প করে না হাসে না। সারা দিন মাঠে মাঠে খেটে এসে রাত নামার সাথে সাথে যে যার ঘরে ঢুকে দরজা বন্ধ করে। রাত এখানে খুব অন্ধকার। রাত এখানে এক অজানা ভয়ের বিষয়। রাত নামলে পথে আসে রাতচরা শিকারী জন্তুর দল। সেই ভয় থেকে রক্ষা পেতে যেন প্রাণ নিয়ে গুহায় ঢুকে যায় মানুষ। এ কী জীবন। যেখানে অনবরত এক গা ছমছম ভয় তাড়া করে বেড়ায়।

এখানেও হাঁ মুখ মেলে আছে সেই নিদারুন অনাহার। কোদোকুট্টি, মান্ডিয়া ভুট্টা আর না হলে সরকারি গুদাম থেকে পাওয়া সাবসিডির গন্ধওয়ালা আতপ চাল দলা দলা ভাত। এই দিয়ে কোনমতে পেটটা ভরিয়ে পশুর মত পড়ে থাকা। প্রাণ যদি নাও বা যায় কিন্তু এভাবে বেঁচে থাকাও তো একটা যন্ত্রণা। যেভাবে জন্তু জানোয়ার বাঁচে

সেই আহার নিদ্রা প্রজনন— এভাবে বাঁচায় মানব জীবনের সার্থকতা কোথায়! তাই জীবনের মন এখানে টিকছে না। কিন্তু কুসুম। কুসুম যেন তাকে বেঁধে ফেলতে চাইছে।

কী হইলো চুপ কইরা গেলা যে! কিছু কও।

তোমার এইখানে ভালো লাগে?

সত্যি কথা যদি জিগাও তো কই, আগে ভালো লাগতো না। অখন একটু একটু কইরা ভালো লাগতে আছে।

ক্যান?

কি ক্যান?

আগে ভালো লাগতো না অহন ভালো লাগতে আছে।

কমু?

কও।

কাউরে কবা না?

কমু না

তুমি আইছো যে। কয় না মোন ভালো তো বন ভালো। এইখানে তো তুমি আছো, অন্যখানে কেডা আছে!

বাচ্চাদের খেলা শেষ হয়ে যায়। একটু নিচে নামার পালা। চলতে চলতে কুসুমের ভাই বিশ্বকে বলে জীবন— কাইল আবার আসিস। তগো এট্যা নতুন খেলা শিখামু। বিশ্ব তাকায় কুসুমের দিকে। কুসুমের চোখে মুখে ফুটে ওঠে মৌন সম্মতি। চলতে চলতে বলে কুসুম— তোমাগো ঘরে তোমার তালাসে দুইবার গেছি। খুড়িমা কয় নাই?

না তো! কইলে তো!। তুমি কি কইছো জীবনদারে তালাস করি?

হেই কথা কেমনে কমু। এহোন বড় হইয়া গেছি। লজ্জা করে না বুঝি! খুড়িমায় কি না কি ভাববে।

পাহাড়ি ঢালু পথ বেয়ে নামতে নামতে কুসুম জীবনের হাত ধরে। সেই ছোটবেলায় যেমন ধরতো। বলে শক্ত কইরা ধইরো পইড়া না যাই।

এটা মহুয়া ফুল ফোটবার কাল। চারিদিকে বাতাস কেমন মাতাল মাতাল ঘ্রাণ মন কেমন কেমন করা এক ভালোলাগার উদাসী সুর। মহুয়া ফুল গ্রীষ্মকালে ফোটে। ফোটার সময়কাল এক থেকে দেড় মাস। এই ফুলে মদ হয়। আদিবাসী সমাজে জন্ম থেকে মৃত্যু পর্যন্ত সুখে শোকে আনন্দ আহ্লাদে মদ এক অতি আবশ্যক সামগ্রী। মহুয়া ফুলের তাই খুবই কদর। সম্বলপুর থেকে জীপ ট্রাক নিয়ে বস্তার জেলার হাটে হাটে শেঠরা মহুয়া কিনতে আসে। এই অঞ্চলের বহু মানুষ জঙ্গল থেকে মহুয়া কুড়িয়ে শুকিয়ে তাদের কাছে বিক্রি করে নিত্য প্রয়োজনীয় জিনিস কেনে।

জীবনদের এখন দুটো পয়সা হাতে আসছে। জীবন তার দুই ভাইকে সাথে নিয়ে জঙ্গলে মহুয়া কুড়াতে যায়। ওদের সঙ্গী হয় কুসুম আর বিশ্ব। পাঁচ জনে দল বেঁধে খুব ভোরে ভোরে চলে যায় গভীর জঙ্গলে। তাড়াতাড়ি না গেলে পশু পাখিতে মহুয়া ফুল খেয়ে নেয়। তা না হলে অন্য কেউ গিয়ে গাছ দখল করে বসে পড়ে। জঙ্গলের গাছ যে আগে দখল করে ফুল তার। ওরা সকাল দশটা পর্যন্ত ফুল কুড়িয়ে রোদ তেজ হবার আগে ফিরে আসে। সূর্য মাথার উপর এসে গেলে রোদের তেজ বেড়ে যায়। মাটি তেতে ওঠে, বাতাসে লু চলে। লু গায়ে লাগলে চামড়া ঝলসে যায়। সান স্ট্রোকেও কেউ কেউ মারা যায়।

এখনো গরীব দাস জমি পায় নি। বিশেষ কোন রোজগার নেই। যা সরকারি গুদাম থেকে সাবসিডি বাবদ পায়। তাতেই সংসার নির্বাহ। জীবন ঘরে ফিরে স্নান করে যা জোগাড় আছে তা খেয়ে বিশ্রাম নেয়। বিকালে সেই নেড়া পাহাড়ের মাথায় খেলা গল্প হাসি। হাজারো সমস্যা অপূর্ণতার মধ্যে এইটুকু যা একটু নিটোল শান্তির সময়। মনের মধ্যে যার রেশ সারাক্ষণ জেগে থাকে।

জীবন আর কুসুমের একটা কিছু চলছে এ খবর ভিলেজের কারো কাছে আর অজানা নেই। এ এক বিপন্ন সময়। মানুষ নিজেকে নিয়ে ব্যস্ত। তা না হলে এই নিয়ে গ্রাম সমাজে একটা হৈ চৈ যে হয়ে যেতো সেটা সত্যি। বারো জায়গায় মানুষ অবস্থা বিপাকে এক স্থানে থাকলেও এখনো কে কী করছে আর না করছে সে নিয়ে মাথা ঘামাবার অবকাশ পাচ্ছে না। জীবন আর কুসুমের পক্ষে এটা শাপে বর হয়ে গেছে। বিনা সংকোচে বিনা দ্বিধায় দু'জন দু'জনার সাথে মিশছে, সময় কাটাচ্ছে, স্বপ্ন দেখছে। ভিলেজে কুসুমের সম বয়সী মেয়ে যা দু'চারজন আছে, গ্রাম্য বিচারে যাদের বিয়ের বয়েস হয়ে গেছে, কিন্তু বর্তমান অবস্থার কারণে বিয়ে হতে পারছে না, তারা কুসুমের ভাগ্যে খানিকটা হলেও ঈর্ষাতুর। আর ভিলেজের অল্প বয়সী বউ ঝিদের কাছে অবসরকালীন মুখরোচক আলোচনার বিষয় হচ্ছে কুসুম আর জীবন।

সমাজ কাঠামো আর আগের মত আঁটো সাঁটো নেই। দেশত্যাগ জনিত মনে কষ্ট দারিদ্রজনিত অনাহার অর্দ্ধাহার বিদেশে বসবাস এবং সরকারী কর্মীদের অমানবিক ব্যবহারে ভবিষ্যৎ নিয়ে অনিশ্চয়তা সব মিলিয়ে রক্ষণশীলতার ভিত্তিটা নড়বড়ে হয়ে পড়েছে। এখন যে সব ঘরের বউয়ের মুখ পর পুরুষ কোনদিন দেখতে পায় নি তারাও মাথায় বোঝা নিয়ে মাঠে ঘাটে পুরুষের সাথে সমান তালে ছুটছে। এই দুঃসহ সময়ে বেচারা কুসুম তাকেও তো বিড়ির পাতা ভাঙ্গতে মহুয়া কুড়াতে, কাঠকুটো আনতে এদিক সেদিক যেতে হয়। তখন হয়তো জীবনকে দেখে একটু হাসছে। বয়েসের ধর্ম। এটুকু মেনে নিতে হবে। এই ভেবে সুবল সুতারও মেয়েকে কিছু বলে না। আর তুলসী? তার আশা অনেক বড়। সে এখন যদি জীবন আর কুসুমের বিয়ে দিয়ে দিতে পারে তো হাতে চাঁদ পায়।

একদিন বিমলা আর তুলসীর মধ্যে এনিয়ে আভাসে ইঙ্গিতে ধরি মাছ না ছুঁই পানি গোছের কথা চালাচালি হয়। কথপোকথনের মধ্যে দিয়ে দু'পক্ষই দু'পক্ষের মনোভাব খানিকটা অনুমান করে নিতে চায়। সেদিন ঘরের উঠোনে কিছু মহুয়া বেচে কিনে আনা ভুট্টা ধুয়ে শুকাতে দিয়েছিল বিমলা। পাছে পাখি পোক্করে খেয়ে নেয় তাই একটা লম্বা কঞ্চি নিয়ে নিম গাছের ছায়ায় বসে পাহারা দিচ্ছিলো সে। তখনই পা পা করে তার কাছে এসে বসে বলে তুলসী— বিমলা দিদি জীবন কই। অরে এখোন খুবই দরকার।

ক্যান, জীবনরে দিয়া কি করবা। পোলায় কই যায় আর না যায় আমারে কি কইরা যায়! গেছে কোনো দিকে।

জীবন না, আমি আসোলে কুসুমরে খোঁজতে আছি। বাক্সর চাবিখান যে কেউ থুইয়া গেছে! অর বাপে চাবি বিচরায়, কি সব কাগজ পত্তর থোবে। দুইডায় পাহাড়ের মাথায় গিয়া উঠে নাই তো?

কেমনে কমু। এর পরের বক্তব্য বিমলার এই রকম— কই কই যে যায়। জবাবে বলে তুলসী— ছোড বেলায় দুইডায় এক লগে খেলচে মারামারি কামড়া কামড়ি কত কি না করছে। মাঝে কয় বচ্ছর ছাড়াছাড়ি। এয়ার মইধ্যে যে বড় হইয়া গেছে, এহোন এই রকম ঘুরলে পাচে পাচজনায় যে ভালো মন্দো কইতে পারে দুইডায় এট্টারও হেই বোধ নাই। যেইখানে যাবে দুইডা এক লগে।

এরপর বলে বিমলা— মাইয়া তোমার ডাঙ্গোর হইয়া গেছে। কতো হইলো বয়স, আঠারো না? এইবার ওর লইগ্যা এট্যা পোলা দেখো।

তুলসি বলে— হ' এই বৈশাখেই আঠারোয় পড়ছে। কুসুম হওনের দিনই তো মোরা এক লগে শিরোমণিপুর ক্যাম্পে যাই। জীবন তখন তিন চাইর বচ্ছর।

বিমলা বলে— নিজেগো অহন খাওন পড়নের ঠিক নাই। এট্টা পরের মাইরা আইনা তারে কি না খাওয়াইয়া রাখা যায়! নাইলে দিয়া দিতাম পোলার বিয়া। যা আবোস্তা, এহন আমাগো ঘরে মরতে কেডা মাইয়া দেবে!

ওই কথা কইও না দিদি। পোলায় তোমার দেখতে শোনতে খারাপ না। হাত পাও চাইরখান সহি সালামত আছে, মোইষের নাহাল ঘাটতে পারে। তুমি যহন কবা পঞ্চাশ মাইল দূর থিকা মাইয়ার বাপ লাফাইয়া আইসা পড়বে। তোমার ঘরে খাওন নাই তয় দণ্ডকারণ্য কোন রিফিউজির ঘরে আছে!

কইতে আছো?

কইতে আছি। মিলাইয়া দেইখ্যা নিও আমার কথা। একটু থেমে ফিরে বলে তুলসী— তুমি হইলা পোলার মা। তোমার অত চিন্তা কীসের! তুমি ওই কথা কইলে আমরা যাই কই? চিন্তা গো আমাগো।

আর কইয়ো না। মাইয়া তোমারও কোন কালা পেতনি নায় মা লক্ষীর নাহান দেখতে। খালি মাইনষের মাথায় দুশ্চিন্তা। নাইলে কতো জন আইয়া তোমার দুয়ারে হত্যা দিতো তার ঠিক নাই।

বিমলা তুলসিকে তুলসী বিমলাকে যে কথাটা বলতে চায় তা মন খুলে কিছুতে বলে উঠতে পারে না এখন। শুধু সেই মূলকথার আশে পাশে কথার জালবোনা। অসহায়, মানুষ বড় অসহায়। এক একটা দিন এমনভাবে পার হচ্ছে যা কাল কি হবে তা কেউ জানে না। এই রকম নড়বড়ে জীবনে কোন ভালো কিছুর আশা রাখতে নেই। কোন সুন্দর স্বপ্ন দেখতে নাই। তাই প্রতীক্ষা করে দু'জন একটু সময় ফিরুক। একটু পায়ের নিচের মাটি শক্ত হোক। তখন বলা যাবে। জীবন কুসুমকে পছন্দ করে কুসুমও তাই এবং সেটা বহু বছরের চেনা জানার উপর দাঁড় করানো। মুখে না বললেও কথা তো এক রকম পাকা হয়েই আছে। দেখা যাক না কয়েকদিন।

৮.

পুনঃ পলায়ন

জীবনরা যখন এখানে আসে তার অল্প ক'দিন বিড়ির পাতা তোলার মরশুমে শেষ হয়ে গিয়েছিল। এরপরই এসেছিল মহুয়া ফুল কুড়ানোর সময়। তারপর মহুয়া ফল ফলার সময়। যখন এই সব কুড়ানো চলছিলো তখন দিনে দু' তিনটাকা রোজগার হয়ে যাচ্ছিলো তাদের। সেই সাথে সরকার যা একটু সাহায্য দেয় দিন মোটামুটি চলে যাচ্ছিলো। কিন্তু উপরি সেই রোজগার বন্ধ হয়ে যাবার পরে আবার সংসারে নেমে এল সেই অনটন। সেই সময় ভিলেজে এল এক ঠিকেদারের ট্রাক। তাদের মজুর চাই।

দণ্ডকারণ্য উন্নয়ন নিগম এবং আরো বহু সংস্থার অধীনে বস্তার তথা অন্য নানাস্থানে চলছে উন্নয়নের হরেক রকম কাজ। যা শুরু তো হয়েছিল কিন্তু যথেষ্ট মজুর না পাওয়ায় অনেকগুলো শেষ করা হয় নি। অনেকগুলো বন্ধ হয়ে পড়ে আছে। এরই একটায় নাম খ্যারকাটা ড্যাম। যা সেই ষাটের দশকে শুরু হয়ে এখনো সম্পূর্ণ নির্মাণ হয় নি। এবার অসমাপ্ত বাধ সমাপ্ত করার জন্য পূর্ণোদ্যমে কাজ শুরু করতে হবে। তাই মজুর দরকার। তাই ওরা ট্রাক নিয়ে এসেছে। কারণ খ্যারাকাটা এখান থেকে চৌদ্দ পনেরো মাইল দূরে। সেখানে থেকে কাজ করতে হবে। সপ্তাহে মজুরি, সপ্তাহে একদিন দুইদিন ছুটি। ট্রাক না হলে লোকে যাবে কি করে!

যতনকে বলে জীবন— ল মোরা কামে যাই। সে রাজী হতেই গরীব দাস বলে আমিও যামু।

তুমি যাইয়া কি করবা, বুড়া মানুষ, শরীরও তোমার ঠিক নাই। আমরা দু'ভাই যাইতে আছি তো। বলে যতন।

আমিও যাই। তগো লগে যা পারি হাতে হাতে করমু। ফুরনের কাম যখন

যদি আস্টো আনার কামও করতে পারি কোম কি?

খবর পেয়ে সুবল সুতারও আসে। দেখতে দেখতে জনা কুড়ি বাইশের একটা দল ঝুড়িকোদাল গাঁইতি শাবল নিয়ে তৈরি হয়ে যায়। সবাই চেপে বসে ট্রাকে। খ্যারাকাটা ড্যামে এনে তাদের কাজ বুঝিয়ে দেয় ঠিকেদারের মুনসী— দশ ফুট লম্বা দশ ফুট চওড়া একফুট গভীর এইটুকু মাত্র এই টুকু মাটি কেটে বাঁধে নিয়ে গিয়ে ফেললেই পঁচাত্তর টাকা মজুরি। সবাই বাংলাদেশের মানুষ। বাংলার মাটিকে চেনে। বস্তার জেলার মাটির চরিত্র তাদের অচেনা অজানা। এই মাটি বড়ই কঠিন কঠোর। পঁচাত্তর টাকা শুনে যাদের বুক আনন্দে লাফিয়ে উঠেছিল মাটিতে কোদাল চালিয়ে ঠন আওয়াজ শুনে তাদের আনন্দ উবে গেল। কোদাল তো বাচ্ছা, গাঁইতি মারলে তা আধ ইঞ্চির বেশি ঢুকছে না। এক পরত মাটি সরে যাবার পর যা বের হল তা সাদা চুনের মত, নরম আঠালো পাথর। যার গায়ে একবার সজোরে গাইতি মারলে একশো গ্রাম মাটি পাথর ভাঙ্গা যাচ্ছে।

যতন বলে— ও দাদা, এ কি কামে আইলাম। দিনে তো দুই টাকাও রুজি পড়বে না।

সময়টা বস্তার জেলার কুখ্যাত মে জুন মাস। রোদ এখন রোদ নয় যেন আগুনের গোলা। বাতাসে বইছে সেই চামড়া ঝলসে দেওয়া লু। পায়ের তলার মাটি যেন রুটি সেঁকা চাটুর মত গরম। খালি পায়ে দাড়ানো যায় না। না দাঁড়িয়ে উপায় নেই, চপ্পল কেনার সামর্থ কার আছে! এই অবস্থায় প্রায় দিন কয়েক কাজ করার পর অসুস্থ হয়ে পড়লো জীবন। বাংলার জল হাওয়ায় গঠিত শরীর এই প্রকৃতিক পরিবর্ত্তন সহ্য করতে পারলো না। লোকে বলে যার একবার আমাশয় হয় জীবনে সারে না। শরীরের মধ্যে রোগের জীবাণু ঘাপটি মেরে থাকে। অনুকূল পরিবেশ পেলেই আবার তেড়ে ফুঁড়ে ওঠে। একবার জীবন এই রোগে মরতে মরতে বেঁচে গেছে। এবার আবার সেই রোগে আক্রমণ করে করল। অসুস্থ জীবনকে নিয়ে গরীব দাস ভিলেজে ফিরে এল। খ্যারকাটায় রয়ে গেল একা যতন। নিয়ে যাবার দিন নিজের গরজে গাড়ি দিয়েছিল ঠিকেদার। এখন জীবনের নিজের গরজ ফেরার। না ফিরে বা করবে কি? যার খানিকক্ষণ পরে পরে জঙ্গলে দিকে দৌড়াতে হচ্ছে সে ওখানে পড়ে থেকে কোন লাভ তো নেই। বস্তার এক জলশূন্য জেলা। জলের অভাবে এখানে আদিবাসী মানুষরা পায়খানা করে পাতা দিয়ে পোঁদ মোছে। ভিলেজে ফেরবার সেই চৌদ্দ পনেরো মাইল পথ পায়ে হাঁটতে হাঁটতে জীবনকেও ছয় সাত বার ওই পাতার সহায়তা নিতে হয়। কিন্তু ভিলেজে ফিরেই যে রোগ নিরাময় হবে তেমন কথা নয়। যত দিন যেতে লাগলো বেড়ে চলল রোগের তীব্রতা। শেষে আর জীবনের বসে থাকারও ক্ষমতা রইলো না। ক্ষমতা রইলো না উঠে হেঁটে মাঠ পর্যন্ত যাবারও। কটা টাকা গরীব দাসের কাছে ছিলো। অবশেষে বাধ্য হয়ে বান্দেগামী বাসে জীবনকে তুলে নিয়ে যেতে হল পাখানজুড়। সেখানে একটা হাসপাতাল আছে। ডাক্তার ওকে পরীক্ষা করে দেখে সাথে সাথে ভর্তি করে নিল। গোটা দশবারো বেডের একটাও খালি না থাকায় কম্বল বিছিয়ে মেঝেয় শুইয়ে সাথে সাথে স্যালাইন চাপালো। বাঁদিকের দাবনায় ফুঁড়ে দিল ইঞ্জেকশন। গতরাতে বার

ছল্লিশেক কষ্টকর বেগ এ রাতে মাত্র একবার বেগ দিয়ে বিরাম নিলো। সে রাতে গরীব দাস অন্য অনেক রোগীর আত্মীয়ের মত হাসপাতালের মাঠের গাছ তলায় রাত কাটালো। সকাল বেলা যখন ডাক্তার বলল— আভি ইসকো রহনা পড়েগা, তখন বলে জীবনকে তুই থাক। আমি বাড়ি যাই। যেদিন ছুটি পাবি আইসা নিয়া যামু। ডাক্তার কইছে চাইর পাঁচ দিন পরে কইবে।

আটদিন পরে— তখনো জীবন সম্পূর্ণ সুস্থ হয়নি। তখনো পায়খানায় দলা দলা সাদা আম পড়ছে, রিলিজ অর্ডার দিয়ে দিলো ডাক্তার। মাত্র দশ বারো খান বেড। সে তুলনায় অসুস্থ রোগীর সংখ্যা বহুগুণ বেশি। ওকে ছুটি না করলে অন্যকে জায়গা দেবে কি করে। একরাত মেঝেয় থেকে পরদিন জীবন বেডে উঠেছে এবার বেড খালি করা দরকার।

ভিলেজে ফিরে এসে সেই অসুস্থ দুর্বল দেহ নিয়ে আর তার কাজে যাবার ক্ষমতা নেই। গিয়েও অবশ্য কোন লাভ ছিলো না। দু টাকার উপর কারো মজুরি উঠছে না দেখে ক'দিন পরে অন্য যারা গিয়ে ছিলো সবাই ফিরে এল। বলে যতন না আইয়া কি করতাম। সারা দিন গাইতি কোপাইয়া যা খিদা লাগে তিন খেপে দেড় কিলো চাউলের ভাত উইড়া যায়। এক কিলো চাউলের দামই তো দেড় টাকা। লগে নুন মরিচ দুইটা আলু। শালা প্যাট খোরাকিই তো হয় না। এমুন কাম— ।

প্রায় এক দেড় মাস পড়ে শরীরটা একটু চলন সই গোছের হয়েছে, জীবন তাই সকালের দিকে একটু ভিলেজে ঘুরতে বের হয়েছে, এই কয়দিন পশ্চিমবঙ্গ থেকে আরো তিনট্রাক শরণার্থী এসেছে ছাপান্ন নম্বারে। নতুন এবং পুরাতন পরিবার মিলিয়ে ভিলেজ এখন জমজমাট। সবার সাথে আলাপ পরিচয় হয়নি জীবনের। তাই একটু মুখ চিনতে খবরা খবর নিতে চারদিকে ঘোরার ইচ্ছা। বাসচলা রাস্তায় এসে হঠাৎ তার চোখ চলে যায় বান্দেগামী মুরোম বিছানো পথের দিকে। দেখে দুটো ট্রাক ধূলো উড়িয়ে আসছে। সে ট্রাক এসে ছাপান্ন নম্বারে মাঝামাঝি থেমে যায়। কার ট্রাক? কোন ঠিকেদার আবার লেবার সংগ্রহে এলো নাকি?

দেখে জীবন ট্রাক দুটো থেকে নামছে সেবক পাটোয়ারী থানার এক অফিসার হাসপাতালের দু— তিন জন স্টাফ। সেবক পাটোয়ারী ভিলেজের সবাইকে চেনে। তারা খাতা দেখে ডেকে ডেকে সব লোক জড়ো করলো ট্রাকের সামনে। তারপর হুকুম দিলো সবাইকে যেতে হবে!

কোথায়?

শিবিরে।

শিবিরে কী হবে?

গেলেই বুঝতে পারবে।

সরকারি অফিসার সেবক পাটোয়ারী, সাথে আছে পোষাক পরা থানাদার। কার ঘাড়ে দুটো মাথা যে যাবো না বলবে। বললে আর রেহাই আছে? এটা বনরাজ বস্তাররাজ জঙ্গলরাজ। এখানকার রাজা মহারাজা তো এই সব সরকারি কর্মচারীই। এখানে আকাশ ছোঁয়া উঁচু বাড়ি নেই, টাকার পাহাড়ে বসে থাকা ধনগর্বী নেই। জাত্যাভিমানী বর্ণ প্রভুরা নেই জোতদার জমিদার নেই। আছে শুধু

এরা এই সরকারি কর্মচারিরা। এখানে বাঘ হিংস্র নয়, কোন বাঘে আজ পর্যন্ত মানুষ খায়নি, কিন্তু এরা বাঘের চেয়ে ভয়ংকর। দুর্বল নির্ধন শরণার্থী মানুষদের এরা মানুষই মনে করে না। মনে করে যেন তাদেরই কেনা গোলাম। তারা যা বলবে যখন বলবে নতমস্তকে মেনে নিতে হবে। না মানলে একটাই ধমকি— সব সাহায্য বন্ধ করে দেবো। নামে দাগ মেরে দেবো লাল কালির। লাল কালির দাগ সে যে কি বস্তু তা কেউ জানে না। আর যা অজানা যা অদেখা সেটাই তো ভয়ের। কিন্তু এদের শিবিরে নিয়ে কি করা হবে? করা হবে নসবন্দি।

কেন্দ্রে সে সময় ইন্দিরা গান্ধীর সরকার। কিন্তু প্রধানমন্ত্রী শ্রীমতি ইন্দিরা গান্ধীর সব ক্ষমতা তখন কুক্ষিগত হয়ে গেছে তারই কনিষ্ঠ পুত্র সঞ্জয় গান্ধীর হাতে। যত আমলা অফিসার তারি ইচ্ছায় ওঠে তারই ইচ্ছায় বসে। শোনা যায় রাষ্ট্রপতি জৈল সিং নাকি একবার সঞ্জয়ের পা থেকে নাগড়াই খুলে গেলে বিনয়ের সাথে নিজের হাতে সে জুতা তুলে পায়ে পরিয়ে দিয়েছিলো। সিঁড়ি বেয়ে তখন প্লেনে চড়ছিল সঞ্জয়। তাকে এগিয়ে দিতে গিয়ে নিচে দাঁড়িয়ে ওই কর্ম করে ছিলেন মহান ভারত রাষ্ট্রের সম্মানীয় রাষ্ট্রপতি।

সঞ্জয়ের মনে হয়েছে দেশে জনসংখ্যা বিচ্ছিরি রকম বেড়ে গেছে। সেই জনসংখ্যা নিয়ন্ত্রনে আনার একটাই উপায় নসবন্দি। যাদের দুটো সন্তান হয়ে গেছে সব ধরে ধরে এনে অপারেশন টেবিলে চিৎপাত করে ফেলা। সব সরকারী কর্মীদের কাছে নির্দ্দেশ গেছে, একটা কোটা বেঁধে দেওয়া হয়েছে, বাই হুক এন্ড ক্রুক কোটা পূরণ করতে হবে। না হলে প্রমোশান আটকে যেতে পারে পেনশনে ঝামেলা হতে পারে বদলি করা হতে পারে যাচ্ছেতাই কোন এলাকায়।

পরিবার পরিকল্পনা নামক বীভৎস ব্যাপারটা সঞ্জয় গান্ধীর মাথা থেকে বের হলেও তাতে শাসক পার্টির অনুমোদন ছিলো। তাই সারা দেশের কোণায় কোণায় হামলে পড়েছে মানুষ ধরা হানাদারের দল। জোর জবরদস্তি করে তারা এমন কিছু অপারেশনও করে দিয়েছে যাদের বিয়েই হয়নি।

বস্তার জেলা ভারতবর্ষের বাইরের কোনও দেশ নয়। এখানেও সরকারি কর্মীদের উপর কোটা পূরনের চাপ এসেছে। তাই তারা একযোগে হানা দিচ্ছে ভিলেজে ভিলেজে। মুখের কথায় কাজ না হলে ভয় দেখিয়ে, জোর করে বাধ্য করা হচ্ছে ভেসেকটমি করাতে। গরীব দাস ট্রাক দেখে সামনে এসেছিলো তাকেও তোলা হল ট্রাকে। তার শরীরের অবস্থা, প্রজননের ক্ষমতা আছে কি নেই সেটা বড় কথা নয়, বড় কথা কোটা।

ট্রাকে উঠে গরীব দাস তখন ভয়ে কাঁপছে ঘামছে মনে হয় কাঁদছে আর অসহায় ভাবে জীবনের দিকে তাকাচ্ছে। সে ভীত কাতর দৃষ্টি জীবনের পক্ষে সহ্য করা কঠিন। সেবক তার অল্প সল্প চেনা। তার সামনে গিয়ে বলে— একী করতে আছেন ছার!

কি করছি?

আমার বাবারে নিয়া চলছেন।

যাদের নিয়ে যাওয়া হচ্ছে সব কারো না কারো বাবা।

আমার বাবা তো বুড়া মানুষ। পঞ্চাশ পঞ্চান্ন বছর বয়েস।

তাতে কি হয়েছে! পঞ্চান্ন হলে কী সে বাচ্চার জন্ম দিতে পারে না? এই

বয়েসে তোর যদি আর একটা ভাইবোন হয়ে যায় তোরই তো লজ্জা করার কথা। বল করবে না লজ্জা? তার চেয়ে যা হচ্ছে ভালোই তো হচ্ছে। একটু থেমে ফের বলে সে একজনকে ছেড়ে দিলে সবাই নাটক শুরু করে দেবে— আমি বুড়ো আমার বয়েস বেশি। কোন উপায় নেই। কাউকে ছাড়া যাবে না। খোদ দিল্লির অর্ডার।

কোন কথা না শুনে কোন কথা না মেনে ওরা গরীব দাসকে নিয়ে চলে গেল। এমনিতে তার শরীর ভালো ছিলো না। মাঝে মাঝে পেট ব্যাথা হোত। সে ব্যাথা চাপা দিতো খাবার সোডা দিয়ে। তার উপর এই অপারেশন যা মনের উপর প্রচণ্ড এক আঘাত হয়ে নেমে এল। তখন সর্বত্র এইরকম ধারণা প্রচলিত ছিলো যে নসবন্দি করানো লোক অধিক পরিশ্রমের কাজ করতে পারে না এবং বেশিদিন বাঁচেও না। যার ফলে গরীব দাসের মনে হতে লাগলো হাত পায়ে আর বল নেই। মাথা ঘোরে বুক ধরফর করে। মনে হয় যেন মরণ এগিয়ে আসছে।

এই সব কারণে জীবনের এখানে আর মন বসছে না। জঙ্গল দেখে দেখে চোখ যেন পচে যাচ্ছে। মন বিষিয়ে উঠছে জঙ্গল রাজত্বের ক্ষমতাদর্পী সরকারি কর্মচারীদের অমানবিক ব্যবহারে। ইচ্ছা করে জীবনের এক একটাকে টেনে জঙ্গল নিয়ে গিয়ে টুকরো করে দিতে। এ কাজ তারা একার পক্ষে সম্ভব হবে না। কিন্তু সঙ্গী কোথায় পাবে! ভাগ্য বিড়ম্বিত শরণার্থী মানুষগুলো অফিসার শাহীর অত্যাচারে এত সন্ত্রস্ত যে তাদের সামনে নিজের অভাব অভিযোগ নিয় জোরে কথা পর্যন্ত বলতে সাহস হয় না। সুবল সুতার জানতে গিয়েছিল তারা কবে নাগাদ জমি জায়গা পাবে। এক ধমকে পাটোয়ারী তাকে থামিয়ে দিয়েছে— তোমাদের চেয়ে আমাদের সে চিন্তা অনেক বেশি। কাজ কর্ম করতে হচ্ছে না। বসে বসে খাচ্ছো, খাও না। যখন সময় হবে আমরাই বলে দেবো।

এত হীন অক্ষম দুর্বল মানুষদের মধ্যে থাকতে হচ্ছে বলে জীবন এক অসহ্য যন্ত্রণায় সারাক্ষণ জ্বলে। প্রতিবাদহীন অত্যচার সওয়া সে বহুদিন হয় ছেড়ে দিয়েছে। ছেড়ে দিয়েছে সেই পথটাও যে পথে সুবোধ সুশীল চলে। কিন্তু এখন কিছু করতে না পারায় কষ্ট তাকে কুরে কুরে খায়। যেন তার হাত পা বেঁধে কেউ একটা কুয়োর মধ্য ফেলে দিয়েছে। সে আর নড়তে চড়তে পারছে না, ডুবে যাচ্ছে।

এই বিশাল মানসিক মরু সাহারায় একটা ছোট মরুদ্যান কুসুম। সে যেন একটা লতার মত জীবনকে আঁকড়ে বেঁচে থাকতে চাইছে। তার যা কিছু ছোট ছোট স্বপ্ন আশা সাধ সব কিছুর কেন্দ্রভুমিতে রয়েছে একটা মানুষ যার নাম জীবন। জীবনই তার জীবনের আনাচ কানাচ জুড়ে আছে। তাকে ছাড়া কুসুম অসম্পূর্ণ খণ্ডিত অর্ধেক। এই কুসুমের জন্যই সে এখন এখান থেকে চলে যাবার কথা ভাবে কিন্তু সত্যি সত্যি চলে যেতে পারে না। সব কষ্ট সব মনোবেদনা অপমান অত্যাচার অনাহার নীরবে সয়ে যায়।

একদিন সে বলে কুসুমকে মোর মোন আর এইখানে টেকে না। এইখানে যখন বাবায় আসোনের কথা কইলো তখন ভাবছিলাম কইলকাতায় তো লইগ্যা হাজার রকোম বিপদের ভয়। কেউ যদি আমার উপর কার আমারে না পাইয়া

যতন যুগলের উপার ফলায়, তখোন কি হবে। তার চাইয়া যদি দণ্ডকারণ্য আসি সেটা একদিক থিকা ভালেই হবে। আর কিছু যদি নাও হয় নিশ্চিন্তে থাইকা যদি দুইবেলা দুই মুডা খাইতে পাবো একদিক দিয়া সেটাই খারাপ হইবে না। এখোন তো দেখতে আছি বড় ভুল হইয়া গেছে। সব উল্টা হইয়া গেছে। এক এক সোময় আমার কি মোনে হয় জানো? মোনে হয় য্যান গরম কড়াই থিকা রক্ষা পাইতে আমরা সিধা আগুনের মইধ্যে ঝাপাইয়া পড়ছি। ভাবতে আছি এইখান থিকা পলাইয়া চইলা যামু।

কই যাবা?

পশ্চিম বাংলায়।

বাড়ির বেবাকারে নিয়া যাবা না?

এখনই তাগো কি কইরা যে নিয়া যামু তা মাথায় আসে না। হেইখানে তো আমাগো বেবাকের থাকোনের কোন জাগা নাই। যদি যাই তাইলে আমার একলাই যাওয়া লাগবে। গিয়া তাগো থাকোনের মতোন একটা ব্যবস্থা কইরা তারপর নিয়া যাওয়া লাগবে।

আর আমি— ? আমারে নিয়া যাবা না?

কুসুমের কথা কানে যাওয়ামাত্র জীবনের সব চিন্তা ভাবনা কেমন তালগোল পাকিয়ে যায়। এইরকম কথা যে আছে, কথা যে থাকতে পারে তা তার মাথায় ছিলো না।

ফের বলে কুসুম— তুমি আমারে ফালাইয়া চইলা গেলে আমার দশদিক অন্ধকার হইয়া যাবে। তুমি না থাকলে আমি এইখানে কেমনে থাকুম? বিশ্বাস করো তাইলে আমি আর বাঁচুম না।

তুমি আমারে এতো ভালোবাসো!

তুমি এতোদিনে বোঝলা না কত ভালোবাসি। সেই ছোড বেলায় থিকা তোমারে ভালোবাসি। তোমারেই সব দিন নিজের বইলা জানছি। মাঝে দেখা হয় নাই কিন্তু জানতাম ভগবান একদিন ঠিক তোমারে আমার কাছে আইনা দিবে। ভগমান তো আমার মনের কথা শুনছে। আইনা দিছে তমারে— ! এখন দেখতাছি তুমি আমারে ফালাইয়া যাইতে চাও।

কথা শেষ করে কুসুম ঝর ঝর করে কেঁদে ফেলে— কও, তুমি কও আমারে একলা ফালাইয়া যাবা না। কও যেইখানে যাবা আমারে নিয়া যাবা। যদি না নিয়া যাও, আর যদি কোনদিন দণ্ডকারণ্য আসো শোনবা কুসুম হয় গলায় দড়ি নয় বিষফল খাইয়া মরছে।

ন্যাড়া পাহাড়ের মাথায় বাতাস এখন থমকে গেছে। পাহাড়ের গায়ে গোল গোল পাতায় একটা কড়ড়্যা ঝাড়, যার ফলের নাম বিষফল তারই পাতার মধ্যে বসে এক জোড়া কাঠবেড়ালি বিস্ময়মাখা চোখ নিয়ে ওদের দু'জনকে দেখছে আর নিজেদের মধ্যে কী যেন বলাবলি করছে। এই পরিবেশে কুসুমের বুকের মধ্যের কান্নার জল হয়ে ঝরছে।

আমার আর কেডা আছে তুমি ছাড়া। আমি কান্দলে কেউ আইয়া চোইক্ষের জল পোছেনের নাই, আমি হারাইলে কেউ তালাশ করনের নাই। তয় তুমি যদি চইল্যাই যাও আমি আর বাঁইচা কী করমু। কোন আশায় বাঁচুম?

দু'হাত দিয়ে টেনে কুসুমকে নিজের বুকে চেপে রেখে বলে জীবন— কাইন্দো না। তুমি কান্দলে আমার সারা ভুবন টইলা যায়।

তয় কও আমারে ফালাইয়া যাবা না।

আমি কি যামু কইছি নাকি!

কইলা না পশ্চিমবাংলায় যাবা!

পাগলি মাইয়া আমি কইলাম যে— একটু ভেবে নিয়ে বলে জীবন, কইলাম যে এইরকম ভাবতে আছি। ভাবা আর করায় ফারাক আছে না! আমরা তো কতো সোমায় কত কী ভাবি, ভাবলেই কী করা যায়। পশ্চিমবাংলায় কত শত্তুর। আমরা দুম কইরা সেখানে গিয়া কি মরমু নাকি!

বড় বড় চোখ মেলে জীবনকে দেখে সরল গলায় বলে কুসুম মোর লগে কথার খেলা খেইলো না। সোজা কইরা কও আমারে ফালাইয়া যাবা না তো। তিন সত্যি কও। এইখানে থাকবা?

যামু না। তিন সত্যি। থাকুম এইখানে।

গভীর আশ্বাসে কুসুম এখন জীবনের কাঁধে মাথা রাখে। লতা যেমন করে একটা বড় বৃক্ষ আবেষ্টন করে প্রাকৃতিক ঝড় ঝাপটা উপেক্ষা করে, তেমনই নিবিড় দু'বাহুর বন্ধনে জীবনের দেহ মন বেঁধে নিশ্চিন্তে ভাগ্যের হাতে নিজেকে সমর্পণ করে দেয় সে। তার মনের দু'কূল জুড়ে ঢেউ ভাঙ্গে সাত রঙের কিশোরী জল। কুসুমকে কথা দিয়েছিল জীবন— এইখানে থাকবে, যাবে না এখান থেকে কিন্তু কে জানতো রাত পোহালে সে প্রতিজ্ঞা টাল খেয়ে যাবে।

সুবল সুতার এখানে এসেছিলো বটে কিন্তু কিছুতেই এই পাথুরে মাটিতে মনের শিকড় বসাতে পারে নি। ঘন গহীন জঙ্গল তার মনে ভালোলাগা তো দূর শুধু ভয়ই ধরিয়েছিল। তার মন কাঁদতো সেই আম জাম নারকেল সুপারি বোন অফুরন্ত জল, মাছ আর বাংলার নরম মাটির জন্য। তার মনে একটা গোপন ইচ্ছা ছিলো, সুযোগ পেলেই সে এখান থেকে উড়ে যাবে। তার সে ইচ্ছার কথা বাইরের কারও কাছে কোনদিন প্রকাশ করে নি। প্রকাশ করায় অসুবিধা ছিল। যদি কোন ভাবে সে কথা সরকারি লোকের কানে যায় তার উপর কড়া নজর রাখতো। সে শুধু সঙ্গোপনে ঘরের হাঁড়িকুড়ি যা অতি প্রয়োজনীয় তা রেখে যা ভারী বাড়তি সব বেচেবুচে প্রস্তুত হয়ে বসেছিল। কবে সুযোগ আসে। প্রথম সুযোগেই সে কাউকে কিছু না বলে পালিয়ে চলে যাবে।

সুযোগ এসেছে কাল রাতে। কাপসী হাটে মাড়োয়ারী শেঠদের ট্রাক এসেছিল রায়পুর থেকে মুদিখানার মাল নিয়ে। মাল খালি করে তার রায়পুর ফিরে যাবার কথা। সেই ট্রাকের ড্রাইভারকে পটিয়ে নেয় সুবল সুতার। মোরে রায়পুর নিয়া যাবা? সুবল খারকাটা ড্যামে মাটি কেটে কিছু টাকা পেয়েছিল। কিছু জোগাড় হয়েছিল মহুয়া বিক্রি করে। সেই সাহসে সে চার জনের জন একশো টাকা ভাড়ার শর্তে সওয়ার হয়ে গেছে ট্রাকে। বলেছে ড্রাইভার চেকিং থাকায় দু'পাঁচ টাকা যদি লাগে সে দিয়ে দেবে। সুবলকে নিরাপদে রায়পুর পৌঁছে দিয়ে তবেই ভাড়া নেবে।

রাত তখন গভীর, সরকারি পাহারাদার ভিলেজের সমস্ত মানুষ তখন গভীর ঘুমে নিঝুম। চুপি চুপি বাড়ির সবাইকে ডেকে তুলেছিল সুবল। ওঠ

চল। ঘুমঘোরে জানতে চেয়েছিল কুসুম— বাবা মোরা কই যামু, কই নিয়া যাবা মোগে!

কথা কইস না। মোরা দ্যাশের মানুষ দ্যাশে যামু। তাকে বলেছিল সুবল। হেইখানে আমাগো ঘর নাই বাড়ি নাই আত্ম পরিজন কেউ নাই। শুধা শুধা সেইখানে ক্যানো থামু!

সেইখানে কেউ নাই কিছু নাই। তবু এইখানের মতোন পাহাড় জঙ্গল বাঘ ভাল্লুকও তো নাই।

বাঘ ভাল্লুক কই দেখলা তুমি। সেবক পাটোয়ারী তহশীলদরে ফারেস্টের অরা বাঘ ভাল্লুকের চাইয়া কোম কীসে।

সুবল সুতারের চোখে এই সব সরকারি কর্মচারী বাঘের চেয়েও হিংস্র। শুনেছে সে এই যে শরণার্থীদের এখানে এনে রাখা হয়েছে যাদের সব সেদিন জোর করে অপারেশন করা হয়েছে, যদি পূর্ব পাকিস্তানের যুদ্ধ আর কিছুদিন চলে আহত সৈন্যের জন্য এদের শরীর থেকে রক্ত পর্যন্ত নেওয়া হবে জোর করে। কিডনি মানুষের দুটো। দরকার হলে একটাও কেটে নেওয়া হবে। এমনিতে নসবন্দি করিয়ে সুবল সুতার বিমর্ষ। আবার যদি রক্ত কিডনি দিতে হয় তখন কি হবে।

কুসুমকে বলে সে— কথা কইস না। মাইনষে টের পাইয়া যাবে। তরাতরি হাটা দে। হাটের এই ধারে কাপসীর মাঠে টেরাক খাড়াইয়া আছে। অন্ধকারে চুপ কইরা গিয়া চল উইঠ্যা পড়ি।

দ্বিধা দ্বন্দ্ব সংশয়ে দীর্ণ ষোলআঠারো বছরের মেয়ে কুসুম তখন মন স্থির করে উঠতে পারে না কী করবে। কী করলে ঠিক হবে। একদিকে মা বাবা ভাই পুরো পরিবার। অন্যদিকে বাল্যের খেলার সাথী কিশোরী বেলার প্রেম। কাকে ফেলে কাকে আঁকড়ে ধরে! অবশেষে একবার শেষবার মত ঘুমন্ত ছাপান্ন নম্বর ভিলেজ আর বহু সুখের সাথী ন্যাড়া পাহাড়টার দিকে তাকিয়ে একটা দীর্ঘশ্বাস ফেলে ছলো ছলোচোখে বাপের পিছন পিছন হাঁটা দেয়।

পরের দিন সকালে ঘুম থেকে উঠে খবর পায় জীবন সুবল সুতার রাতের অন্ধকারে পালিয়ে গেছে। এক পা দু করে সেই ঘরের সামনে গিয়া দাঁড়ায় জীবন। দরজার পাল্লাটা হাট করে খেলা। ঘরের মধ্যে এক নিঃসীম শূন্যতা। ঘরের মেঝেয়েক রাশ ধূলো। ঘরের কোনে একটা মাটির কলসি তার পাশে একটা ছেঁড়া খেজুর পাতার মাদুর। আর কিছু নেই শূন্য ঘরে, কোনদিকে যে তারা গেছে তার কোন দাগ চিহ্ন নিশানা রেখে যায় নি।

এখন জীবনের বুকটা জীবনের কী এক কষ্টে যেন ভেঙ্গে চুরে এল। চোখ থেকে গড়িয়ে নামলো ফোটা ফোটা চোখের জল। চোখের জল অবুঝ অবাধ্য বোকা। সে জল গড়িয়ে পড়তে লাগলো ঘরের ধূলো আবর্জনার মধ্যে।

এই অঞ্চলের আবহাওয়ার একটা বিশেষ গুণ বা দোষ, দিনের বেলা যতটা গরম রাতের বেলা ঠিক ততটাই ঠাণ্ডা। দিনের বেলা যদি রোদের তাপে প্রাণ হাইফাই করে রাত দুপুরে শীতে শরীর কাঁপে। প্রাকৃতিক এই খামখেয়ালি

পরিবর্ত্তন শরীর সহ্য করতে পারে না বলে মানুষ অসুস্থ হয়ে পড়ে।

আজ জীবন আর তার মেজভাই যতন উঠোনের এক ধারে বানানো বাঁশের মাচার উপর শুয়ে আছে। দূরে শোনা যাচ্ছে দলবদ্ধ শেয়ালের হুক্কাহুয়া, প্রত্যুত্তরে কুকুরের ঘেউ ঘেউ। কেন কে জানে কুকুরের শেয়ালদের মোটেই সহ্য করতে পারে না। সাড়া পেলেই শেয়ালদের ঘেউ ঘেউ করে তাড়া করে কুকুরের পাল। তবে তারা জঙ্গলে ঢোকে না। যা কিছু হম্বিতম্বি সব জঙ্গল আর লোকালয়ের সীমান্তে।

আকাশে কোন মেঘ নেই। জুনের দশ তারিখের পর এ অঞ্চলে বৃষ্টি নামার আশা করে সবাই। এ বছর তার কেন নাম গন্ধ নেই। পরিষ্কার নীল আকাশের গায়ে জ্বলছে লক্ষ কোটি নামহীন নক্ষত্র। তাদের পাশে বড় রূপোর টাকার মত গোলাকার চাঁদ। হয় আজ পূর্ণিমা নয়, আশেপাশের কোন একদিন। চাঁদের গায়ে দেখা যাচ্ছে সেই চরকা কাটা বুড়িকে। চাঁদ তারার দিকে তাকিয়ে তাকিয়ে জীবনের রাত গভীর হচ্ছে। কিছুতে আজ ঘুম আসছে না। কুসুমের চলে যাবার পর দিন আজকাল ওর কাছে পাথরের মত ভারী। মোটে কাটতে চায় না। আর রাত এক নিদ্রাহীন বোঝা। যদি বা কখনো চোখের পাতা লেগে আসে তার সাথে সাথে নানা রকম কুস্বপ্ন। হঠাৎ এখন মনে হয় জীবনের তার পাশে শোয়া যতনই আজ ঘুমায়নি। বছর দুয়েকের ছোট এই ভাইটা জীবনের বন্ধুর মত। তার কাছে মন খুলে কথা বলায় জীবনকে কখনো লজ্জিত হতে হয় না। আস্তে আস্তে সে ভাইয়ের পিঠে হাত দেয়। সাথে সাথে যতন তার দিকে ফিরে বলে— তোর এই জাগাটা কী রকোম লাগে রে দাদা?

কেন রে?

আমার তো মোটে এই দ্যাশ ভালো লাগে না। এয়ার চাইয়া বাংলায় খাই না খাই ভালোই ছিলাম। সেইখানে এইসব অফিসার তো ছিলো না। একে বারে ফালতু আছি আমরা। কি লাভ হইছে এইখানে আইসা! সেই না খাওয়া। কবে যে জমি জায়গা দিবে তারও কোন ঠিক নাই। ক' এই অবোস্থায় কারো পইড়া থাকতে ভালো লাগে?

ভালো তো লাগে না।

তয় বাবারে ক'। আমরা পলাইয়া যাই।

জীবন বলে— এই রকম হুট কইরা পলাইলে কামের কাম কিছু হবে না, গিয়া বেবাকে মিইল্যা থাকুম কই!

ক্যান খোলার খাল ধারে।

সেইখানে কেডা আর আছে না আছে ঠিক নাই। বাবাকে তার আমাগো মতোন নানা দিক চইলা গেছে কিনা তা কেডা জানে। তয় তুই মত দিলে আমি একটা কাম করতে পারি। আমি আগে যাই গিয়া। আমি একলা গেলে কেউ তোগো কিছু কবে না। আমি গিয়া বেবাকের থাকোনের মতোন একটা ব্যবস্থা কইরা চিঠি দিমু। চিঠি পাইলে তোরা যাবি গিয়া। যাদবপুর না হউক, এত ইষ্টশন তার কোনডার লাইনের ধারে কি একটু জাগা পামু না। তাইলে তো আর যাওনের অসুবিধা নাই।

তয় তুই যা গিয়া। আমার আর একদিনও এইখানে থাকতে ইচ্ছা করে

না। শুনছি আগে মাইনষেরে কালাপানি জেল দিতো। বিনা দোষে আমরা য্যান জেলে বন্ধ হইয়া আছি। যত তরাতরি পারোস চিঠি দিবি।

মায় বাবারে কবি না। তাইলে আর আমারে যাইতে দিবো না।

তুই কিন্তু গিয়া আবার কোন ঝামেলায় জড়াবি না।

কুসুমের বিহনে বনবাস পর্ব অসহনীয় তো হয়েইছিল জীবনের কাছে, এখন যতনের কথায় তার মনের মধ্যে পালানোর বাজনা বাজতে শুরু করল।

বলে জীবন— মায় বাবারে তোর ভরসায় থুইয়া যাইতে আছি। বেবাকের দিক খেয়াল রাখিস।

রাখুম, তুই নিশ্চিন্তে যা।

ভাইয়ের দিক থেকে সমর্থন পেয়ে জীবন পালাবার প্রস্তুতি শুরু করে দেয়। মে জুন মাসে ফরেস্ট ডিপার্টমেন্টের তত্ত্বাবধানে ঠিকেদারি প্রথায় প্রতি বছর শুরু হয় তেন্দুপাতা সংগ্রহের কাজ। নানা জায়গায় পাতা নেবার জন্য ফাঁড়ি বসে গ্রামবাসী সেখানে পাতা জমা করে। পঞ্চাশটা পাতায় এক আঁটি। এই রকম একশো দু'আঁটি ধার্য্য মজুরি পাঁচ টাকা। ফাঁড়িতে পাতা শুকিয়ে বস্তা ভরে গোরুর গাড়িতে চাপিয়ে সে পাতা পাঠানো হয় পাখানজুর গোডাউনে। সব পাতা সেখানে জমা হয় গেলে, পরে তা ট্রাকে ভরে নিয়ে যাওয়া হয় দল্লীরাজহরা। সেখানে থেকে মাল গাড়িতে যায় দেশের নানাস্থানে।

এবার পাখানজুর থেকে পাতা বোঝাই ট্রাক দল্লী শহরের দিকে রওনা দিতেই মনঃস্থির করে ফেলে জীবন, ট্রাকে চেপে সে দল্লী যাবে। এর আগে যাবার এখন কোন সুযোগ নেই। দল্লী রাজহরা থেকে ট্রেনে ভিলাই যেতে হবে। ভিলাই থেকে পাওয়া যাবে হাওড়ার ট্রেন।

তখন দল্লীরাজহরা থেকে রোজ সকাল ন'টার সময় একখানা ট্রেন ভিলাই যেতো। সেই ট্রেনখানা আবার ফিরে আসতো রাতে। এ ছাড়া দিনে আর কোন ট্রেন ছিল না। এই ট্রেনে সাধারণ যাত্রী খুব একটা চাপতো না। যারা যাওয়া আসা করতো তারা সবাই প্রায় ভিলাই ইস্পাত কারখানার কর্মী। এদের জন্যই মূলতঃ চালানো হতো এই ট্রেন।

বিনা টিকিটে দীর্ঘ রেল ভ্রমনের অভিজ্ঞতা আছে জীবনের। একবার ট্রেনের নাগাল পেলে যে করে হোক গন্তব্যে পৌঁছে যাওয়া যাবে। সে বিশ্বাস আছে। বিনা টিকিটেই তাকে যেতে হবে। এখন জীবনের সংগ্রহের পুঁজি আছে মাত্র পাঁচ টাকা। এই কয় মাসে মাত্র এইটুকু জমাতে পেরেছে। এখন গাছে মহুয়া ফুল নেই বিড়ি পাতা নেই বনে জঙ্গলে। আর কোন ভাবেই তার কাছে টাকা আসার সম্ভাবনা দেখা যাচ্ছে না। বরং কোনদিন ওই কটা টাকাও কোন কারণে খরচা হয়ে যেতে পারে। তাই কলকাতা যাওয়ার ইচ্ছা থাকলে এখনই রওনা দিতে হবে। মাত্র পাঁচ টাকার একটা নীল নোটের সাহস শক্তি ক্ষমতায় সেটা বড় ঝুঁকির হয়ে যাচ্ছে। কিন্তু জীবনের মনের মধ্যে বসে থাকা আর এক জীবন যার চেহারা অভ্যাস আচরণ সেই শ্মশান বালক মরণের সঙ্গে মেলে সে ওকে বলে কাজটা হয়তো কিছু কঠিন কিছু ঝুঁকিপূর্ণ তবে অসম্ভব নয়। অসম্ভব আসলে কিছু হয় না। সাহসের সাথে দৃঢ়তার সাথে যা করা যায়, সফলতা আসবেই।

এখন ভাবে জীবন— কাছে ভরপুর রসদ আর উপযুক্ত সাজ সরঞ্জাম থাকলে তো পাহাড়ের মাথায় চড়া যায় সাগর পার হওয়া যায়। কিন্তু বিনা সম্বলে লক্ষে পৌছনো সেটাই তো সত্যিকারের বীরত্ব সাফল্য। আজ আমাকে সেই সফলতা অর্জন করতে হবে। হবেই। এর কোন বিকল্প নেই।

এরপর যা করার তাই করলো জীবন। এক বিকালে কাউকে কিছু না বলে হাঁটা দিলো পাখানজুড়ের দিকে। প্রথমে বেগে, তারপর ধীরে তারপর ধুঁকতে ধুঁকতে এগারো মাইলের পথ যাত্রা শেষ করে ঘোর ঘোর সন্ধায় পৌঁছালো সেই তেন্দুপাতার গোডাউনের সামনে।

গোডাউন পাখানজুর থেকে কিছুটা এগিয়ে একটা একেবারে ফাঁকা জায়গায়। চারদিকে তার ঘন কাটা তারের বেড়া। দরজায় কড়া পাহারা। পালা করে রাত দিন ফরেস্টের লোক গেট আগলায়। আর মেন গেটের একেবারে সামনে হিন্দি এবং ইংরেজিতে বড় বড় করে বোর্ডে লেখা নিষেধাজ্ঞা— বিনা অনুমতিতে প্রবেশ দণ্ডনীয় অপরাধ। দূর থেকেই দেখে জীবন গোটা দশেক ট্রাক দাঁড়িয়ে আছে। একটায় বস্তা তুলেছে কুলিরা। এভাবে সারা রাত ট্রাক বোঝাই হবে। আসবে যাবে।

মাঠ থেকে ট্রাক স্টার্ট করে গেট পর্যন্ত এসে থামে। গেট পাহারাদার কাগজ পত্রে সই সাবুদ করে। আবার ট্রাক স্টার্ট হয়ে ডান দিকে বাঁক নিয়ে রাস্তায় ওঠে। পরিবহনের ভাষায় এই সব ট্রাককে ওভার লোড বলে। এদের চলতে হয় খুব ধীরে। যখন বাঁক ঘোরে গতিবেগ কমে যায়। না কমালে ট্রাক পাল্টি খাবার ভয় থাকে। জীবন এ সব আগে থেকে দেখে রেখেছে। সে বাঁকের কাছে জঙ্গলের আড়ালে শিকারী চিতার মত সুযোগের অপেক্ষায় ওঁত পেতে বসে থাকে।

রাত তখন বেশ একটু হয়েছে। চারপাশে ঘন অন্ধকার। দু'হাত দূরের কিছুতে চলে না। তখনই সুযোগ এল। এক ড্রাইভার বড় রাস্তায় উঠে গাড়ি একেবারে থামিয়ে নেমে দাঁড়ালো প্রস্রাব করতে। এটা অভাবনীয়। না হলে জীবনকে চলন্ত ট্রাকের পিছনের দড়ি ধরে ঝুলে উঠতে হোত। তাতে পা পিছলালে জখম না হয়ে পথ ছিল না। আর দেরি না করে কাঠবেড়ালি মত নিঃশব্দে দ্রুত দড়ি ধরে উঠে পড়ল বস্তা বাঁধা ত্রিপলের উপর। তারপর যুদ্ধক্ষেত্রের সৈনিকের মত বুকে হেঁটে ড্রাইভার সিটের উপর হুড়ের খোঁদলে ঢুকে টান হয় শুয়ে পড়ল। এভাবে থাকলে কারও দেখতে পাবার সম্ভাবনা নেই। পাখানপুর থেকে দল্লী সাধারণ ট্রাকের তিন ঘণ্টার পথ। কিন্তু বিড়ির পাতা বা বাঁশ বোঝাই ওভার লোড ট্রাক অতি সতর্কতার সাথে ধীরে ধীরে চলে ফলে ডবল সময় লেগে যায়। বুঝে নেয় জীবন রাত দেড় দু'টোর আগে পৌঁছানো যাবে না। ট্রাকে চড়বার প্রাথমিক উত্তেজনা কেটে যাবার পর তাকে ঘিরে নামলো এক প্রচণ্ড অবসাদ। সে দুলকি চালে চলা ট্রাকের ছাদে ফুরফুরে হাওয়ায় ঘুমিয়ে পড়ল।

যখন ঘুম ভাঙ্গলো তখনও ট্রাক চলছে। দূর আকাশের তারা গুলোও যেন চলেছে ট্রাকের সাথে সাথে। হাউইবাজীর মত একটা উল্কা ছুটে গেল উত্তর— পূর্ব কোন বরাবর। জীবনের হঠাৎ কুসুমের কথা মনে এল। কে জানে কোথায়

গেছে ওরা। মনের ভুলেও কোথাও কোন দাগ চিহ্ন নিদর্শন ফেলে রেখে যায় নি যা দেখে খুঁজে পাওয়া যেতে পারে হারানো মানুষ। এই সব ভাবতে ভাবতে আবার ঘুমিয়ে পড়ল সে। আবার যখন চোখ খুললো, দেখলো রেল ইয়ার্ডের মধ্যে গাড়িটা দাঁড় করানো আছে। ড্রাইভার খালাসির কোন সাড়া শব্দ নেই। তারা হয়তো যাত্রা সমাপ্ত করে নিশ্চিন্তে মনে ড্রাইভার কেবিনে এখন ঘুমে কাদা। যেভাবে ট্রাকে চড়েছিল জীবন সেইভাবে নিঃশব্দে পিছন থেকে নেমে পড়ল। যেন একটা যুদ্ধ জয় হল এমনভাবে হাঁফ ছেড়ে সামনে আগালো সে। এখান থেকে দল্লী রাজহরা রেল স্টেশনটা দেখা যাচ্ছে। কিন্তু এখন সেদিকে যাওয়া ঠিক হবে না। এটা কোন হাওড়া শিয়ালদহের মত জনবহুল রেল স্টেশন নয়। ওই সব ষ্টেশনে কেউ কারোর দিকে তাকায় না। স্টেশন বাসের পূর্ব অভিজ্ঞতায় জানে জীবন ফাঁকা স্টেশনে রেল পুলিশের চোখে পড়ার যথেষ্ট সম্ভাবনা আছে। সে ক্ষেত্রে চোর ছিনতাইবাজ সন্দেহ করে ধরে নিয়ে গেলে সমূহ বিপদ। তাই তাকাতে থাকে।

স্টেশনের কিছু দূরে একটা মন্দির। কী মন্দির তা বোঝা যাচ্ছে না। মনে হয় জীবনের ওটাই সব চেয়ে নিরাপদ স্থান। যত ভণ্ড পাপিষ্ঠের পক্ষে তীর্থস্থান, মঠ, মন্দিরের মত নিরাপদ স্থান আর কোথায়! সেইদিকে সে এগিয়ে যায়, তারপর চাতালে গামছা বিছিয়ে বসে পড়ে। মন্দিরের পূজারী এখনও ঘুমায় নি সে ঘুরে ঘুরে বিড় বিড় করে স্তব পার্থনা যা হোক কিছু একটা করছে। তার চেহারাটা অতি ভয়ংকর। যেন কোন লোককে খুন করে এসেছে না হয় খুন করবে। জীবনের এই সব লোকের প্রতি ভয় ভক্তি মোহ কিছুই নেই। এক সময় তাকে বলে পূজারী— কাঁহা যায়ে গা বাচ্চা?

কেন কে জানে, জীবন এখন কী এক অতীন্দ্রিয় ভাবনায় বুঁদ হয়ে আছে। সে অবস্থায় কিছু পাবার আশা হারাবার ভয় থাকে না। সেই ভাবনা তাড়িত হয়ে বলে— মালুম নাই কাঁহা যায়ে গা।

কাঁহা সে আয়া?

জীবন হাত তুলে দূরের দিকে দেখায়— ওইধার সে।

ঘর সে ভাগা?

ঘরই নাই তো কেমনে ভাগেগা।

পূজারী আর কোন কথা না বলে চলে যায়। আবার সে বিড় বিড় করে কী সব বলতে বলতে ঘুরপাক খেতে থাকে। জীবনের ঘুম আসে না আর। যখন চারদিক সামান্য ফরসা হয়ে ওঠে গামছা তুলে মন্দির চত্বর থেকে বাইরে আসে সে। পায়ে পায়ে পৌঁছায় রেল স্টেশনে।

স্টেশন এ সময় একদম ফাঁকা। এমন জনশূন্যতা বাংলার কোনও ষ্টেশনে কোনকালে দেখা যায় না। মনে হচ্ছে যেন এই স্থান ত্যাগ করে বহু বছর আগে সবাই বিদায় নিয়েছে। একটা চায়ের দোকান নেই একজন হকার নেই, ভবঘুরে ভিখারী এমন কী কোন রেল কর্মচারী পর্যন্ত নেই। একা একাই বসে থাকে জীবন কবরখানার পাহারাদারের মত।

আটটা সাড়ে আটটা নাগাদ এক দু'জন করে লোক আসতে আরম্ভ করে। তবে সব মিলিয়ে তা জনা পঞ্চাশের বেশি হবে না। একটা চা ওয়ালাও আসে

পেতলের কলসিতে আদার চা নিয়ে। কিন্তু ট্রেন যে আর ছাড়ে না। সেটা সেই যে কাল থেকে দাঁড়িয়ে আছে আজও কোন হেলদোল নেই।

এই ট্রেনখানা নাকি রোজ সকাল নয়টায় ছাড়ে কিন্তু আজ যে বেলা একটা বেজে গেল। মূলতঃ দল্লী থেকে যারা ভিলাই যায়, আর ভিলাই থেকে দল্লী আসে সেই সব সরকারী কর্মচারীদের যাতায়াতের সুবিধার কথা বিবেচনা করেই এই ট্রেনের চলাচল। আজ কর্মচারীদের বেতনের দিন। দশটায় অফিস খুলবে। তারা বেতন তুলবে। তবে ট্রেনে চড়বে। সেই জন্যই এত বিলম্ব। অবশেষে দেড়টা নাগাদ ছাড়লো ট্রেন। দল্লী রাজহরা থেকে ভিলাই এসে সেখান থেকে আর একটা ট্রেনে যখন রায়পুর পৌঁছালো জীবন তখন প্রায় সন্ধ্যা।

রায়পুর স্টেশন হাওড়া শিয়ালদহের মত কোন ঘেরা বেড়া দেওয়া অতি সুরক্ষিত স্টেশন নয়। লোকজনও এ সময়ে বেশ কম। একটা ফাঁকা বেঞ্চি পেয়ে তাতে বসে পড়ে জীবন। খিদেও লেগেছে খুব। কিছু পয়সা সকালে খরচা হয়ে গেছে। অবশিষ্ট পয়সায় এখন হাবিজাবি কিনে খেয়ে নেয়।

রাত সাতটা নাগাদ প্লাটফরমের ঢোকে বম্বে টু হাওড়া মেল। এ কোন সাধারণ মেল ট্রেন নয়। এ হচ্ছে উইকলি স্পেশাল। প্রতিটি সিট রিজার্ভ। ভাড়াও অনেক বেশি। সুখ সুবিধাও তুলনামুলকভাবে প্রচুর। ধনাঢ্য এইসব যাত্রীদের নিরাপত্তা এবং সহায়তার জন্য মুহূর্তে কোথা থেকে যেন স্টেশনে ছেয়ে গেল শত শত পুলিশ। আর ট্রেনের কামরার প্রতিটি দরজায় দেখা গেল কালো কোট পড়া অগুনতি মুখ। অপেক্ষায় বসে থাকে জীবন যেই ট্রেন ছাড়বে চলন্ত ট্রেনের কোন এক কামরায় লাফ মেরে উঠে পড়বে।

ট্রেন ছাড়তে তখন আর বেশি বাকি নেই। হঠাৎ এক পুলিশ দেখে ফেলল তাকে। এই শালে, হিয়া ক্যা করতো বে! বলেই পাছায় বসিয়ে দিল বেতের লাঠি। তার চেহারা দেখে পুলিশের ধারণা হয়েছে জীবন চোর পকেটমার ছাড়া অন্য কিছু হতে পারে না। সে ওকে ঠেলে নিয়ে গেল গেটের দিকে তারপর এক জোরালো ধাক্কা যা ভাগ! ফির স্টেশন মে ঘুসা তো চালান কর দেগা। গেটের বাইরে গিয়ে বড়ই বেদনাক্ত চোখে ট্রেনটার দিকে তাকালো। সিগন্যাল সবুজ হয়েছে। এবার ট্রেন তাকে না নিয়েই চলে যাবে। গেট আগলে রাখা গেট কীপার জীবনের হেনস্থা দেখেছে। সে কেন ওকে ভিতরে ঢুকতে দেবে! তবে কী আর কোন উপায় নেই? আছে। একটা পথ আছে। লাফিয়ে রেলিং টপকে যেতে পারলে অবশ্যই সফল হবার সম্ভবনা আছে।

কিছু সময় পরে ভোঁ বাজিয়ে গড়াতে শুরু করল মেলট্রেনের চাকা। আর মাত্র কয়েক সেকেন্ড। তারই মধ্যে বেগবান হয়ে যাবে। এখনই চড়তে না পারলে নাগাল পাওয়া দুস্কর। দেরী না করে জীবন রেলিংয়ের উপর উঠল দ্রুত। তারপর লাফ দিয়ে পড়ল প্লাটফরমের উপরে। রেলিংয়ের চোখা বল্লমের মত একটা লোহার পাত বেধে গিয়েছিল লুঙ্গিতে। ফলে, অবতরণটা আছাড়ে বদলে গিয়ে হাঁটুর চামড়া ছড়ে রক্তের ধারা নামলো। যেদিকে তখন আর দৃষ্টি দেবার সময় নেই। উঠেই ছুটলো ট্রেনের দিকে। কোন মতে ধরে ফেলল একটা চলন্ত দরজার হাতল।

কামরাটা যেন একটা চলমান হোটেল। আলুর খোসা ছাড়াচ্ছে একজন

লোক। সে খেঁকিয়ে উঠল ইহা ক্যা হ্যায়! আগে নিকালো। জানা ছিল না জীবনের চলন্ত ট্রেনে চলন্ত হোটেল থাকে। এটাও জানতো না এক কামরা থেকে আর এক কামরায় আসা যাওয়ার পথ আছে। সে তিন চার কামরা পেরিয়ে তার সেই পছন্দের পুরনো জায়গা, দরজার কাছে বসে পড়ে। বেশিক্ষণ নিশ্চিন্তে বসা যায় না, কারণ এটা ফরাক্কা মেল নয়। আধ ঘণ্টার মধ্যেই যেন যমদূতের মত মৃত্যুও পরোয়ানা নিয়ে পৌছায় এক চেকার টিকিট! নেহি হ্যায়? চার কামরা ছোড়কার আগে নিকাল যা। অবাঞ্ছিত উৎপাত সে তার নিজের দায়িত্বের চার কামরা থেকে উৎখাত করে নিশ্চিন্তে হয়ে গেল। কিন্তু অন্য যার এলাকায় অনুপ্রবেশ করল জীবন সে বা সহ্য করবে কেন। তাই আবার নির্দ্দেশ চার কামরা ছোড়কে আগে......। রাত বারোটা একটা পর্যন্ত এভাবে কুকুরের খেদা খেতে খেতে ক্লান্ত, বিরক্ত হয়ে পড়ল জীবন। তবে তার সৌভাগ্য চেকাররা তাকে ট্রেন থেকে নামিয়ে দেয় নি। তার একটা অসুবিধা ছিল এ ট্রেন একবার ছাড়লে সহজে থামে না। নামিয়ে দিতে হলে দেড় ঘণ্টা ধরে বসে থাকতে হবে। কে সে ঝামেলা পোহায়। আর একটা আজব ব্যাপার পুরো ট্রেনটার কোথাও কোন পুলিশ ছিল না। তাদের যা কিছু তৎপরতা সব ছিল প্লাটফরমের উপর।

রাত গভীর হলে চেকারদের তাণ্ডব কিছু কমে গেল তখন। অবসন্ন ক্ষুধার্ত জীবন তখন শুয়ে পড়ল এক দরজার কাছে রাজ্যের ধূলোবালি ময়লার মধ্যে। কেন কে জানে এ দরজায় কোন লক নেই। হাট করে খোলা। সেই দরজা দিয়ে আসা ফুরফুরে হাওয়ায় ক্লান্ত শরীর এলিয়ে এল। খানিক পরে তলিয়ে গেল জীবন গভীর ঘুমে।

কতক্ষণ ঘুমিয়ে ছিল জানে না। হঠাৎ একটা ভারী কিছুর আঘাত লাগলো মাথায়। চোখে হাজার ভোল্টেজ বিদ্যুতের ঝটকা তারপর অন্ধকার হয়ে গেল সব কিছু। সারা শরীর ভীষণ যন্ত্রণায় ঝিম ঝিম করে উঠল। কেন এমন হল! তবে কী কোন দুর্ঘটনা? যা দূর পাল্লার ট্রেনে হর হামেশা ঘটে। ট্রেনখানা কী পড়ে গেল হাজার ফুট কোন গিরিখাদে! অজ্ঞান হতে হতে কোন মতে জ্ঞান ফিরে পেল জীবন। অতি কষ্টে চোখ মেলে দেখলো ট্রেন ঠিকই আছে। কিন্তু তার মাথা সোজা একটা সবুট পা উদ্যত। প্রচণ্ড আঘাতটা এসেছে ওই বুট থেকে। সেটা এখন আর একটা আঘাত করার জন্য প্রস্তুত— উঠ শালে!

তড়াক করে উঠে দাঁড়ালো জীবন। কুসুমের সাথে মিশে মনে যে নরম কোমল অনুভুতি সঞ্চার হয়েছিল, এখন নিশীথ রাত্রির ঝমঝম ট্রেনের এক লাথিতে তা চূর্ণ হয়ে গেল। সে চকিতে চারদিক দেখে নিল। সব যাত্রী ঘুমে নিঝুম। সাক্ষ্য দেবার মত "আই উইটনেস" কেউ জেগে নেই। হত্যা করার পক্ষে এমন সুযোগ কদাচ মেলে। এখানে আসা আর চলে যাবার মধ্যবর্ত্তী সময়ের যত অপমান অত্যাচার, সেবক পাটোয়ারি তহনশিলদার সবার বদলা একটার উপর মিটিয়ে নেওয়া যায়। তাকালো বুটওয়ালার দিকে। রোগা, আর লম্বা চেহারা। সম্ভবতঃ জীবনকে দেখেই বুঝে গেছে— বেটিকিট। এবং ঘুষ দেবার ক্ষমতা নেই। তাই তার এত ক্রোধ।

চোখ গেল জীবনের খোলা দরজার দিকে। দ্রুত বেগে ছুটে চলেছে মেল ট্রেনখানা। বাইরেটা ভয়ানক অন্ধকার। এই সময় একটা আচমকা ধাক্কায়

চেকারটা উড়ে যাবে। কোথায় গিয়ে পড়বে কেউ তার হাল হদিশ জানবে না।

কোন কথা বলে নি জীবন। মাত্র এক পা সামনে এগিয়েছে। কিন্তু তার শারীরিক পরিবর্ত্তন, লাল হয়ে ওঠা চোখ, ফুঁসে ওঠা হাত, ঘন নিশ্বাসে বুকের ওঠা দেখেই চেকার ভয় পেয়ে গেছে। সে বুঝে ফেলেছে কী হতে যাচ্ছে। বুঝে ফেলেছে তাকে এই অন্ধকার রাতে হত্যা করার জন্য এক ক্রোধী ঘাতক এগিয়ে আসছে। সে ছিটকে এক পাশে সরে গেল। তারপর পিছন ফিরে পালালো পড়ি মরি করে। সারা রাতে সে আর জীবনের ধারে কাছে এল না।

দুই জীবন

৯.

শহীদ এবং মাতব্বর

যাদবপুর স্টেশনের আশে পাশে ক'দিন ধরে একটা অদ্ভুত মানুষকে ঘুরে বেড়াতে দেখা যাচ্ছে। কখনো সে রেল লাইন ধরে হেঁটে হেঁটে পশ্চিম দিকের সিগন্যালটার কাছে গিয়ে দাঁড়ায়। আকুল হয়ে কাকে যেন খোঁজে। এইখানে আগে একটা রেলকলোনি ছিলো। গরীব কিন্তু সহৃদয় কতগুলো মানুষ সেখানে বাস করত। এদের কেউ রিকশা চালাতো কেউ লেবার খাটতো টিউবয়েল মিস্ত্রি ছিল কেউ। মহিলাদের প্রায় সবাই বাবু বাড়ির ঝি মেয়ে ছিল। এইখানে থাকতো নকুল গোষ্ঠ নিতাই মন্টু রতন হারু নামের কতগুলো ছেলে। যারা মানুষকে দেশের শোষিত বঞ্চিত দরিদ্র মানুষকে ভালোবেসে প্রাণ বাজী রেখেছিল। এখন আর তারা নেই। কোথায় গেছে কেউ জানে না। কারণ কিছুদিন আগে সেই রেল কলোনিটা এক অন্ধকার রাতে পুলিশ তুলে দিয়েছে। এই কলোনিতে তাদের ধারণায় যারা বাস করতো, তারা সবাই দুষ্কৃতিকারী। সেই জন্য কুঁড়েগুলো ভেঙ্গে আগুন দিয়ে পোড়ানো হয়েছে।

কখনো সেই অদ্ভুত মানুষটা পাল পাড়ার সামনের রাস্তা ধরে হেঁটে হেঁটে রামবাবু বাজার পর্যন্ত চলে যায়। এই পুরো এলাকাটা এক সময় একদল আগুন উপাসক আগলে রেখেছিল। কেউ কেউ যাকে বলত মুক্তাঞ্চল। এখানেও লোকটা চেনা কাউকে খুঁজে পায় না। শুধু দেখে পথের বাঁকে বাঁকে মোড় গলির মুখে কতগুলো শহিদবেদী। যাদের স্মরণে এগুলোর নির্মাণ, তারা বলেছিল— আমরা এই পচা গলা নোংরা সমাজটাকে বদলে একটা সুন্দর সমাজ নির্মাণ করবো। সমাজই তাদের তাই মানুষ থেকে বদলে ইট পাথর বানিয়ে দিয়েছে। লোকটা জানে এটা। কেউ তাকে বলেও দেয়নি এই শহিদবেদীর একটা সেই সাহসী যুবা আশু মজুমদারের। বাহাত্তরের নির্বাচনের দিন কালিপুরের কোন এক গোপন ডেরায় আত্মগোপনরত আশু মজুমদারের হদিশ পেয়ে যায় পুলিশ।

তারপর পুলিশ আর মিলিটারির যৌথ বাহিনী চারদিক থেকে ঘিরে ফেলে তাকে। দুপক্ষে প্রায় দু'ঘণ্টা ধরে গুলির লড়াই চলে। সাহসিক সেই লড়াইয়ের পর আহত অবস্থায় ধরা পড়ে যায় সে। কেউ কেউ বলে থানায় নিয়ে গিয়ে তার উপর অমানুষিক নিপীড়ণ চালনো হয় তার সঙ্গী সাথী কমরেডদের খোঁজ পাবার জন্য। তাতেই মারা যায় সে। চেনে না লোকটা, তবু কেন কে জানে বেদীগুলো দেখে তার বুক মোচড়ায়। চোখ ফেটে জল গড়িয়ে আসে। আর কিছু না হোক ওরা বড় ভালোমানুষ ছিল। এই মাটি মানুষ দেশকে বড় ভালোবাসতো। সেই ভালোবাসার টানে তো প্রাণটা দিয়ে গেল।

কখনো কখনো সে হেঁটে বাস মোড়ের দিকে চলে যায়। এখানেও সব ফাঁকা। মোড়ে সেই চেনা মুখের যুব জমায়েত আর নেই। যারা আছে এরা সব বিজয়পুরে তেরঙ্গা বাহিনীর যোদ্ধা। তাদের কাউকে চেনবার কথা নয় লোকটার। সিপিএম আর নকশাল দুই লাল পার্টির আত্মঘাতী রণে ক্লান্ত সেনাদের সাবাড় করতে এখন বীর বিক্রমে ময়দানে নেমে পড়েছে বিজয়পুরের বাহিনী। তাদের পাশে পিছনে সাথে আছে সি আর পি এফের আধুনিক অস্ত্র সজ্জিত ঘাতক দল। মাথার উপর আছে বর্ত্তমান শাসক দলনেতার বরাভয় হাত। হাত তাদের নির্বাচনী প্রতীক চিহ্নও। এরা প্রায় পুরো যাদবপুর অঞ্চলটা দলের দখলে করে ফেলেছে। শুধু পারে নি টিবি হাসপাতালের পিছন থেকে লোহার পাড়া এবং তার আশেপাশের গোটা তিনচার পাড়া। এটা এখানে সিপিএমের একটা দুর্ভাগ্যের ঘাটি।

লোকটা এই সব অঞ্চলে পাগলের মত ঘোরে। কেন ঘোরে কিছু ঠিক বোঝা যায় না। কারো সাথে সে কথা বলে না। হয়তো বলার মত কাউকে সে কাছেও পাচ্ছে না। তাই না বলে না বলে তার বলার মত সব কথা যেন মরে গেছে। লোকটাকে দেখে এখন মনে হয় সে যেন কি এক বেদনার ভারে জর্জরিত। যেন সেই নিজের বেদনার তলে নিজেই চাপা পড়ে গেছে। যা থেকে আর উঠতে পারছে না।

যদিও কেউ কেউ বলে থাকে যে মানুষের স্মৃতি বড় দুর্বল। বর্তমানের ঘটনার ঘনঘটার সময় এত আচ্ছন্ন এমনই বেগবান যে স্মৃতি সত্তা সব কিছু যেন পদ্মপাতার জল বিন্দুর মত টলটলায়মান এবং পেছল। তবু কারো কারো মনে কোন এক ঘটনার দাগ গভীর হয়ে থেকে যায়। সেই রকমই এক দাগের উপর দাঁড়িয়ে রেল স্টেশনের মুটে রঘুর মনে হয় ওই লোকটা আর কেউ নয় ও হচ্ছে সেই জীবন। চণ্ডাল জীবন। কাছে গিয়ে ভালো করে দেখে বলে সে কোথায় ছিলি রে ভাই এতো দিন? তোর চেহারা এ রকম ঝড়ের কাকের মত কেন! তা তুই এখানে এরকম ঘুরে বেড়াচ্ছিস কেন?

জীবন বলে— আমি বহুদিন এইখানে ছিলাম না। পচ্চিমবঙ্গের বাইরে আছিলাম। রোগ হইছিলো, রোগটা এখনো ঠিকমত সারে নাই। সেই জন্য শরীলডা তা যাউক এইখানকার খবর কি? কাউরে দেখি না ক্যান?

তুই এখানকার কোন খবর জানিস না?

না তো। কি হইছে?

অনেক দিন পর দেখা চল তোরে এক কাপ চা খাওয়াই। চা খেতে খেতে

সব বলছি।

রঘু আগে স্টেশন থেকে মাছের ঝুড়ি মাথায় বয়ে পাল পাড়ার বাজারে নিয়ে যেত। এখনো যায় হয়তো। সেই সময় ঝুড়িসহ পা পিছলে পড়েছিল সে। মচকে গিয়েছিল পা। জীবন তার মচকানো পায়ে মালিশ করে দিয়ে পায়ের উপর দাঁড়াতে সাহায্য করেছিল। সেই কারণে চেনা। সেই কারণে কৃতজ্ঞ। চা খেতে খেতে ধীরে ধীরে সে তার নিজের ভাষায় এলাকার সর্বশেষ পরিস্থিতির সার্বিক বিবরণ দেয়। যা শুনে জীবনের বুকটা বেদনায় নীল হয়ে যায়। জানতে পারে যারা এই দশক মুক্তির দশক হবে বলে স্বপ্ন দেখেছিল তাদের স্বপ্নকে রাষ্ট্রের কর্ণধাররা বড় নির্মমভাবে হত্যা করে দিয়েছে। আর সেই স্বপ্ন ভঙ্গের বেদনায় স্বপ্ন দেখা মানুষগুলো এখন কান্ডারী বিহীন নৌকায় চড়া, সাঁতার না জানা অসহায় যাত্রীর মত হতবিহ্বল, দিশাহারা। তারা যে এখন কে কী করছে মাথা মুণ্ডু কিছু বোঝা যাচ্ছে না। কী করছে তারা?

এদের মধ্যের এক দল তারা তো মারা গেছে আর না হয় পুলিশের হাতে ধরা পড়ে জেলে গিয়ে পচছে। আর একদল পুলিশের তাড়া খেয়ে কোথায় না কোথায় যেন লুকিয়ে যাকে বলে আন্ডার গ্রাউন্ড সেদিকে গেছে। আর একদল গিয়ে ভুল স্বীকার করে সিপিএমের কাছে আশ্রয় নিয়েছে। আর একদল নত হয়েছে এশিয়ার মুক্তি সূর্য বলে প্রচার করা ইন্দিরা গান্ধীর দলের পায়ের কাছে। যারা জেল খানায় গিয়ে বিনা বিচারে মিসা খাটছে আর সুযোগ পেলে জেল ভেঙ্গে পালাচ্ছে আর যারা সিপিএম কংগ্রেসের কাছে আত্ম সমর্পণ না করে আন্ডারগ্রাউন্ডে আছে রঘুর ধারণায় এরাই আসল নকশাল। তাদের নিয়েই রঘুর আশা বা আশংকা। আজ হোক বা কাল এরা একটা মরণ কামড় দেবে।

বলে জীবন— আমি এখন কি করি?

কী করবি? যাদবপুরে থাকবি?

সেইরকম তো ইচ্ছা।

তাহলে হয় কংগ্রেস নয় সিপিএম, একদলে ভিড়তে হবে। তুই দাগী লোক তো। এমনি এমনি থাকতে পারবি না। তাহলে দু'দিকের ঝড়ে পড়বি।

কিন্তু আমি আর কোন দলে থাকতে চাই না। আমার মায় বাপে ভাই বইনে বড় বিপদের মইধ্যে আছে। সবার আগে তাগো জইন্য কিছু করা দরকার। সেই জইন্য এইখানে আইছি। বলে রামু— এই ব্যাপারে আমি তো কিছু বলতে পারবো না ভাই। তুই এক কাজ করনা। মনাদাকে চিনিস তো? আরে কংগ্রেসের মাস্তান সাধনদার ভাই। আগে মনাদা নকশাল ছিলো! চিনিস? টিবি হাসপাতালে থাকে। তার সাথে দেখা কর। সব খুলে বলবি। দেখ সে যদি কোন ব্যবস্থা করে দিতে পারে।

মনাদাকে চেনে জীবন। মনাদার দাদা সাধন দে এলাকা কাঁপানো মাস্তান বা কংগ্রেস নেতা সুব্রত মুখার্জীর কাছের লোক হয়েও সে কোনদিন কোন দুর্বল লোকের উপর কোন অত্যাচার করে নি, তোলা তোলে নি, যা তখনকার কংগ্রেসী সংস্কৃতির সম্পূর্ণ বিপরীত বিষয়। এই কারণে সাধন দের জনমানসে একটা আলাদা ছবি ছিলো। অন্য একটা ব্যাপার হল সে কোনদিন সিপিএম কংগ্রেসের সংঘর্ষে অংশগ্রহন তো করেইনি উল্টে নেতা গোছের বেশ কয়েকজন

সিপিএমকে সে পুলিশ ও কংগ্রেসী আক্রমন থেকে রক্ষাও করেছিল। লোহার পাড়ার তাত্বিক কমরেড শিব চৌধুরির সাথে রোজ রাতেই টিবি হাসপাতালের ক্যান্টিনের বারান্দায় বসে মদ্যপান করতো। এই সব কারণে সাধন দে সিপি এমের শত্রু নয়, স্বাভাবিক মিত্র ছিলো। সেই দাদার ভাই হবার কারণে মনা দেও ওদের চোখে অতটা খারাপ নয় যাকে মেরে পাড়া ছাড়া করতে হয়, বা লাশ নিখোঁজ করে দিতে হয়।

পুলিশের চোখেও মনা দে সেরকম ভয়ংকর কিছু নয়। কারণ সে জঙ্গী কার্যকলাপের মৌখিক সমর্থক হলেও সক্রিয় তো ছিল না। পড়াশোনা জানা অমন কত ছেলে চাকরি না পেয়ে দোকানে বসে বিপ্লব করে। আবার চাকরি বাকরি পেয়ে গেলে ঘোর সংসারী হয়ে যায়। এর ফলে মনা দে অঞ্চলের এত বিপর্যয়ের পরেও নকশাল ছাপ নিয়ে দিব্যি পাড়ায় ছিলো। রোজ সকালে ঘুম থেকে উঠে মর্নিং ওয়াক সেরে টিফিন করে স্টেশনে গিয়ে আড্ডা দিতে কোনও বাধা অসুবিধা ছিল না।

সেদিনই সন্ধ্যায় তার রোজকার আড্ডা আরা জেলার বাসিন্দা ছেচন সাউয়ের হোটেলের সামনে জীবন গিয়ে দেখা করে মনা দের সঙ্গে। চিনতে পারছো মনা দা?

চিনতে তো পারছি। বলে সে কিন্তু তুই এতোদিন কোথায় ছিলি? জেলে?

জীবন বলে— তা সে রকম জেলই। আর থাকা গেল না বইলা চইলা আইছি। আমি এখন এইখানে থাকতে চাই।

থাক না, অসুবিধে কি! অক্লেশে বলে সে।

এইখানে থাকতে হইলে আর কিছু না লাগুক দুই বেলা দুইটা খাওয়া তো লাগবে। তার জইন্য পয়সা তো লাগবে।

তুইতো জানিস আমি বেকার।

কোথাও কোন একটা কাজ দেখে দাও না

কি কাজ দেখে দেবো বলতো!

সাধন দার তো খুব ক্ষমতা। তাকে বলো না টিবি হাসপাতালে আমারে যে কোন একটা কামে লাগাইয়া দিতে।

ওয়ার্ড বয়ের কাজ করবি? গুরুমোহন বাবু আমার কথা ফেলতে পারবে না। বলিস তো লাগিয়ে দেবো।

যা হয় একটায় লাগাইয়া দাও। চাইর পাঁচ দিন জল ছাড়া আর কিছু খাই নাই।

মনা দে জীবনের প্রথম কথাটার মানে বুঝেছে, তার একটা কাজ চাই। কিন্তু পরের কথাটার মানে খুব একটা বুঝতে পারে নি। ভাত না খেয়ে জল খেয়ে থাকার মধ্যে যে একটা যন্ত্রণার পাহাড় আছে সেটা তার অজানা। বা জানা থাকলেও করার ব্যাপারটা জানা নেই। না খাওয়া এটা তো কারো একার নয় দেশের লক্ষ লক্ষ মানুষের সমস্যা। সেই সমস্যা সমাধানের জন্যইতো বিপ্লব করা দরকার। বিপ্লব তো গেলে আর কেউ না খেয়ে থাকবে না। সবাই খাদ্য বস্ত্র বাসস্থান শিক্ষা চিকিৎসা সব পাবে। যতক্ষণ বিপ্লব না হয়ে যাচ্ছে একটু কষ্ট তো সহ্য করতেই হবে। বলে মনা দে— কালকে আমি গুরুমোহন বাবুর

সাথে কথা বলে তোকে জানাবো, কেমন!

টিবি হাসপাতাল এখনো সরকার অধিগ্রহণ করে নি সুইপার জমাদার ওয়ার্ডবয় এসব ছোটোখাটো কাজে লোক নেওয়া না নেওয়া গুরুমোহন বাবুর এক্তিয়ারে। ওয়ার্ড বয়ের মাইনে এ সময়ে মাসে একশো কুড়ি টাকার। মনা দে বলে দিলে গুরুমোহন বাবু যে জীবনকে কাজে লাগিয়ে নেবে সেটা নিশ্চিত। কিন্তু জীবনের এখন যে সামনে পড়ে আছে একটা অনাহারী দীর্ঘ রাত্রি। বাধ্য হয়ে সে বলে মনা দে কে— একটু ছেচনরে বইলা দাও না আমারে একটা বেলা খাইতে দিক। যা দাম হয় আমি পরে দিয়া দিমু।

মিষ্টি করে হেসে বলে মনা দে— এখন নয়, পরে বলে দেবো।

মনা দে বলেছিল ঠিকই যে ছেচনকে বলে যাবে। কিন্তু যাবার সময় সেদিন এবং তার পরের দিনও ভুলে গেল বলতে। দুবারই ছেচনের দোকানে খেতে গিয়ে খালি পেটে ফিরে এল জীবন। আগের চারদিনের সাথে এই দুই দিনও শুধু জলের উপর দিয়ে গড়িয়ে গেল।

জীবন যখন এই অঞ্চল ছেড়ে চলে যায়, তখন সিপিএম নকশাল দ্বৈরথ চরম সীমায় পৌঁছে গিয়েছিল। রোজ বোমা গুলি চলছিল, লাশ পড়ছিল। তখন নাকি দুই পাড়ের কিছু শিক্ষক অধ্যাপক কবি সাহিত্যিক এই সব বুদ্ধিজীবী সম্প্রদায়ের মানুষ একত্র হয়ে দু'পাড়ের যোদ্ধাদের মধ্যে একটা চুক্তি করিয়েছে কেউ কারও দলের লোকদের আর মারবে না। এটাই জীবনকে যা একটু ভরসায় রেখেছে। নিশ্চিন্তে স্টেশনে বাস করতে সাহস পাচ্ছে। ভাবছে টিবি হাসপাতালে কোন কাজ না পেলে সেটা করতেও পারবে। না হলে এত সাহস হোত না। এই সাহসই তাকে বিপদে ফেলেছিল পরে।

মনা দে ছেচনকে বলতে ভুলে গেলেও গুরুমোহন বাবুকে বলতে ভুলে যায় নি। একটু দেরী করে ফেলেছিল এই যা। জীবন গিয়ে যেদিন মনা দের কোয়ার্টারের উল্টোদিকে গুরুমোহনবাবুর কোয়ার্টারে দেখা করে জানালো তাকে মনা দে পাঠিয়েছে সে ওয়ার্ড বয়ের কাজের জন্য এসেছে। বললেন তিনি কাল আসিস।

কাল মানে সময়। কাল মানে সর্বনাশ। কাল মানে শমন এবং মৃত্যুও। এই কাল যে জীবনের জীবনে, যাদবপুরে বসবাসকারী সমস্ত মানুষের স্মৃতিতে সত্তর রক্তঝরা রাজনৈতিক কর্মকাণ্ডের সামগ্রিক ইতিবৃত্তে একটা ঝাঁকুনি দেওয়া কালখণ্ড হয়ে যাবে তা কেউ জানতো না।

সেদিনও রাত্রে জীবন তার সদাসঙ্গী গামছাটা বিছিয়ে টিকিট কাউন্টারের সামনে টিস্টলের পাশের এক চিলতে ফাঁকা জায়গায় শুয়ে পড়েছিল। সারারাত জেগে থেকে ভোর বেলায় একটু ঘুমিয়ে পড়েছিল। হঠাৎ তার ঘুম ভেঙ্গে গেল একঝাঁক কান ফাটানো রাইফেলের গুলির গর্জনে। চোখ মেলে দেখতে পেল যেন কোন সামুদ্রিক ঝড় আছড়ে পড়েছে এই রেল স্টেশনটার উপরে। অথবা এক পাল বাঘ তাড়া করেছে মানুষকে। প্রাণভয়ে দিকবিদিক জ্ঞানহারা হয়ে পাগলের মত সামনে ছুটছে মানুষ। সকাল বেলার ট্রেনে অসম্ভব ভিড় থাকে। যাতে গ্রাম থেকে শহরে খাটতে আসে হাজার হাজার মানুষ। যে যেদিকে পারে পালাচ্ছে। বাবুর বাড়ির বাসন মাজতে আসা ঝি মেয়েটা ছুটতে গিয়ে কাপড়ে

পা জড়িয়ে আছড়ে পড়ে হাত পা ছেড়ে রক্তাক্ত। একজন মজুর কাজে আসা লোকের কাঁধ থেকে ছিটকে গেল কোদাল ঝুড়ি। মাছওয়ালার চাকন উল্টে গিয়ে সারা পথ জলে মাছ ছয়লাপ। চারদিক থেকে যেন এক সাথে ছুটে আসছে শত শত মানুষের মরণ আর্তনাদ। বাঁচাও বাঁচাও। উঃ বাবারে। মরে গেলাম। মুহূর্তে স্টেশনটার উপর দিয়ে বয়ে যাওয়া এক ভয়ংকর ঝড়ে তছনছ হয়ে গেল সকালবেলার পরিবেশ। স্টেশনের সুইপার বিজয় তলপেটে গুলি খেয়ে রক্তস্নাত অবস্থায় ছিটকে গিয়ে পড়ল প্লাটফরমের বাইরে। কাটা ছাগলের মত কিছুক্ষণ দাপিয়ে শেষে চেতনা হারালো।

ব্যাপারটা কী! এত গুলিগোলা চলছে কেন? একটু ধাতস্থ হবার পর জানতে পারলো জীবন ফুটবল খেলার ছলে একদল আগুনখোর যুবক ষ্টেশনের পুলিশের ক্যাম্পটা লুট করে রাইফেল গুলি রিভলবার যা ছিলো সব নিয়ে চলে গেছে। ক্যাম্পে সাত আট জন পুলিশ ছিল তারা স্বেচ্ছায় অস্ত্রগুলো দিতে রাজী ছিল না, বাধা দেবার চেষ্টা করেছিল, ফলে সব কজনই হয় নিহত নয় আহত। ক্যাম্পে এখন আর কেউ দাঁড়িয়ে বা বসে নেই। সব মেঝের চাপ চাপ রক্তের মধ্যে শুয়ে।

এরপর যা হবে তা কারও অজানা নয়। লাল বাজার থেকে বিশাল এক পুলিশ বাহিনী আসবে। চারদিক থেকে ঘিরে ধরে সারা অঞ্চলে হৃত অস্ত্রের সন্ধানে শুরু হবে চিরুনী তল্লাসী। চলবে ব্যাপক ধর পাকড়। যাকে দেখে নকশাল বলে সন্দেহ করবে তার উপর চালিয়ে দেবে গুলি। কত যে মরবে কত আধমরা হবে তার কোন হিসাব থাকবে না।

ক্যাম্পে যে দলটা ছিল তাদের উপর যখন আক্রমন চলছিল ঠিক সেই সময় চারজন পুলিশের একটা দল যারা সারা রাত রেললাইন পাহারায় ছিল ডিউটি শেষ করে দু'নম্বর প্লাটফরমে এসে বসে ছিল ট্রেন ধরে সোনারপুর ফিরে যাবার জন্য। হঠাৎ তাদের চোখে পড়ে এক নম্বর প্লাটফরমের তাণ্ডব। তারা রাইফেল ছিনতাইকারীদের বাধা দেবার চেষ্টায় যে এলোপাথারি গুলি ছোঁড়ে তারই একটা বিধেছে বিজয়ের পেটে। এরপর তারা ফোন করে হেডকোয়ার্টারে জানিয়ে দিয়েছে বিপর্যয়ের সংবাদ। বিশাল বাহিনী এসে পড়লো বলে।

যাদবপুর থানা থেকে ইতিমধ্যে একটা মাঝারি মাপের বাহিনী এসে গেছে। তারা তাদের ক্ষমতানুসারে সেই কাজ শুরু করে দিয়েছে, যা করা সময়োচিত এবং ক্রুদ্ধ পুলিশের স্বভাববচিত। প্রথম ধাক্কায় সন্ধে বাজারের কানা জ্যোতে, রাজাপুরের তপন শেষ। স্টেশন সংলগ্ন গোটা দশেক দোকান খান পাঁচ ছয় রিকশা চুরমার। মার যে কত সাধারণ লোক খেল কে তা গুনবে।

এখন থেকে জীবনকে পালাতে হবে। স্টেশন আর নিরাপদ নয়। কিন্তু কোনদিক পালানো নিরাপদ? নিরাপদ বলে এখন কোথাও আর কোন জায়গা আছে কি? তবু ছুটলো জীবন, স্টেশন রোড ধরে ছুটে নয় নম্বর বাস মোড়ে এসে ডান দিকে বেঁকে রেললাইন, লাইন ধরে সোজা সালামপুরের দিকে। তারপরই হঠাৎ মনে পড়ল তার, আরে রাইফেল নিয়ে ওরা তো এই দিকেই গেছে। পুলিশ তো ওদের খুঁজতে এদিকেই আসবে। তখন আবার বাস মোড়ে। তারপর আর একটু সামনে এগিয়ে ঢুকে পড়ল ইউনিভার্সিটির মধ্যে। এখানে

এখনো ওই উত্তাপ এসে পৌছায় নি। কিছুক্ষণ এলোমেলো ঘুরে বেশ কিছুটা সময় সেখানে কাটিয়ে দেয় জীবন। তখনই মনে পড়ে আরে গুরুমোহনবাবু যেতে বলেছেন তো। এবার নিশ্চয় এলাকা শান্ত হয়েছে। এবার নিশ্চয় যাওয়া যাবে। এতক্ষণে তিনি ঘুম থেকে উঠে গেছেন বোধ হয়।

টিবি হাসপাতালের স্টেশনের দিকের পাঁচিলটা খানিকটা ভাঙ্গা। যেসব কর্মচারী হাসপাতালের কোয়ার্টারে থাকে তাদের তৈরির পরের দিনই তারা কটা ইট খুলে ফেলে ছিল। সেটা হাসপাতাল কর্তৃপক্ষ আর পুনঃ নির্মাণ করায় নি। তাহলে কর্মচারীদের আবার নতুন করে ভাঙ্গার কাজটা করতে হতো। সেই ভাঙ্গা পাঁচিল দিয়ে ঢুকে সামান্য দুচার পা আগালে বাঁদিকে মনা দে সাধনদের কোয়াটার। ঠিক তাদের নয়, তাদের পুজনীয় পিতার। তিনিই হাসপাতালের স্টাফ। সেই কোয়ার্টারের উল্টো দিকে গুরুমোহন বাবুর কোয়ার্টার।

জীবন চারদিকে দেখে শুনে এক পা এক পা করে স্টেশনে আসে। ঘটনা ঘটে যাবার পর ঘণ্টা দুয়েক কেটে গেছে। ফলে স্টেশনের রক্তের দাগ ধুয়ে মুছে ফেলে না দেওয়া হলেও মানুষের মন থেকে কিছুটা মুছে গেছে। লোকজন এখন চারদিকে ছোট ছোট দলে ভাগ হয়ে গিয়ে তল্লাসী চালাচ্ছে। জীবন সেই পাঁচিলের ফাঁক গলে গুরুমোহনবাবুর কোয়ার্টারের গলির দিকের জানলার সামনে গিয়ে দাঁড়ায়— আমি আইছিলাম।

ঘুম থেকে উঠে গুরুমোহনবাবু মুখ হাত ধুয়ে তখন চা খাচ্ছেন। পাঁচিলের এ পাশের জগতে যে আজকের সকালটা কি ভীষণ ভাবে এসেছে তা তখনো তার অজানা। গুলির আওয়াজ কানে এসেছে। সেই আওয়াজেই তো ঘুম ভাঙ্গলো। প্রাতঃকৃত্য সারতে সারতে বাইশটা শব্দ উনি শুনেছেনও। কিন্তু এমন শব্দ নতুন তো কিছু নয়। শুনে শুনে গা সওয়া হয়ে গেছে। এখন জীবনকে পেয়ে জানতে চান তিনি— কি হয়েছে রে ওদিকে?

বলে জীবন— হইয়া গেছে যা হবার। এখন আর কিছু হইতাছে না। পুলিশ আইয়া গুলি মারতাছে।

কি হয়ে গেছে?

রাইফল ছেনতাই।

কারা করলো?

সে আমি কেমনে কমু!

রাইফেল ছিনতাই যখন, মনে হচ্ছে ওরাই। পুলিশ মারা অস্ত্র কাড়া সে সব তো ওদেরই কাজ।

ওরা নাকি আর নাই!

নেই বলে তো আমিও শুনেছিলাম। এখন দেখছি আছে। রক্ত বীজের বংশ এ কী সহজে বিনাশ হবে। উনি একটা লম্বা শ্বাস ফেলে চায়ের কাপে শেষ চুমুক দিয়ে, কাপ নামিয়ে সামনের টেবিলে রেখে একটা ছাপানো ফর্ম বের করে সেটা জানালার শিক গলিয়ে জীবনের দিকে এগিয়ে দিয়ে বললেন— এটা নিয়ে যা। এক্সরেটা করে আয়। এক্সরেটা রুম চিনিস তো? হানড্রেড বেডের দোতলা। ওখানে যে এই কাগজটা দিলে এক্সরে করে নেবে। সেই রিপোর্ট হাতে পেলেই অন্য যা যা করার করে তোকে কাজে লাগিয়ে নেবো। টিবি

হাসপাতালের চাকরি তো। এখানে এক্সরে করানোই লাগবে। মনে হচ্ছে অফিস এতক্ষণে খুলে গেছে। যদি না খুলে থাকে একটু বসিস। অফিস অতক্ষণে খুলে গেছে। যদি না খুলে থাকে একটু বসিস। এখন তুই যা। আমি এখন বাজারে যাবো। যা গোলমাল হচ্ছে কি পাবো না পাবো কে জানে।

ফর্মটা নিয়ে জীবন দক্ষিন মুখে হাঁটে। হাসপাতাল এখন একদম ফাঁকা। রোজ সকালে খেলার মাঠে স্বাস্থ্যসন্ধানী ছেলেদের যে ভিড় থাকে তা এখন নেই। সকালের শিফটে কাজে আসা হাসপাতাল কর্মীদের চলাচল চিৎকার তাও নেই। ওয়ার্ডের সামনের মাঠে ঘাসে বেঞ্চিতে রোগীদের যে নিত্য নৈমিত্তিক জটলা থাকে এখন তাও উধাও। বারুদের গন্ধ মাখা রক্তাক্ত সকাল সবার বুক হিম করে দিয়েছে। পুলিশ পাবলিককে মেরে থাকে সেটা তেমন ভয়ের কোন ব্যাপার নয়, রুটিন ঘটনা। কিন্তু আজ যে দান উল্টো পড়েছে। পুলিশ মারা গেছে পাবলিকের হাতে। সেটাই তো হাড় কাঁপানো বিষয়।

অনেকদিন টিবি হাসপাতালের ভিতর ঢোকে নি। ঢোকা যেতো না বলেই। সেই কবে কোন বিস্মৃত অতীতে নাকি গত কোন এক জন্মে এখানে আসা যাওয়া ছিলো। এখানে না আসতে পারলে ভালোই লাগতো। কারণ এটা তাদের এলাকা যারা জীবনকে বন্ধু ভাবে না। কিন্তু ভীষণ পেটের ক্ষুধা একটা চাকরি পাবার লোভ আর সেই ভাসা ভাসা শোনা শান্তি কমিটি নামক ব্যাপারটার কিছু সাহস ওকে ঠেলে নিয়ে এল। কিন্তু জীবন জানতো না যে শান্তির শর্ত চুক্তি মেনে চলার বাধ্যবাধ্যকতা ততক্ষণ থাকে যতক্ষণ দু'পক্ষ সমান শক্তিশালী। একদল হীনবল হয়ে পড়লে অপর দিকের সবল পক্ষের আর শর্ত মানার কোন দায় থাকে না। স্টালিন আর হিটলারের মধ্যেও অনাক্রমণ চুক্তি হয়েছিল। তার শেষ পর্যন্ত কী পরিণতি ঘটেছিল সবাই জানে।

এখন নকশালরা রাষ্ট্রীয় আক্রমণে কোন ঠাসা। বেশিরভাগই পাড়া ছেড়ে পলাতক। দু একজন যা আছে, আক্রমন তো দূর আত্মরক্ষা করবে কী করে সেই ভেবে অস্থির। তার উপর আবার আজকে এই ঘটনা। এর পরে তো পুলিশ প্রশাসন ওদের উপর আরো নির্মম হবে। যাকে ধরতে পারবে সাথে সাথে এনকাউন্টার। এখন আর ওদের ভয় পাবার কিছু নেই। প্রয়োজন নেই শান্তির শর্ত মানবার।

গুরুমোহন বাবুর কোয়ার্টার ছেড়ে দক্ষিণমুখো হেটে মাঠের মাঝখান দিয়ে জীবন সেই রাস্তার উপর উঠে যে রাস্তা মেন গেট থেকে শুরু হয়ে হাসপাতাল ক্যান্টিন, হানড্রেড বেড জমাদার কোয়ার্টারে ছাড়িয়ে লোহার পাড়ার কালভার্টে গিয়ে ঠেকেছে। আড়া আড়ি এই রাস্তায় বা দিকে বেঁকে দু'তিন মিনিট হাটতে পারলে জীবন এক্সরে অফিসে পৌঁছে যেতে পারতো। কিন্তু বাঁ দিকে আর বাঁক নিতে পারলো না। তার আগেই কানে গেল চাপা কিন্তু কঠোর আদেশ হল্ট! হাত উপরে তোল। পালাবার চেষ্টা করছিস কী এ ফোঁড় ওফোঁড় করে দেবো। রাস্তার পাশে ক্যান্টিনের সামনে পিছনে কিছু গাছ গাছালি। এ সবই লাগানো গাছ। সেই গাছের আড়াল থেকে বের হয়ে এসেছে দু' দুটো মূর্তি। জীবনের পা দুখানা অবশ হয়ে গেল। পিঠের শিরদাঁড়ায় অনুভব করলো একটা ধাতব নলের কঠিন শীতল স্পর্শ। ওই রকম আর একটা ঠিক বুকের মাঝখানে। যার

ছয় খানা ছিদ্র থেকে উঁকি দিচ্ছে ছয় ছয়টা বিষাক্ত দাঁত। যা যে কোন মুহূর্তে দংশন করে দিতে পারে জীবনের হৃদপিণ্ড।

দু'জনকেই চিনতে পারে জীবন। জীবনকেও তারা চেনে। চেনেই বলেই তো ধরেছে। সে চেনা অনেক পুরনো অনেক রক্তাক্ত। এর একজনের নাম নানু। সেই ঘর ছেড়ে পাল পাড়ায় চলে আসার কদিন পরে এক রাতে জমাদার কোয়ার্টারের মাঠ পর্যন্ত এসে নানুর ওপর বোমা মেরে গিয়েছিল জীবন। অন্যজন তাপস দত্ত। এক সকালে নয় নম্বর বাস মোড়ে তার উপরেও বোমা ছোঁড়া হয়েছিল। দুটো বোমার একটা ফাটেনি আর একটা লক্ষ্যভ্রষ্ট হয়ে ঢুকে যায় অন্য এক দোকানে।

তোর নাম জীবন না? চল লোহার পাড়া।

১০.

মৃত্যুর খপ্পর

লোহার পাড়া এ শুধু একটা পাড়ার নাম নয়, আতংকের পর্যায়বাচক একটা মহল্লা। এ এমন এক নাম যা অতিবড় সাহসীরও বুকে কাঁপন ধরিয়ে দেয়। এখানে একটা প্রবাদ আছে— লোহার পাড়ায় যে যায় হেঁটে, সে ফেরে খাটে। বিরোধী দলের কাউকে সেখানে নিয়ে যাওয়া হয়েছে আর সে জীবিত ফিরেছে এমন উদাহরণ একটাও নেই। ওরাই বলে— ফিরিয়ে দেবো তো আনবো কেন! এখন জীবনকে নিয়ে যাওয়া হচ্ছে সেই লোহার পাড়ায়।

জীবন কী সেদিন হেঁটে গিয়েছিল? যে গিয়েছিল সে কী জীবন? না সে জীবন নয়। জীবনকে অত সহজে ধরে নিয়ে যাওয়া অসম্ভব। যেখানে গেলে মৃত্যু নিশ্চিত সেখানে যাবার চেয়ে এখানেই প্রতিরোধ করতো। নানু আর তাপস দত্ত অবশ অচৈতন্য অনাহারী অর্দ্ধমৃত একটা আমাশয় আক্রান্ত দেহ টেনে হিঁচড়ে যেন পার করিয়ে নিয়ে গিয়েছিল তার জীবনের সব চেয়ে দুর্গম বন্ধুর কষ্টকর পথ।

কষাইখানার পথে ঠিক এইভাবে হেটে যেতে দেখা যায় কংকালসার গোরুর পাল। ধুলি ধূসর দেহখানি টেনে টেনে অতিকষ্টে সামনে আগায়। প্রতি পদক্ষেপে তার ঝরে ঝরে পড়ে অসীম ক্লান্তি। প্রতি পদক্ষেপে তার জীবন থেকে খসে যায় বেঁচে থাকার মেয়াদ। কোথা থেকে তাদের হঁটিয়ে আনা হচ্ছে কত নিদ্রাহীন রাত কত অনাহারী দিন, কত এবড়ো খেবড়ো পথ কত হোঁচট খেয়ে যে পার হয়েছে, কত পথ আরো যে চলা বাকি সে তার হিসাব জানে না। দুর্বল ক্লান্ত অবসন্ন শরীর যেন লুটিয়ে পড়তে চায় পথের ধূলার উপর। পা তার আর শরীরের ভার বইতে পারছে না। তবু উপায় নেই চলতে হচ্ছে। চলার গতি একটু শ্লথ হলেই পিঠে আছড়ে পড়ছে ক্রুদ্ধ কষাইয়ের নির্মম লাঠি, চল চল হেট হেট। গাঁজলা বেয়ে গড়াচ্ছে মুখের কষ্ট। পিচুটি ভরা চোখ খোঁচাচ্ছে ডাশ মাছি। শরীরের ক্ষত খোবলায় আড়ি পাতা কাক। লেজ তুলে কাউকে

সামান্য ঝাপট মারারও ক্ষমতা নেই এত শক্তিহীন শরীর। তবু বেচারা গোরুর হাঁটতে হয়। নিজের জীবন নিজে বয়ে নিয়ে যেতে হয় হাড়ি কাঠের দিকে। মৃত্যু দণ্ডাজ্ঞা প্রাপ্ত যিশু যেদিন দণ্ডগ্রহণ করার জন্য নিজের ক্রশ নিজের কাঁধে বয়ে পাহাড়ের মাথায় চড়েছিল সেদিন তার কেমন অনুভূতি হয়েছিল সেটা এখন মর্মে মর্মে বোঝে জীবন।

লোহার পাড়ার কালভার্টের উপর এখন গিজগিজ করছে লোক। কত হবে তাদের সংখ্যা? একশো দুশো তিনশো, ঠিক বোঝা যাচ্ছে না পাঁচশোও হতে পারে। সূর্যোদয়ের সাথে সাথে দেড় দুশো গুলির আওয়াজ নানা এলাকা থেকে তাদের টেনে নিয়ে এসেছে মূল ঘাঁটিতে। এত আওয়াজ কেন? তবে কি আমাদের প্রিয় ঘাঁটি বিপন্ন? আক্রান্ত কোন শত্রুর দ্বারা? এই ঘাঁটি শুধু যাদবপুর নয় সমগ্র দক্ষিণবঙ্গের নেতৃত্ব দিচ্ছে। এই ঘাঁটি নিশ্চিহ্ন হয়ে গেলে দক্ষিণবঙ্গেরও বিপদ হবে। সবাই রণসাজে সজ্জিত। তেমন হলে শেষ বোঝা পড়া হবে আজ।

খবর এসেছে এই মাত্র, না ভয়ের কোন কিছু নেই, এটা ওদের আর ওদের ব্যাপার। আমরা নিরাপদ। এর ফলে সবার মধ্যে একটু ঢিলে ভাব এসে গেছে। চা খাচ্ছে, কেউ কেউ সিগারেট ফুঁকছে। কেউ গল্প করছে। ঠিক এই অল্প সময়ে জীবনকে নিয়ে কালভার্টে পৌঁছায় তাপস দত্ত আর নানু দাস। মালটাকে ধরেছি। নকশু।

সবাই নয়, তবে কয়েকজন ওকে চিনে ফেলে। সে চেনা বড় ভয়ের ভীষণ বিপদের। আরে তুই? এতদিনে পেয়েছি নাগালে। বস, বস ওইখানে। একটু জিরিয়ে নে। চা ফা খা। তারপর হচ্ছে।

কালভার্টের পাশে একটা ছোট চা দোকান। জ্বলছে কয়লার উনুন। দোকানদারের ভাবলেশহীন পাথর পাথর মুখ। সে পার্টির একজন একনিষ্ঠ কর্মী। গেলাস ধুচ্ছে। তাতে চিনি দিচ্ছে। চা পাতার উপর গরম জল ঢালছে। আর উনুনের পাশে রাখা থ্রি নট থ্রি বুলেট গুলো নেড়ে চেড়ে গরম করছে। সব অতি স্বাভাবিক রুটিন মাফিক। পার্টি তাকে শিখিয়েছে কোন কাজে ছোট বড় নয়। সব কাজ সমান সম্মানের। তাই দোকানদার রুটি কাটা আর গলার নলি কাটায় পার্থক্য করে না। দুটো কাজেই সে সমান দক্ষ।

যারা জীবনকে ধরে নিয়ে এসেছে, তাদের কাজ শেষ। এখন যা করার তা লোহার পাড়ার লোকেরা করবে। এ যেন অনেকটা ভারতীয় বিচার বিধানের পকেট সংস্করণ। অপরাধীকে ধরে আনবে পুলিশ সাজা দেবে বিচারক। তাই তাপস দত্ত আর নানু বসে বসে লেবু চা খাচ্ছে। অন্যরা যারা জীবনকে চেনে জীবনের অপরাধ জানে তারা জমায়েত জমে গেছে ধৃত অপরাধীর শেষ পরিণতি কি হবে সেই আলোচনায়। সাজা যে মৃত্যু সে বিষয়ে কারও কোন দ্বিমত নেই। কারণ লোহার পাড়া এর চেয়ে কম কোন শাস্তির কথা জানে না। কিন্তু সেই দণ্ডদানের পদ্ধতি কি হবে? ছোট ছোট ভাগ হয়ে তার সেই আলোচনা সারছে। কেউ বলছে গুলি কেউ বলছে নলিতে একটা পোঁচ কেউ বলছে বস্তায় ভরে খালে ডুবিয়ে দিলে ঝামেলা কম।

কে কী বলছে জীবনের তা শোনবার কথা নয়। শুনে বা সে কী করবে?

মাংসের দোকানের খুটিতে বাঁধা পাঠা ছাগল সে তো দেখে তার মত একজন ঝুলছে। একটু পরে সেও ঝুলবে। সব দেখে সে বা কী করতে পারে? এখন জীবন মোদ্দা কথা বুঝে গেছে যেভাবেই হোক সেইটে হবে, যা সব মানুষের জীবনের একবার না একবার হবেই।

ভয় করছে। জীবনের বুক জুড়ে এখন নৈশব্দময় হিমশীতল এক ভয়ের চলাচল হচ্ছে। যদি এতক্ষণে কিছু চড় চাপড় কিছু লাঠিসোটা গায়ে পড়তো, ব্যথা করলেও এত ভয় করতো না। ওই সবের মধ্যে দিয়ে ওদের রাগ কিছুটা বের হয়ে গেলে বেঁচে যাবার একটা চান্স ছিল। কেউ কিছু বলছে না, এখনো এরা সব ক্রোধ রাগ আগলে বসে আছে, এটাই বড় ভয়ের। প্রেশার কুকারে একটা সেফটি ভাল্ব থাকে অত্যাধিক গ্যাস জমে গেলে সেখান থেকে অতিরিক্ত গ্যাস বের হয়ে যায়, যদি গ্যাস বের হবার পথ না পায় গ্যাস পুরো প্রেশার কুকারটা ফাটিয়ে দেয়।

ফাটবে, বিকট শব্দে ফাটবে জীবন। ওকে বৃত্ত করে জমে আছে মারক গ্যাস। তারা ওকে ফাটিয়ে ছিন্ন ভিন্ন করে দেবে। মানুষের চোখে যার অপরাধ নগণ্য তাকে অল্প কিছু সাজা দিয়ে আধমরা করা হয় এখনকার দিনে। যার অপরাধ অতি বিশিষ্ট তার সাজাও হতে হবে সেই রকম। জীবনকে এখন কি বিশিষ্ট সাজা দেওয়া যায়, জটলায় তারই জল্পনা কল্পনা চলছে। এক একজন এসে আগাপাশ তলা ওকে জরিপ করে যাচ্ছে। কেউ কোন কথা বলছে না। কেউ একটা গালাগালি পর্যন্ত দিচ্ছে না। শুধু নির্মম নির্নিমেষে সাপের মত শীতল দৃষ্টি দিয়ে ওকে দেখে যাচ্ছে।

এখানে ভিড়ের মধ্যে সেই পিনাকী সেনও আছে। যে একদিন জীবনকে লাইট পোস্টে বেঁধে পিটিয়েছিল। তারই কদিন পরে তার কারখানায় বোমা পড়ে। সেই ঘটনায় জীবনের একটা যোগ আছে এমনই তার সন্দেহ। এখানে রয়েছে সেই স্বপনও। সে জীবনের সামনে আসতে সংকোচ বোধ করছে। দূর থেকে আড়ে আড়ে দেখছে আর বিব্রত পায়ে এদিক সেদিক ঘুরছে। একবার চোখে চোখ পড়তে হাতের মুদ্রায় জীবন তাকে ডাকে— শোন স্বপন।

বল কি বলবি। কাছে এসে সংকুচিত গলায় বলে সে।

তোর কি মোনে আছে দেওয়ালে একদিন এ্যাল লিখছিলি।

তাড়াতাড়ি বলে স্বপন সে আমি সেইদিন রাতেই জলপোচড়া দিয়ে ভালো করে মুছে ফেলেছিলাম।

জীবন বলে— পুইছা যে ফেলছোস সে তো তোরে দেইখাই বোঝতে পারতে আছি। তোরা পড়া লেখা জানা মানুষ, লেখতেও পারোস পোছতেও পারোস। আমরা না পারি লেখতে না পারি পোছতে।

স্বপন কিছু জবাব দেবে তার আগে নেতা গোছের একজন ধমকে ওঠে— ওর সাথে এত কি বকর বকর করছিস। যাঃ ওদিকে গার্ডে যা। স্বপনকে সরিয়ে দিয়ে সে জীবনের সামনে এগিয়ে আসে। স্বপনকে ফুসলিয়ে তুই তো নকশাল বানিয়ে ছিলি, তাই না? আমাদের দেওয়াল দখল করেছিলি। মনে আছে, পিনাকি দা তোকে ওয়ার্নিং দিয়ে ছেড়ে দিয়েছিল। সেবার বেঁচে গেছিস। এবার আর বাঁচবি না। বার বার তো লোককে মাপ করা যায় না।

জীবন কথা বলে না। বলার মত তার কি বা আর আছে। এরা এখন কোন কথা শুনবে না। সে পরিস্থিতি আজ আর নেই। আবার জানতে চায় সে আজ পর্যন্ত ক'জন সিপিএমের ছেলেকে মার্ডার করেছিস?

জীবন নিরুত্তর।

পিনাকীদার কারখানায় বোমা মারার সময় তোরা কে কে ছিলি?

জীবন জবাব দেয় না।

সত্যি কথা বল। সত্যি বললে তোকে ছেড়ে দেবো। বল সন্ধ্যা বাজারের কানুকে কেন মার্ডার করেছিস?

মাথা নাড়ে জীবন— আমি জানি না।

ক্রুদ্ধ হয়ে লোকটা— বালকদা আসছে। এখনো সব সত্যি বলে ক্ষমা চেয়ে নে। না হলে কি ভাবে মরবি সেটা ভাব। লোকটা জীবনের কাছ থেকে দূরে সরে গিয়ে দাঁড়ায়। তাকে কে যেন জিজ্ঞাসা করে— আর কত দেরী? এখনো টিফিন করি নি, পেটে ছুঁচো ডন মারছে যে।

বলে লোকটা বালক দা এলেই।

সে কখন আসবে?

অনেকক্ষণ আগে খবর পাঠিয়ে দেওয়া হয়েছে। এসে পড়বে। তাহলে আর কিছু ক্ষণ দেখি।

সবাই অধীর আগ্রহে বালকদার জন্য অপেক্ষা করছে। বালকদা মানে এই লোহার পাড়ার এ্যাকশন দলের দলপতি। লোকে বলে সে নাকি এক কুড়ি মার্ডার করেছে। ছুরি চাকু নাকি তার হাতে কবির কলম শিল্পীর তুলির মত স্বচ্ছন্দ আর সাবলীল। সে এলেই— । যতক্ষণ সে না আসছে ততক্ষণই জীবনের পরমায়ুর মেয়াদ। আহঃ বেঁচে থাকা এত সুন্দর, বেঁচে থাকার স্বাদ এত অপার্থিব। এক একটা নিঃশ্বাস যে এত মূল্যবান এত আরাম দেয়, আগে কোন দিন জানা হয় নি।

দম বন্ধ হয়ে আসছে। নিঃশ্বাস টানতে বুকটা হাপরের মত হাঁপাচ্ছে। চোখ ঘোলা ঘোলা হয়ে যাচ্ছে। শুকনো খটখটে। কান মাথার মধ্যে ঝাঁ ঝাঁ করছে। যেন কোথাও বেসুরে ভেঁপু বাজছে। চারপাশের লোকজন, মাথার উপরকার নীল আকাশ, চাঁদ, রোদ গাছ— পালা, পাখির ডাক, চলমান জীবন জগত সব কিছুর মধ্যে থেকেও সব কিছু থেকে জীবন এখন মুক্ত।

এখন আর তার কেউ নেই কিছু নেই। জাগতিক যাবতীয় হিসাব নিকাশ দেওয়া নেওয়া চাওয়া পাওয়া বন্ধুতা বৈরিতা সব কিছু লোক বিচ্যুত হয়ে আত্মা তার অনেক উর্দ্ধে, মহাকাশের কোলে আশ্রয় নিয়েছে। আকাশের নিচে চড়া রোদে পাবলিক পরিবৃত সে বসে আছে বহু কাল আগেই মারা গেছে। তার মৃত শরীরটাকে মমি করে ওখানে ওভাবে বসিয়ে দেওয়া হয়েছে।

একজন একটা দোনলা বন্দুককে এল জি কার্তুজ ভরে চা দোকানের উল্টো দিকের তালা বন্ধ গ্যারাজের কোলাপসিবল গেটে হেলান দিয়ে দাঁড় করিয়ে রাখে। ভাবে জীবন তাহলে কি আমাকে গুলি করে মারা হবে! বর্ত্তমান বাজারে এক একটা গুলির কত দাম! ওরা কি এতটা উদারতা দেখাবে? যদি দেখায় ভালোই হয়। গলা কাটা পেট চেড়া পিটিয়ে মারার চাইতে সেটা উভয়

পক্ষে আরামদায়ক। সময় এবং শ্রম দুটোরই সাশ্রয়।

এ্যাই ছোকরা— কি যেন নাম তোর চা খাবি? বড় নরম মোলায়েম গলায় একজন জীবনকে জিজ্ঞাসা করে, খাবি এক কাপ চা? খেলে খেতে পারিস। দাম আমি দেবো, খাবি?

লোকটার দিকে অবুঝ চোখে তাকায় জীবন। পরিষ্কার ধুতি পাঞ্জাবি পরা বছর চল্লিশের ফরসা গোলগাল চেহারার এক ভদ্রলোক। চোখে গোল্ডেন কালার বাই ফোকাল। বাঁ কানে সরু সোনার রিং। হাতে চুনি পান্না গোমেদ পাথর বসানো অনেকগুলো আংটি। গলায় সোনার চেন ঝুলছে বাবা লোকনাথ। কিরে চা খাবি না? বেশ তবে এক গেলাস দুধ খা? তাও খাবি না। তবে কি খাবি? একটা ডাব এনে দেবো?

কে যেন তাকে আর সদিচ্ছা থেকে বিরত করতে চায়— বেনুদা, তুমি থামো না। বেকার এই সময়ে। আমাকে বলো কি খাওয়াবে।

হাসে বেনুদা। চওড়া চওড়া দাঁত। বলে পাগোল, তুই আর ও কি এখন এক? গলা এক খাদ নিচে নামিয়ে আবার বলে ও আর কিছুক্ষণ পরে মারা যাবে। ওকে কিছু একটা খাওয়াতাম। জলটল। আফটার অল আমরা হিন্দু তো। আমাদের ধর্মে মৃত্যু পথযাত্রীকে জলদান অশেষ পুণ্যের কাজ। এর চেয়ে মহৎ কাজ আর হয় না।

ফালতু কথা। পাপ পুণ্য ধর্ম কর্ম স্বর্গ নরক সব একেবারে বাজে কথা।

তোর মত বয়সে আমিও ওই রকম বলতাম। রক্তের জোর কমুক, একটু বয়েস বাড়ুক তখন বুঝবি।

কিন্তু মার্কসবাদে যে—

দেখ আমার কাছে মার্কসবাদ আওড়াবি না। চৌষট্টি সাল থেকে কম্যুনিস্ট পার্টি করছি। তোরা তখন কোথায়? মার্কসবাদ আছে মার্কসবাদের জায়গায় ধর্ম কর্ম ধর্মকর্মের জায়গায়। দুটো একেবারে আলাদা আলাদা সাবজেক্ট। একটু থেমে বাঁ হাত দিয়ে ঘাড়টা একটু চুলকিয়ে নিয়ে আবার বলে বেনুদা— আমাদের দেশ মুনি ঋষিদের দেশ। দেশের হাজার হাজার বছরের প্রাচীন যে সব বেদ বেদান্ত সব দু পাতা মার্কসবাদ পড়ে এক কথায় নস্যাৎ করে দেবে এমন পাঁঠা পণ্ডিত আমি নই ভাই। প্রত্যক্ষ প্রমাণ ছাড়া বেনু গোপাল সেন কথা বলে না। তন্ত্র শাস্ত্র বলে আমাদের একটা জিনিস আছে তা জানিস?

বেনু গোপাল সেনের সাথে তর্ক করা ছেলেটা মুর্খ হতে চায় না বলে সে— তন্ত্র শাস্ত্র বলে যে একটা কিছু আছে সে আমি শুনেছি।

শুনেছিস! স্রেফ শুনেছিস। পরীক্ষা করে আর তো দেখিস নি তন্ত্রে কি বিশাল শক্তি। শনি কিংবা মঙ্গলবারে অপঘাতে মরা কোন চণ্ডালের হাড় যদি একটা আনতে পারিস— বাঁদিকের পাঁজরের মিডিলের হাড়টা তবে দেখিয়ে দিতে পারি তন্ত্র মন্ত্রের কি অসীম শক্তি।

জীবন কাঁপছে। গলা শুকিয়ে যাচ্ছে। আজ কি বার? শনি না মঙ্গল? তাহলে অপমৃত্যু কোনভাবেই রোধ করা যাবে না। বেঁচে যাবার ক্ষীণতম সম্ভাবনাও নির্মূল হয়ে যাবে। এক খানা বহুমূল্য হাড় আছে তার বাঁদিকের বুকের পাঁজরে। অসাধ্য সাধন হতে পারে এই হাড়ে। যা সে এতকাল যক্ষের ধনের মত আগলে

আছে কুড়ি বাইশ বছর। জীবনদের পূর্ব পুরুষদেরই তো লোকে চণ্ডাল বলতো। মাত্র একষট্টি বছর আগে সে নাম দিয়েছে নমঃশূদ্র জলঅচল চণ্ডাল বলেই ভাবে।

এখন এখানে মোহন বর্মন এসেছে। মোহন, লোহার পাড়ার ত্রাস বালক দাদার ঘনিষ্ঠ সহযোগী। সহযোগী? না কি ওই কুড়ি বাইশের প্রতিযোগিতার একজন প্রবল প্রতিবাদী? কে কাকে ছাড়িয়ে যাবে, হারিয়ে দেবে দুজনের মধ্যে তারই প্রতিযোগিতা। মার্ডার করার ক্ষেত্রে বালক দাদা যদি একজন মহান শিল্পী হয় মোহন দাদা তবে একজন বড় ডাক্তার। প্রথম জনের যদি কত কম সময়ে কত পরিশ্রমে মোক্ষম এক মারে প্রাণ নেবার দক্ষতা থাকে তবে পরের জনের শখ কত কষ্ট দিয়ে কত বীভৎসভাবে মানুষকে মারা যায় সেই আনন্দ উপভোগ করা।

এখন তার হাতে একটা ডিটোনেটর। এটা বোমা ফাটানোর কাজে ব্যবহার করা হয়। তার সরু লম্বা তারটা মোহন বর্মনের গলায় পেঁচানো। একবার সে জীবনকে দেখে। দৃষ্টিতে কোন ক্রোধ নেই, আছে কর্তব্যের কঠিনতা। দয়া মায়া স্নেহ প্রেম এই সব বড় কোমল অনুভূতি। সে সব থেকে সে বহু যোজন দূরের নিবাসী। পাছে কখনো কোন এক দুর্বল মুহূর্তে কোন কোমলতা তাকে ছুঁয়ে দেয় তাই নিজের চারপাশ ঘিরে রাখে এক বীভৎসতার বৃত্ত দিয়ে। যে কারণে মানুষের মধ্যে এমন একটা গল্প চালু হয়ে গেছে— চাকু লাগে না, খুন করার সময় মোহন বর্মন দাঁত দিয়ে কামড়ে গলার নলি ছিঁড়ে নেয়।

এ সময়ে মোহন বর্মনের চোখ দুটো আলো হীন আধবোজা কষাই ইসমাইলের চোখের মত নিষ্ঠুর অপলক। ইসমাইলের একটা মাংসের দোকান আছে। সে সকাল বেলা খোঁয়াড় খুলে পাঁঠা ছাগলগুলোর দিকে এইভাবে তাকায়। তারপর একটাকে টেনে নিয়ে গিয়ে দু'পায়ের ফাঁকে চেপে ধরে গলার নলিতে চাকুর পোঁচ দেয়। এটা তার নিত্যকর্ম। এটা পেশা এবং এটাই ধর্ম। এটাকে কোন মতে হত্যা বলা চলে না।

মোহন বর্মনও যা করে সেটাই তার ধর্মকর্ম। যে কাজ আনন্দ মনে করা না যায় সেটা কাজ নয় একটা বোঝা। কাজ বোঝা হয়ে গেলে মানুষ তা বইতে চায় না। মোহন বর্মন কাজটাকে আনন্দদায়ক বানিয়ে নিয়েছে। তার এখন আর তর সইছে না। কখন বালক আসবে? সে না এলে কি বসে থাকা লাগবে? বালক নেই তাহলে ডিটোনেটরটা ঢুকিয়ে বার্স্ট করে দি। ঝামেলা চুকে যাক। একটা ঝামেলা নিয়ে এত সময় নষ্ট করা যায়!

কিন্তু বালকদা না এলে। সে কী বলে না বলে। তার মত না নিয়ে— এলাকা গরম হয়ে উঠছে। রাইফেল ছিনতাই হয়ে গেছে, পুলিশ মার্ডার হয়েছে, পুলিশ কোথায় কোথায় রেড করবে তা কে জানে। বাঘাযতীনের ওই দিকটা এখনো খালি আছে। এলাকা থেকে সরে যেতে হলে আমরা ওই পথটা পাচ্ছি। এইটা নিয়ে সময়নষ্ট হয়ে গেলে ততক্ষণে ওই পথটা বন্ধ হয়ে যায় যদি আমাদের খাঁচায় ঢোকা বাঘের দশা হবে।

কি করা যাবে আর। হতাশ গলায় বলে সে— দেখা যাক আর পাঁচ দশ মিনিট। যদি বালকদা না আসে তখন যা হয় একটা— ।

রোদ বাড়ছে। বেলা আটটায় ধরা হয়েছিল জীবনকে। এখন দশটা সাড়ে দশটা বাজে। রোদে শরীর জ্বলে যাচ্ছে। যেখানে বসানো হয়েছে ওকে কোন ছাউনি নেই। সরাসরি শরীরে সে বিঁধছে বল্লমের ফলার মত তীক্ষ্ণ রোদ। শরীরের প্রতি লোমকূপ থেকে জলের মত ঘাম গড়াচ্ছে। নাক কান মুখ থেকে ছুটছে গরম হলকা। চার পাশের দৃশ্যপট দুলছে। বুকের ভিতর টের পাচ্ছে হাতুড়ি পড়ার শব্দ। ঢিপ ঢিপ ঢিপ। যেন পাথর ভাঙ্গছে কেউ। ধীরে ধীরে নিম্নাঙ্গ কেমন যেন অবশ অসাড় হয়ে যাচ্ছে। শুধু সির সির করছে পায়ের পাতা। উঁচু বাড়ির ছাদে দাঁড়ালে যেমন হয় নিচে তাকালে। চোখ দুটো জ্বলছে। একটা মরা গাছের ডালে বসে ডাকছে কর্কশ কাক— কা কা! ওরা নাকি মৃতের ঘ্রাণ পায়। তবে কি ইতিমধ্যে খবর পৌঁছে গেছে— এখানে একটা মহাভোজের আয়োজন হয়েছে!

এখন জীবনের চোখের সামনে সিনেমার পর্দার মত ভেসে উঠছে নিহত বন্ধুদের কতগুলো মুখ। কত নাম, শুনে শেষ করা যাবে না। এর মধ্যে ওর সব চেয়ে প্রিয় ছিল মাধাই মণ্ডল। কারা যেন মাধাইকে মেরে বস্তায় ভরে হোসেনপুরের হোগলা বাদায় ফেলে এসেছিল। সকাল হবার আগে আর্দ্ধেকটা শেয়ালে খেয়ে নেয়।

অনেকদিন আগে ভগত সিং মাস্টার দা বিনয় বাদল দীনেশের আত্মত্যাগের গল্প শুনে শুনে মনে মৃত্যু বাসনা জেগেছিল। দু'পক্ষে ঘোরতর যুদ্ধ হবে। একটা গুলি এসে লাগবে ঠিক বুকের মাঝখানে। দুই তিন মিনিটের মধ্যে সব যন্ত্রণার উপশম। বন্ধুরা তারপর কাঁধে করে বয়ে নিয়ে আসবে ঘাঁটিতে। মৃত দেহ ছুঁয়ে শপথ নেবে, শহিদ তোমায় ভুলবো না। তোমার রক্তের ঋণ আমরা রক্ত দিয়ে শোধ করবো। কোন মোড়ের মাথায় শহিদ বেদী হবে। শহিদ দিবসে আবালবৃদ্ধবনিতা আকাশে বদ্ধ মুষ্ঠি তুলে শ্লোগান দেবে— শহিদ তোমায় লাল সেলাম। তখন মৃত্যুকে এত নিকট থেকে দেখা হয়নি। মৃত্যুর যে এমন বীভৎস রূপ হতে পারে তা কল্পনায়ও আসে নি।

মৃত্যু ভয়ে এখন শিরদাঁড়া বেয়ে একটা শীতল অনুভূতি দৌড়ে যাচ্ছে। নাভি কুণ্ডলি পায়ের পাতা হাতের তালুতে অদ্ভুত একটা শিরশিরানি। মনে হচ্ছে যেন কেউ পঞ্চাশ তলা কোন বাড়ির কার্ণিশে দাঁড় করিয়ে রেখেছে। কার্ণিশ ভেঙে এক্ষুনি নিচে পড়ে যাবে। বুক বোঝাই এখন যেন এক মরুভূমির তৃষ্ণা, মা বাবা ভাই বোন আত্মীয় স্বজন বন্ধু বান্ধব কারো সাথে আর কোনদিন দেখা হবে না। মা বাবা তারা নিশ্চয় কোন খবরও পাবে না। কে দেবে খবর? কে জানে তাদের ঠিকানা জীবন ছাড়া? মা মাগো, ক্ষমা করো। তোমার অধম সন্তানকে ক্ষমা করো মাগো। তোমার কাছে অনেক বড় ঋণ রয়ে গেল মা। তার কিছুই শোধ করার সুযোগ হল না।

কুসুম! এখন এই অসময়ে কুসুমের কথা মনে পড়ছে কেন? অনেক কটা দিন অনেকগুলো সুন্দর মুহূর্ত উপহার দিয়েছিল। গভীর ভালোবেসেছিল। অত ভালো জীবন বাসতে পেরেছিল কি? কে জানে।

সেই লোকটা আবার এসেছে কি যেন নাম? বেনুগোপাল সেন। যে এক মৃত্যুপথ যাত্রীকে পানীয় পরিবেশন করে পরকালের ঝোলায় কিছু পুণ্য ভরে

নিতে চায়। এই রে, কোন কিছু চাই তো সময় থাকতে থাকতে বলে দে। বালক এসে গেলে আর বলার সময় পাবি না।

একটা বিড়ি দেতে পারেন? কোনদিন খাই নাই, আইজ এট্যু খাইয়া দেহি।

বিড়ি তো আমিও খাই না রে। তবে তুই যখন বললি, তোকে একটা সিগারেট খাইয়ে দিই। নাম্বার টেন। সিগারেট এনে দেশলাই জ্বেলে জীবনের মুখের কাছে ধরে বেনু সেন। তারপর ঘন হয়ে বলে— বাড়িতে কে কে আছে? তুই সব ভাই বোনের বড়? বাবা কী করে?

প্রশ্নগুলোর উত্তর শুনে ভীষণ কষ্টে মাথা ঝাঁকান তিনি— ছিঃ ছিঃ এমন বোকামো কেউ কোনদিন করে ছিঃ। কোথায় বাপ মাকে খেটে খুটে এনে খাওয়াবি বড় ছেলে তুই! তা না করে এসব কি করলি ছিঃ ছিঃ। এই সব পার্টি ফাটি করা কী গরীব গুর্বো লোকের মানায়? রাজনীতি মানে হচ্ছে রাজার নীতি। রাজ্য চালাবার নীতি তাতে তোর মত লোক কেন যে মাথা গলায়। যাক গে, যা হবার তা তো হয়েই গেছে এখন আর হাত কামড়ে কোন লাভ নেই। আগুনে হাত দিলে হাত তো পুড়বেই। এখন আর দুঃখ করিস না। এই জন্য লোকে বলে ভাবিয়া করিও কাজ। নে, এবার তোর বাড়ির ঠিকানাটা বলতো, আমি লিখে রাখছি। পরে চিঠি দিয়ে তোর বাবাকে সব জানিয়ে দেবো।

কিছু ভালো লাগছে না জীবনের। কথা যেন এখন অনাবশ্যক অর্থহীন কিছু শব্দ মাত্র। যা শুনতে ইচ্ছা করছে না বলতেও ইচ্ছা করছে না। পরম উপকারী এই লোকটাকে কেন কে জানে সাপের চেয়ে খল ক্রুর বিষাক্ত বলে মনে হয়। ওকে ঘুরে ঘুরে দেখতে থাকা জোড়া জোড়া ঠাণ্ডা চোখগুলোর থেকে বেনু সেনের চোখের দৃষ্টি, দৃষ্টিভঙ্গী পুরোপুরি আলাদাভাবে সনাক্ত করে নেওয়া যাচ্ছে। সে সাধারণ নয়, সে অন্যতম অসাধারণ। সে যেন আয়োজিত এই নরমেধযজ্ঞের প্রধান পুরোহিত অনুতাপরহিত, নির্বিকার নিয়ামক এক কাপালিক।

কিছুক্ষণ পরে বেনু সেন চা দোকান থেকে এক গেলাস জল এনে জীবনের মাথায় ঢেলে দিয়ে বলে— চান করাতে পারলে ভালো হত। যা অবস্থা, সে এখন হবে না আর। এক গেলাসেই নিয়ম রক্ষা হোক।

রাজসভাতে মহারাজের প্রবেশের আগে ঘোষক যেমন তার আগমন বার্তা ঘোষণা করে— সাবধান রাজাধীরাজ আসছেন সেইভাবে কেউ একজন ঘোষণা করলো— বালকদা আসছে। মুহূর্তে উপস্থিত জন সমূহ চঞ্চল হয়ে উঠলো। জন থেকে জনে চারিধারে উদবেল হয়ে উঠল প্রবল উচ্ছ্বাস— আসছে, বালকদা আসছে। সব প্রতীক্ষার অবসান হয়ে গেছে। সবার মন যে আমিষ আনন্দের জন্য আতুর তা এবার পাওয়া যাবে। বালকদা বেশি কথা বলে না। যা করার দ্রুত করে দেয়। এক দুবার এমনও হয়েছে, যে যাকে মারা হবে সে কিছু বুঝে ওঠার আগেই পথের ধূলায় লুটিয়ে পড়েছে। চকিতে চাকু চালিয়ে পেট নাড়ি ভুঁড়ি বের করে দিয়েছে স্বনামধন্য বাহুবলী বালকদা।

হাত পা সব শিথিল হয়ে গেছে জীবনের। এক ফোঁটা শক্তি আর নেই। মাথার মধ্যে যেন বন বন করে লাট্টু ঘুরছে। নাক মুখ দিয়ে বের হচ্ছে আগুনের মত গরম হলকা। জ্বর হলে যেমন বের হয়। ঘামের বন্যায় শরীর ডুবে যাচ্ছে। আর কোন বোধ বুদ্ধি শক্তি সাহস অবশিষ্ট নেই। সব চেতনা মানসিক ক্রিয়া

একেবারে অসাড় নিষ্ক্রিয়। শিরা উপশিরা ধমনি কোথাও কোন স্পন্দন আর নেই। সব নাড়ি যেন এক সাথে হরতাল করে দিয়েছে। শব্দ স্রেফ একটা শব্দের আঘাতে জীবনের মন মস্তিষ্কের কোষে ধ্বস নামিয়ে এনেছে। বালকদা আসছে।

এ কোন সংবাদ নয়, জীবনের মৃত্যুর পরোয়ানা নিয়ে যমদূত আসছে। জীবন কল্পনায় তার ছিন্ন ভিন্ন রক্তাক্ত দেহটা আগাম দেখতে পাচ্ছে। নলি কাটার সময় বাঁচবার অদম্য স্পৃহায় আঁকড়ে ধরেছিল শেষ অবলম্বন মাটি। দুই হাতের দশ নখের মধ্যে সেই মাটি ঘাস রক্তের কাঁদা। কালচে রক্তের মধ্যে উল্টে পড়া থাকা শরীরটা মাছিতে চাটছে। কাক খোবলাচ্ছে। চোখ দুটো বিস্ফারিত। যেন সেই চোখ শেষ দৃশ্য দেখার পরেও আরো কিছু দেখবে বলে অপলক তাকিয়ে আছে।

অবশেষে বালকদা এসে গেলেন। কিন্তু এই বালক দাদা সেই লোহার পাড়ার কুড়ি অবিস্মরণীয় কাণ্ডের মহানায়ক নয়। এই বালক দাদা বিজয়পুরের বাসিন্দা এবং সিপিএম পার্টির উঁচুদরের এক তাত্ত্বিক নেতা। বর্তমানে ইনি নিজের এলাকা থেকে কংগ্রেসী মাস্তানদের দ্বারা বিতাড়িত হয়ে লোহার পাড়ার শেল্টারে আছেন। কার মুখে কে জানে শুনেছিল জীবন, এই বালকদাদা লোহার পাড়ার লৌহ মানবদের মত নিষ্ঠুর নির্দয় নয়। তার নাকি একটা সংবেদনশীল নরম কোমল মন আছে। অনেককে নাকি হাতের নাগালে পেয়েও নলি না কেটে ছেড়ে দিয়েছে।

একটা শেষ চেষ্টায় উঠে দাঁড়ায় জীবন। দৌড়ে গিয়ে ঝাঁপিয়ে পড়ে বিজয়পুরের বালক দাদার দয়ার দরজায়— দাদা মোরে বাঁচান। আমারে মাইরা ফালাবে বইলা ধইরা আনছে, আমারে বাঁচতে দ্যান।

এ্যাই, এ্যাই তুই কেডা রে!

হঠাৎ জীবনের মনে পড়ে যায়, তার কাছে একখানা কাগজ আছে। ডুবন্ত মানুষ যেমন খড় কুটো যা হাতের সামনে পায় আঁকড়ে ধরে জীবন এখন সেই শেষ অবলম্বন গুরুমোহন বাবুর কাগজখানা আঁকড়ে ধরে। আমি একজন টিবি রুগী। টিবি হইছে আমার। বোন টিবি। হাসপাতালে আইছিলাম একছেরে করাইতে। এই দেখেন সেই কাগজ। আমারে ধইরা নিয়া আইছে।

বিজয়পুরের বালক দাদা বেশ মনোযোগ দিয়ে জীবনের কথা শুনলো। আগাপদতলা দেখলো এই উদ্ভট জীবনটাকে। গায়ে একটা ময়লা গেঞ্জি। হাফ প্যান্টের উপর গামছা জড়ানো। মাথায় তেলহীন রুক্ষ একবোঝা চুল। খালি পা। চোখের কোলে পিচুটি। হলদেটে দাঁত। আর বহুদিনের অনাহারী অতিকষ্টে নিঃশ্বাস টানা নির্জীব বুকের খাঁচা।

এ্যাই তুই কাম কি করোস রে? কাগজ কুড়াইস নাকি?

জীবনের বেশবাস এখন সেই রকমই। শুধু কাঁধে বস্তাটা নেই। বলে সে— আগে কুড়াইতাম। এখন আর পারি না। সর্ব সোমায় জ্বর জ্বর। কাশলে দলা দলা রক্ত বাইরায়। একজন টিবি রোগাক্রান্তর মুখে যেমন যেমন শুনেছিলো তেমন তেমন বলে যায় জীবন। ডাক্তার কইছে মাছ মাংস ডিম দুধ খাইতে। কই পামু। ভাতই পাই না।

বালক দাদার মন ভিজে যায়। তবে সে জীবনের রোগ দারিদ্র না বাঙ্গাল

বুলি সেটা বোঝা গেল না। কেডা তোরে— ধইরা আনলো রে? একটা টিবি রুগী, কাগজ কুড়াইয়া খায়। যা রোগ হইছে দুই চাইর দিন পরে এমনিতেই মইরা যাবে। কেডা আনছে এইডারে? মরা মারায় কার সখ?

সেই দু'জন সামনে আসে বিজয়পুরের বালক দাদার— যার একজন তাপস দত্ত আর একজন নানু। মিন মিন করে বলে তাপস দত্ত— কি করে জানবো যে টিবি রোগী, হাসপাতালে চিকিৎসা করাতে এসেছে। আগে তো কিছুই বলে নি। ধরার পর চুপচাপ হেঁটে এল। আগে তো একটা কঠিন চীজ ছিল। মুখ চেনা। হাসপাতালে ঘোরাঘুরি করতে দেখে আমি ভাবলাম। সকালের যে ব্যাপারটা। সেই দলের সাথে কোন যোগ থাকলেও থাকতে পারে।

আর বালকদাদা তাপস দত্ত বা অন্য কারও কোন কথা শুনতে চাইলেন না। জীবনের দিকে তাকিয়ে বলে উঠলেন— এ্যাই যা ভাগ। ভাগ জলদি। বালক এলে আর যেতে পারবি না। পালা।

মৃত্যুদণ্ডপ্রাপ্ত বন্দী যেন মুক্তির আদেশ পেল কিন্তু সত্যিই পেল কি? সন্দেহ যে যায় না। লোহার পাড়ার বালক এসে গেলে বিপদ আছে তা বুঝেও বসে পড়ে।

কি বল্লাম, পালা।

কি করে পালাবে জীবন? পায়ের উপর যে সাতশো সাতাশ মন পাহাড়। এখনো যে যথাস্থানে অটল সেই বেলজিয়াম কার্তুজ ভরা দোনলা বন্দুক খানা। হাঁটা দিলেই কেউ যদি পিছন থেকে গুলি করে দেয়? এমন তো কতজনকে মারা হয়েছে। মানুষ মারার এটা একটা নতুন ফ্যাশান। ইদানিং এটা বেশ জনপ্রিয় খেলাও বটে। কে বলতে পারে এখন জীবনের বেলা এরকমটা করা হবে না। হবে না যে সে গ্যারান্টি কোথায়?

আবার বলে বিজয়পুরের বালকদাদা, দেইখ্যা আইলাম, বালক জামা প্যান্ট পড়তে আছে। ও আসার আগে দৌড় মার। সইরা যা এইখান থিকা। সরে তো পড়তেই চায় জীবন। কিন্তু সরে কোন উপায়ে? আছে। একটা উপায় আছে। সামনে সেই এল লেখা স্বপন। স্বপনই পারে জীবনের রক্ষা কবচ হতে। ওর চেয়ে ভালো বর্ম এখন আর নেই। জীবন তাকে জড়িয়ে ধরে। যেন অক্টোপাশ বাধন। বলে কতদিন পরে তোর লগে দেখা। কেমন আছোস না আছোস কিছুই জানি না। কত কথা যে তোরে কওনের লাইগা বুকে জইমা আছে। চল একটু নিরিবিলিতে গিয়া দুইটা কথা কই।

এক রকম জোর জবরদস্তি স্বপনকে সাথে টেনে নেয় জীবন। এখন মনে সাহস আসে। আর বন্দুক চলবে না। যত বড় দক্ষ বন্দুকবাজ হোক নিজের লোক জখম হবার ঝুঁকি নেবে না। স্বপন কোন সাধারণ কমরেড নয়। বলতে গেলে হাফ শহিদ। সিপিএম পার্টির জন্য বুক গুলি নিয়েছিল। ছিয়াশিটা সেলাই আছে বুকে পেটে। এমন মূল্যবান কমরেডকে কেউ বিপদে ফেলে?

যখন স্বপনকে পাশে নিয়ে কালভার্ট ছাড়িয়ে জমাদার কোয়ার্টার পর্যন্ত এসে যায় তখন মনে হয় জীবনের গুলির রেঞ্জের বাইরে এসে গেছে। এবার স্বপনকে ছেড়ে দেওয়া যায়। বলে— এবার তুই যা।

কি বলবি বললি?

বলার তো কত কিছু ছিল। আইজ থাকুক পরে একদিন কমু।

স্বপন পিছন ফিরে কালভার্টের দিকে হেঁটে চলে গেল। মনে হল তখন জীবনের এবার সে একা যেতে পারবে। সব রকম বিপদ সীমার বাইরে চলে এসেছে। এখন আর কোন ভয় নেই। তখনই আবার পিছন থেকে বুক হিম করে দেওয়া আওয়াজ শোনে– দাঁড়া। যাবি না।

এখন এই মুহূর্তে বাঁচবার একটাই মাত্র পথ খোলা আছে। জীবন আর মৃত্যুর মাঝে ব্যবধান আছে মাত্র পঞ্চাশ ষাট গজ। সময় আছে মাত্র কয়েক সেকেণ্ড। দৌড় এই সময় প্রাণপণে একটা দৌড় মারতে পারলেই বেঁচে যাওয়া যায়। এ ছাড়া আর কোন উপায় নেই। তাপস দত্ত যার কোমরে থ্রি এইট ক্যালিবারের মেড ইন চায়না, সে এগিয়ে আসছে দ্রুত গতিতে। বোধ হয় টিবি রোগের বানানো গল্পটা ধরে ফেলেছে। তাপস এসে পড়লে তখন আর কিছু করা যাবে না। যা করতে হবে তা এখনই। কিন্তু দৌড় দিতে গিয়েও পা উঠলো না জীবনের। সামনের দিক থেকে একটা বিশাল পুলিশ বাহিনী এগিয়ে আসছে। টিবি হাসপাতালের মেন গেটের সামনে গাড়ি রেখে পায়ে হেঁটে ওরা ঢুকছে। ওদের সামনে আছে চেন বাঁধা কালো বাঘের মত একটা কুকুর। সহকর্মীদের শোকে উন্মত্ত পুলিশের রাইফেল থেকে ছুটছে গরম সীসের টুকরো। ওরা আজ ভয়ংকর রকম ক্ষিপ্ত। ওরা পোস্ট মর্টেমের লাশের গাদায় মৃত মানুষের স্তূপ দেখতে চায়। কে অপরাধী কে নিরাপরাধ সেটা কোন বিচার্য বিষয় নয়। শুধু চায় সংখ্যা। একের বদলে দশ বিশ যত হয়।

শোনা যায় চেঙ্গিস খাঁয়ের মৃত দেহ যে পথ দিয়ে রাজধানীতে ফেরত নিয়ে আসা হয় যুদ্ধভূমি থেকে সে পথের দুধারে যত জন বসতি ছিল জ্বালিয়ে দেওয়া হয়। যত মানুষ জীবজন্তু ছিল সব হত্যা করা হয়। এরা যে পথ দিয়ে আসছে মানুষ দেখলেই দেগে দিচ্ছে। রিভালবার রাইফেলের গুলি। টিবি হাসপাতালে ক্যান্টিনেও বিনা প্ররোচনায় দু রাউণ্ড চালিয়ে এসেছে। সে শব্দ শুনেছে জীবন।

তাপস দত্ত এগিয়ে এসে জীবনের কাঁধে হাত রাখল। এ হাত আগের মত কঠিন কঠোর মারমুখো নয়। নরম কোমল যেন কোন প্রিয়জনের হাত। ওদিকে কোথায় যাচ্ছিস! দেখছিস না পুলিশ আসছে।

পুলিশ এখন অনেকটা এগিয়ে এসেছে। তাদের সামনে চেন বাঁধা মিশকালো পুলিশ কুকুরটা গন্ধ শুঁকতে শুঁকতে ছুটছে। এখানে গন্ধ কোথায় পাবে? যে গন্ধ তার তালাশ। জীবনকে টেনে নিয়ে তাপস দত্ত পিছন দিকে পালাতে শুরু করে। দেখে জীবন, এই কিছুক্ষণ আগে যেখান থেকে ভয় পেয়ে পালাতে চেয়েছিল, এক ঘোরতর পরিস্থিতি তাকে ঠেলে আবার সেইখানে নিয়ে এসেছে।

লোহার পাড়ার যোদ্ধারাও দেখতে পেয়েছে পুলিশ আসছে। এরা পুলিশের আক্রমণ থেকে যেভাবে পারে আত্মরক্ষা করবে। কিন্তু কোন অবস্থায় পুলিশকে প্রতি আক্রমণ করবে না। পার্টির নির্দ্দেশ নেই। ওটা নকশালদের কাজ। তারা যা করে সেটা সংসদীয় গণতন্ত্রে বিশ্বাসী কোন দলের পক্ষে করা উচিত নয়। লোহার পাড়ায় অজস্র গলি তস্য গলি। খাল পাড় বন জঙ্গল। সেই সব গলি খালপাড় দিয়ে সরে পড়ে সব যোদ্ধা। জীবন নানু স্বপন আর তাপস দত্ত চার জনে লোহার পাড়ার মধ্য দিয়ে বহমান খাল পাড়ের পথ ধরে রেল লাইন পার

হয়ে রাজপুরের ডানপাশ থেকে বাঘাযতীন স্টেশনের উত্তরপাশের মাঠের মধ্য দিয়ে দাস পাড়ার প্রাচীন বট গাছের গোড়ায় পৌঁছে যায়। এটা একটা নিরাপদ জায়গা। চারদিকে মাঠ, মাছের ভেড়ি, হোগলাবন। আসা যাওয়ার পথও তত সুগম নয়। তা ছাড়া গাছে চড়ে বহুদূর পর্যন্ত কে আসছে না আসছে দেখে নেওয়া যায়। একে একে এখানে আরো পনেরো বিশ জন লোক এসে পড়ে। প্রায় সারাটা দিনই বিপদশংকা বুকে নিয়ে এক সাথে সেখানে কাটায় ওরা। কেমন করে কে জানে তখন আর কারও মনে থাকে না জীবন তাদের কর্মী সমর্থক বন্ধু কমরেড নয়। সব যেন তখন ঝঞ্ঝা বিক্ষুব্ধ সমুদ্রে এক নৌকার যাত্রী। সবার একটাই কামনা কূলে পৌঁছানো। মাটি ছোঁওয়া।

সেদিন আর জীবন স্টেশন টিবি হাসপাতালের ত্রিসীমানায় ঘেঁষতে পারে নি। এক্সরেও করা সম্ভব হয় নি। দেখা করতে পারে নি গুরুমোহনবাবুর সাথে। রাইফেল ছিনতাই হয়ে যাবার এক ঘণ্টা দেড় ঘণ্টা পরে পথে লোক চলাচল দেখে জীবনের মনে হয়েছিল ধীরে ধীরে অবস্থা বোধহয় স্বাভাবিক হচ্ছে। আসলে তা ছিল এক মস্ত ভ্রম। ট্রেন তো চলাচল বন্ধ করেনি। ফলে গ্রাম বাংলার দূর দূরান্ত থেকে যে সব সাধারণ মানুষ যাদবপুর এসে ট্রেন থেকে নামছিল তারা তো কেউ এখানকার খবর জানতো না। যে জানে না জলে কুমীর আছে সে তো নির্ভয়ে স্নান করতে নামতে পারে। সে সময় পুলিশের তাণ্ডব একটু ঢিলে পড়েছিল, সেটা ছিল বড় মাপের আক্রমণের আগের প্রস্তুতি পর্ব। ঝড়ের আগে আকাশ যেমন খানিকক্ষণ থমথমে থাকে। সে পর্ব সমাপ্ত হলে রাজা মল্লিক রোডকে বর্ডার বানিয়ে যাদবপুর বাস মোড় থেকে পূর্বের বাঘাযতীন উত্তরে সন্তোষনগর হয়ে রাম বাবুর বাজার সেখান থেকে দক্ষিণমুখো ঘুরে সালামপুর ঘিরে ফের রাজা মল্লিক রোড এই পুরো এলাকাটায় অনেকগুলো দলে ভাগ হয়ে সারা দিন ধরে তাণ্ডব এবং তল্লাসী করে চলে ছিল পুলিশ। সন্দেহভাজন কাউকে পেলেই পিটিয়ে প্রিজন ভ্যানে তুলছিল তারা হোগলা বন মাছের ভেড়ি ঘেরা বট গাছের তলায় বসে টুকরো টুকরো সে খবর পাচ্ছিলো জীবন এবং অন্যান্যরা। ফলে কারও সাহস হচ্ছিলো না সেখান থেকে বের হবার।

জীবন যখন বের হতে পারলো আর গুরুমোহনবাবুর কাছে গিয়ে নিজের বিপর্যস্ত বিবরণ দিয়ে এক্সরে না করতে পারার কারণ জানাতে পারলো ততক্ষণ টিবি হাসপাতালের পেছনের জল নিকাশি নালা দিয়ে অনেক জল বয়ে গেছে। গুরুমোহনবাবুর মানসিকতায় ও পরিবর্ত্তন ঘটে গেছে। বলেন তিনি— তুই তো এলি না। আমি ভাবলাম কাজটা তুই করতে চাস না। সেই জন্য অন্য একজনকে কথা দিয়ে ফেলেছি। তাকে আশা দিয়ে নিরাশ করতে পারি না। খোঁজ রাখিস তুই। পরে যদি লোক নেওয়া হয় কথা দিলাম, তোকেই লাগিয়ে দেবো।

এখন জীবন কি করে? এক বেলা স্বপন এক বেলা নানু, এমন কি এক বেলা তাপস দত্তের কাছে হাত পেতে হোটেল খরচা চেয়ে নিয়েছে। এবার কার কাছে চাইবে? আর তো চাইবার মত কোন মুখ চোখে পড়ে না। অবশেষে স্থির করে বালক দাদা, লোহার পাড়ার বালক দাদাই এই সময় তার সহায়ক হতে পারে।

১১.

ভাতের হোটেল আর পুকুর পাড়ের গর্ত

যাদবপুর স্টেশনের টিকিট কাউন্টারের কাছ থেকে যে রিকশা লাইনের শুরু তার যেখানে শেষ মাথা সেখানেই আর জেলার বাসিন্দা ছেচন সাউয়ের অঞ্চল বিখ্যাত হোটেল পাঁচতারা। যা ইংরাজী ফাইভস্টারের বাংলা অনুবাদ। এই সম্মানীয় নামটা প্রদান করেছে স্টেশনের দেওয়াল পত্রিকার সম্পাদক সুশোভন জানা।

ছেচন রোজ সকালে ঘুম থেকে উথে ঠোঁটে খইনি কানে পৈতা হাতে লোটা নিয়ে রেল লাইনের উপর বসে গভীর আত্ম বিশ্বাসে প্রাতঃকৃত্য সারে। সে সময় পথে কে যায় কে আসে কোন দিকে ভ্রুক্ষেপ রাখে না। তার দরকার বা কি! যে যাচ্ছে তার যদি যেতে লজ্জা সরম বলে কিছু না থাকে ছেচনের কি দোষ? এরপর সিগ্‌ন্যাল রুমের পাশের পানা বোঝাই পুকুরে গোটা কয়েক ডুব মেরে সুর করে হনুমান চালিশা পড়তে পড়তে ফিরে আসে হোটেলে। এক গেলাস দেশ থেকে আনা খাঁটি ছোলার ছাতুর ঘোল খেয়ে উঠে পড়ে এক গলা উঁচু টেবিলটার উপর। এখান থেকে নজর রাখে খরিদ্দারের কার পাতে কি পড়ছে। কতটা পড়ছে। চোখ যেদিকে যাক হাত একটা থাকে কাঠের ক্যাশ বাক্সটার উপরেই। বাক্স নয় এ যেন তার প্রাণ ভোমরা রাখা কোন সিন্দুক। এ ছেড়ে সারা দিন যতক্ষণ দোকানের ঝাঁপ খোলা থাকে, কোথাও আর নড়বে না। তখন তার মুখ দেখে মনে হয় ভূমিকম্প বজ্রপাত মহামারী রাষ্ট্র বিপ্লব বিশ্বযুদ্ধ যাই ঘটুক না কেন সে সব অতি তুচ্ছ বিষয়। এর চেয়ে মহৎ কাজ হচ্ছে এই কাঠের বাক্সটা আগলে রাখা। মনে হয়, যদি একমাত্র মহাপ্রলয় আসে সারা পৃথিবী তলিয়ে যায় জলের তলায়, তখনো ছেচন ডোবার সময় এই বাক্সটা নিয়েই ডুববে। এই জন্য ছেচনের রাঁধুনি মধু বলে মেড়োর পোঁদে যেন আঠা লাগানো আছে। শালা একবার মুততেও যায় না রে ভাই বাক্সটা ফেলে।

বিহারীকে মেড়ো উৎকলবাসীকে উড়ে খোট্টা পূর্ববাঙলার লোককে বাঙ্গাল দক্ষিণবঙ্গের লোককে ঘটি, এসব বলা থেকে বহু বিদগ্ধ মানুষ নিজেকে বিরত রাখতে পারেনি, আর মধু কোন ছার।

দরমার বেড়া মরচে ধরা টিনের চাল, মাঝবয়েসী মালিক ছেচনের হোটেল এই এলাকার যত মুটে মজুর রিকশাওয়ালা হকার বেকার ভিখারী ছোট ব্যাপারী কাগজ কুড়ানো গরীব সবার সুলভে আহারের ব্যবস্থা আছে। তোবড়ানো টিনের একটা বড় চটা ওঠা রেট বোর্ডে পরিষ্কার বাংলা ভাষায় খাদ্য দ্রব্য সমূহের বিস্তারিত বিবরণ এবং তার মূল্য তালিকা লেখা রয়েছে। সেটা অন্য সব হোটেলের তুলনায় এতকম যে খদ্দেরে হোটেলে সর্বক্ষণ জমজম করে। এক এক সময় বিশেষ করে বেলা এগারোটা থেকে দুটো হোটেলের সামনে লম্বা লাইন পড়ে যায়। যেখান যেখানে লাইন দেবার ব্যবস্থা আছে যেমন রেশন সপ, খেলার মাঠ, সিনেমা হল, হাসপাতাল সবখানে কে আগে কে পরে তা নিয়ে চিরদিনই ঝগড়া বিবাদ মারামারি নিয়ম আছে। ছেচন সাউয়ের পাঁচতারাও তার ব্যতিক্রম নয়।

এটা উনিশশো বাহাত্তর সাল। দ্রব্যমূল্যর আজকাল ভয়ানক উর্দ্ধগতি। নিরুপায় হয়ে ছেচনকে খাবারের দাম সামান্য কিছু বাড়াতে হয়েছে। বাড়তি মূল্য নিয়ে বর্তমানে যে রেট ধার্য্য করা হয়েছে তা নিম্নরূপ –

ভাত প্রথম থালি— ১.১০ পয়সা ডাল ফ্রি
ভাত পরের প্লেট— ২৫ পয়সা ঐ
তরকারী— ২৫ পয়সা
ডিম— ৫০ পয়সা
মাছ— ৭৫ পয়সা
বিঃ দ্রঃ লেবু নিলে আলাদা ১০ পয়সা বেশি লাগিবে।

বোর্ডে লেখা নেই তা সত্ত্বেও ছেচন খরিদ্দারের সন্তুষ্টির জন্য পেঁয়াজ কাঁচা লংকা কোন কোন সময় একটু আধটু তরকারীও বিনামূল্যে দিয়ে থাকে।

ছেচনের বড়ছেলে রামলালের পুরাতন শিশিবোতল খবরের কাগজ ক্রয়বিক্রয়ের ব্যবসা। বড় একটা ঝুড়ি নিয়ে সে সারা সকাল নানা অঞ্চলে চক্কর কাটে। পুরানা শিশি বোটল বিককিরি হই। কাঠের ডাণ্ডাওয়ালা অদ্ভুত একটা পাল্লা আছে তার। শকুনি মামার পাশা যেমন শুধু তারই নির্দ্দেশ মত দান পড়তো। এই পাল্লাখানিও তেমনই রামলালের ইচ্ছায় ওঠা নামা করে। সে ইচ্ছা করলে পাঁচ কিলোকে সাত কিলো সাত কিলোকে পাঁচ কিলো যা ইচ্ছা তা বানাতে পারে। সকালবেলায় সে এই পাল্লায় মেপে খাতা বই খবরের কাগজ কেনে, আর রাতে কেনে সবজি। রাত একটু বাড়লে সে এই পাল্লা ঝুড়ি নিয়ে চলে যায় সন্ধ্যা বাজারে। যাদবপুর স্টেশনের দক্ষিণ পাশে রেল লাইনের উপর বসে এই বাজার। যার শুরু হয় সন্ধ্যা নামার সাথে সাথে আর শেষ হয় লাস্ট ট্রেন চলে যাবার কিছু আগে।

দক্ষিণবঙ্গের গ্রাম গঞ্জ পাড়া থেকে যে সব ক্ষুদ্রচাষী ছোট ব্যাপারী শহরতলীর নানান বাজারে উৎপন্ন বা ক্রয় করা শাক সবজি বেচতে আসে, যখন সেগুলো দিনভরের চেষ্টায় আর বিক্রি করা যায় না, ঝড়তি পড়তি শুকনো

পচা পোকা সেই মাল যদি বেচে দু পয়সা পাওয়া যায়। সেই ভাবনা থেকে নিয়ে আসে এই বাজারে। তখন রাত যত বাড়তে থাকে তাদের মন উৎকণ্ঠিত হতে থাকে ঘরে ফেরা জন্য। ভয় বাড়তে থাকে মনের মধ্যে লাস্ট ট্রেনখানা ফেল হয়ে যাবার। তখন সারা রাত রেল স্টেশনে শোয়া। সে যে কত বিপদের তা সেই জানে যে স্টেশনে শুয়েছে। চোর গুণ্ডা মাতাল পাগল পুলিশ কত রকম উপদ্রব। বোমাবাজীও শুরু হয়ে যেতে পারে দুই রাজনৈতিক দলের মধ্যে। সেই মানসিক দুর্বলতার চরম মুহূর্তে বিপদতারণ হয়ে দেখা দেয় ছেচন সাউয়ের বুদ্ধিমান ছেলে রামলাল। পাহাড় প্রমাণ পুঁইশাকের বোঝা তখন দু'টাকায় বেচা কেনা হয়ে যায়।

দু'টাকা কি এই বাজারে কম হল নাকি? আট আনা ভাড়া দিয়ে সোনারপুর থেকে ট্রেনে শিয়ালদহ পর্যন্ত যাওয়া যায়। ব্যাপারী মাত্রেই এই ব্যাপারটা বোঝে। যে না বোঝে পরের দিন তার পুঁই পচে গোবর। সে এমন গোবর যাতে ঘুঁটেও হবার নয়। পুঁই যেভাবে মেলে সেইভাবে পচা আলু পোকা বেগুন শুকনো সিম গলা টমাটো পাকা উচ্ছে গা ঘষা ঝিঙ্গে সব মিলে যায় রামলালের। সন্ধ্যাবাজার বাদেও ছেচনের তরিতরকারী পাবার অন্য একটা উপায় আছে। রেল বস্তির কিছু বাচ্চা বুড়ো বুড়ি সকাল বেলা ব্যাগ নিয়ে শিয়ালদহের পাইকারী সবজি বাজার কোলে মার্কেটে যায়। লোকে বলে ওখানে নাকি পথে পথে সবজি গড়াগড়ি খায়। ওরা কিছু কুড়িয়ে কিছু চেয়ে মেঙ্গে আর কিছু চুরি করে সেই সব মাল ব্যাগ ভরে নিয়ে আসে। যতটা নিজেদের দরকারে লাগে সেটুকু রেখে বাকিটা ছেচনের কাছে বেচে দেয়। এই জন্য ছেচনের ঘ্যাটে বাজারের সবরকমের সবজির অপূর্ব সহবস্থান ঘটে। পুঁই পালং উচ্ছে বিট গাজর এমন কি তার মধ্যে ফুলকপি থাকাও বিচিত্র নয়। রাঁধুনি মধুর নির্বিচার বঁটি চালনায় উচ্ছে ওল লাউ কুমড়ো সব মিলে মিশে সে এক মহা ব্যাঞ্জন।

মধুর হাতে পাঁচতারা হোটেলের ডাল নির্মাণ হয় বলতে গেলে প্রায় নিখরচায়। ভাতের ফ্যানে একটু নুন সামান্য হলুদ আর মাত্র গুটি কয়েক কাঁচা লংকায় সৃষ্টি হয় সেই পদার্থ। এ বিষয়ে ছেচনের বিবেক নির্মল বক্তব্য পরিষ্কার ভাই খেতে যদি ভালো না লাগে ফেলে দাও। আমি ওর জন্য পয়সা তো নিচ্ছি না। যদি খাও সেও আমার যদি ফেলো সেও আমারই যাবে। তাহলে তোমার কি অসুবিধা?

যেভাবে বাজার থেকে সবজি আসে এই একই পদ্ধতিতে মাছও আসে ছেচনের হোটেলে। সেটা কেনে ছেচনের ছোট ছেলে মনিলাল। বেলা বারোটা থেকে একটা তার মাছ কেনার টাইম। যখন মাছওয়ালা বিক্রি না হওয়া মাছে বরফ দেবার খরচা বাঁচাতে ফেলে দেওয়ার কথা ভাবে। তবে মাছ হলেও ছেচন কোন দিন মাংস করে না। মাত্র একবারই করেছিল যেদিন কার যেন একটা পাঁঠা গড়িয়া না বাঘাযতীন ট্রেনের ধাক্কায় মারা পড়েছিল। কাগজ কুড়ানো ছেলে সাহেব সেটা বস্তায় ভরে এনে ছেচনকে বেচে ছিল আড়াই টাকায়।

এখন সেই ছেচনের হোটেলের সামনে এসে দাঁড়ায় জীবন। তাকে আগেও দেখেছে ছেচন। সাধনদার ভাই মনাদার সাথে কথা বলতে। আর দেখেছে স্টেশনে ঘুর ঘুর করতে। জীবন এখন চান করে এসেছে। অনেককে যা করতে

দেখে এখন তাই করে সে— রাঁধুনি মধুর সামনে গিয়ে ডান হাত পাতে— দুই ফোডা তেল দাও দেখি। হাত পা হালায় খস খইস্যা হইয়া রইছে।

মধু একটা কালো ময়লা কৌটো থেকে বেশি পড়ে গেলে ছেচন খিঁচুনি দেবে সে কথা মাথায় রেখে ঠিক দুফোঁটা সরষের তেল জীবনের হাতের তালুতে ফেলে দেয়। তেলটা হাতে পায়ে মেখে জীবন একটা ময়লা মাছি ওড়া বেঞ্চির উপর গিয়ে বসে। এই যে উঠ্যা থালা গুলো সারাইয়া নেও। জল দেও।

চারদিকের থালায় থালায় ওঠা গরম ভাতের ধোয়া গন্ধে মনটা আনচান করে জীবনের। পেটের মধ্যে ঝিম মেরে পড়ে থাকা নাড়ি ভুঁড়িগুলো যেন পোড়া অজগরের মত মোচড়ায়। কাছে কোন পয়সা নেই জীবনের। ভাত খেতে হলে এখন যা দরকার সেটা হল ট্যাঁকের জোর। আর না হলে গায়ের জোর। দুটোর কোনটাই এখন নেই জীবনের। একে তো আমাশায় রোগ, তার উপর এখানে আসার পর থেকে এক দিনও ঠিক মত খেতে পায় নি। তেমন বিশ্রামও পায়নি বলতে গেলে। এই রকম শরীরে বল থাকে না। বলহীন শরীরের মধ্যে যে মন, সেও নির্বল হীনমন্য কাবু হয়ে পড়ে। দরাজ গলায় ভাতের অর্ডার দিতে বুকটা কিছু কাঁপে। একটা দুর্বুদ্ধি একটা চালাকি একটা কৌশল মাত্র অবলম্বন করে হোটেলে ঢুকে পড়েছে জীবন। কিন্তু শেষ পর্যন্ত যদি কৌশলে কাজ না দেয়?

কী হল?

ভয় করতে আছে। কি যে করি!

ভয়! এত ভয়ের দেওয়ালই টপকে এসেও এখন ভয়? সামান্য ভাতের অর্ডার দিতে ভয়? ভাত খাওয়া একবার হয়ে গেলে তখন কি করে ছেচন? পেট চিড়ে ভাত বের করে নেবে? বৌদির হোটেলে কি করেছিলি! তেমন ছুট মেরে পালাতে পারবি না?

প্রত্যেকটা মানুষের দুটো পরস্পর বিরোধী সত্তা থাকে, যার একটা ভালো একটা মন্দ একটা সাহসী আর একটা ভীরু। একটা বলে এগিয়ে চল আর একটা পিছন থেকে টেনে ধরে যাস না। জীবনের মধ্যেও এই দুই জীবনের সহবস্থান। এক জীবনকে সঞ্চালন করে পৃথিবীর যা কিছু শুভ সুন্দর ন্যায় মঙ্গলময় সেই ক্ষীণমান ক্ষমতা। আর এক জীবনকে সঞ্চালক করে সেই শশ্মানচারী বালক যে এখন আর বালক নেই সেই মরণ। সে তার নিজের মত করে একটা শুভ সুন্দর ন্যায় মঙ্গলের অবধারণা গড়ে নিয়েছে। যা অনেকের মতে ভ্রান্তি বিচ্যুতি অন্যায় পথ। এখন কথোপকথন চলে এই দুই জীবনের।

এক জীবন জিজ্ঞেস করে আর এক জীবনকে। সেই কথাটা তোর মনে আছে?

কোন কথা? জানতে চায় অপর জন।

উত্তম আহার উত্তম স্বাস্থ্যের জনক। উত্তম স্বাস্থ্য উত্তম চিন্তার জনক। উত্তম চিন্তা উত্তম কর্মের জনক। উত্তম কর্মঃ

দশবার কইছোস।

তবে মাছ ভাতের অর্ডার দে। কোন কথা না বলে পেট ভরে খেয়ে নেই। খালি পেটে কোন ভালো বুদ্ধি মাথায় আসে না। খা, তারপর যা হবার তা হবে। যখন হবে তখন দেখা যাবে।

কাতর গলায় বলে আর একজন— তুই তো কইতে আছোস, আমার তো ভয় যায় না। কাছে টাকা নাই পয়সা নাই ঢুকছি হোটেলে। এ আরে তুই কই নিয়া আইলি রে মরণ। ক্যান নিয়া আইলি। যদি কৌশলে কাম না দেয়?

চুপ। একটাও কথা বলিস না। না নিয়ে এসে তোকে কি করতাম! না খেয়ে খেয়ে শুকিয়ে মরতে দিতাম। আমি তা হতে দেবো না। অর্ডার দে। খেয়ে নে।

তখন যদি বিচ্ছিরি একটা ঝামেলা হয়? কি করমু তখন?

হয় হবে। বাঁচাটাই তো একটা ঝামেলার জিনিস। তুই যখন বাঁচতে চাস কিছু ঝামেলা তো পোহাতেই হবে। না পারলে লাইনে গিয়ে ঝাঁপ দে। আর কাল থেকে কোন সমস্যাই থাকবে না। দিবি ঝাঁপ?

আমার ভাই আমার পথ চাইয়া বইসা আছে। বাপ মায়— জানি না কেমুন আছে, কী ভাবে আছে। তাগো জইন্যাই তো বাঁচতে চাই।

তাহলে আর পরে কি হবে ভাবিস না। ভাত খা।

ভাত! আহারে। লাল লাল মোটা চালের গরম গরম ভাত। দেখলেই প্রাণ জুড়িয়ে যায়। ভাতের গন্ধের চেয়ে মধুর মন মাতানো সুবাস আর কী যে থাকে? আর এমন কোন সুঘ্রাণ সুগন্ধ আছে যে ঢেকে দিতে পারে বড় বাহারি বাগ বাগিচার হাজার ফুলের অহংকার? কার এমন ক্ষমতা আছে যে মৃত প্রাণে দিতে পারে বেঁচে থাকার আশ্বাস? ভাত, একমাত্র ভাতেরই আছে সে দর্পদম্ভ ক্ষমতা। জীবন যে বেঞ্চিতে বসেছে লম্বা সেই বেঞ্চিটায় আরো ছয়জন খেতে বসেছে। মধু এক দিক থেকে থালা সাজিয়ে এনে দিচ্ছে। লোকগুলোর যেন আর তর সইছে না। আলু কুমড়ো পুঁইয়ের ঘ্যাঁটে দলা দলা ভাত মেখে গপগপ করে মুখে তুলছে। যেন লোকগুলো বহুকাল খায় নি। সারা শরীর জুড়ে যেন হাঁ মেলে আছে নিদারুণ এক দুর্ভিক্ষের ক্ষুধা। এরা গ্রাম বাঙলার শ্রমজীবী মানুষ। পাঁচপোয়া চালের পান্তায় যাদের সকালের জলখাবার হয়। খাটেও সেই রকম। শহরের মাপা চালের গোনা ভাতে কী করে মিটবে তাদের রাক্ষুসে পেটের খিদে! যে খিদে জন্ম থেকে তাড়া করছে।

লোকগুলো শহরে ঠিক কি ধরণের কাজ করে তা বোঝা যাচ্ছে না। তবে সাধারণ মজুর যে নয় সেটা নিশ্চিত। জনমজুরের কাজ করা লোক যত সস্তাই হোক, হোটেলে ঢোকার সাহস করে না। তারা ভিড় জমায় কোন চা রুটি আলুর দমের দোকানে। এক প্লেট আলুর দম একটা পাউরুটি সব মিলিয়ে যার দাম পঞ্চাশ পয়সা এখন তা দিয়ে দুপুরের খাওয়া সারে। এই না খেয়ে খেয়ে জীবনের বাপ গরীব দাস পেটে আলসার বাধিয়ে নিয়েছে, ধ্বসিয়ে ফেলেছে শরীর। রওনা দিয়েছে মরণের দিকে।

মধু ভাই, কি মাছ রানছো আইজ?

শাক সবজির মত ছেচনের মাছও যে বাজার কুড়ানো সে তথ্য চেপে গিয়ে মধু বলে— আজকে ভালো মাছ। একেবারে টাটকা।

তো তাইলে মাছ ভাতই দেও। পেইজ কাঁচা লংকাও দিও।

মাছ আর ভাতের প্রথম প্লেটই এক টাকা পঁচাশি পয়সা। এক জন মজুরের একবেলা কাজের মজুরি। অথচ জীবনের পকেটে পাঁচ পয়সাও নেই। একটু ভয় ভয় করছে। আতঙ্ক মাখা দুর্বল হাতে সে কেঁপে কেঁপে মুখে ভাত তোলে।

না জানি কি হয়। কায়দা যদি ফেল হয় কত অপমান ভাগ্যে আছে তা কে জানে। ভয় ভাবনার ভোজনের ঠিক সেই তৃপ্তি আসে না। বিষম খায় জীবন।

জল, জল এ্যাই মধু। জল কই।

মধু জল গেলাসে ঢালার পর সেটা চুমুক দিয়ে আবার ভাত নেয় জীবন। দু প্লেট। হাফ তরকারী কিছুটা মাছের ঝোলও নেয়। খেয়ে দেয়ে মুখ মুছে জানতে চায় জীবন কত হইলো?

হিসেব করে বলে ছেচন। দু টাকা পচাশ পয়সা।

লিখে রাখো।

জীবনের কথা শুনে ছেচনের মুখ হাঁ হয়ে যায়। সেই হাঁ কে আর একটু বড় করে দিয়ে বলে জীবন— বালকদার নামে। বালকদা কইয়া দিছে আর দুই তিন জোন কামরেডও খাইতে পাঠাবে। তাগো খাবার য্যান থাকে। যা বিল হয় সে দেবে।

বালকদা, শিব চৌধুরি বিশেষ বিশেষ সময়ে এক দুজনকে যে এমন ভাবে ছেচনের হোটেলে খেতে না পাঠায় তেমন নয়। তার পয়সাও তারা দেয়। একটু দেরী হলেও মার যায় না। কিন্তু একে কী বলেছে? বলেছে নিশ্চয়। না হলে বালকদার নাম করে মিছে কথা বলে খেয়ে যাবে এমন সাহস কার!

একটু মৌরি নিয়ে মুখে ফেলে চিবোতে চিবোতে হাসপাতালের ভাঙ্গা পাঁচিল গলে হানড্রেড বেডের দিকে রওনা দেয় জীবন। পেটে ভাত পড়েছে এখন একটু ঘুমাবে রাতে ঘুম হবে কি না তার তো কোন নিশ্চয়তা নেই। এখন পশ্চিমবঙ্গে চলছে সেই ভয়ংকর কালো কাল। এখানে এক নির্বাচনী প্রহসনের মাধ্যমে শাসন ক্ষমতা দখল করেছে ইন্দিরা কংগ্রেস। যার মুখ্যমন্ত্রী সিদ্ধার্থ শংকর রায়। মুখ্যমন্ত্রী সিদ্ধার্থ শংকর রায় এখন পুলিশ প্রশাসনকে খোলাখুলি ছুট দিয়ে দিয়েছে যা ইচ্ছা তা করার। করছেও তারা তাই। রোজই ভুয়া এক সংঘর্ষের গল্প ফেঁদে যাকে ইচ্ছা তাকে গুলি করে মারছে। প্রতি দিনই আট দশ জন মারা যাচ্ছে তাদের হাতে। কবি লেখক প্রবন্ধকার সরোজ দত্তকে বাড়ি থেকে তুলে নিয়ে গিয়ে ময়দানে দাঁড় করিয়ে গুলি চালিয়ে খুন করে দিয়েছে। এ এক কঠিন সময়। চার দিকে যেন এক মৃত্যুর মহা তাণ্ডব চলছে।

যাদবপুরও এই তাণ্ডব থেকে রক্ষা পায় নি। সালামপুরের অজিত দত্ত পাল পাড়ার তুলসী দু'জনকেই এই একই কায়দায় গুলি করে মারা হয়েছে। মারা গেছে জীবনের প্রাণ রক্ষাকারী সেই বিজনপুরের বালক দাদাও। এক রাতে সে তার বন্ধুকে নিয়ে টিবি হাসপাতালের সেকেণ্ড গেট, পাঁচ নম্বর বাস স্ট্যাণ্ডে বসে মদ্যপান করার সময় যাদবপুর থানার কুখ্যাত পুলিশ অফিসার পালবাবুর হাতে ধরা পড়ে যায়। পালবাবু তাকে থানায় না নিয়ে গিয়ে যায় লালকার অন্ধকার মাঠে। তারপর সেই পুরাতন পদ্ধতি। সেই পদ্ধতির ভয়েই একদিন কুঁকড়ে গিয়েছিল জীবন। যা তোকে ছেড়ে দিলাম, চলে যা। দশ পা সামনে এগোনোর পরই পিছন থেকে গুলি।

এতদিন লোহার পাড়া যেভাবে হোক কংগ্রেসী আক্রমণ ঠেকিয়ে আসছিলো কিন্তু এখন পারছে না। আলিমুদ্দিন থেকে নির্দ্দেশ দেওয়া হয়েছে সবাইকে এলাকা থেকে সরে গিয়ে আত্মগোপন করতে। নেতা গোছের যারা তারা

ইতিমধ্যে চলে গেছে। শুধু যেতে পারছে না তারা যাদের যাবার কোন জায়গা নেই। এই না যেতে পারার দলে একজন নানু আর একজন বাবুয়া। বাবুয়া রাজা মল্লিক রোডের ও পাড়ে বিজয়পুরের গা ঘেঁষা মিস্ত্রি পাড়ার ছেলে। আগে বাবুয়া স্কুলে যেতো, পরে খাটতো মজুর। তারপরে সিপিএম পার্টির সক্রিয় কর্মী। এ সময়ে সক্রিয় বলতে যা বোঝায় বোমা পাইপগান চালনা, তাতেও দক্ষ হয়ে যায়।

এক বিকেলে জীবন পৌঁছে যায় নানুর ঠেকে। তারপর মুখ আঁধার সন্ধ্যায় টিবি হাসপাতালের পিছনের মাঠের এক কিনারে, জমাদার কোয়ার্টারের সামনে হাসপাতালের ময়লা পোড়ানো চুল্লির পাশে খবরের কাগজ বিছিয়ে তার উপর মুড়ি চানাচুর ঢেলে খেতে বসে ওরা তিনজন। জীবন, নানু আর বাবুয়া। বাবুয়া আজকাল আর পাড়ায় থাকতে পারে না। যাদের সাথে মিশে এতদিন পার্টি করে বেড়িয়েছে তারা কংগ্রেসি আক্রমণ তীব্র হওয়ায় বর্তমানে পাড়া ছেড়ে কোন নিরাপদ আশ্রয়ে চলে গেছে বাবুয়াকে ফেলে। ওর যাবার মত তেমন কোন ভালো আশ্রয় না থাকায় বিপদ মাথায় করে থেকে গেছে যাদবপুরে। তবে মিস্ত্রি পাড়া বিজয়পুরের একেবারে নাকের ডগায় বলে সুরক্ষার দিক থেকে সেখান থাকা খুবই ভয়ের ব্যাপার। বাবুয়া কংগ্রেসের যা ক্ষতি করেছে একবার ওকে নাগালে পেলে তারা আর জ্যান্ত রাখবে না। এই কারণে বাবুয়া দিনের বেলা এদিক সেদিক ঘুরে বেড়ালেও সন্ধ্যে নামার আগে চলে আসে হাসপাতালের এই জায়গাটায়। লোহার পাড়া যেন প্রায় ফাঁকা। তবে যতই ফাঁকা হোক লোহার পাড়া নামটাই বিজয়পুরের কাছে এখনো ত্রাসের নাম। পুলিশ এক দুবার ও পাড়ায় ঢুকলেও কংগ্রেসীরা এখনো লোহার পাড়াকে দখল করার কথা ভাবতে পারে না। সাহসও পায় না ঢোকার।

হাসপাতালের এই অংশটা লোহার পাড়ার কাছাকাছি। এবং চারদিকের পরিবেশও এমন যে বহির্জগতের আক্রমণ হওয়া খুব সহজ নয়। হলেও পালিয়ে যাবার যথেষ্ট সুযোগ। এই কারণে জায়গাটা বাবুয়ার খুব পছন্দের। এখানে এসে সে নিজেকে নিরাপদ মনে করে। এরা মাঠের কিনারে যে ময়লা পোড়ানো চুল্লির পাশে বসে আছে সে চুল্লি এখন আর জ্বালানো হয় না। যখন জ্বলতো টিবি রোগীর ব্যবহৃত বাতিল বালিশ কম্বল লেপ তোষক সব এতে পোড়ানো হতো। ধোঁয়া আর গন্ধে ভরে যেতো সারা অঞ্চল। চুল্লির পিছন দিকটাই হোগলা ঢোল কমলির আকন্দের আর বন তুলসীর ঘন জঙ্গল। সেই জঙ্গল জমাদারদের পোষা শুয়োর কুকুর আর মানুষের মলে একেবারে পূতিগন্ধময়। এই লম্বা এক ফালি জায়গার একদিকে পাঁচিল ঘেরা বিঘে দেড়েক জায়গা। কেন কে জানে লোকে একে মসজিদ বলে। যদিও এখন এখানে কোন মসজিদের নাম নিশানা নেই। আছে কয়েকটা সুন্দর বাড়ি। উচ্চ পদে চাকুরি রত বড়ো বড়ো মানুষরা থাকে বাড়িগুলোয়।

চুল্লির আর এক দিকে একটা বড় লম্বা পাঁক কাদা নোংরা হাসপাতালের ড্রেনের জল জমা ডোবা। চুল্লির সামনে থেকে এই ডোবার পার ধরে একটা পুব মুখো সরুপথ। যার বাঁ দিকে বেশ গভীর একটা মাছচাষ করা পুকুর। এই পুকুর আর ডোবার সরু পথ ধরে হেঁটে পৌঁছানো যায় সেই রাজা মল্লিক রোড

কিন্তু বাঁ দিকে গেলে সেই দোতলা জমাদার কোয়ার্টার যার পাশে লোহার পড়ার কালভার্ট। এখানকার জমাদাররা মোটামুটি ঠিকই আছে কিন্তু চুল্লির কাছে যে দশবারো ঘর, তাদের ঘর পাকা তো দূর, ভালো মত ছাওয়াও নেই। বর্ষার সময় ঘরের মধ্যে জলকাদা থৈ থৈ করে।

সে যাইহোক তবে সাধারণ মানুষ এ দিকটায় খুব একটা আসা যাওয়া করে না। মূলতঃ তা নোংরা পরিবেশের জন্যই। ছয়ফুট মতো চওড়া ডোবা আর পুকুরের মাঝের যে রাস্তাটা ডানদিকে বেঁকে রাজা মল্লিক রোডে গিয়ে ঠেকেছে সে পথে জমাদাররা দোকানে কিছু কেনাকাটার দরকার পড়লে যায়। আর কিছু নিম্নশ্রেণির মদখোর চোলাই খাবার জন্যে আসে। না হলে সারাদিন রাস্তাটা সুনসান পড়ে থাকে।

রাস্তার বাঁদিকে যে মাছ চাষের পুকুর এটায় নানু আর তাপস দত্ত মাছ চাষ করে। অঢেল তেলাপিয়া আছে এর সবুজ হয়ে যাওয়া জলে। সে জল কেউ কেউ কিছু কাজে ব্যবহার করে থাকে। তবে উল্টো দিকের ডোবার সে উপায়ও নেই। তার সবুজ জল কাদায় বিজ বিজ করে সাদা সাদা পোকা। টিবি হাসপাতালের যত থুতু কফ পুঁজ রক্ত ধোয়া জল নর্দমা বেয়ে এই ডোবায় এসে পড়ার জন্য ডোবার এমন অবস্থা।

নানু জীবন বাবুয়া তিনজনে বসে আছে মাঠ শেষ হয়ে পুকুর শুরু হবার ঠিক মুখটায়। যদি কোন অবাঞ্ছিত মুর্ত্তি খাল পাড় ধরে রাজা মল্লিক রোড থেকে এদিকে আসে বা লোহার পাড়ার দিকে থেকেও কেউ আসে দূর থেকে তাকে দেখে ফেলে একটা ব্যবস্থা নেওয়া যাবে। বাবুয়ার চোখ সেই দিকে ফেরানো। বাবুয়া খুব ভালো করে জানে পার্টিগত কারণে একটা এবং ব্যক্তিগত কয়েকটা অপরাধে পুলিশ ওকে হন্যে হয়ে খুঁজে বেড়াচ্ছে। জীবিত অথবা মৃত যে কোন অবস্থায় পুলিশ তাকে চায়।

কলারওয়ালা সাদা একটা গেঞ্জি গায়ে বাবুয়ার। নীল রঙের লুঙ্গি পড়া। বছর তেইশ চব্বিশ বছরের স্বাস্থ্যবান শরীর ওর। জীবন ধারণের জন্য করা উদয়াস্ত পরিশ্রম ওর শরীরটাকে একটা শক্ত বাঁধুনি এনে দিয়েছে। যা এখন বড় উপকারে লাগছে। অনায়াসে সে এক তলার ছাদ থেকে লাফিয়ে নামতে পারে নিচে। এক লাফে পার হয়ে যেতে পারে সাত আট ফুট উঁচু পাঁচিল। সেই কারণে বার বার চেষ্টা করেও পুলিশ তার নাগাল পাচ্ছে না। বাবুয়ার মুখোমুখি বসে জীবনের চোখ হাসপাতালের মাঠে ফুটবল খেলায় মেতে থাকা ছোট ছোট বাচ্চাদের দিকে। ওরা সবাই হাসপাতালের কর্মচারীদের সন্তান। বাতাসে উড়ে বেড়ানো রোগ জীবাণুর মধ্যেও চলছে তাদের বেড়ে ওঠার সংগ্রাম। এটাই জীবন।

নানুর চোখ দূরে ঢোল কমলির ওধারে একদা লাশঘর রূপে ব্যবহৃত ভাঙ্গা দালানটার দিকে। ওখানে তার চোলাই মদের ঠেক। পুঁজি নানুর, ব্যবসা চালায় জমাদার ছেলে দিলীপ। লাভের বখরা আধা আধা। যে ব্যবসার যে দস্তুর। মদের ব্যবসায় ঝগড়া মারামারি নিত্য নৈমিত্তিক ঘটনা। যদি তেমন কিছু হয় সেটা সামলে নেবার দায় দায়িত্বের সবটা নানুর। না হলে বাচ্চা ছেলে দিলীপের ক্ষমতা হবে না ঠেক চালাবার। লোকে খেয়ে পয়সা না দিয়ে চলে যাবে।

এখন খদ্দেরের আসা যাওয়া শুরু হয়ে গেছে। জমাদার পাড়ায় আজ কী যেন একটা তেওহার। একটা শুয়োর মারা হয়েছে দুপুরে। তারই মাংস রান্না হচ্ছে কড়াইতে। মদের দোকানেও বাড়ছে ভিড়। নানু সেদিকে খেয়াল রাখছে। যেন কোন অপ্রীতিকর কিছু না ঘটে।

অন্যদিন বাবুয়া বেশ হাসিখুশি থাকে। কিন্তু আজ কেন কে জানে খুবই গম্ভীর। প্রায় আধ ঘণ্টায় একটাও কথা বলে নি। এক সময় হঠাৎ সে বলে— ধর নানু আমি মরে গেলাম, ধর একটা গুলি এসে বুকে লাগলো। রোজই তো চেনা অচেনা কেউ না কেউ এইভাবে মরে যাচ্ছে। সে ভাবে যে কাল বা আজ আমি মরবো না তার তো কোন গ্যারাণ্টি নেই।

আমাদের কারও সে গ্যারাণ্টি নেই। নানু বলে ওঠে ।

সে কথাই বলছি, ধর আমার বুকে থ্রি নট থ্রি লাগলো। তখন কি হবে?

কি আবার হবে মরে যাবি। ফস করে বলে জীবন— তুই যে এতকাল বাইচা ছিলি কেউ তো তা জানে না, তখন খবরের কাগজে নাম উঠবো। বেবাকে জানবো বাবুয়া নামের একটা পোলা আছিলো। বদমাইস। গুলি খাইয়া মরছে। ভালো মানুষ মরে না খাইয়া বদমাইশ মরে গুলি খাইয়া।

সে কথা হচ্ছে না। বলে বাবুয়া পেপারে নাম উঠলো কি স্মরণসভা হল শহিদ বেদী হল সে যা হয় হবে কিন্তু তাতে আমার কি হল? জীবনটাতো আমার শেষ হয়ে গেল।

এখন আর সে কথা ভাইবা কি হবে। যা হবার তা হইয়া গেছে। এই লাইনে নামোনের আগে ভাবলে কাম দিতো। বলে জীবন।

তুই কেন নামছিলি?

আমি কি আর নামছি আমারে তো নামাইয়া দিছে।

কে?

কার নাম কমু? কইতে পারি আমার ভাইগ্য। সিই লামাইছে। একটু সময় চুপ করে থেকে বলে বাবুয়া— ভাগ্য বলে আমি মানি না যে কিছু আছে।

তোর মত পড়া লেহা জানা অনেকে তাই কয়। তয় আমার মোনে কয় ভাইগ্য বইলা একটা কিছু নিশ্চয় আছে। সেইডা হইলো কতগুলান ঘটনার যোগ। একটা ঘটেছে তার জইন্য আর একটা ঘটা। আগেরটা না ঘটলে পরেরটা ঘটার কারণ থাকতো না। এই যে এক ঘটনা আর এক ঘটনার দিক ঠেইলা নিয়া যায় সেইটাই ভাগ্য।

একগাল মুড়ি মুখে ফেলে চিবোতে চিবোতে বলে জীবন— তো সেই পথে লামছি, ভাইগ্য আমারে সেই পথে লামাইছে তার লইগ্যা আমি আর দুঃখ করি না। সেই ভাবে জন্ম হইছে যেভাবে বড় হইছি ভালো কিছু হইতেই পারতাম না। মাইনষের কত যে অত্যাচার সইছি সে আর কইবার মতোন না। এখন তবু একটা মোনের শান্তি নিয়া আছি আর কেউ আমার উপার অত্যাচার কইরা সাইরা যাইতে পারবে না। এয়ার জইন্য যদি মরণ আসে তো আসুক। রোজ রোজ লোকের মাইর খাইয়া একটু একটু কইরা মরার চাইয়া সে মরণ অনেক ভালো।

বাবুয়া বলে— তুই যা বললি সে আমারও তো কথা। তবে একটু

আলাদা। কেউ আমাকে মারলো কাউকে আমি মারলাম সে মরলো আমি মরলাম এই সব করে শেষ পর্যন্ত আমাদের কি লাভ হল?

এখন আর লাভ লোকসানের হিসেব করার সময় নেই। যেভাবে পারিস বেঁচে থাক। যে তোকে মারতে আসবে তাকে মার, নানু বলে।

কিছুক্ষণ নীরবতা পালন করে ফের বলে বাবুয়া— পিনাকীদা বলল পার্টিতে আয়। ফেলতে পারলাম না তার কথা। বলল, এই করলে দেশ দশ সবার ভালো হবে। লেগে গেলাম পোস্টার মারতে মিছিল মিটিংয়ে যেতে। এই করতে করতে এক সময় বোমা চাকুতে হাত খড়ি হয়ে গেল। তখন বুঝতে পারি নি যে কি জালে জড়িয়ে যাচ্ছি। এর থেকে কোনদিন বের হয়ে আর স্বাভাবিক জীবনে ফিরে যেতে পারবো না। সাথে যারা ছিল বিপদ দেখে সবাই সরে পড়েছে। আমার যাবার কোন জায়গা নেই। কি করবো? পড়ে আছি পাড়ায়। রোজ মরণের সাথে লুকোচুরি খেলে বেঁচে আছি। কবে যে হেরে যাবো তা জানি না।

সবাই একদিন না একদিন মরবে। কেউ দু দিন আগে এক দু'দিন পরে। কেউ বিছানায় শুয়ে হেগে মুতে কেউ দাঁড়িয়ে না হয় দৌড়ে। বলে নানু।

কিছুক্ষণ চুপচাপ মুড়ি চিবিয়ে শেষে আত্মগতভাবে যেন বহুদূর কোন পাহাড় গুহায় বসে বলে ওঠে বাবুয়া— ভাই, তোরা যে যা ভাবিস এখন খুব বেঁচে থাকতে ইচ্ছা করে। বিশ্বাস কর, মরে যাবার কথা ভাবলে মনটা খারাপ হয়ে যায়। এই পৃথিবীটা কত সুন্দর এর আকাশ মাটি জল হাওয়া। আমি চলে যাবো, কিন্তু সব কিছু পড়ে থাকবে। বল, থাকবে কিনা! তখনও আকাশে মেঘ হবে। চুপ চুপ করে টিনের চালে পড়বে বৃষ্টির ফোঁটা। সেই বাজনা শুনতে শুনতে লোকের চোখ ঘুমে জড়িয়ে আসবে। শুধু আমি তখন থাকবো না। সে বাজনা আমার শোনা হবে না। তখনো বাগ বাগিচায় ফুল ফুটবে, ফুল ঝরে গিয়ে ফল ফলবে গাছে গাছে পাখি গান গাইবে।

কইলকাতায় ফুলের ফলের গাছ কই? পরিহাস তরল গলায় বলে জীবন।

বাবুয়াদের ঘরের চালের টিন আছে। সবার তো তা নেই। কারও কারও ঘরের চাল থেকে চুঁইয়ে পড়ে খড় পচা লাল জল, গা চুলকায়। বৃষ্টির ছাঁট থেকে শরীর বাঁচাতে ছেড়া চট মুড়ি দিয়ে ঘরের কোণে গুটি সুটি মেরে বসে থাকে। ভয় পায় কখন বৃষ্টি ভেজা ফাটা দেওয়ালটা হুড়মুড় করে ভেঙ্গে গায়ে পড়ে। এ সব দৃশ্য জীবনের বড় চেনা। তবে সে সব কথা এখন আর বলে না। আসন্ন সন্ধ্যায় ভাবাবেগে কাতর বাবুয়ার কথা শুনে যেতে থাকে। যেন তার বুকের ভেতর থেকে উঠে আসছে এক ভীত আত্মার আকুল গভীর আর্তি যা অনেকটা কোন অমিত্রাক্ষর পদ্য।

মনে কর, তো সেই দিনটা। সব আছে সবাই আছে খালি তুই নেই। এইটা ভাবলে বুকটা কেমন টন টন করে ওঠে না!

সূর্য ডুবে গেছে কিছুক্ষণ আগে। তার ডুবে যাওয়া পথের প্রান্তে ছড়িয়ে রেখে যাওয়া একরাশ আবীর এখন ফিকে হচ্ছে। হানড্রেড বেডের সামনে যে জ্বর গায়ের রোগীটা বসে বসে খুক খুক কাশছিল এখন উঠে ধীরে ধীরে বেডের দিকে যাচ্ছে। সারা মুখে তার কালো দুশ্চিন্তা। এই রাত কী রূপ নিয়ে আসছে তা কে জানে।

আমার এখন কাউকে খুব ভালোবাসতে ইচ্ছা করে। ইচ্ছা করে কেউ আমাকে খুব ভালোবাসুক। সে আমার জন্য সুন্দর করে সেজে গুজে অপেক্ষা করবে। আমার সঙ্গে দূরে কোথাও ধর কোন নির্জন নদীর পাড়ে বেড়াতে যাবে। হাত ধরাধরি করে আমরা দু'জন হাটবো, হাসবো, কথা বলবো, খেলবো ছুটবো।

মাঝখানে ফোড়ন দেয় জীবন— বিয়া কইরা ফালা। সে কথায় কান না দিয়ে আপন মনে বলে চলে বাবুয়া— "যদি এই মারামারি কাটাকাটির পথে না আসতাম, যা সব বললাম তা হয়তো পেয়ে যেতাম।" একটা দীর্ঘশ্বাস পড়ে ওর, আর পাবো না। কেউ আর আমার সাথে মন দেওয়া নেওয়ার খেলা খেলবো না। কেন করবে? যে নৌকা ডুবে যাচ্ছে, কে জেনে বুঝে সে নৌকায় চড়বে বল! মরে যেতে সেই জন্য আমার খুব কষ্ট হয় রে জীবন। মনে হয় জীবনটা যেন অপূর্ণ রয়ে গেল।

বাবুয়ার বাবার আর্থিক সঙ্গতি তেমন কিছু সুদৃঢ় না থাকলেও বাবুয়াকে অন্ততঃ কিছুদিন স্কুলে পাঠাতে পেরেছিল। লেখাপড়া জানা থাকার কারণে সে মনের কথা গুছিয়ে বইয়ের ভাষায় বলতে পারে। তার কথার মধ্য দিয়ে যেন এক আসন্ন মৃত্যু শোক উথলে ওঠে। যদি আমি কাউকে ভালোবাসতাম, তাকে নিশ্চয় বিয়েও করতাম। যদি আমার ছেলে মেয়ে হত সেই সন্তানের মধ্য দিয়ে আমি নবজন্ম পেয়ে বেঁচে থাকতাম। আর এখন? এখন মরে গেলে মরা মাত্র আমার সব কিছু শেষ। আর পৃথিবীতে আমার কোন নাম চিহ্ন রইলো না। কী লাভ হল বল জন্ম নিয়ে মরার সাথে সাথে যদি সব শেষ হয়ে গেল।

হাসতে হাসতে এবার বলে জীবন— তাইলে তোর মরার পথে ওই একখান সমস্যা। বিয়া করোস নাই, পোলা মাইয়া নাই।

একটু বেদনামাখা গলায় বলে বাবুয়া— চব্বিশ পঁচিশ বছর বয়েস আমার। এখনো একটা মেয়েকে কোনদিন ছুঁয়ে দেখিনি। ছুঁলে বুকের রক্ত কি রকম তুফান ওঠে আমি জানি না। তা জানার আগেই যদি মরে যাই বড় আফশোস থেকে যাবে রে।

জমাদার কোয়ার্টার যা আসলে কতগুলো ঝুপড়ির সমষ্টি, সেখান থেকে মগে করে গরম লাল চা এসেছে। উৎসব বাড়ির লোকেরা পাঠিয়েছে। সাথে মাটির ভাঁড়। চা খেয়ে জীবন ভাঁড়টাকে পুকুরের জলে ছুঁড়ে ফেলে বলে আমার কাছে জীবন এই ভাঁড়ের মতোন। যতক্ষণ চা আছে ততক্ষণ কদর। চা নাই দাও টান মাইরা ফালাইয়া। যতক্ষণ শ্বাস চলতে আছে আছি। চেষ্টা করতে আছি বাইচা থাকার। তবু যদি ঠেকাইতে না পারি, যদি শ্বাস আমারে ছাইড়া চইলাই যায়, তয় আর কি করমু। যাউক। কতকিছু তো জীবনে পাই নাই, নাইলে সেই না পাওয়ার আর একখান বেশি নাম রইলো। উপায় কি।

বাবুয়া বলে— ভাবছি দূরে কোথাও চলে যাবো।

কোথায়?

যেখানে হোক। এমন জায়গায় যেখানে কেউ আমাকে না চেনে। নাম টাম বদলে কোন কিছু কাজ কাম করে অন্যভাবে বাঁচার চেষ্টা করবো।

এতক্ষণ পরে কথা বলে নানু— পারবিনা রে বাবু। আমি গিছিলাম

মেদিনীপুর, মামার বাড়ি। মামা ভয়ে থাকতে দেয় নি। আজকাল সব জায়গায় অচেনা লোকের উপর পুলিশের ইনফর্মাররা নজর রাখে। ঠিক গিয়ে পুলিশের কাছে খবর দিয়ে আসবে। ধরা পড়ে যাবি। বিশুদা কি করে ধরা পড়ল?

বিশুদা ওরফে বিশ্বনাথ রায় এক রেস্টুরেন্টে টেবিল বয় সেজে আত্মগোপন করেছিল মধ্য কলকাতার কোথায় যেন। ধরা পড়ে এখন জেলে আছে।

বলে নানু– আমি তো ঠিক করেছি, মরি বাঁচি এলাকা ছাড়বো না। বন ছাড়া বাঘ জল ছাড়া মাছ এলাকা ছাড়া মানুষ সমান।

চারদিকে এখন অন্ধকার ঘন হচ্ছে। বাচ্চারা খেলা শেষ করে ঘরের পথ ধরেছে। জমাদার কোয়ার্টার থেকে ভেসে আসছে তুলুম হুল্লোড়ের শব্দ। সাথে ফুল ভলিউমে বাজানো রেডিওর সুরেলা স্বর। মরণা এহা জীনা এহা, তেরে সিবা জানা কাঁহা? কিছুক্ষণ পরে জ্বলে উঠেছে হাসপাতালের, ওয়ার্ডের রাস্তার আলোগুলো। তবে সে আলো এখনো উজ্জ্বল নয়, অন্ধকার যত ঘন গাঢ় তীব্র হবে আলোর ক্ষমতা তত বাড়বে। এখন ধীরে ধীরে মাঠে ওয়ার্ডের সামনে পায়চারী করা রোগীরা যে যার বেডে গিয়ে শুয়ে পড়েছে। ডাক্তার আসছে রুটিন চেকআপে।

ওরা তিনজন– নানু জীবন বাবুয়া নিজেদের বর্তমান চিন্তায় এ সময়ে এতটাই ডুবে গিয়েছিল যে রণভূমিতে সৈনিকের সতর্কতায় এসে গিয়েছিল সামান্য শিথিলতা। আবছা অন্ধকারও কিছুটা দৃষ্টি বিভ্রম ঘটিয়ে দিয়েছিল। তাই ওরা জানতে বুঝতে পারে নি, হাসপাতালের মেইন গেটের সামনে জীপ রেখে অন্ধকারের আড়াল নিয়ে পা টিপে টিপে এগিয়ে আসছে যাদবপুর থানার কুখ্যাত পুলিশ অফিসার সুরেশ পাল। লোকে বলে– রিভলবার চালনায় পাল বাবুর লক্ষ্য অব্যর্থ। তর্জনীর মাথায় রাখা আধুলি নাকি সে গুলি করে উড়িয়ে দিতে সক্ষম এমন নিপুণ নিশানা।

লোকাল এক ইনফর্মারের মাধ্যমে তার কাছে খবর পৌঁছে গেছে যে মিস্ত্রি পাড়ার দুষ্কৃতকারী বসে আছে হাসপাতালের ময়লা পোড়ানো চুল্লির সামনে। তার গায়ে সাদা কলারওয়ালা গেঞ্জি। খবর পাওয়া মাত্র বের হয়ে পড়েছেন তিনি চারজন সাদা পোষাকের সঙ্গী নিয়ে। এই পাঁচজন এসেছে জীপে। তার পিছনে এসেছে একটা কালো ভ্যান। যার পেটের মধ্যে বসে আছে পোষাক পরা বারোজন। এরা মেইন গেটের সামনে অপেক্ষা করছে। পাল বাবুকে সহায়তা করতে পাঁচ মিনিট পরে হাসপাতালের মধ্যে ঢুকবে।

পালবাবু এবং তার চার সঙ্গী, পাঁচজনের পাঁচ জোড়া পা নিঃশব্দে এগিয়ে চলে হাসপাতাল ক্যানটিন ছাড়িয়ে, ডানপাশে হানড্রেড বেড ওয়ার্ড ফেলে বাম দিকে সেই ওয়ার্ড যেখানে কিশোর কবি সুকান্ত মারা গিয়েছিলেন তা রেখে ময়লা পোড়ানো চুল্লির দিকে।

অন্ধকার এ সময়ে নিকষ হয় নি, যদিও সূর্য ডুবে গেছে বহুক্ষণ আগে। এই সময়টা দিনের সব চেয়ে এলিয়ে পড়া অগোছালো। মানুষজনের চলাচল এ সময়ে কিছুটা ছন্নছাড়া। সেই ছন্নছাড়া এলোমেলো ভিড়ের মিশে পাঁচজন পুলিশ পৌঁছে যায় চুল্লির ঠিক সামনে। যেখান থেকে বাবুয়ার পরিষ্কার চওড়া পিঠ, সাদা গেঞ্জি দেখা যায়। নানু চুল্লির দিকেই তাকিয়ে ছিল। কিন্তু আবছা

অন্ধকার আড়াল করে রেখেছিল, চিনতে দেয় নি মৃত্যুদূতদের মুখগুলোকে। চিনতে পারলো তখন যখন দু'জনেই হত বিহ্বল। সে মাত্র কয়েক সেকেণ্ড। তারপর বিহ্বলতা কাটিয়ে দু'জনে ঝাঁপিয়ে পড়ল উল্টো দিকের পূতিগন্ধময় পোকা বিষ্ঠার সেই মহাসমুদ্রে। হাঁচড়ে পাঁচড়ে বুকে হেঁটে পানা হোগলা পাঁক ঠেলে কোনমতে পৌঁছায় ডোবার মাঝখানে। তারপর পাঁকের মধ্যে ডুবে বসে থাকে নাক টুকু উঁচু করে মরা মানুষের মত। সময় গড়িয়ে চলে একটু একটু করে, রাত বাড়ে। কিন্ত ওদের পাড়ের দিকে যাবার হিম্মত হয় না। কে জানে ডোবা তিনদিক থেকে ঘিরে ফেলেছে কিনা!

ওরা এই সময় কেমন করে জানবে মাত্র এক দিক মেইন গেট থেকে পুবমুখো রাস্তা ধরে পুলিশ এসেছিল। মোক্ষম এক আঘাতে বাবুয়াকে ঘায়েল করে দিয়ে যত দ্রুত সম্ভব পিছন দিকে ফিরে গেছে। পালবাবুরা পলাতক নানু জীবনদের পিছনে যেমন ধাওয়া করে যায় নি তেলাপিয়া পুকুর থেকে লাশও তোলার চেষ্টা করে নি। কে জানে তারা হয়তো পাল্টা আক্রমণের আশংকা করে থাকবে। সামনেই লোহার পাড়া। যাতে দ্রুত সরে পড়তে পারে সে ব্যবস্থা করাই ছিল। পিছন পিছন গুলির আওয়াজ মিলিয়ে যাবার প্রায় সাথে সাথেই জীপ চলে এসেছিল। তারা জীপে চড়ে বসে।

জীবন, নানু সে খবর পায় না। কে দেবে খবর? তারা এই পুন্নাম নরকের পোকা বোঝাই পাঁকের মধ্যে শরীর ডুবিয়ে প্রতি মুহূর্তে প্রাণ যাবার আতংক বুকে নিয়ে পড়ে রইল মাঝডোবায়। কিলবিল করতে থাকা বিষ্ঠা কীট খুবলে নিতে লাগলো শরীর থেকে কুঁচো কুঁচো মাংস কণা। শত শত কালো কালো জোঁক চোঁ চোঁ করে টেনে নিতে লাগলো গরম তরল রক্ত। অনেকদিন আগে একবার জীবন শিয়ালদহের মর্গে গিয়েছিল। ওর চেনা একটা মেয়ে মায়ের উপর রাগ করে গায়ে কেরোসিন ঢেলে আগুন জ্বালিয়ে নিয়েছিল। পোস্টমর্টেমের পর সেই দেহ আনতে গিয়েছিল। তখন দেখে এসেছে বেওয়ারিশ লাশের গাদায় পড়ে থাকা পচা গলা এক ডজন মানুষ। যাদের সারা শরীর বিশেষ করে পেট, যেখানে বিজ বিজ করেছে কোটি কোটি পোকা। নাড়ি ভুঁড়ির উপর ঢেউয়ের মত সাদা সাদা পোকা পরম উল্লাসে উঠছে নামছে, নামছে উঠছে।

নিজেকে এখন জীবনের সেই বেওয়ারিশ লাশের মত মনে হয়। যে সামান্য হাত নেড়ে শরীর থেকে পোকাগুলো সরিয়ে দিতেও অক্ষম। ভয় পাচ্ছে, নিদারুণ এক ভয়। নড়ে উঠলেই যদি মাথা সোজা একটা বুলেট ছুটে আসে! একটা বুলেট, একটা মানুষকে, এক মুহূর্তে লাশ বানিয়ে দেয়।

এখান থেকে রাজা মল্লিক রোডের উপর দিয়ে চলাচল করা গাড়ির আওয়াজ ইলেকট্রিক হর্ণের আওয়াজ শোনা যাচ্ছে। পথ কাঁপিয়ে ছুটে যাচ্ছে বাঘ মার্কা ডবল ডেকার। বড় জলনিকাশি নালার ওপাড়ে যে দেওয়ালে স্বপন এল লিখেছিল, যে এল জীবনের জীবনে দাঁড়িয়ে আছে একটা মাইলস্টোন হয়ে, সেই দেওয়ালের পাশে কোন বাড়িতে যেন রেডিওতে রবীন্দ্র সঙ্গীত বাজছে— আমি জ্বালবো না মোর বাতায়নে — । সামান্য দুটো গুলির আওয়াজ নগণ্য একটা মানুষের ফুটো হয়ে যাওয়ায় পরিবেশের কোথাও কোন ছন্দ পতন ঘটেনি। দিন রাত এমনতো কত গুলি বোমার শব্দ শোনা যায়। পেটা

ঘণ্টায় নেপালী পাহারাদার ঢং ঢং করে বারো বার শব্দ করে জানান দেয় সে জেগে আছে। ডোবার হোগলা পাতায় পানায় মসজিদের দেওয়ালে পাশের সেই একফালি লম্বা জায়গায় বন তুলসী আর আকন্দ ঝোপে থেমে থাকা ঝিঁ ঝিঁ পোকারা নৈশ কোরাস ধরে। হিসেব মত গুলি চলার পর ছয় ঘণ্টা পার হয়ে গেছে। মনে হল জীবনের, আরো ছয় ঘণ্টা বেঁচে থাকা গেল। তা সে যেমন ভাবেই হোক। কেন কে জানে তার নিজেকে ভাগ্যবান বলে ধারণা হল। বাবুয়া ঢাল হয়ে না থাকলে একটা গুলি তার বুকটা এফোঁড় ওফোঁড় করে দিতে পারতো। তাহলে আর চাঁদ ওঠা দেখা হতো না। আবহ সঙ্গীতের মত ভেসে আসা ঝিঁ ঝিঁ পোকার ডাক শোনা হতো না।

এই ক্ষয়ে যাওয়া চাঁদ, চুঁইয়ে নামা ম্লান আলো এই অর্থহীন ঝিঁ ঝিঁ পোকার কান্না এই সাপ জোঁক আর এই কীটের খুবলে খাওয়া বুকের ওঠা নামা সবটা মিলিয়েই বেঁচে থাকা একটা আস্ত জীবন। কাউকে অস্বীকার করার উপায় নেই। এড়িয়ে যাবার আর কোন পথই খোলা নেই। "কে মোরে সম্মুখে ঠেলে? দেখিলাম থামি, সম্মুখে ঠেলিছে মোরে পশ্চাতের আমি।" জীবনকে ঠেলে যে আজ এখানে নিয়ে এসেছে সে জীবনের অতীত। সেই কালো অভিশাপময় এক কঠিন সময়, যে সময় তার জন্ম হয়। জন্মের অভিশাপই তাকে এই পুন্নাম নরকের বাসিন্দা করে ছেড়েছে।

অনেকক্ষণ পর, ডোবার এক হোগলা ঝোপের ওপাড় থেকে অথবা কোন দূর নক্ষত্র, পাহাড় গুহা, ঝড় থেমে যাওয়া সমুদ্র কিংবা কোন আণবিক বোমা বিস্ফোরণে বিধ্বস্ত মৃত নগরীর ধ্বংস স্তুপ থেকে এক মুমূর্ষু কণ্ঠের মৃদু আওয়াজ শোনা যায়— জীবন এই জীবন।

নানুর গলার শব্দের দিকে জীবনও আর একটা মৃদু শব্দ ছোঁড়ে কী!

আর কতক্ষণ এভাবে পড়ে থাকবো! প্রশ্ন নয় এটা আক্ষেপ।

না থাইকা কি করবি। কি হইতে আছে চাইর ধারে কেন কিছু তো ঠাওর পাইতে আছি না। ওরা এখনো আছে না চইলা গেছে কেডা জানে।

শরীরের এক পত চামড়া মনে হচ্ছে পোকায় খেয়ে নিল।

শরীল থাকলে চামড়া আবার গজাইবে। পরাণ গেলে আর পাবি?

যদি মইরা গিয়া থাকে, অন্ততঃ এই রাত্তিকে আমাগো চাইয়া আরামে আছে। দুই চাইর মিনিটের বেশি কষ্ট পায় নাই।

আবার দুই মরতে ভয় পাওয়া মানুষ আকাশের দিকে তাকিয়ে তাকিয়ে শুরু করে অন্তহীন প্রহর গোনা। সুখের রাতের আয়ু স্বল্প আর কষ্টের রাতের আয়ু হয় বড় দীর্ঘ। মুখে ব্যঙ্গ করলেও জীবনের মনে বাবুয়ার মৃত্যুটা বড় ছাপ ফেলে দিয়েছে। এখন তারই কথা নিজেদের চেয়ে বেশি মনে পড়ছে। যেভাবে গুলি লেগেছে যে ভাবে জলে ডুবে গেল, গুলিতে না মারা গেলেও জলে ডুবে নিশ্চয় মরে গেছে। অথচ তিনজনের মধ্যে তারই সব চেয়ে বেশি বাঁচার শখ ছিল। কাউকে ভালোবাসবে। বিয়ে করে সংসার পাতবে। পিঠে এসে লাগা দুটো সীসের টুকরো তার স্বপ্নকে ছিন্ন ভিন্ন করে দিয়েছে।

যদি ওই গুলির একটা আমার বুকের বাঁ দিকে এসে বিঁধতো, ভাবে জীবন তখন কী হতো? আমি আর কোথাও থাকতাম না। এতক্ষণে লাশ হয়ে যেতাম।

লাশ! জীবিত মানুষের কাছে সব চেয়ে আতঙ্কজনক দুটো অক্ষর— লাশ। সব চেয়ে বীভৎস একটা শব্দ। যার কোন পোক্ত প্রতিশব্দ হয় না।

এই সময়, যখন লাশ আর জীবিতের মধ্যে পার্থক্য মাত্র গোটা কয়েক নিশ্বাসের তখন হঠাৎ তার বাবুয়ার সেই স্বপ্ন দেখা তারপর যন্ত্রণায় কুঁচকে ওঠা চোখদুটো মনে পড়ে। তখনই জীবনের বুকের মধ্যে বোবা প্রাণটা হাউ হাউ করে কেঁদে ওঠে। দেখ বাবুয়া আমাকে দেখ। আমি ঠিক তোর মতই লাশ হয়ে গেছি। পচা গলা বেওয়ারিশ লাশ। দেখ, আমাকে কুরে কুরে খাচ্ছে বেজন্মা কৃমি কীটের ঝাঁক। আমার এখন কিছু করার নেই রে। তোর, আমার আমাদের সবার এই ভাগ্যের লেখন— লাশ হয়ে যাওয়া। আমাদের আর কারও কিছু করার নেই। পরিত্রাণের কোন পথই নেই। আগে আমাদের খেয়েছিল খিদেয়। এখন খাবে শেয়াল শকুন পোকা মাকড়ে। আমাদের আর কিছু করার নেই।

১২.

রিকশাওয়ালা এবং যাদবপুরের শ্রেণিযুদ্ধ

যাদবপুর অঞ্চলে যদি কাঁচা পয়সার বড়লোক হওয়া দশজন লোককে গোনা যায় তবে তাদের সবার শীর্ষে যার নাম সে কান্তি দত্ত। এক হাজার রিকশা আছে তার। যাদবপুর কসবা, বালিগঞ্জ, টালিগঞ্জ, বেহালা এমনকি বারুইপুর প্রত্যেকটা রিকশা লাইনে চলে তার রিকশা। বড় নিঃস্ব অবস্থায় উনি পূর্ব বাংলার ঢাকা জেলা থেকে যাদবপুরের লোহার পাড়ায় এসেছিলেন। তারপর কঠিন শ্রম আর বুদ্ধি খাটিয়ে কুড়ি পঁচিশ বছরে এই জায়গায় পৌঁছেছেন।

রাজা মল্লিক রোডে যাদবপুরের বাসস্ট্যাণ্ডের অদূরে ওনার রিকশা গ্যারেজ। চারজন মিস্ত্রি সেখানে সারা দিন ধরে খারাপ হওয়া রিকশা মেরামত করে চলে। আর এক নতুন গাড়ি। নিয়ম করে কান্তি দত্ত মাসে একটা দুটো নতুন গাড়ি পথে নামাচ্ছেন। লাইসেন্স ফাইসেন্সের কোন বালাই নেই, প্রথম দিকে শ'দুশোয় করেছিলেন। এখন সব বিনা লাইসেন্সে, স্রেফ কর্তা ব্যক্তিদের সাথে বন্দোবস্তে ব্যবসা চালিয়ে যাচ্ছেন।

আজ সকালে রোজ যে সময় তিনি গ্যারেজে আসেন, চান টান করে, বিশ্বকর্মার পূজা দিয়ে টিফিন সেরে, এসে দেখেন তার জন্য এক জন বসে আছে। এমন কেউ না কেউ তো প্রতিদিনই বসে থাকে। তবে আজকের লোকটা সে রকম নয়। চেনেন তাকে। রিকশার ভাড়া আদায় করার জন্য সারাদিন সাইকেলে চারদিকে চক্কর কাটতে হয় ফলে কে কী করে চোখে পড়ে। তাই একে দেখে একটু অস্বস্তি হয়। কি বলবে না বলবে ভেবে বিমর্ষ হন।

কান্তিবাবু চেয়ারে রাখা ঝাড়নটি দিয়ে তার কাঠের ময়লা চেয়ারটা ঝেড়ে সেটার উপর বসে আড় চোখে একবার লম্বা কাঠের বেঞ্চিতে বসা আগন্তুককে দেখে ওদিক থেকে কি প্রশ্ন প্রতিক্রিয়া আসে সে জন্য অপেক্ষা করতে থাকেন। একটু পরে গ্যারেজে ঢোকে যাদবপুর স্টেশনের রিকশা চালক নাড়ু। সে

কান্তিবাবুর দিকে তাকিয়ে হেসে, গলায় বিনয় ফুটিয়ে বলে— এসে গেছেন?

কান্তিবাবু তার জবাবে পাল্টা হাসি দিয়ে বলেন— আসুম না যামু কই।

আমি আপনার সাথে একটু দেখা করতে এলাম।

দেখা! শুধু দেখা। দেখ।

না মানে— একটা দরকারে।

তয় তাই ক'। দেখা করতে আইছি কস ক্যান। ক' দরকার বইল্লা আইছোস। দরকার ছাড়া কবেই বা আসোস! কইয়া ফালা কি দরকার?

একটা রিকশা লাগবে।

কিনবি? বাঁকা হাসি হেসে নাড়ুর অক্ষমতাকে উপহাস করে কান্তি দত্ত। না, না ভাড়ায়। ভাড়ায় একটা রিকশা নেবো।

তুই তো মতি বাবুর গাড়ি চালাস। তার কি হইলো? ছাইড়া দিছোস? আমার জন্য না। এই যে।

কান্তিবাবুর অস্বস্তি বাড়ানো লোকটাকে দেখিয়ে একটু আধো আধো লজ্জায় বলে নাড়ু— ওরফে নারায়ণ— এই এর জন্য।

কার জন্য! এর জন্য। এ চালাবে রিকশা। কান্তিবাবু বিশ্বাস করতে পারে না। এই সব লোক যে পথের পথিক, এরা মাথার ঘাম পায়ে গেলে যারা উপোসে থাকে আধপেটা খায়, সেই পথে হাঁটবে এটা বিশ্বাস করা সত্যিই কঠিন।

এই লোকটা আর কেউ নয়, জীবন। জীবনই এসেছে নাড়ুকে সঙ্গে নিয়ে কান্তিবাবুর কাছে। সে জামিনদার হয়ে জীবনকে একটা ভাড়ার রিকশা নিয়ে দেবে। এখন জীবন রিকশা চালাবে।

বাবুয়া মারা যাবার পর প্রায় এক মাস কেটে গেছে। জন জীবন এখন ভিতরে ভিতরে চাপা আতংক নিয়ে উপরে উপরে একটা স্বাভাবিকতার চাদর চাপিয়ে নিয়ে দোকান বাজার কাজ কর্ম করছে। সব অবস্থার মধ্যে মানুষ বাঁচতে চায়। বাঁচতে হলে সব প্রতিকূলতার মধ্যে দৈনন্দিন যে কাজ তা সম্পন্ন না করে উপায় কি!

যে নানু বলেছিল, মরে গেলেও পাড়া ছেড়ে যাবে না, পরের দিনই ডোবা থেকে উঠে শরীরের জোঁক ছাড়িয়ে সাবান দিয়ে চান করে, একটা ব্যাগে জামা কাপড় ভরে উধাও হয়ে গেছে। কোথায় গেছে জীবনকেও বলে যায় নি। রাইফেল ছিনতাইয়ের পর থেকে স্টেশনের চেয়ে জীবন নানুর ঠেক, হাসপাতাল মাঠ বেশি নিরাপদ মনে করতো। নানুর সাথে ঘোরার কারণে সবাই চিনেও গিয়েছিল। এখানে পড়ে থাকায় কোন বাধা ছিল না। কোথাও থেকে একটু খাবার জোগাড় করে খেয়ে রাতে সেই লাশ ঘরের ছাদে উঠে শুয়ে নিশ্চিন্তে রাতটা কাটিয়ে দিতে পারতো। নানু নেই, এখন যেন জীবনের হাসপাতালে কেমন অনাথ, বহিরাগত, এবং রক্ষাকবচহীন বলে মনে হয়।

তাহলে জীবন এখন থাকবে কোথায়? থাকা যায় এক মাত্র রেলস্টেশনে। কিন্তু যদি পুলিশ ধরে কি বলবে? আজকাল প্রায় প্রতিরাতে পুলিশ স্টেশনে হানা দেয় যাকে পায় তাকে বেদম পিটিয়ে ধরে নিয়ে যায়। যদি এই সময় একটা রিকশা থাকে, মানা না মানা তাদের ব্যাপার কিন্তু একটা কৈফিয়ত

অন্তত দেওয়া যায়— খোলা দোলতলায় বাড়ি, যাদবপুরে রিকশা চালাই, ট্রেন ফেল হয়ে গেছে, বাড়ি যেতে পারি নি, তাই স্টেশনে শুয়ে আছি। এই দেখুন আমার রিকশা। কোন বদ লোক নই, রিকশাওয়ালা। অবশ্য রিকশাওয়ালা আর বদমাশ, বর্ত্তমান সময়ে ভদ্রলোকের ধারণায় একটা সমার্থক শব্দ। তবু কিছু বিশ্বাসযোগ্য প্রমাণ না রাখতে পারার চেয়ে কিছু একটু তো বলা যাবে। তা ছাড়া রিকশা চালালে আর কিছু না হোক পেটের খোরাকির সমস্যাটাও কিছু মিটে যায়। রোজ চালাকি দিয়ে চেয়ে আর কাঁহাতক চালানো চলে!

যখন নাড়ু বলেছিল জীবনকে, রিকশা চালানোর কথা মনটা বিদ্রোহ করেছিল— মানুষ হয়ে মানুষকে টানবো? গরু ঘোড়ার কাজ করবো মানুষ হয়ে! কিন্তু প্রণব চক্রবর্ত্তী, জীবন যাকে প্রণবদা বলে ডাকে, বলেছিল সে— দেখ মানুষকে শুধু সৎ সাহসী সংগ্রামী হলেই চলবে না তাকে কিছুটা কৌশলি, বুদ্ধিমান এবং অবস্থার সঙ্গে মানিয়ে নিতেও শিখতে হয়। না হলে সে বাঁচতে পারবে না। একটা কারখানা। লোকে তাতে কাজ করে। তারা জানে পরিশ্রমের ন্যায্য পারিশ্রমিক পাওয়া যাবে না। মালিক দুর্ব্যবহার করবে। তবু কাজ করে। না করে কি করবে? ছেড়ে দেবে কাজটা? তাহলে তো না খেয়ে মরবে। যা পাচ্ছে তাও পাবে না। বর্ত্তমান সমাজটাই তো শোষণবাদী অমানবিক অত্যাচারী সমাজ। যার হাতে ক্ষমতা, যে সবল সে ক্ষমতাহীন দুর্বলের উপর দমন পীড়ন করবেই। এটা সমাপ্ত হবে কখন? যখন বিপ্লব হবে। তা তার জন্য কত বছর লাগবে তা কেউ জানে? ভিয়েতনামে চল্লিশ বছর ধরে লড়াই চলছে। এখানে যদি চল্লিশ বছরে চলে? কি করবি ততদিন? না খেয়ে থাকবি? পারবি? এই যে তোকে লোহার পাড়ায় ধরে নিয়ে গেল, কি করে নিয়ে গেল? রোগে, অনাহারে, আধমরা হয়েছিলি বলেই তো প্রতিরোধ করতে পারলি না। শরীর সুস্থ সবল হলে ওরা পারতো নিয়ে যেতে? দেখ, সব সময় জেদ ধরে রাখা যায় না। এক দু'সময় আপোষ করতে হয়। লেনিনের ভাষায়, এক পা এগিয়ে দু'পা পেছানো। কিন্তু লেনিন কেন বলেছেন দু'পা পেছাতে? এর নাম রণকৌশল। দু'পা পিছিয়ে একটু জিরিয়ে নাও, পরিকল্পনা করো। তারপর আগাও। অনেক তো ছোটাছুটি করলি। এখন একটু পিছিয়ে পর্যবেক্ষণ কর, বিশ্লেষণ কর, শক্তি সঞ্চয় কর। এই সময় এটা তোর জন্য খুব দরকার।

প্রণব চক্রবর্ত্তী ছেলেধরা। তার পার্টি আরএসপি তাকে এই কাজে নিযুক্ত করেছে, যত পারো ছেলে ধরো। তার ইচ্ছা জীবনকে ধরবে। তাই সময় পেলে ওকে কাছে ডেকে বসায়। নানান কথা বোঝায়। লোকটাকে জীবনের খুব একটা খারাপ লাগে না। তারই কথায় সিদ্ধান্ত নেই জীবন দু'পা পিছিয়ে আসবার। মনে পড়ে যায় সেই কবেকার যেন কার বলা কথা, একেবারে ভেঙ্গে যাবার চেয়ে একটু নুয়ে যাওয়া ভালো। নুয়ে গেলে কোন দিন সুযোগ পেলে আবার সোজা হতে পারবে। ভেঙ্গে গেলে সে সুযোগ আর পাবে না।

এখন জীবন নাড়ুর কথার জবাবে কান্তিবাবুর দিকে তাকিয়ে একটু মাথা নেড়ে জানিয়ে দেয়, সত্যিই সে রিকশা চালাবে।

এবার কান্তিবাবু জীবনকে বলে— তোরা আগে কালি কোম্পানির কাছে থাকতি না?

ষাটের কাছাকাছি বয়েস কান্তিবাবুর। তার মুখে তুই শব্দ অতটা বেমানান লাগে না যেমন লাগতো জীবনের বাবাকে রামকৃষ্ণপুরের হেমন্তবাবু যখন তুই তোকারি করতো। মনে প্রশ্ন জাগতো তুমি কেন বলছে না? গরীব দাসও যদি হেমন্তবাবুকে তুই বলে সে কী সহ্য করতে পারবে?

এখন মাথা নেড়ে জানায় জীবন যে তারা কালি কোম্পানির কাছেই থাকতো। তখন আবার প্রশ্ন করে কান্তিবাবু— তোর নাম জীবন না?

মুখে জবাব দেয় জীবন— হয়, মোর নাম ওই জীবোন।

চিনি চিনি। তোরে আমি চিনি।

কেমন কইরা?

কইলাম তো চিনি। কেমনি কইরা তা আর জিগাইস না। তয় ওই সব কি ছাইড়া দিছোস?

কোন সব?

মারামারি পিডাপিডি!

জীবন এ কথার কোন জবাব দিতে পারে না চুপ করে থাকে। কী জবাব দেবে এর। মনে মনে বলে— আমি ধরলামই কখন যে ছাড়ুম! ছাড়োনের অগে তো ধরোন লাগে।

একবার বাঁকা চোখে চশমার উপর দিয়ে জীবনকে দেখে স্বভাবসিদ্ধ হাসি হেসে— সে হাসিতে লুকনো থাকে একটা প্রচ্ছন্ন বিদ্রুপ কৌতুক, যা শূন্য থেকে শুরু করে মহাশূন্যে পৌঁছানো মানুষের মুখেই মানায়, বলেন— নাড়ুর সাথে আইছোস, না কমুনা। দিমু তেরে একখান রিকশা। তয় আমারে তোর কথা দেওয়া লাগবে।

কী কথা?

পেরথমই হইলো— রোজের ভাড়া রোজ দেওয়া লাগবে। বাকি রাখতে পারবি না। আর ওই সব গুণ্ডামি বদমাইসি করতে পারবি না। খাটবি, খাবি ব্যাস, কোন ঝামেলায় থাকতে পারবি না। কোথায় গিয়া মাইরপিট কইরা জেলে যাবি না কোথাও যাবি তখন আমার গাড়ির কি হবে। যদি ওই সব না করিস দিমু কাইল একখান গাড়ি।

না না, ওসব আর করবে না। জীবনের হয়ে জবাব দেয় নাড়ু।

তুই কইলে হইবোনা, ও কউক।

জীবনের জবাব শোনার আগেই কান্তিবাবুকে নিজের আসন থেকে উঠে গ্যারাজের ভিতরের দিকে যেতে হয়। এক মিস্ত্রি ডাকছে। যে নতুন গাড়িখানা তৈয়ার হচ্ছে তার টায়ার টিউব রিং বেয়ারিং স্পোক প্যাডেল সব লাগবে। হল ঘরের মত লম্বা গ্যারেজ। একসাথে তিরিশ চল্লিশখানা রিকশা রাখার মত জায়গা। তার ওপাশে বড় আলমারি। অর্ডার দিয়ে বানানো। মালপত্র আছে তার মধ্যে। চাবি খুলে দিতে কান্তিবাবু সেদিকে গেলে নাড়ুকে বলে জীবন— গাড়ি নেওয়া যাবে না।

কেন! অবাক নাড়ু। গাড়ি কেন নেওয়া যাবে না? কান্তিবাবু দেবে বললো তো।

বললো শুনলি না কথা দিতে হইবো মারপিট করতে পারমু না।

করবি না। কী দরকার!

আর আমারে কেউ যদি আইসা মারে, শুধুমুধা দাঁড়াইয়া মাইর খামু?

শুধু শুধু লোকে কেন তোকে মারবে যদি তুই কিছু না করিস!

কিছু না করলেও মাইনষে মাইনষেরে মারে।

ফালতু বকিস না। তুই কিছু না করলে এমনি এমনি লোকে এসে মারবে? লোকের আর কোন কাজ নেই!

আমি যা কই সেই কথার আগে উত্তর দে। বিনা কারণে কেউ আইসা আমার গায়ে হাত দিলো তখন কি করমু? মাইর খামু?

না, খাবি না।

পাল্টা মাইরা দিমু তো?

দিবি।

তাইলে কথার খেলাপ হইয়া গেল না?

একটু সময় চুপ করে থেকে বলে নাড়ু— তোরে কেউ সত্যবাদী যুধিষ্ঠির হবার দিব্যি দিচ্ছে না। যা বলে, শুনে ঘাড় কাত করে, রিকশাটা নিয়ে নে। কান্তিবাবুর হাজার রিকশা। রোজ যা ভাড়া পায় দিনে চারখানা রিকশা হয়। কত রিকশা চুরি গেছে কত থানায় জমা আছে কোন হিসেব নেই। তুই একটা রিকশা নিলি, কোথাও গিয়ে মারপিট বা কোন ঝামেলা করে গাড়ি ফেলে ছুট মেরে পালালি। কি হবে রিকশাটার? চোট হয়ে যাবে। তাতে কান্তিবাবুর একটা চুলও বাঁকা হবে না। যা তুই করবি, মনে মনে রাখ। এখন চুপচাপ গাড়িটা নিয়ে চলে যা।

মালপত্র বের করে দিয়ে কান্তিবাবু ফিরে এসে আবার তার নিজের চেয়ারে বসতে বলে নাড়ু— তাহলে বাবু কালকে সকালে আসবো।

কেন!

রিকশা নিতে।

কথা তো শেষ হয় নাই।

তো শেষ করেন।

শেষ কথা ওই মারামারি ঝামেলা করা চলবে না। আর একটা কথা।

আবার আর একটা? বলেন।

ইষ্টিশনে আমার কুড়ি বাইশখান রিকশা চলে। ক'জন তো খুবই ভালো। আর ক'জন মহা বদমাশ। জীবনের এই রিকশাগুলার ভাড়া তুইলা দিতে হইবে। আমি জানি ও পারবে।

নাড়ু বলে— পারবে সে আমিও জানি। কিন্তু এই সব করতে থাকলে রিকশা চালাবে কখন? রিকশার ভাড়া দেবে কি করে?

কান্তিবাবু বলে— যদি ও ওইটা করে, যদি এক আধ দিনের ভাড়া নাও দিতে পারে, আমি ছাড় দিমু। কথা দিলাম।

বলে জীবন— আপনেরে শেষ কথাটা একটু ভাইবা কাইল কমু। তাইলে এখোন আমরা যাই।

একটু চা খাইয়া যা, সকাল বেলায় আইছোস। ওই কুমুদের দোকানে গিয়া কইয়া আয়, তিনটা চা তিনখান বিস্কুট।

রেলস্টেশনের উত্তর প্রান্তে লস্কর পাড়ার মুখে যে সিমেন্টের গোলা সেটা বটকৃষ্ণ সেনগুপ্তের। তারই লাগোয়া যে হলুদ রঙের দোতলা তাতেই সপরিবারে বসবাস করেন তিনি। বটো বাবুর বড় ছেলের বড়ই মাছ ধরার শখ। গতকাল রাতে এক হাতে টর্চ অন্যহাতে মাছমারা কোচ নিয়ে নবকেষ্ট গিয়েছিলো পুকুর পাড়ে। কচুরিপানার ফাঁক থেকে মাঝে মাঝে মাছেরা মাথা উঁচু করে বুজকুরি কাটে। তখন ঠিক টিপ করে ঝাড়তে পারলে এক কোপে দেড় দু'কিলো। মাছের নেশায় তার খেয়াল ছিল না পায়ের কাছে লেজ গুটিয়ে শুয়ে আছে একটা সাপ। গায়ে পা পড়তেই ফোঁস। ছোবল খেয়ে নবকেস্টোর পরিত্রাহি চিৎকার— বাবা শিগ্‌গির এসো। লতায় কেটেচে। ছোবল দিয়েই সাপটা সুরুৎ করে নেমে গেছে পানা বোঝাই পুকুরে। তখন তাকে খুঁজে পাওয়া অসম্ভব। তাই বোঝা গেল না সেটা বিষধর না নির্বিষ ছিল। বটকৃষ্ণ কোন ঝুঁকি নেয় নি। বুদ্ধিমান মাত্রেই যা করে তাই করেছে। ছেলেকে সঙ্গে সঙ্গে তুলে নিয়ে গেছে রেলস্টেশনে বট গাছের গোড়ায়। যেখানে রিকশা স্ট্যাণ্ড আছে। উদ্দেশ্য কোন রিকশা ধরে হাসপাতালে পৌঁছানো।

রাত তখন সাড়ে বারোটার কাছাকাছি। এ সময়ে লাইনে কোন রিকশা থাকে না। দিনকাল খারাপ। রাত জাগতে আজকাল আর রিকশাওয়ালারা সাহস পায় না। যখন নিরুপায় বটকৃষ্ণ ভগবানকে ডাকছিল তখনই বাস মোড়ের এক রিকশাওয়ালা স্টেশনে ঘুমাবার জন্য হঠাৎ এসে পড়ে। তাকেই গিয়ে ধরে সে— চলরে। তাড়াতাড়ি চল।

জলিল মোল্লা তখন সারা দিনের হাড়ভাঙা খাটুনির পর সবে ছেচনের হোটেলে খেয়ে দেয়ে এসেছে। আলু বেগুন কুমড়োর ঘ্যাঁট আর চার প্লেট একস্ট্রা ভাতে শরীর বড় আইঢাই। শোবার জন্য ব্যাকুল। বলে সে— আমি এ্যাখোন যেতি পারবুনি।

ছেলেটাকে লতায় কেটেছে। চল একটু।

সাপের কাটা রুগী। তার মানে আশেপাশের হাসপাতাল নয়। যেতে হবে মেডিকেল কলেজে। সেটা তো ক্যালকাটা এলাকা। সি পি পুলিশের ডিউটি। এই রিকশা তো সেখানে যাবার আইন নেই। গেলে একবার যদি পুলিশে ধরে আর রক্ষা নেই। গাড়িটাই জব্দ। এ রকম কত রিকশা থানার সামনে মরচে পড়ছে। তখন মালিকের লালচোখ। চড় চাপড়। চাই কী বেআইনি কাজের জন্য গাড়ির দাম আদায়। সামান্য ভুলে রুজি রোজগার বন্ধ। ভিটে মাটি চাঁটি। সে বড় বিপদ।

অতকথা অবশ্য বলেনি জলিল মোল্লা। তার কথা ছিল এইটুকু, পুলিশ ফুলিশ ঝামেলা করবে। আমি যাবো না।

তখনও বটকেস্টোর মাথা ঠাণ্ডা। তুই চল। কে ধরে আমি বুঝে নেব। য্যাখন ধরবে ত্যাখন আবনারা থাকবা কোথায়! ফেরবো তো আমি একলা।

এখন অল্প অল্প মাথাটা গরম হচ্ছে বটোকেস্টোর। বলে যা হবে কাল আমাকে গিয়ে বলিস। চিনিস তো আমার দোকান?

মনে মনে হিসেব করে নেয় জলিল মোল্লা— পুলিশ ছুলে আঠারো ঘা।

বলেছে বটে দেখবে। ও রকম তো কত জনে কত কথা বলে। বলেছে বলেই যে সে জলিলের গাড়ি ছাড়াতে ছুটে যাবে তেমন গ্যারাণ্টি কী! বিপদ কেটে গেলে কে আর কার কথা মনে রাখে। যার ছেলে থাকবে হাসপাতালে মরবে না বাঁচবে তা কে জানে। তার কি তখন পরের ঝামেলা সামলাবার মত মনের অবস্থা থাকবে? তাছাড়া সে গেলেই যে পুলিশ রিকশা ছেড়ে দেবে সেটা বা কী করে বিশ্বাস করা যায়। সে তো কোন এম এল এ নেতা নয়।

জলিল বলে— আমার রেকশার কাগজ পত্তর নেই। আমি বাবু যেতি পারবুনি।

স্টেশনের টিস্টল এবং পান দোকানের মালিক শচীন্দ্রনাথ তখন দোকান বন্ধ করে বাড়ি যাবার তোড়জোড় করছিল। পাড়ার লোকের বিপদে সে মানবিক কারণে পাশে এসে দাঁড়ায়— এই যা না। ইমারজেন্সি কেস।

মাথা নাড়ায় জলিল— বললাম না, গাড়ির কাগজ পত্তর নেই।

বটোদা তো বলেছে, পুলিশ ফুলিশের ঝামেলা সামলে নেবে।

ওরম তো সব্বাই বলে। কাজ শেষ হলি আর কাউর সাক্ষাৎ মেলে না।

এবার বটোর মাথা সত্যি সত্যি গরম হয়ে উঠেছে। যার ছেলে যন্ত্রণায় কাতরাচ্ছে এরকম পরিস্থিতিতে তার মাথা গরম না হয়ে পারে না। সে বলে— বেশি চালাকি দেখাস না। কাগজ ছাড়া রিকশা চালাস কেন! তোকে যেতেই হবে। তুই যাবি না তোর বাপ যাবে। চল।

জলিল আর কোন কথা খরচ না করে রিকশায় তালা লাগিয়ে শুতে যাওয়াই বিবেচকের কাজ বলে মনে ভাবে। কে কাকে কামড়ালো আমি তার কী জানি। কেন গেছে সাপের কাছে! এর জন্য আমি কেন বিপদের সামনে পড়বো? আমার জন্য কে কবে এগিয়ে আসে? সেই যেবার মিনি বাসে ধাক্কা মারে, কত বাবু তো ছিল। কেউ কী হাসপাতালে নিয়ে গেছে? উল্টে আমারই দোষ বলে কত কী না বলে গেল! আজ আমি বা কেন ঘুম খারাপ করবো?

জলিলের রিকশায় তালা লাগাতে দেখে মনে হয় শচী ওরফে শচীন্দ্রনাথ মিত্র— র এবার রিকশাওয়ালাকে বিনা বিচারে বেদম পেটানো যায়। সামনে আছে সাপে কাটা রুগী। যার ফলে সবটুকু জন সমর্থন তারই পক্ষে যাবে। ঘটনাটা যে শুনবে সেই নিজেকে রুগীর জায়গায় রেখে রিকশাওয়ালার দোষ কতখানি গুরুতর হৃদয় কত কঠোর ব্যবহার কত অমানবিক তার বিশ্লেষণ করবে। তখন শচীর অপরাধ কোন অপরাধই মনে হবে না। মনে হবে পরদুখে কাতর একজন সমাজ সচেতন নাগরিক।

অগত্যা বটোকেস্টোর আর রাগবার কোন সুযোগ না দিয়ে জলিলের নাকে সজোরে একটা ঘুসি মেরে দেয় শচী। শালা কাটুয়া বেশি চালাকি পেয়েছিস! এই রকম বিপদের সময় যাবি না। মেরে বাপের নাম ভুলিয়ে দেবো। খোল। খোল রিকশার তালা।

ঘুসিটা মোক্ষম পড়েছে। জলিলের নাক থেকে গল গল করে নামা রক্ত দেখে বুঝতে পারলো বটো আর বলে কোন লাভ নেই। এখন ওর পক্ষে সত্যিই রিকশা চালানো অসম্ভব। তাই সময় নষ্ট না করে সে ছেলেকে নিয়ে সামনে আগায়। যদি বাস মোড়ে কিছু একটা যানবাহন পাওয়া যায়!

পরের দিন সকালে খবরটা শুনলো বাস মোড়ের রিকশাওয়ালারা। পাখি, নেদো কালা ভীমে আরও অনেকে একত্র হয়ে নিজেদের কাছে নিজেরা প্রশ্ন তুলল— আমরা কী রোজ এই রকমভাবে মার খাবো? আমরা গরীব, কেউ আমাদের দেখবার নেই বলে যে ইচ্ছা জুলুম করে যাবে?

প্রশ্নটা ওদের। জবাবটাও ওরা খুঁজে নেয়। না, আর আমরা পড়ে পড়ে মার খাবো না। মারের শোধ মার দিয়েই তুলবো। যে শ্লোগানটা রাজনৈতিক মিছিলে সবার মুখে মুখে ফেরে সেটাই এখন রিকশাওয়ালারা সমস্বরে বলে ওঠে মারকা বদলা মার হ্যায়। খুনকা বদলা খুন হ্যায়।

শচী বা বটো এবং যারা রিকশায় চড়ে তারা তাদের মত করে বিষয়টা নিয়ে ভাববে। সেই রকম রিকশাওয়ালারাও তাদের মত করে ভাবে। আরে একজন বুড়ো রিকশাওয়ালা, সারা দিন রোদে তাতে খেটে কাহিল। সে গেছে শুতে। তাকে জোর করে রিকশা চালাতে বাধ্য করবে, এটা মগের মুল্লুক নাকি! যদি সে না যেতে চায় কী দোষ করেছে? আর যদি দোষ করেই থাকে ইউনিয়নে নালিশ করে। ইউনিয়ান বিচার করে তাকে সাজা দিক। তা না করে মেরে দিল! আমরা কী মানুষ না! রিকশা চালাই বলে কী গরু গাধা হয়ে গেছি। চল তো, আজ একটা হেস্তনেস্ত হয়ে যাক।

রাতে শুতে একটু দেরী হয়েছিল, তাই শচী দোকানও খুলেছিল একটু বেলা করে। মনে কোন ভয় বা আপসোস ছিল না। প্রথমত যেটা সে করেছে তার পিছনে যুক্তি আছে। দায়িত্ব কর্তব্য অজুহাত আছে। কাজেই আফসোশ কিসের? আর ভয়— ? না রিকশাওয়ালাদের মেরে ভয় পাবার কিছু নেই। রিকশা কারা চালায়! কতগুলো ছোটলোক আর ছোটজাত। যাদের ট্যাঁকে টাকা নেই পিছনে দাদা নেই। পথে ঘাটে কারণ অকারণে এরা অনবরত তো কতই মার খায়। কে তার জন্য কী করে! অবশ্য স্টেশন— স্ট্যাণ্ডের কেউ হলে একটু লজ্জা লজ্জা করত। শত হলেও মুখ টুক চেনা। দোকানে চা ফা খায় বিড়ি ফিরি কেনে। কিন্তু যাকে মারা হয়েছে সে বাস মোড়ে রিকশা চালায়। থাকে তালদি। জাতে মোসলা। দেখা সাক্ষাৎ হয় কখনও কদাচিৎ। লজ্জা কেন হবে?

কিছু সময় পরে শচী বড় অবাক হল, যখন দেখলো তার দোকানের সামনে এসে দাঁড়িয়েছে একদল চির ভীতু অপুষ্টিতে দরকচা মারা মানুষ। তাদের হাতে রিকশার চেন এ্যাক্সেল রড। তাদের গলায় কাতরতা নয়, কর্তৃত্বকারী প্রশ্ন— এই শচী তুই জলিলরে কেন মেরেছিস? সাহসের যে বেলুনটায় এতক্ষণ হাওয়া ভরছিল শচী সেটায় কেউ যেন পিন ফুটিয়ে দেয়। চুপসে গিয়ে বলে— ওরকম অবস্থায় সবার রাগ হবে। একটা ছেলে চোখের সামনে মরে যাচ্ছে।

কোথায় মরে যাচ্ছে? গিয়ে দ্যাখ বাপের ব্যবসা সামলাচ্ছে আর পরোটা খাচ্ছে।

তখন তো বোঝা যায় নি যে সাপটায় বিষ নেই। যে রকম যন্ত্রণায় ছটফট করছিল।

তা তুই কেন মারলি? যার ছেলে সে মারতো। তোর কিসের এত গরজ?

ভিড় থেকে আর একজন গজরায়— মারবে না! মোস্তান হয়ে গেছে যে। বড় মোস্তান। মোস্তানি তোমার ছুটিয়ে দেবো। কী ভেবেছিস তোরা। কী মোনে

করিস আমাগোরে?

আর একজন কোন কথা না বলে হাতের রডটা চালিয়ে দিল সামনে সাজিয়ে রাখা বয়েমগুলোর উপর। খান খান হয়ে কাঁচের টুকরোগুলো ছড়িয়ে গেল চারদিকে। বিস্কুট কেক আছড়ে পড়ল ধুলোয়।

এইটুকুর দরকার ছিল। যেন সবাই অপেক্ষায় ছিল কে আগে ভয়ের দেওয়াল চুরমার করবে। শুরু যখন হয়েই গেল তখন আর দ্বিধা সংকোচ কেন। যে যার হাতিয়ার দিয়ে আঘাত করতে লাগল দোকানের শো কেসে, পানের ডালায় চুন খয়েরের পাত্রে। একজন শচীকে জামার কলার ধরে টেনে ভদ্রলোকের উচ্চতা থেকে নামিয়ে নিয়ে এল সমতলে, ছোটলোকীয় পরিমণ্ডলে। তারপর যেন একটা ঝড় বয়ে গেল তার শরীরের উপর দিয়ে।

শচী ওরফে শচীন্দ্রনাথ রায় শুধু যে চায়ে চিনি আর পানে চুন লাগায় তা নয়। ওই হাতে জব্বর চৌকা ছক্কাও হাকাতে পারে। পাড়ার ক্রিকেট টীমের সে সেরা খেলোয়াড়। শক্তি সংঘের ছেলেরা যখন শুনলো তাদের ক্যাপ্টেনকে ছোটলোক রিকশাওয়ালারা বেদম পিটিয়েছে তারা তাদের পুরো টীম নিয়ে ব্যাট উইকেট হাতে বের হয়ে পড়ল। শালাদের খুব চর্বি জমে গেছে। একটু রাত হলে মুখ ঘুরিয়ে বসে থাকবে। দু' ফোঁটা বিস্টি হলে যেতে চাইবে না। মানুষের বিপদে দু'ডবল তিন ডবল ভাড়া হাঁকাবে। দেশটা কী ঠগ জোচ্চরের ঘাঁটি হয়ে গেল! কী সাহস বলতো! পাবলিকের গায়ে হাত দেয়। সব দোষ ওই পুবপাড়া পচ্চিমপাড়ার পার্টিওয়ালাদের। ওরাই ছোটলোকদের মাথায় চড়িয়েছে। এর একটা উচিৎ শিক্ষা হওয়া দরকার। না হলে ওরা মাথা থেকে নামবে না।

ক্রিকেট টীম যখন প্রায় মিছিল করে বটোকেস্টোর দোকানের সামনে দিয়ে যাচ্ছে তখন তার পঞ্চাশ পার হওয়া বিবেকে বিছের কামড় অনুভব হল। আমারই জন্য শচী হাসপাতালে। আমারই জন্য এই জন জাগরণ। আর আমি কী না এখন সিমেন্টের বস্তা বেচায় মনোনিবেশ করে আছি। এ রকম স্বার্থপর হলে লোকে কী বলবে! আগে যদি না থাকি অন্তত পিছন পিছন যেতে বাধা কোথায়। সেও একটা লাঠি নিয়ে সাথে রওনা দিল।

গতকাল বা আজকের কোন ব্যাপারে স্টেশনের রিকশা লাইনের চালকের কোন ভূমিকা ছিল না। সব কিছু সংঘটিত হয়েছে বাস মোড়ের চালকদের দ্বারা। কিন্তু এ সত্য যে জানতো সেই শচী তখন হাসপাতালের বেডে। উত্তেজিত ক্রিকেট টীম অত তলিয়ে ভাববার মত মানসিক অবস্থায় নেই। তাদের অংক অতি সরল। ঘটনা যখন জনতা বনাম রিকশাওয়ালা, ঘটনাস্থল যখন স্টেশন যাকে সেখানে পাওয়া যাবে তারই উপর ঝাল ঝাড়া যাবে। এটা বর্ত্তমান সময়ের একটা অলিখিত নিয়মও বটে।

ওরা প্রথমে সামনে পেল লোহার কার্ত্তিককে। কালো নিগ্রোর মত চেহারার মুখটাই এমন যাকে দেখলেই মনে হবে হয় সে কাউকে খুন করে এসেছে নয় খুন করতে যাচ্ছে। ছোট বেলায় বসন্ত হয়ে একটা চোখ তার চির অন্ধ। তবে রিকশা চালায় ঝড়ের মত। কোন রিকশাওয়ালা ওর গাড়ি ওভারটেক করতে পারে না বলে নামের আগে লোহা যোগ করে দিয়েছে। রক্ত মাংসের নয় ঐ কার্ত্তিক লোহার।

ক্রিকেট টীম ধরলে তাকে— বল শচীকে কেন মেরেছিস? দমাদম ব্যাট উইকেট পড়ল পিঠে, রিকশার সিটে। একজন গাড়িটাকে উল্টে ফেলে দিল। এরপর নিমাই গোকুল অভিমন্যু। যারা বুড়ো আধবুড়ো তারা অল্পের উপর দিয়ে রেহাই পেল। যারা ছুটে পালাতে পারলো তারাও সামান্য মার খেয়ে পরিত্রাণ পেল। যারা ভাড়া নিয়ে গিয়েছিল, রইল অক্ষত। আর যারা আমি কিছু করি নি আমি কিছু জানি না বলে দাঁড়িয়ে পড়েছিল তারা মার খেয়ে মাটিতে শুয়ে পড়ল।

রাতে যখন প্রথম ঘটনা ঘটে জীবন ঘুমাতে চলে গিয়েছিল ওভার ব্রীজের উপর। ওখানে খুব হাওয়া চলে। মশা লাগে না। তবে অকুস্থল বেশি দূরে নয় বলে চিৎকার চেঁচামেচি তার কানে যায়। তাই সে নীচে নেমে আসে। ততক্ষণে বটোরা চলে গেছে। তখন জলিলকে ধরে কলতলায় নিয়ে জলের ঝাপটা মারা ছাড়া আর কিছু করার ছিল না।

আজ সকালের ঘটনা যখন ঘটে সেই সময় সে রোজকার মত প্রাতঃকৃত্যাদি সমাপন করে গড়পাড় ঝিলে চান করতে গিয়েছিল। ও কাজটা সকাল সকাল সেরে নিলে সারাদিনে আর ঝামেলা থাকে না। ফিরে এসে দেখে শচীর দোকান পড়ে আছে একটা ধ্বংসস্তূপ হয়ে।

তৃতীয় ঘটনার সময় জীবন ছিল হাসপাতালের মাঠে। সুইপার কোয়ার্টারে আজ সোমপাল বাল্মীকির ছেলের সগাইয়ের দিন। শুয়োর মারা হয়েছে। জীবন এখানে নিমন্ত্রিত অতিথি। সে হঠাৎ রক্তাক্ত শিবুকে এদিক ছুটে আসতে দেখে জিজ্ঞাসা করে কী হইছে?

মারপিট। হাঁপাতে হাঁপাতে বলে সে— কেলাবের ছেলেরা যাকে পাচ্ছে মারছে।

জীবন দ্রুত স্টেশনের দিকে ছুটে আসে। কিন্তু ততক্ষণে যা হবার তা হয়ে গেছে। সমস্ত রিকশা লাইনটা যেন যুদ্ধবিদ্ধস্ত কোন সীমান্ত গ্রাম। চারদিকে পড়ে আছে ভাঙ্গাচোরা অসহায় মানুষের শেষ অবলম্বন। পড়ে আছে আহত মানুষের আর্তনাদমাখা দলামোচা কতগুলো শরীর। কেউ কাউকে দেখবার, শুশ্রুষা দেবার মত নেই। সবাই আক্রান্ত, আতংকগ্রস্থ, আহত আর না হয় পলাতক।

সেদিকে তাকিয়ে মনে হল জীবনের চারদিক থেকে যত লাঠি সোটা পড়েছে সব যেন তারই মাথা বুক পিঠ পেট লক্ষ্য করে। ওই যে মাথা ফাটা লোহার কার্ত্তিক মাটিতে পড়ে কাতরাচ্ছে সে আসলে জীবনই। যে রিকশা চালিয়ে চাল আলু কিনে নিয়ে বাড়ি গেলে তার বুড়ো বাপ মা খেতে পারবে। নিমাই গোকুল অভিমন্যু সবাই যেন তারই আত্মার খণ্ডিত অংশ। যেমন অংশ বিহারের এক প্রত্যন্ত গ্রামে রণবীর সেনার হাতে খুন হয়ে যাওয়া দলিত দুসাদ দয়ারাম। সিট ভাঙ্গা চাকা দোমড়ানো রিকশাগুলো যেন সাক্ষ্য দিচ্ছে, শুধু অবদমিত কতগুলো গরীব মানুষকে সাময়িক ক্রোধে সাধারণ সাজা নয়, অর্থনৈতিক অবরোধ তুলে রিকশাওয়ালাদের সপরিবারে অনাহারে শেষ করে দেবার পরিকল্পিত ষড়যন্ত্রের বহিঃপ্রকাশ। বুকটা ব্যাথায় টনটন করে উঠলো জীবনের। দরিদ্র দুর্বল মানুষের প্রতি এমন অন্ধ নিষ্ঠুরতা দেখে শোকে দুঃখে মরে যেতে ইচ্ছা করল।

ক্রিকেট টীম তখন সামনে এগোচ্ছে। প্রাথমিক ক্রোধ প্রশমিত হয়েছে। যেটুকু আর যা বাকি আছে সেটা বাস মোড়ে ঝেড়ে ফেলা হবে। তারাই তো আসল নাটের গুরু। কিন্তু বাস মোড়ের দিকে যেতে যেতে তারা থমকে দাঁড়ালো। আর একটাকে হাতের নাগালে পাওয়া গেছে। কলা বাগান বাজারে ট্রিপ মেরে ফিরেছে বাবুল।

বাবুলের বয়েস এখনও ষোল পেরোয় নি। গত বছর পর্যন্ত সে অরবিন্দ বিদ্যাপিঠের ছাত্র ছিল। ওর মা নেই। বাবা এক বোন আর সে। গত আষাঢ় মাসে জলে ডোবা রাস্তায় রিকশা চালাতে গিয়ে ওর বাবা রিকশা নিয়ে উল্টে পড়ে পায়ের হাড় ভেঙ্গে ফেলেছে। সংসারের চাল নুন আর বাপের ওষুধের জন্য নিরুপায় বাবুল এখন রিকশা চালাচ্ছে। আশা আছে সে সুস্থ হয়ে গেলে আবার বাবুল স্কুলে যেতে পারবে।

দূর থেকে দেখলো জীবন ক্রোধ কতখানি হিংস্র অমানবিক আর হিতাহিত জ্ঞানশূন্য। কত পৈশাচিক। এই সব অন্ধ মূঢ় ছেলে ধরা বলে নির্দোষ পথচারীকে পিটিয়ে মেরে ফেলায় বীভৎস আনন্দ পায়। দুর্ঘটনা কবলিত বাস চালকের প্রাণ কেড়ে নেয় খুঁচিয়ে খুঁচিয়ে। সাম্প্রদায়িক দাঙ্গা বাধিয়ে নিরীহ মানুষের ঘর নির্বিচারে পোড়ায়। খুন ধর্ষণের মত অপকর্ম করে অনুতাপহীন মনে।

ওরা বাবুলকে রিকশার চালক সিট থেকে যেন কোন ক্রুর কাপালিক নরমেধ যজ্ঞে আহুতি দেবার জন্য তার মায়ের কোল থেকে টেনে হিঁচড়ে নিচে নামালো। যার হাতে ব্যাট সে বল বাউণ্ডারিতে পাঠাবার শক্তিতে আঘাত করল পিঠে। কাটা ছাগলের মত বাবুল মাগো বলে লুটিয়ে পড়ল পথের ধুলোয়। ব্যাটসম্যান আবার ব্যাট তুলল। কিংকর্তব্য বিমূঢ় জীবন ছুটে গিয়ে ব্যাট সমেত হাতটা ধরে ফেললো— কী করতাছো! পাগল হইয়া গেছেন। জীবনের কথার জবাব দিল এক উইকেটধারী। সে সটান উইকেটটা জীবনের পিঠে বসিয়ে দিল।

ওই আঘাত মাত্র একটা আঘাতেই খান খান হয়ে গেল জীবনের সংযমের দেওয়াল। ভেস্তে গেল সব সাধু সংকল্প। ভুলে গেল মা বাবা ভাই বোনের কথা। ভুলে গেল যে সদিচ্ছা নিয়ে সবাইকে বনবাসে ফেলে একা এসেছিল এই মহানগরে।

জীবনের মনে হল এই লোকগুলোই সেই লোক যে তাকে জন্ম মুহূর্তে মধু থেকে বঞ্চিত করেছে। এই লোকগুলোই তাকে ন্যায্য পারিশ্রমিক থেকে বঞ্চিত করে জমিয়েছে টাকার স্তূপ। এই লোক গলোই পৈতা তুলে জীবনকে ঘোষণা করেছে অচ্ছুৎ অস্পৃশ্য বলে। একটা আঘাতেই মনে হল জীবনের এই সব লোকই বিভিন্ন সময়ে বিভিন্ন বেশে তার সমাজের সর্বনাশই করে যাচ্ছে। বাঁচতে হলে নির্মম প্রত্যাঘাত করে পাল্টা সর্বনাশ ঘটিয়েই বাঁচতে হবে। আর তারপরই চূর্ণ বিচূর্ণ কোন প্রাসাদের মধ্য থেকে যেন ফণা তুলল কোন ব্যাথা পাওয়া বিষধর সাপ। যা সে কোনদিন করে না তাই করে বসল। মুখ থেকে বের হয়ে এল একটা অশ্লীল খিস্তি। হাতে উঠে এল ছেচন সাউয়ের মাছ কাটা ধারালো বঁটিটা। তাই নিয়ে সে ছুটলো সামনের দিকে।

আত্মবিশ্বাসে ভরপুর ক্রিকেট টীম জীবনকে পেড়ে ফেলে রওনা দিয়েছিল

বাস মোড়ের দিকে। তাদের দৃষ্টি ছিল সোজা, গতি ছিল অপ্রতিরোধ্য আর পৃষ্ঠদেশ ছিল অরক্ষিত। যুদ্ধ নীতি যার সমর্থন করে না। হঠাৎ করে যে পিছন থেকে আক্রমণ আসতে পারে সেটা তাদের ধারণায় ছিল না। যখন ধারণায় এল ততক্ষণে একজন ঘাড়ে কোপ খেয়ে মাটিতে লুটিয়ে পড়েছে। পরের জন ঘাড়ের কাছে উদ্যত অস্ত্র দেখে বাবারে মেরে ফেললে বলে ছুটলো পড়ি মরি করে। এতে সংখ্যা বা সামর্থে কতটা টান পড়েছে সেটা বড় কথা নয়, ঘাটতি পড়ে গেছে মানসিক শক্তিতে। হঠাৎ আক্রান্ত হয়ে বিভ্রান্ত হয়ে তারা পিছনে না তাকিয়ে ঘুরে না দাঁড়িয়ে পড়ি মরি করে ছুটলো সামনের দিকে। লক্ষ্য, ডানদিকের মোড় ঘুরে রেললাইন পার হয়ে নিজেদের পাড়ায় পালানো।

জীবনকে বঁটি নিয়ে ধাওয়া করতে দেখে যে সব রিকশাওয়ালারা মারের ভয়ে পালিয়েছিল, আর যারা মার খেয়ে আধমরা হয়েছিল সেই সাথে কিছু স্টেশনের কুলি হকারও হাতের কাছে যে যা পেল নিয়ে ছুটে এল জীবনের পিছনে। সবাই মিলে তাড়া করে ক্রিকেট টীমকে রেল লাইন পার করে দিয়ে ফিরে এল। কিন্তু তারা আর এখন স্টেশন চত্বরে থাকা নিরাপদ মনে করল না। পাল্টা আক্রমণ অথবা পুলিশ, যে কোন দিক থেকে বিপদ আসতে পারে।

পালা জীবন পালিয়ে চল দূরে, আরও অনেক দূরে। এই শহর আর নিরাপদ নয় কেন না তোমার হাতে লেগে আছে ঘন রক্তের লাল দাগ। মানুষের রক্তের গন্ধ বড় উগ্র। কোন ভাবেই এ গন্ধ ঢাকা যায় না। এই গন্ধ শুঁকেই পুলিশ নাগাল পেয়ে যাবে তোমার। তারা আগে তোমাকে ইচ্ছে মত লকআপে ফেলে থেঁতো করবে। তারপর পচে মারতে পাঠাবে জেলখানার কোন অন্ধকারে কুঠুরিতে। ক্ষমা তুমি পাবে না কারণ যার গায়ে আঁচড় দিয়েছো তার দাদা কাকা মামা বা মামা কাকা দাদার বন্ধু, চেনা, হিতাকাঙ্খীরাই রাষ্ট্র বিচার রাজনীতি সব কিছুর সর্বেসর্বা। তাদের চোখে তুমি অবাধ্য, আক্রমণকারী চিহ্নিত হয়ে গেছো। যদি স্বাধীনতা প্রিয় হও যদি প্রাণে বাঁচতে চাও পালাও। যতক্ষণ পালাতে পারবে ততক্ষণই তুমি বিপদমুক্ত থাকতে পারবে। শুধু পুলিশই নয়, যে পাবলিকের তুমি রক্তপাত ঘটিয়েছো তারাও তোমাকে পাগলা কুকুরের মত খুঁজছে। ধরতে পারলে আর রক্ষা রাখবে না।

পাবলিক! আকার আকৃতি অবয়বহীন সেই বস্তুর নাম। যে যা ইচ্ছা তা করে ছাড় পেয়ে যায়। তোমার উপর পাবলিক ক্ষেপে গেছে। অতএব পালাও। তাই পালিয়ে চলেছে জীবন। এখন দুঃসময়। আত্মগোপন করতে হবে অচেনা মানুষের ভিড়ে। চেনা মানুষের সঙ্গ নিরাপদ নয়। কেননা চেনা মানুষদের মধ্যেকার কেউ পুলিশ অথবা পাবলিককে বলে দিতে পারে— এই যে এরই নাম জীবন।

কিন্তু কোথায় কত দূরে পালাবে! এখন আর সেই ছোট ছেলেটা নেই যে বিনা টিকিটে ট্রেনে চেপে দিল্লী বোম্বাই চলে যাবে। চেকার দেখেও দেখবে না। এখন সে অনেক বড়। এখন সে সেই বয়সের যে বয়েসের যুবকরা কলকাতার গলিতে বোম হাতে দাঁড়িয়ে থাকে।

এটা সেই আগুন ঝরা সত্তরের দশক। পশ্চিম বাংলার কোন ছেলেই আর ভারত সরকারের বেতনভুক পুলিশ গোয়েন্দা বিভাগের কাছে বিশ্বাসযোগ্য নয়।

যুবা মাত্রেই তাদের চোখে বোমাবাজ খুনি বিপ্লব বিলাসী। দেখা মাত্রই তাকে ধরে গারদে পুরবে। তাই আসাম বিহার যেখানেই যাক আত্মগোপন অসম্ভব।

কোথায় যাবে, কোথায় লুকোনোর মত সেই নিরাপদ স্থান তার কোন দিশা নির্দ্দেশ না থাকায় ছোট্ট একটা বৃত্তের মধ্যে অনবরত ঘুরপাক খেতে লাগল জীবন। লক্ষ্মীকান্তপুর ডায়মন্ডহারবার বারুইপুর ক্যানিং।

১৩.

জল সাম্রাজ্য

একদিন যখন ঘুরতে ঘুরতে শ্রান্ত ক্লান্ত হয়ে জীবন বসে পড়েছিল এক রেল স্টেশনের এক বেঞ্চিতে তখনই আর সামনে এসে দাঁড়াল ওরই মত একটা ছেলে— কী রে জীবন। তুই এদিকে কোথায়?

অবাক হয়ে বলে জীবন— তোমারে তো ঠিক চেনতে পারলাম না। কই থাকো তুমি!

ছেলেটা হাসে— চিনতি যে পারিস নি সে তো তোর মুখের কথায় বোঝা যাচ্ছে। চিনলি কী আর তুমি তুমি করতিস! আমি গালিব রে। মনে নেই সেই যখন তুই হেম ডাক্তারের বাড়ি থাকতিস কত খেলেছি এক সঙ্গে।

এইবার মনে পড়ছে। একবার তোর সাথে কাঁচের গুলি নিয়ে মারামারি হইছিল।

মারামারি মনে পড়ে গেল! আর বাড়ির পয়সা চুরি করে এনে লুকিয়ে পাঁপড় কিনে খাওয়া, গাজী বাবার মেলা দেখা কই সেটা তো মনে পড়ল না।

পড়ছে পড়ছে। সব মনে পড়তে আছে। সেই সব দিনের কথা কিছু ভুলি নাই। ক কেমোন আছোস? হামিদ জবেদরা কেমন আছে?

জীবনের পাশে বসে পড়ে গালিব। তার দিকে তাকিয়ে জীবন সেই বহু বছর আগেকার হারিয়ে যাওয়া কিশোর প্রাণের উত্তাপ ফিরে পায়। ধীরে ধীরে বলে গালিব, একদিন গেলি না কেন আমাদের গ্রামে। হেমডাক্তার যা করুক আমরা তো কিছু করি নি। গেলে দেখতিস সবাই তোকে এখনও মনে রেখেছে। যাক গে তোর কথা বল। কী করিস কাজ কর্ম, থাকিস কোথায়?

ম্লান হেসে বলে জীবন— কাজকর্ম কিছু করি না। করার মত কোন কাজই পাই না। থাকারও কোনও ঠিক নেই। ফুটপাত গাছতলা ইস্টাশন যেইখানে রাইত সেইখানে কাইত।

কাজকর্ম কিছু না করলে চলে কী করি!

চলে না।

খাস কি?

খাই না।

সে কী! না খেয়ে বেঁচে আছিস!

না খাইয়া না, জল আর হাওয়া খাইয়া বাঁচি। কেন যেন, গালিবের মনে হয় জীবন ঠিক সরলভাবে কথা বলছে না, রসিকতা করছে। ক্ষুব্ধ গলায় বলে— তোর তো তাহলে কোন সমস্যাই নেই। যে জল হাওয়া খেয়ে বাঁচতে জানে সে তো মহাপুরুষ রে।

জীবন বলে— আমার লগে একবার এক সাধুর দেখা হইছিল। সে কইছিল, সে নাকি কোন গুহায় থাকে। মাস মাস কিছু খায় না। এমন মহাপুরুষ। দেখি সেও হাত পাইতা ভিক্ষা চায়। আমি মহাপুরুষ না। না খাইয়া থাকি দায় পইড়া। ও কথা ছাড়। তোর কথা ক' তুই কী করোস?

ভেড়ি পাহাড়া দিই। খাওয়া দাওয়া পাই আর মাইনে মাসে দুশো।

ভেড়ির কাজে জীবনের কোন দাম নেই। যখন তখন মরার ভয়।

সে জানি।

কথাটা মিথ্যা বলে নি। সত্যি ভেড়ি পাহারার চাকরিতে জীবনের দাম কানা কড়িও নেই। ভেড়ি, যার ইংরাজী নাম ফিশারী। এ এক বিশাল জল সাম্রাজ্য। এই সাম্রাজ্যের পত্তন এবং বিস্তারের সাথে জড়িয়ে আছে অনেক রক্ত, চোখের জল আর অত্যাচারের মর্মন্তুদ ইতিহাস। যা অনেক ঐতিহাসিক, পুরাতত্ত্ববিদ, গোয়েন্দা কাহিনীর লেখকের চিন্তা ও কর্মের উপাদান জোগান দিতে সক্ষম।

যে ভেড়িতে গালিব পাহারার কাজ করে তাঁর মালিক জনৈক প্রতাপবাবু। কলকাতায় যার দুটো সিনেমা হল একটা হোটেল আছে। যিনি একটা অভিজাত এলাকায় বাস করেন। একটা সর্বভারতীয় রাজনৈতিক দলের হয়ে দু'বার নির্বাচনে দাঁড়িয়েছিলেন। তবে জিততে পারেন নি। বহুকাল পূর্বে তার প্রপিতামহ এই অঞ্চলে মৎস উৎপাদনের জন্য সাতশো বিঘে জমি সরকারের কাছ থেকে লিজ নেন। তখন এই অঞ্চলটা ছিল অস্বাস্থ্যকর অনুন্নত এবং যোগাযোগহীন। তখন এখানে বসবাস করতো কিছু কাওড়া বাগদি আর একদা বন জঙ্গল পাহাড় থেকে দাদন দিয়ে নিয়ে আসা কিছু আদিবাসী। যাদের বলা হতো বুনো। মাছ ধরা আর সামান্য কিছু চাষাবাদ করে তাদের অন্নসংস্থান চলতো।

এখনকার মাটিতে পা রাখার জায়গা পেয়ে কয়েক বছর যেতে না যেতে সেই প্রপিতামহ এই অঞ্চলের দণ্ডমুণ্ডের অধিকর্তা হয়ে বসলেন। তার পোষ্য একদল বিহারী লাঠিয়াল আর একটা লাইসেন্স প্রাপ্ত দোনলা বন্দুকের দাপটে অঞ্চলে একাধিপত্য কায়েম হয়ে গেল তার। কথায় বলে জমি হয় বাপের নয় দাপের। কয়েক বছরের মধ্যে আশে পাশের যত কাওড়া বাগদি গরীব গুর্বো, অজগরের মত হাঁ মেলে গিলে নিতে লাগলেন তাদের বসত বাটি জমি জিরেত। কাউকে মেরে ফেলবার ভয় দেখিয়ে, কাউকে মাছ চুরির অপবাদ দিয়ে বেদম পিটিয়ে কাউকে মিথ্যা মোকদ্দমায় ফাঁসিয়ে, কাউকে একশো টাকা ধার দিয়ে হাজার কাগজে টিপ ছাপ নিয়ে হাজার হাজার বিঘে জমি আত্মসাৎ করে ফেললেন। ফলে সেই সাতশো বিঘের ভেড়ি আকারে প্রকারে এত বড় হয়ে

গেল যে এ পাড় থেকে ও পাড় দেখা যায় না।

আর সেই সব জমি হারানো নিম্নবর্ণের মানুষ, কেউ কোন রেল লাইনের ধারে, কেউ কোন খাল পাড়ে, ঝুপড়ি বেঁধে, পেটের দায়ে নেমে পড়ল জন মজুর খাটতে, রিকশা চালাতে। বউ মেয়েকে পাঠালো বাবু বাড়ি বাসন মাজতে। কয়েক জন অবশ্য আনুগত্য বাধ্য বিনীতের পরীক্ষায় পাশ মার্ক পেয়ে ওই ঘেরীতে নিযুক্ত হল মাস মাইনের কর্মচারীতে। যারা জাল টানে, পানা সাফ করে খইল ফেলে। এদের মধ্যে যারা কিছু সাহসী তারা মাছ পাহারা দেয় দিন রাত বল্লম উঁচিয়ে। আর কিছু লোক কোন পথ না পেয়ে বাঁচার তাগিদে চোর হয়ে গেছে। তাদের কাজ হচ্ছে পাহারাদারদের যে কোন অসতর্ক মুহূর্তে জলে জাল নামানো।

এইসব মাছ চোরদের হাত থেকে মাছ রক্ষা করতে সেই প্রপিতামহের বর্ত্তমান প্রজন্ম লাইসেন্স এবং বিনা লাইসেন্সের অস্ত্র সংখ্যা যেমন বাড়িয়েছে তেমনই সংগ্রহ করেছে অস্ত্র চালনায় দক্ষ পাহারাদারদের সংখ্যা। বলে দিয়েছে প্রতাপ বাবু— যে বাঞ্চোৎ জলে নামবে আর যেন পাড়ে না উঠতে পারে। কেটে কুচি কুচি করে মাছেরে খাইয়ে দেবে। তারপর যা হয় আমি বুঝে নেব।

সে ওরা দেয়ও। ভেড়ির চাকরি যারা করে তারা প্রায় সবাই জেল ফেরৎ দাগী আসামী। খুন জখম ওদের প্রিয় খেলা। মাঝে মাঝেই ওদের হাতে কেউ না কেউ নিখোঁজ হয়ে যায়। তবে ইদানীং ব্যাপারটা মোটেই এক তরফা হচ্ছে না। এখন কখনও সখনও পাহারাদাররাও মাছের আহার হয়ে যাচ্ছে। এখন চোরেরা আগের চেয়ে অনেক সতর্ক। তাদের একদল জলে নামলো আর একদল বাঁধের উপর বোম বন্দুক নিয়ে পাহারায় থাকে। তাদের মাথায় কে যেন ঢুকিয়ে দিয়েছে আক্রমণই আত্মরক্ষার সর্বশ্রেষ্ঠ উপায়। প্রতাপবাবুদের পাহারাদার টর্চের আলো ফেললেই চোরেরা আলোর নিশানা ধরে ট্রিগার টিপে দেয়।

এখন এটা নিত্য নৈমিত্তিক ব্যাপার। দু'পক্ষে রোজ রাতেই গুলির লড়াই চলে।

কিন্তু এই রকম চাকরিতে গালিব কেন! চাষের ধানের ভার খাওয়া চাকলা গ্রামের মোটামুটি সচ্ছল পরিবারের ছেলে। যে ওই গ্রাম থেকে সব চেয়ে উঁচু ক্লাশে পড়া ছেলে ছিল সে কেন এই মরা আর মারার চাকরিতে!

জানতে চায় জীবন সে কথা— লেখা পড়া জানা পোলা তুই ক্যান এই কাজে ঢুকলি?

গুতোয়। বলে গালিব তুই ছোট বেলার বন্ধু বলে বিশ্বাস করে বলছি, কাউকে যেন বলিস না। ভেড়ির মত লুকাবার জায়গা আর নেই রে। চারদিকে জল, মাঝখানে টোঙ্গ। টোঙ্গে ঢুকে বসলে থাকলে আর কেউ হদিশ পাবে না। আমি তো পাড়া ছেড়ে পালিয়ে এসে এখোন লুকিয়ে আছি।

কেন কি করেছিস যে লুকাইতে হচ্ছে!

বলবো?

বল না।

মনে কষ্ট পাবি না?

না রে।

হেম চক্রবর্ত্তীর কথা বলবো।

তা কী হইছে।

তোর জাত ভাই।

আমি জাত মানি না। আর যে জাইতের মাথা হেম চক্রবর্ত্তীর মত বাওনরা সেই জাত তো আরও মানি না। আমি শুনছি আগে আমাগো জাইত আছিল চণ্ডাল। যেইরকম তোরা মোছলমান। ইংরাজরা যেরকম খেরোস্তান সেই রকম আলাদা জাইত। আমাগো ওরা হিন্দুর মইধ্যে ঢোকাইছে খালি দল বাড়ানো লইগ্যা। নামে মাত্তর আমরা হিন্দু হইছি। কামে মোছলমানের মতনই তাগো কাছে অচ্ছুত। ক' কী করছোস হেম চক্রবর্ত্তীরে? খুন কইরা দিছোস?

তার চেয়ে খারাপ। হেম চক্রবর্ত্তীর মেয়েকে মনে আছে তোর! রেপ করে দিয়েছি।

চমকে ওঠে জীবন গালিবের কথায়। মাথা গরম হয়ে ওঠে ওর। থর থর করে কেঁপে ওঠে সারা শরীর। কপালে জমে ওঠে বিনবিনে ঘাম। গালিব! চাকলা গ্রামের সব চেয়ে সুদর্শন শিক্ষিত মিষ্টি ব্যবহার করা ছেলে তাহলে একটা ধর্ষক! এর চেয়ে নোংরা ছেলে আর হয় না।

আবার বলে গালিব— আমি কী করেছি না করেছি সে সব কথার এখন কোন দাম নেই। কেউ তা বিশ্বাসও করবে না। কারণ গায়ত্রী থানায় গিয়ে বয়ান দেছে আমি তারে জোর করে নিয়ে গিয়ে রেপ করেছি। সেই কেসে পুলিশ আমাকে খুঁজছে।

তুই কী বলতে চাস মিথ্যা বদনাম দেছে!

আমি কী তা বলেছি! গায়ত্রী মিথ্যা বলে নি। কিন্তু সত্যিও বলে নি।

বোঝলাম না।

যা হয়েছিল তাতে তারও মত ছিল। কোন জোর জবরদস্তি কিছু করি নি। যা হয়েছে সব স্বমিলে। এখন পাল্টি খেয়ে বলছে জোর করে ধরে নিয়ে গিয়ে রেপ করেছি।

গায়ত্রীর মুখটা এখনও মনে আছে জীবনের। পুতুল পুতুল চেহারার ফরসা মেয়ে। যার জন্য হেম গিন্নী খুন্তি দিয়ে মেরেছিল। কপালের সেই কাটা দাগ আজও অম্লান। জাত বামুনের কাল কেউটে মেয়ে জীবনকে সব সময় চণ্ডাল চণ্ডাল বলতো। তার উপর জীবনের কোন দরদ নেই। তবু রেপ শব্দটা তাকে নিরপেক্ষ বা গালিবের পক্ষ হতে দেয় না। অবচেতনে সে গায়ত্রীর পক্ষে দাঁড়িয়ে যায়।

গালিব বলে— তুই ছোট বেলার বন্ধু। বিশ্বাস করিস আর না করিস যা সত্যি তাই তোর কাছে বলছি। আমার কোন দোষ নেই তা বলছি না। কিন্তু আমারে দোষ করতে তাতিয়েছে ওই গায়ত্রী। যখনই পথে ঘাটে দেখা হতো, হাসতো, ইশারা করতো। সেই করতে করতে দু'জনে ভাব ভালবাসা হয়ে গেল। তখন ও আমারে বলল যে চলো দু'জনে পালিয়ে গিয়ে বিয়ে করি। আমার তখন খুব ভয় ধরল। জাত পাত নিয়ে ওদের এত বাছ বিচার। মুসলমানের সাথে মেয়ে পালিয়েছে জানলে না জানি কী ফ্যাসাদ বাধায়। তখন গায়ত্রী বলল আমাকে, যদি তুমি বিয়ে না করো আমি বিষ খেয়ে মরবো। আর মরার আগে

চিঠিতে তোমার নাম লিখে দিয়ে যাবো। তখন আর কী করবো নিয়ে পালালাম। গেলাম মাতলার ও পাড়ে আমার এক বোনাই বাড়ি। নিয়মমত মৌলবি দিয়ে কলমা পড়িয়ে নিকে করলাম। দিন দশ বারো থাকলাম সেখানে। তারপর আমাদের গ্রামের ক'জন গিয়ে আমাদের দু'জনকে নিয়ে এল। আসবার পরই আমাদের দু'জনকে নিয়ে দুই গ্রামে দাঙ্গা ফ্যাসাদ শুরু হয়ে গেল। হেম ডাক্তার গিয়ে পুলিশে কেস করল। পুলিশ এসে গায়ত্রীকে নিয়ে গেছে। অল্পের জন্য আমি ধরা পড়তে পড়তে বেঁচে গেছি। বাড়ির পিছনের দরজা দিয়ে পালিয়ে চলে এসেছি। যা করেছি তা বললাম। এখন তুই দোষ ভাবিস তো দোষ, না ভাবিস না দোষ।

কোন কথা বলে না জীবন। বলার মত তার কিছু আর নেই। গালিবও চুপ করে যায়। দুই রকম বিপদে নির্বাক দুই বন্ধু বসে থাকে পাশাপাশি। ওদের অতীত যেন অশরীরী আত্মার মত চোখের সামনে প্রেত নৃত্য শুরু করে। অক্টোপাসের মত আটটা দাঁড়া নিয়ে দমবন্ধ করে মেরে ফেলতে চায়। তখন সূর্য ডুবে গেছে। গ্রাম্য স্টেশনের নির্জনতায় নেমে আসছে রাত। রাত মানে দিন ফুরিয়ে যাওয়ার পর ক্লান্ত মানুষের ঘরে ফিরে বিশ্রামের সময়। আর পলাতক জীবনের কাছে দুরু দুরু বুকে প্রহর গোনা। রাতের চোখ বড় সন্দেহঘন— কে রে তুই? বাড়ি কোথায়? এখানে বসে আছিস কেন। শত শত প্রশ্নের বান নিয়ে এগিয়ে আসা রাতের জবাব সন্তোষজনক না হলেই সোজা নির্দ্দেশ চল থানায়।

আজকাল গ্রাম বাংলা আর সেই আগের মত নেই। তখন যে কেউ যে কোন জায়গায় নিরুপদ্রবে চলে যেতে পারতো। এখন বড় দুঃসময়। যে কেউ অচেনা মুখ দেখলেই আতংকিত হয়— কে লোকটা? চোর ডাকাত নয় তো?

অনেকক্ষণ পরে বলে জীবন— তোর কথা তো শোনলাম হামিদ জাবেদ ওগো কথা কিছু ক। কেমন আছে তারা?

কেমন আছে? বিষণ্ণ গলায় বলে গালিব— আচে আমার মতই। ভালো।

কথাডা য্যান কেমন কেমন। ঠিক কইরা ক' ওরা ভাল আছে?

গালিব কিছু সময় চুপ থেকে বলে— হামিদের একটা হাত বোম ফেটে উড়ে গেছে। আর খালেদ আছে জেলে। দশ বছরের মেয়াদ খাটছে। জাবেদের কোন খবর নেই। মারা গেছে না বেঁচে আছে কেউ জানি না। মেদিনীপুর যাবার নাম করে গেছে আর ফেরে নি। যেন একটা হতশ্বাস পড়ে গালিবের সবার জীবন তছনছ হয়ে গেল।

জীবন ভাবে— কেন এমন হয়! কেন অন্য রকম কিছু হয় না। জাবেদ হামিদ খালেদ গালিব জীবন গণেশ গোপাল অমল বিমল সবাই কেন প্রাণ হয়ে ফোটবার আগে পচে যায়!

গালিব বলে— তোর জুলেখার কথা মনে আছে? জুলেখাকে খালেদ বিয়ে করেছিল বছর ঘুরতে না ঘুরতে দশ বচ্ছর মেয়াদ। জুলেখার এখন কী অবস্থা হবে বলতো।

কী করেছিল খালেদ?

মার্ডার।

কোথায়! কাকে?

ডাকাতি করতে গিয়ে কুড়ালির ওদিকে কাকে যেন মেরে দিয়েছিল। আগে পিচে যা করুক বিয়ের পর ও সব করা কী ঠিক হয়েছে বল।

অনেকক্ষণ ধরে অনেক কথার মধ্য দিয়ে চাকলা গ্রাম আর সেখানকার মানুষের যে চিত্র বের হয়ে আসে তা সত্যিই খুব খারাপ। জীবন চলে যাবার কয়েক মাস পরে রাজাবাজার পার্ক সার্কাস ওয়াটগঞ্জ আরও অনেক জায়গায় হিন্দু মুসলমানে যে দাঙ্গা হয় তার রেশ ঘুটিয়ারী শরীফের কয়েকটা অঞ্চলও তোলপাড় করে। মুসলমান প্রধান এই অঞ্চলে এক সময় পূর্ব পাকিস্থান থেকে বিতাড়িত এক দল রিফিউজিদের ক্যাম্প করে রাখা হয়েছিল। পুনর্বাসন না পাওয়ায় তারা সেখানেই রয়ে যায়। দেশত্যাগজনিত মনোকষ্টে তারা কোনদিন মুসলমানদের আত্মীয় বন্ধু আপনজন বলে মেনে নিতে পারে নি। অন্তঃসলিলা ফল্গুর মত রিফিউজিদের অন্তরে প্রবাহিত ছিল মুসলমান সমাজের প্রতি একটা বিজাতীয় ক্রোধ।

ক্যাম্পের কাছাকাছি গড়ে উঠেছিল একটা উপনিবেশ। সেখানে পূর্ববঙ্গ থেকে আগত, অথচ রিফিউজি নয় এমন একদল সচ্ছল উচ্চবর্ণের মানুষরা থাকত। জাত্যাভিমানে যারা মুসলমান এবং নিম্নবর্ণের রিফিউজিদের সমান ঘৃণা অবজ্ঞা উপেক্ষার চোখে দেখে। ওরা বুদ্ধিমান তাই প্রয়োজনে দুই দলকেই নিজেদের স্বার্থে ব্যবহার করবার কূটকৌশলে দড়।

এই উচ্চবর্ণের মধ্যমণি ডাক্তার হেম চক্রবর্ত্তী। যে বর্ত্তমানে একটি রাজনৈতিক দলের আঞ্চলিক নেতা। যে রাজনৈতিক দল নীতিগত ভাবে মানুষের মধ্যে কোন ভেদ বিভেদ ভাগ্য ভগবানের অস্তিত্ব স্বীকার করে না। তারা বলে মানুষের দুই জাত একদল শোষক আর একদল শোষিত। হেম ডাক্তার যেমন এক হাতে মানুষ পশু গুপ্ত প্রকাশ্য সবার সব রোগের চিকিৎসায় সক্ষম সেই একই কৌশলে বাড়িতে বামুন পার্টিতে নাস্তিক সেজে নেতা হয়ে গেছেন।

পাশের মুসলমান পাড়ার লোক বেশির ভাগই দরিদ্র এবং শিক্ষায় বঞ্চিত। শিক্ষা দীক্ষাহীন মানুষের মনে বাসা বেঁধে থাকে শতেক কুসংস্কার। ঘাঁটি গেড়ে থাকে ধর্মীয় ভাবাবেগ। এই ধর্মীয় ভাবাবেগ প্রবল হওয়ায় ধর্মীয় বিধি বিধান অনুসারে শুয়োরখোর পুতুল পূজকদের তারা কাফের বলে। কাফের এমন এক দোজখের জীবন যাদের আল্লাতাল্লাও না পসন্দ করে। তাই তারা পারত পক্ষে কাফেরদের ছায়া মাড়ায় না।

এই বেড়া ভেঙ্গে নুরুল শেখ, আমজাদ আলি, রহমতুল্লার মত যে দু'চারজন এগিয়ে এসেছিল বড় বেদনা নিয়ে তারা ফিরে গেছে। এরাই এখন অপমানের তীব্র জ্বালায় হিন্দু সমাজের উপর প্রতিশোধ স্পৃহায় পাগল হয়ে উঠেছে। তারাই মুসলমান যুবকদের মন বিষিয়ে তুলছে। মারো। যেখানে সুযোগ পাও মেরে নিকেশ করো কাফেরদের।

অবস্থা এখন এমন হয়ে গেছে যে ও পাড়ার গরু দড়ি ছিঁড়ে এপাড়ার ফসলে মুখ দিল কী এপাড়ার ছাগল ও পাড়ার পালং খেল শুরু হয়ে যায় দু'দলের ঝগড়া কাজিয়া। কখনও বোম পাইপগানও চলে। যদিও সেটাকে কেউ কেউ রাজনৈতিক দলের গোষ্ঠীদ্বন্দ্ব বলে থাকে। আসলে তা কিন্তু সাম্প্রদায়গত বিদ্বেষ সঞ্জাত অন্ধ আক্রোশ।

যখন কলকাতায় দাঙ্গা হয়, চারদিকে ব্যাপক খুন জখম লুটপাট অগ্নি সংযোগ ঘটে তখন এখানে কোন রাজনৈতিক দল ছিল না বললে চলে। তখনই কিন্তু এখানে বেশ কয়েকটা ঘরে লুটপাট অগ্নি সংযোগ হয়। একজন মারাও যায়। সেই যে দু'পক্ষের আক্রমণ পাল্টা আক্রমণ শুরু হয়েছিল আজও তা চলছে। এখন সেটায় দলীয় রং লাগিয়ে একটা অন্য মাত্রা যোগ করা হয়েছে মাত্র।

জাবেদ হামিদরা বড় গরীব ছিল। অদেখা ভবিষ্যৎ ছিল অন্ধকার রাতের মত দিক দিশাহীন। সেই সুযোগটা কাজে লাগায় পার্টি দাদারা। এক সুখী সুন্দর ভবিষ্যতের প্রপঞ্চ দিয়ে হাতে ধরিয়ে দেয় বোম পাইপগান। কয়েক বছর ওরা খুব মেতে থাকে শ্লোগান মিটিং মিছিল আর বোম পাইপগানে। সে মোহ কাটতে বেশি সময় লাগে না। দেখে, নেতারা ফুলে ফেঁপে কলাগাছ হয়ে যাচ্ছে আর তারা যে কে সেই। তখনই তারা বোম পাইপগান অন্যদিকে ঘুরিয়ে দেয়। পার্টি কমরেড থেকে ডাকাত হয়ে যায়।

অনেকক্ষণ ধরে এসব বলার পর জীবনকে বলে গালিব সব তো শুনলি। এবার তোর কথা বল। তুই কেন না খেয়ে না ঘুমিয়ে পথে পথে ঘুরছিস?

দূরে মাঠের মাঝখানে অন্ধকারে একা দাঁড়িয়ে একটা তাল গাছ। গাছের মাথা যেখানে ঠেকেছে সেখানে এক খণ্ড কালো মেঘ। এখন সে বড় শান্ত। কিন্তু তারই মধ্যে লুকানো আছে ঝড় বজ্রপাত। সেই দিকে তাকিয়ে একে একে নিজের কথা বলে যায় জীবন। কথা শেষ হয়ে গেলে শেষে প্রশ্ন করে গালিবকে— আচ্চা গালিব, তুই তো লেখা পড়ে জানা মানুষ। আমারে তুই বলতো আমাগো পেত্যেক জীবন এইভাবে নষ্ট হইয়া গেল ক্যান! কাউর কেন কোন ভালো হইলো না। কুত্তা বিড়ালের মত জনম আর কুত্তা বেড়ালের মত মরা। মানুষ জনম হইয়া তাইলে কী লাভ হইল!

আমি জানি না।

কোন বইয়ে লেখা নাই?

এক এক বইয়ে এক এক রকম লেখা। এক এক পণ্ডিতের এক এক রকম ব্যাখ্যা। আমি সে সব বুঝি না।

তাইলে আমরা কী করমু?

কিছু করার নেই। স্রেফ আত্মরক্ষা করা ছাড়া এখন আর কিছু করার দরকার নেই। যেভাবে পারিস বেঁচে থাক। বাঁচার জন্য পেট ভরে খা। জল হাওয়ার ভরসায় থাকিস না। পরে কোনটা ন্যায় কোনটা অন্যায় দেখা যাবে। ভেড়িতে কাজ করবি? চল লাগিয়ে দিচ্ছি।

একটা রাত একটা দিন গালিবের অনুগ্রহে বড় নিরাপদে কেটে গেল। জন জীবন থেকে বিচ্ছিন্ন জল সাম্রাজ্যের কোন খবরা খবর বাইরের জগতের কাছে সহসা প্রকাশ হয় না। বাইরের খবর এখানে আসে বাসি হয়ে। পরিবেশ দেখে বুঝে গেল জীবন। কিছুদিন এখানে নিশ্চিন্তে থাকায় বিশেষ কোন বাধা আসবে না। সে একা তো নয়, তার মত বহু আত্মগোপন করে আছে এখানে।

পরের দিন বিকাল হতেই জীবনের মন আনচান, মাথা কেমন ভার ভার। জানতে চায় গালিব কী হল রে জীবন। ওরকম কচ্ছিস ক্যান?

জীবন বলে– কাইল থিকা চা খাই নাই, শরীলডা কেরম য্যান লাগতে আছে। মোনে কয় মাথা ধরছে। চল না গালিব, গিয়া চা খাইয়া আসি।

গালিব বলে– আমি যাবো না। আমাকে পাগলা কুকুরে কামড়ায়নি। তিন মাইল পথ হেঁটে চা খেতে যাওয়ায় আমার শখ নেই। তোর ইচ্ছা হলে তুই যা। আর যদি খিদে লেগে থাকে পেঁয়াজ কাঁচা লংকা মাছ ভাজা দিয়ে পুষ্টি ভাত খেয়ে নে।

ভাতের খিদা এক রকম চা'র খিদা আর এক রকম। এখোন আমার চা'র খিদা লাগছে। চল না ভাই আমার লগে যামু আর খাইয়া চইলা আসমু।

অনুরোধ এড়াতে না পেরে শেষে বলে গালিব– কি আর করবো নে চল। আসা যাওয়ার ছয় মাইল বেগার খেটে আসি।

বেগার কি রে? চা খাওয়ামু না?

তখন বিকেল। যতদূর চোখ যায় শুধু জল আর জল। ভেড়ির পর ভেড়ি। এক একটার মালিক এক এক জন। সেই ভেড়ির পাড় ধরে দুই বন্ধু হাঁটা দেয় রেল স্টেশনের দিকে। এটা দক্ষিণ চব্বিশ পরগণার এক অখ্যাত ছোট্ট গ্রাম্য রেল স্টেশন। এখনো এর চারপাশ ঘিরে গিজগিজে জন বসতি গড়ে ওঠে নি। তবে আগামী আট দশ বছরের মধ্যে হয়ে যাবে। পূর্ব বাংলা, যার নাম এখন জয় বাংলা সেখান থেকে বর্ডার পেরিয়ে প্রতিদিন যে জনস্রোত আসছে সেই বিপুল বিশাল জন জোয়ারে এ অঞ্চল প্লাবিত হবে। তিল ধারণের আর জায়গা থাকবে না।

এই অঞ্চলে আগে মুসলমানরাই সংখ্যাগরিষ্ঠ ছিল। এখন অনুপাত সমান সমান। তবে এখনো কোন সাম্প্রদায়িক ভেদভাব ততটা প্রবল নয়। যাতে দাঙ্গা বাধানো যায়। তা সত্ত্বেও কোন কোন তরফে নিরন্তর একটা প্রয়াস চালানো হচ্ছে। কিছু ঝগড়া লড়াই অবশ্য আছে। যা আছে তা পার্টিগত ব্যাপার। মুসলমানরা বেশির ভাগই হাত চিহ্নে ভোট দেয়। কংগ্রেসকেই তারা নিজেদের বড় বন্ধু বলে মনে করে। অন্য যারা তাদের কিছু সি পি আই, কিছু সিপিএম আর কয়েকটা ঘর জনসংঘ। মারামারি যা হয় তা ওই প্রথম তিন দলের মধ্যে। কিন্তু কখনোই তা ব্যাপক হয় না। এক আধটা খুনের মধ্যে সীমাবদ্ধ থাকে। আজকাল পাইকারি খুনের যুগ। একটা আধটা প্রাণ কোন প্রাণই নয়।

দু'কাপ চা আর দু'খানা নিমকি বিস্কুট নিয়ে এক চা দোকানের বাঁশের বেঞ্চিতে বসে পড়ে দুই বন্ধু। দোকানটা রেল স্টেশন থেকে বেশ খানিকটা দূরে, লেভেল ক্রশিংয়ের পাশে। ভেড়ি থেকে হেঁটে এসে সামনে প্রথম যে দোকানটা পেয়েছে সেটাই পছন্দ করেছে জীবন। এদিকটায় এমনিতে জনসমাগম খুবই কম। তবে ট্রেন এলে তখন লোক সমাগম বেড়ে যায়। রুটি রুজির জন্য শহরে কাজে কর্মে ব্যবসা বাণিজ্যে যাওয়া মানুষ এই পথে ঘরের দিকে ফেরে।

তখন সবে সন্ধ্যা নেমেছে। তখনও অন্ধকার তত গাঢ় হয়ে ওঠে নি। এ অঞ্চলে এখনো বিদ্যুৎ আসে নি। দোকানে দোকানে জ্বলে উঠতে শুরু করে গ্যাস বাতি। কেরোসিন ল্যাম্প, হ্যাজাক। চা দোকানের বছর বারো তেরো বয়সের শরীরময় ময়লা লেপা কালো রোগা ছেলেটাও একটা কেরোসিন কুপি জ্বালিয়ে জীবনদের সামনের টেবিলের উপর রেখে একটা সরু শিক দিয়ে চা

বানানোর কয়লা উনুনটা খোঁচাতে শুরু করে। আগুন কমে গেছে, ছাই বেড়ে উনুনে নতুন কয়লা চাপাবে।

জীবন চা খেয়ে ধীরে ধীরে টেবিলের উপর খালি গেলাস নামিয়ে রেখে লুঙ্গির কোঁচড় থেকে একটা বিড়ি বের করে। আগুন লাগাবার জন্য কুপিতে চেপে ধরে। সেই যে এক মৃত্যুভয়ে ভীত প্রাণ নিকোটিনের ধোঁয়ায় একটু সাহস সঞ্চয় করতে চেয়েছিল, সেই থেকে সে তার সঙ্গী হয়ে রয়ে গেছে। কিন্তু কয়লা খোঁচানো ছেলেটা জীবনের এই বে আক্কেলে ব্যবহার ঠিক সহ্য করে উঠতে পারে না। ধাঁ করে তার ছোট্ট মাথাটা গরম হয়ে যায়। সে হাতের গরম শিকটা দিয়ে জীবনের বিড়ি ধরা হাতে সজোরে আঘাত করে গর্জে ওঠে, কী আক্কেল তোমার? সাঁঝের বেলা সব্যে লেম্পোটা ধইরেচি, আর তুমি তাতে বিড়ি পোড়াচ্ছো কোন আক্কেলে?

সংস্কার! গ্রাম বাংলার আপামর সংস্কারে অজান্তে আঘাত করে ফেলেছে জীবন। এখানকার কোন দোকানে রাতের বেলায় হলুদ কিনতে হলে বলতে হবে বড়। তরকারীর বড় দাও এক আনার। চুন কিনতে গেলে বলতে হবে পান খাওয়ার দই দাও। আসল নামে মাল চাইলে দোকানদার এক কথা বলে দেবে—নেই। কারণ সন্ধ্যার পরে হলুদ চুন এসব নাম নাকি অশুভ, হানিকারক।

সেই রকম সন্ধ্যা বেলায় সদ্য জ্বালা কুপির আগুনে বিড়ি পোড়ানোও শুভকর্ম নয়। দোকানে আর খদ্দের আসবে না। এলেও বাকি খেয়ে পালাবে। বাকি পয়সা চাইলে ঝগড়া বিবাদ বাধবে। মোদ্দা কথা দোকানের উপর শনির দৃষ্টি পড়বে। শনি বড় সাংঘাতিক জিনিস। শ্রীবৎস রাজা শনির কোপে রাস্তার ভিখারী হয়ে গিয়েছিল। পুরাণ কথায় আছে সে কাহিনী। সামান্য সময়ের জন্য এ তথ্য বিস্মৃত হয়ে গিয়েছিল জীবন। তাই হাতের চামড়ায় পড়ে গেল গরম শিকের দাগ।

জীবনকে একটা বাচ্চার হাতে মার খেতে দেখে গালিবের চোখ লাল হয়ে ওঠে। বুক দাপায়। সে নিঃশ্বাস বন্ধ করে অপেক্ষায় থাকে একটা চরম পরিণতির। তার চোখের সামনে ভেসে ওঠে যে দৃশ্য কিছুক্ষণ পরেই বাস্তব হবে সেই দৃশ্য। ছেলেটার নাক বরাবর আছড়ে পড়বে জীবনের হাতের একটা জোরালো ঘুষি। সে ছিটকে গিয়ে পড়বে দোকানের সামনের পথের ধূলায়। গলগল করে ফাটা নাক থেকে রক্তের ফোয়ারা ছুটবে। জীবন সারা জীবনে অনেকবার অনেকভাবে অত্যাচার সয়েছে। এখন তার সহনশীলতার দেওয়াল ভেঙ্গে গেছে, আর কোন অন্যায় অপমান সহ্য করতে পারে না। দপ করে জ্বলে ওঠে। মশা মারতে কামান দাগা দেয়। এ কথা গালিব জানে। আর তাই সে অপেক্ষায় থাকে একটা বীভৎস প্রত্যাঘাতের।

জীবনও সেই উদ্দেশ্যে ছেলেটার দিকে এক পা আগায়, হাতটা উঁচু করে। হারামজাদা। এত সাহস তোর! তুই জানিস আমি কে? যার রুদ্ররূপ দেখে লোকের বুক কেঁপে গেছে, আমি সেই জীবন। চণ্ডাল জীবন। ক'দিন আগের খবরের কাগজের পাতা খুলে দেখ কি লিখেছে আমার নামে। সেই আমার গায়ে তুই হাত দিলি? মনের মধ্যে এসব ভাবনা তোলপাড় করছিল জীবনের। তাই এগিয়ে ছিল এক পা কিন্তু সেই এক পা এগিয়েই পা থমকে যায়। মনে পড়ে

সেই বিখ্যাত কোটেশন ওয়ান স্টেপ ফরোয়ার্ড দু'স্টেপ ব্যাক। তাই এক পা এগিয়ে জীবন দু'পা পিছিয়ে আসে। এখন বাচ্চাটাকে মারলে তো মারাই যায়। কিন্তু তারপর? তারপর কী হবে?

শত শত ট্রেন যাত্রী ট্রেন থেকে এখন হেঁটে যাচ্ছে এই পথ ধরে। মারামারির মজা উপভোগ করতে তারা দাঁড়িয়ে পড়বে চা দোকানের সামনে। এর মধ্যে কিছু লোক নিশ্চয় যাদবপুরে যায়। তার মধ্যে কেউ হয়তো সেদিনের ব্যাপারটা জানে। যদি সে এখন জীবনকে চিনতে পেরে যায়? অজ্ঞাত বাস ব্যর্থ হয়ে যাবে। হতে পারে কাল সে যাদবপুরে গিয়ে গল্প করবে— জীবন আমাদের ওদিকে লুকিয়ে আছে। লোক মুখে বা ইনফর্মারের মাধ্যমে সে খবর পৌঁছে যাবে থানায় সুরেশ পালের কানে। তাহলে আর রক্ষা নেই। ধরা পড়ে যাবে জীবন। তারপর দীর্ঘ মেয়াদের কারাবাস। সাথে থার্ড ডিগ্রী ফ্রী। তার চেয়ে একটু পিছিয়ে আসাই সব দিক থেকে মঙ্গল।

পিছিয়ে এসে একবার চারদিকে চোখ ঘোরায় জীবন, কে কে দেখেছে তার অপদস্ত হওয়া! না কেউ দেখেনি, একা গালিব ছাড়া আর কেউ সাক্ষী নেই। এর মানে ব্যাথা একটু লাগলেও সামাজিক সম্মানের বিশেষ হানি হয় নি। কেউ তাকে দেখে হাসছে না।

বলে— চল গালিব।

কোথায়?

ভেড়িতে, আর কোথায়?

একে কিছু বলবি না? তোকে মারলো।

বাচ্চা মানুষ, বোঝে না। ছাড়ান দে।

মনমরা গালিব জীবনের পিছন পিছন হাঁটে আর বলে— তোর কিছু করা উচিৎ ছিলো। ওইটুকুন বাচ্চা, ওর অত আস্পর্দা! আমার গায়ে হাত দিলে আমি তো ভাই চড়িয়ে গাল ফাটিয়ে দিতাম। জীবন এসব কথার কোন উত্তর দিচ্ছে না সে আবার বলে— একটা দুধের বাচ্চা মেরে গেল আর তুই মার খেলি। কিছু বলে পারলি না, এই মনের সাহস নিয়ে তুই ভেড়ির চাকরি কী করে করবি। সবাই শুনলে তোকে কী বলবে?

নিভু নিভু গলায় বলে জীবন— কাউকে বলিস না। তুই আমার বন্দু হইস না? বন্দুর বদনাম তোর বদনাম না?

গালিব তার গ্রাম্য সরল সোজা বুদ্ধি যার সাধারণ অংকের যে হিসাব করে নিয়েছে মারের বদলা মার, জীবনের তত সহজ অংক কষতে পারে নি। সে এখনো ভাবছে— বাচ্চাটাকে না মেরে সঠিক কাজই করেছে। ঝামেলা অল্পে মিটে গেছে। না হলে অনেক বড় ঝামেলা হবার ঝুঁকি ছিল কে জানে, ওকে মারলে মজা দেখতে জমা হওয়া মানুষ, যার আর এক নাম জনতা, সেই মহাশক্তিধর যদি সহানুভূতিতে বাচ্চাটার দিকে ঢলে যায় তাহলে কি হতো! ছেলে মানুষ, না বুঝে না হয় তোমার গায়ে হাত দিয়েছে, তা বলে তুমি এক জন বড় মানুষ হয়ে ওকে মারবে? তাও এই ভাবে? দোষ করলে তুমি ওর বাপের কাছে নালিশ করতে? বাপ না থাকে বাজার কমিটিকে জানাতে। না হলে ফাঁড়িতে গিয়ে নালিশ করতে। মারলে কেন?

তখন জনরোষ থেকে কে বাঁচাতো জীবনকে? জনরোষ বড় সাংঘাতিক জিনিস। বড় বড় সেনানায়ক জনরোষকে চমকায়। তার হাত থেকে কে কাকে বাঁচাতে পেরেছে। আচ্ছা আচ্ছা রাজপ্রাসাদ ধুলো হয়ে গেছে। আর জীবন কোন ছাড়। মানুষের জীবন এক একবার এই রকম অসহায় সময় আসে যখন কিছুই করার থাকে না। দাঁড়িয়ে মার খেতে হয়, তার চেয়ে দুর্বল প্রতিপক্ষের হাতে। চারবারের বিশ্ব চ্যাম্পিয়ন বক্সার মহম্মদ আলি যার পূর্ব নাম কেসিয়াস ক্লে, একবার পাকিস্তানের সরকারি আমন্ত্রণে সে দেশে গেছেন অতিথি হয়ে। এখানে আলির লক্ষ লক্ষ অনুরাগী। তারা তাকে ফুল মালা দিয়ে উষ্ণ অভ্যর্থনা জানিয়ে অনুরোধ করে— আমাকে একটু বক্সিং দেখান। অনুরোধ ঠেলতে না পেরে অবশেষে গ্লাভস পড়ে রিংয়ে নেমে পড়লেন আলি— কাম অন। তারপরই অবাক হবার পালা সবার। দেখা গেল সে দেশের কোন সেরা বক্সার নয়, বিশ্ব চ্যাম্পিয়ন আলির সাথে বক্সিং লড়বার জন্য এগিয়ে এসেছে মাত্র আট বছরের এক বালক। কি করবে তখন আলি যার হাতের ঘুসিতে মোষ মরে যায় সেই শক্তি নিয়ে? তখন আলির মার খাওয়া ছাড়া আর কিছু করার ছিল না। অসীম শক্তিময় দুটো হাত দিয়ে মুখ ঢেকে রিংয়ের মেঝেয় দশ গোনা পর্যন্ত পড়ে থেকে, নকআউটে হেরে হাসতে হাসতে হার মেনে নিয়েছিলেন তিনি।

আলির মত নয়, অন্য ধরণের এক পরাজয় নিয়ে পিছন ফিরে হাঁটে জীবন। কিন্তু এই প্রথমবার প্রতিপক্ষকে পিটতে না পেরেও মনটা আজ আত্মগ্লানিতে বিষিয়ে ওঠে না। বরং মনের আনাচ কানাচে এক বিজয়ী খুশীর ছোঁয়াচ ছড়িয়ে যায়। অবশ্যই এটা তার বিজয়। এ বিজয় নিজের সাথে নিজের সংঘর্ষের। শেষ সময়ে নিজের ক্রোধকে হারিয়ে দিতে পেরেছে বলেই এখন জীবন আর এক নতুন বিপদ থেকে রক্ষা পেয়ে গেছে।

কিন্তু গালিব। গালিবের চোখে হেরে গেছে জীবন। তার যে সাহসী ছবিটা মনে মনে এঁকে ছিল গালিব তা চুরমার হয়ে গেছে। এত ভীরু কাপুরুষ দিয়ে কী করে ভেড়ি পাহারা দেওয়ার মতো কাজ চালানো যাবে ? যেখানে রোজ খুন হয় মানুষ! সামান্য মাছ চুরি করে ধরা পড়লে ঘেরী মালিক আদেশ দেয়— শালাকে কুচি কুচি করে মাছ দিয়ে খাওয়া। একটা বাচ্চার ভয়ে যে কেঁচো হয়ে যায়, চারদিক থেকে যখন গুলি চলবে তখন কি করবে।

না, একে এখানে রাখা যাবে না। রাখলে গালিবেরই বদনাম হয়ে যাবে। ভেড়ি মালিক বাঘ পছন্দ করে, ভেড়া নয়।

পরের দিন সকালে জীবনকে বলে গালিব— ম্যানেজার বাবু খবর পাঠিয়েছে, পাহারায় আর লোক লাগবে না। যদি পরে লাগে খবর দেবে। তুই মাঝে মাঝে এসে খোঁজ নিয়ে যাস।

১৪.

হারামি লম্পটদের চত্বর

মহানগরে বুকে নেমে এসেছে নিঝুম নিঃশব্দ এক কালো কবন্ধ রাত। কোথাও এখন প্রাণের কোন সাড়া নেই। সব প্রাণ যেন বন্ধ দরজার ওপারে মড়ার মতো পড়ে আছে। সেই ভয়াল অন্ধকারে শয়তানের চোখের মত দুটো সার্চ লাইট জ্বেলে রাজপথ দাপিয়ে ছুটে চলে যায় জাল ঢাকা একটা কালো পুলিশ ভ্যান। ভ্যানের পেটের মধ্যে বসে আছে হিংস্র হায়নার মত বারো জন মানুষ। ওরা হন্যে হয়ে কাকে কাকে যেন খোঁজে। একবার নাগালে পেলে বেয়নেট বুলেটে বুক ঝাঁঝরা করে দেবে।

এই মাত্র যাদবপুর বিশ্ববিদ্যালয়ের পেটা ঘড়িতে জানান দিলো রাত ঠিক বারোটা বাজে। আগেকার দিন হয়ে শহর কলকাতায় এটা এমন কিছু গভীর রাত নয়। লাস্ট ট্রেন ছেড়ে গেল কিছুক্ষণ আগে, এ সময়ে দোকান বিশেষ করে হোটেলে লোক আনা গোনা থাকতো। বাস ড্রাইভার ট্যাক্সি চালক রিকশাওয়ালা সব এ সময়ে খেতে আসতো। কিন্তু এখন বড় বিপদজনক সময়। শহর কলকাতার সর্বাঙ্গে চেপে ধরে আছে কালান্তক ভয়ের জ্বর। তাই রাত এখন অনেক গভীর।

রাত যত গভীরতার দিকে গড়ায় যাদবপুর স্টেশনের অদূরে তালতলার রেল কলোনির বেওয়ারিশ মহিলা অঞ্জলি বাগের বুক হিম হতে থাকে। কুঁড়ে ঘরের ভাঙ্গা দরজা তখন আর ততখানি নিরাপদ মনে হয় না যার আড়ালে নিশ্চিন্তে ঘুমিয়ে পড়া যায়। অঞ্জলির অপরাধ সে যুবতী এবং বেওয়ারিশ। তার শরীরটাও আকর্ষক। এই শরীরই তাকে রাত ঘন হলে সবথেকে সমস্যায় ফেলে দেয়। কারা যেন দরজা ধাক্কায়, নাম ধরে তাকে ডাকে।

অঞ্জলি চোলাই মদ বিক্রি করে। ওর স্বামী কেনারাম স্টেশনে মোট বইতো। এক ভোর বেলা চলন্ত ট্রেনের ভেণ্ডার কামরায় লাফিয়ে উঠতে গিয়ে পা পিছলে

চাকার তলায় চলে যায়। কি এখন করে অঞ্জলি? পেট পালতে মদের ঠেক খুলেছে। চার বোতল বিক্রি হলে আট টাকা লাভ। দু'টাকা পুলিশকে দিয়ে ছয় টাকায় মা ছেলের চলে যায়। কিছু লোকের ধারণা যে মেয়ে মদ বেচতে পারে, একটু বেশি দাম পেলে শরীরও বেচতে পারবে। তাই দরজায় ধাক্কা। নাম ধরে ডাকা।

অঞ্জলির একটা মাত্র ছেলে। তাকে রায়দিঘির মিশনারি স্কুলে রেখে পড়াশুনা করাচ্ছে সে। এই বছর ক্লাশ ফোরে উঠেছে। বড় আশা অঞ্জলির লেখা পড়া শিখিয়ে ছেলেকে একটা মানুষের মত মানুষ করে তুলবে। ছেলে বড় হয়ে গেলে আর তার কোন কষ্ট থাকবে না। ফাদার বলেছে অঞ্জলির ছেলের উঁচু ক্লাসে পড়ার সব দায় মিশন নেবে। পাছে খারাপ হয়ে যায় সেই ভয়ে ছেলেকে কোন দিন রেল বস্তিতে আনে না। ওর বয়সী সবাই এখানে বিড়ি খায়। চুরি ফুরি করে পকেট কাটে।

ছেলে এখন ভালো আছে। তাকে নিয়ে কোন চিন্তা নেই। অঞ্জলির চিন্তা নিজেকে নিয়ে। সে চিন্তা যত রাত বাড়ে, তত বেড়েই চলে। যে ভয়ে সে ঘরের দরজা শক্ত করে এঁটে বেঁধেছে। এখন মনে হল যেন সেই ভয়ই দরজার সামনে এসে দাঁড়িয়েছে এবং তার নাম ধরে ডাকছে। প্রথমে ফিস্ফিস করে তারপর আর একটু জোরে— অঞ্জু এই অঞ্জু। সেই সাথে দরজায় মৃদু টোকা। অঞ্জলির মনে হয়, গলার আওয়াজটা যেন চেনা চেনা। তারই ফলে সাহস করে সে জিজ্ঞাসা করে কে?

আমি।

আমি কে?

আমি জীবন।

কোন জীবন?

আমি। আমি চণ্ডাল জীবন।

দরজা খুলে অঞ্জলি জীবনকে দেখে ভয়ে বিস্ময়ে থ'। কী করে সে এই মরা পুরীতে! কেন এলি! শিগগির ঘরে ঢোক। কেউ তোকে এখোন আসতি দেখে নি তো?

অঞ্জলির কুঁড়ে ঘরে কুঁজো হয়ে ঢুকে পেতে রাখা ছেড়া ময়লা বিছানার এক পাশে বসে জানতে চায় জীবন— এই দিকের খবর কি?

কোন খবর?

পুলিশ আইছিলো?

তা আসবে না আবার! তোরে যোম খোঁজা খুঁজে গেছে। কাকে কাকে যেন ধরে নিয়ে গেচে।

এখন কি অবস্থা?

পেরথোম পেরথোম দিন পাঁচ ছয় এলাকা খুব গরম ছিলো। তবে এখন একটু খানি থিতিয়ে এসেছে।

জীবন বলে— আর কত মাতামাতি করবে পুলিশ! একটা কেস নিয়ে মাস মাস পইড়া থাকবে অগো অত সোমায় কোথায়? চাইর ধারে লাশ পড়তে আছে।

একটু থেমে আবার বলে জীবন, আচ্ছা অঞ্জু সেইটার খবর কী? বাঁইচা

আছে না মইরা গেছে?

কে? ও, যে কোপ খেয়েছিল? বাঁচবে না? ওর কী আমাদের মতোন হাতে খোলা পোঁদে মালা? গরীব? শুনিছি কলকাতার কোন সেরা হাসপাতালে চিকিচ্ছে হচ্চে। এক দিনে নাকি পাঁচশো টাকা খচ্চা। অবোস্তা বড় খারাপ গোকুলের। নীলরতনে আছে। ঠিক মতো ওষুধ পত্তর পাচ্ছে না। মরে না বাঁচে তা কে জানে। গোকুলের বউরে চিনিস তো? চার চারটে বাচ্চা। খাওয়া দাওয়া জুটতেছে না। কি যে করে এখন।

দুঃখ ভারাক্রান্ত গলায় বলে জীবন— ইস্টাশন বাস মোড় বিজয়পুর সব মিলাইয়া কোম পক্ষে সাত আটশো রিকশা চলে। যদি সবাই এক সাথে মিল্যা মিশ্যা থাকে বিপদে আপদে একজন আর একজনের পিছে দাঁড়ায়! ভাবতো, যদি একটা ওরে কি কয়? ফাণ্ড বানাইয়া তাতে রোজ চাইর আনা চান্দা দেয়, কত্ত টাকা। যাগো ধইরা নিয়া গেছে বের করে জামিনে ছাড়ানো, যারা তাখনো হাসপাতালে তাগে চিকিচ্চা, মামলার খরচ, যাগো সংসার চলে না তাগো সংসার খরচা সব হইয়া যায়। কিন্তু কারও গায়েও লাগে না। চাইর আনা কি এমন! এক কাপ চায়ের দাম।

কে দায়িত্ব নিয়ে এ সব করবে?

সেই রকম একজন কাউরে খুঁজে বাইর করা লাগবে। আমাগো নিজের গরজেই এইডা করতে হবে। না করলে তো যারা জেলে যারা হাসপাতালে সব মরবে।

মুচকি হেসে বলে অঞ্জলি— তুই কি এখন নেতা গিরিতে নামবি নাকি?

যদি লামি তোর আপত্তি আছে?

একটু থেমে ফের বলে জীবন— আমার তো মোনে হয় এই কাজের পক্ষে আমি একেবারে ঠিকঠাক মানুষ। পেপারে আমার নাম উঠছে। রিকশাওয়ালার মইধ্যে আমি তো হিরো। ক' হিরো না? আমি একটা কথা কইলে বেশির ভাগ লোকে মানবে। ক' মানবে না?

অঞ্জলি বলে ওঠে — কত বড় হিরো একবার পুলিশের হাতে ধরা পড় তখন বুঝবি। যদি একবার ওদের কানে খবর যায় তুই যাদবপুরে এসেছিস ছোঁ মেরে তুলে নিয়ে যাবে। কেন মরতে এখোন এলি! যেখেনে ছিলি কটা মাস সেখেনে থাকতিস। আমার তো বুক কাঁপতেছে। কেউ যদি তোরে এখেনে আসতে দেখে থাকে কী হবে বলতো?

কিছু হবে না। বস্তির গরীব মানুষ কেউ দেইখ্যা থাকলে কোন ক্ষতি হবে না। বিপদ হইতে পারে বাবু টাবু গো কেউ দেখলে। তারা এখন দেখবে কেমনে? সব তো ঘরের দরজার ওপাড়ে।

আর পুলিশ?

পুলিশ কি আমার মুখ চিনে নাকি! কেমনে জানবে কেডা জীবন?

কেউ না কেউ দেখবি ঠিক চিনিয়ে দেবে।

কিছুক্ষণ থেমে থেকে ধীরে ধীরে বলে জীবন— সে আর কি করা যাবে। যে লাইনে নাইমা পড়ছি হয় উবুর নয় চিত যেভাবে হোউক মরা লাগবে। হয় আইজ নয় কাইল, মরা ছাড়া গতি নাই। তয় শুধা শুধা ভয় পাইয়া অর কি

করমু। গেছিলাম এক মাছের ঘেরীতে। মাত্তর দুই রাত্তির ছিলাম। কী কমু তোরে রোজ রাত্তিরে গুলি গোলা। বডারে যেই রকম যুদ্ধ হয় হেই রকম। এখন আমি যেইখানেই যামু গুলি বোমা নিয়ে বাস করা লাগবে। তয় আর যাদবপুরে থিকা অন্যখানে গিয়া মরমু ক্যান!

বাড়ি চলে যা।

বাড়ি কোথায়?

যেখেনে তোর মা বাবা থাকে।

সেইখানে থাকা গেলে এত বিপদের মইধ্যে বাংলায় আসতাম নাকি! যেই আগুন নিজের হাতে জ্বালাইয়া গেছি তার মইধ্যে ঢোকতাম!

কেন কে জানে জীবনের জন্য অঞ্জলির একটা গভীর চিন্তা হয়। বলে— তা এখন কোথায় থাকবি?

কোথায় আর থাকমু! থাকমু ইস্টশনের আশে পাশে হাসপাতালের মইধ্যে, বাস মোড়ে।

ভয় করবে না?

আহত গলায় বলে জীবন, আমরা আর কী করতে শিখছি ভয় করা ছাড়া! জীবোন ভর খালি তো ভয়ই পাইতে শেখলাম। কাউরে ভয় পাওয়াইতে পারলাম না। শিখি নাই যে। তয় এখন আমি বুইঝা গেছি, যদি দড়িরে সাপ ভাবি তো দড়িই ফনা তুইলা সামনে আইয়া দাঁড়ায়। অর যদি সাপরে দড়ির মতন চাইপা ধরি তো ভয়ে সাপই দড়ি হইয়া যায়। ক' দেখি ওরা কতো জোন আছিলো? সেই একটারে পাইড়া ফালাইছি সব কেমন ল্যাজ তুইলা পলাইয়া গেল।

কিছুক্ষণ চুপ করে থেকে আবার বলে জীবন— একটা কথা আমার কাছ থেইকা শুইনা রাখ, এ আমার নিজের জীবন থেইকা শেখা, যদি তুই মরতে ভয় না পাস, মারতে ভয় না পাস তোরে দেইখা সব শালা ভয় পাবে। ক্যান ক' তো? মানুষ মাত্রেই মরতে ভয় পায়। যারা বাঁচতে চায় সবাই তখন তোরে সালাম করবে। আর কিছু না খালি মরার ভয় ত্যাগ দিয়া একবার সাহস করা ঘুইরা দাঁড়ানো দরকার।

জীবনের কথা শুনে অঞ্জলি কিছুক্ষণ চুপ করে থেকে শেষে বলে তুই একটা আস্ত বোকা।

কেন?

তুই কি মনে করিস, ওরা ভয় পেয়ে পেলিয়ে গেছে। আর আসবে না! দেখিস বেকায়দায় তোকে পেলে ঠিক বদলা নেয়ে নেবে।

অক্লেশে বলে জীবন— সে যদি পারে নেবে, মানা কেডা করে। এইটা তো একটা খেলা।

খেলা!

বাঘ আর শিকারীর খেলা। কোন সোমায় শিকারী বাঘরে মারে কোন সোমায় বাঘ শিকারীরে মারে। এই তো নিয়ম।

বলে অঞ্জলি, তুই বাঘ না শিকারী?

একটু হেসে বলে জীবন, আমি নিজেরে বাঘই ভাবি। ক্যান ক' তো? কোনদিন শুনবি না বাঘ মানুষের শিকার করতে জঙ্গল ছাইড়া শহরে আইছে।

শিকারীই বনে গিয়ে বিনা কারণ বাঘ মারে। বাঘ যদি মানুষও মারে বিনা কারণে মারে না আমিও তাই। যে আমারে মারতে আসবে পারলে তারে মারমু।

যা করবি তোর একারই করতে হবে। তোর ওই রিকশাওয়ালা ভাই বিপদের সময় দেখবি কাউরে পাশে পাবি না।

সে আমিও জানি। না খাটলে যাগো পেটের ভাত হয় না তারা কী কইরা বা কাউর পাশে দাঁড়াবে।

তুই কি করবি?

বোঝলাম না।

কসবায় কি হয়েছিল জানিস? এক রিকশাওয়ালা কি যেন নাম, তার সাথে এক প্যাসেঞ্জারের ভাড়া নিয়ে ঝগড়া মারামারি হয়। ক'দিন পরে তার রিকশায় একজন লোক উঠে ভাড়ায় নিয়ে যায় রাজডাঙ্গার খাল ধারে। তারপর তাকে মেরে খালের জলে ফেলে দেয়। রিকশা চালালে তোরও সেই দশা হবে।

রিকশা এখন অর চালাইতে পারমু না।

খাবি কী?

ফিক করে হেসে বলে জীবন— তুই খাওয়াবি।

জীবনের রসিকতার জবাবে পাল্টা রসিকতা করে অঞ্জলি— তবে আমাকে বিয়ে কর। লোকে বউকে খাওয়ায় আমি না হয় বর খাওয়াবো।

যে নৌকা ডুবে যাচ্ছে তাইতে চড়বি!

আমি তো আগেই ডুবে গেছি। এখন নাগালে যা পাচ্ছি ধরে পাড়ে উঠতে চাচ্ছি।

কিন্তু তোর ছেলে? সে তো কিছুতেই আমারে বাপ ডাকতে চায় না। মামা বইলা ডাকে। তার কী হইবে?

এসব কথার সবটাই হালকা পলকা হাসি তামাশা। অঞ্জলি আর জীবনের এই রকমই একটা সম্পর্ক। যা আমাদের দেশে শালি জামাই বাবু দেওর বৌদির মধ্যে দেখা যায়। ওরা দু'জন বন্ধু। এবং ভালো বন্ধু। অঞ্জলির মনে হয় এই রেলস্টেশন এলাকা যেন কামুক ব্যাভিচারী ধর্ষক এই সব দুষ্ট লোকের অভয়ারণ্য। এখানে কাউকেই বিশ্বাস করার উপায় নেই। কে যে কখন মুখ থেকে ভালো মানুষের মুখোশটা সরিয়ে হিংস্র নারী মাংসভোজী হয়ে উঠবে কোন ঠিক নেই। এই অরণ্যে একমাত্র বিশ্বাসী পুরুষ জীবন। সে যদি কোন এক রাতে এসে দেখে অঞ্জলি মদ খেয়ে উদোম হয়ে শুয়ে আছে, শরীরে কাপড় ঢাকা দিয়ে দরজা বন্ধ করে সারা রাত দরজার সামনে বসে অঞ্জলিকে পাহারা দেবে। কোন অন্যায় সুযোগ নেবে না।

এখন এক দৃষ্টে ঘরের মধ্যে দূরের লাইটপোষ্ট থেকে চুঁইয়ে আসা আবছা আলোয় জীবনকে দেখে বলে অঞ্জলি— এই সময় তোর এরকম ইয়ার্কির কথা বলতে ভালো লাগছে।

বলে জীবন— কিন্তু শুরুডা কেডা করছিলো?

আমার ঘাড়ের উপর তো খাঁড়া ঝুলছে না। ঝুলছে তোর।

অঞ্জলি হাতটা ধরে জীবন নিজের কোমরে ঠেকায়— দ্যাখ এইটা কি? জামাটা উঁচু করে ফের বলে জীবন— এইয়ার নাম ওয়ান শটার। এয়ার মইধ্যে

যে গুলি আছে তারে কয় থ্রি নট থ্রি। পুলিশের রাইফেলে যা থাকে। আমারে যে মারবে যদি আমার দশ হাতের মইধ্যে আসে এক গুলিতে এ ফোঁড় ও ফোঁড় কইরা দিমু। একটারে মাইরা মরমু। শালা মাছের ভেড়িতে অনেক আছিলো। একটা লইয়া পলান দিছি। গুলিও আনছি দশ বারো খান। এই জোরেই যাদবপুর আইছি। দেখি কেডা আমারে মারতে আসে। তারও পরাণ তো একটা।

অঞ্জলি বিস্ময় বিস্ফারিত চোখে, অন্ধকার মধ্য রাত্রিতে এক অচেনা জীবনকে দেখতে থাকে। তবে কী স্টেশন এলাকার মাস্তানি গগনে আর এক নক্ষত্রের উদয় হল!

এই স্টেশনে মোট বইতো সোনা। পরে যার বোমায় ডান হাত উড়ে গেল হাত কাটা সোনা নামে যাদবপুরে খ্যাত হয়েছিল। যখন সোনা মুটে ছিল এই এলাকার সব চেয়ে নাম করা মস্তান ছিলো মনা দের দাদা সাধন দে। কী এক কারণে সে একবার পাঁচ ফুট উচ্চতার, রোগা সোনাকে বেধড়ক মারে। মার খেয়ে তক্কে তক্কে থাকে সোনা, কবে সুযোগ পায়। কয়েক দিন পরে এক রাতে সাধন দে যখন মদের নেশায় চুর হয়ে ঘরের পথে রওনা দিয়েছে, আচমকা ছুটে এসে সোনা তার পিঠে চাকু গেঁথে দেয়। একটা অতি সাধারণ চাকুর কোপ, যার গভীরতা তিন ইঞ্চিরও কম। সেই কোপে সম্মানের খ্যাতির শীর্ষ থেকে পিছলে নিচে নেমে যায় সাধন দে— র নাম। আর সিঁড়ি বেয়ে উপরে পাদ প্রদীপের আলোয় চলে আসে সোনা।

এরপর কয়েক বছর তার নামে চারদিকে জয় জয়কার। শেষে একদিন সোনাকে চাকু গেঁথে দেয় কানা বাঘা নামের একজন। কিছু দিন পরে কানা বাঘাকে কে যে ঝেড়ে দেয় সেটা আজও অজ্ঞাত। কেউ বলে পুলিশ কেউ বলে নকশাল কেউ বলে সিপিএমের কাজ এটা। যদি জীবন এখন কানা বাঘার শূণ্যস্থান পূরণ করে দেয়, যতক্ষণ তাকে কেউ ঝেড়ে না দিচ্ছে স্টেশনের আশে পাশে তারই রমরমা চলবে।

এখন রেল লাইনের এপারে যারা এতকাল দাপিয়ে বেড়াতো সেই নকশালরা কেউ নেই। রেল লাইনের ওপাড়ে যাদের রাজত্ব ছিলো সেই সিপিএমরাও পাড়া ছাড়া। বিজয়পুরের কংগ্রেসের দলবলও সেই রাজা মল্লিক রোডের ওপাশে রয়ে গেছে। স্টেশন এলাকা সেভাবে আনুষ্ঠানিক দখল করে নি। এখানে এখন রয়েছে একমাত্র বয়েসের ভারে নুয়ে পড়া মদ খেয়ে চুর হয়ে থাকা সাধন দে। একদম একা, তার আগে পিছনে কোন উঠতি মাস্তান নেই। ফলে এক হিসাবে স্টেশন এখন অভিভাবকহীন। জীবন এখানে বিনা বাধায় আধিপত্য পেয়ে যেতে পারে। সে সুযোগ তার হাতে এসে গেছে। তবে আধিপত্য কায়েম রাখতে, আর নিজে টিকে থাকতে পুলিশ ও পুরানো শত্রুরা বেগ দেবে। ভয়ের কারণ সেটাই।

কিছু সময় পর অঞ্জলি বলে— যা বলছি ভালো করে মন দিয়ে শোন। এক রাস্তায় দুবার যাবি না। যে পথে যাবি ফিরবি আর এক পথে। এক জায়গায় পাঁচ মিনিটের বেশি বসবি না। রাতে কোথায় ঘুমাস কাউকে বলবি না। পারলে ক'দিন পর পর জায়গা বদলে নিবি। সামনে পিছনে ডানে বায়ে ভালো করে

দেখে পথ চলবি। ভিড়ের দিকে যাবি না। যেখানে বসবি পিছনে যেন দেওয়াল থাকে। মদ খাবি না, নেশা করলে মানুষ অসাবধান হয়ে পড়ে। সব সময় সাবধান থাকবি।

আবার সেই পেটা ঘড়িতে ঢং ঢং করে দু'বার আওয়াজ হয়। ঘরে কোন আলো জ্বালে নি অঞ্জলি। যেটুকু আলো বাইরে থেকে আসছে সেই আলোর মধ্যে পাশাপাশি বসে আছে দুটো ছায়া মূর্তি। কথা বলছে নিচু স্বরে প্রায় ফিস ফিস করে।

এক সময় জানতে চায় জীবন— তালতলার ঠেকগুলায় কোথাকার মাল আসে রে অঞ্জলি? হোসেনপুর না চরণ? জানতে চায় অঞ্জলিও— কেন?

সাপ্লায়ার রে কবি, আমার নাম কইরাই কবি, পুলিশ, আবগারিতে যেইরকম হপ্তা দেয় কম হোউক বেশি হোউক আমারেও কিছু দেওয়া লাগবে। নাইলে ব্যবসা চালাইতে দিমু না। যা দিবে তোর কাছে য্যান থুইয়া যায়।

অঞ্জলির চোখ এখন ঘুমে ঢুলু ঢুলু। সে তার পেতে রাখা ছেঁড়া বিছানায় কাত হয়। বালিশ সরে গেলে আত্মরক্ষার জন্য গুছিয়ে রাখা হাত দা খানা বের হয়ে পড়ে। সেটা ফের বালিশ চাপা দিয়ে বলে অঞ্জলি— আমার পাশে এইখানে শুয়ে একটু ঘুমিয়ে নে। রাত এখন অনেক বাকি। ফাস্ট ট্রেনের সময় উঠে চলে যাস।

যদি ঘুম না ভাঙ্গে?

তোর না ভাঙ্গুক আমার ভাঙ্গবে। ডেকে দেবো। শুয়ে পড়।

ঘরে অন্য কেউ নাই, তুই আর আমি।

তা কি হয়েছে?

তোর ভয় করবে না!

কীসের ভয়!

ধর, আমি নিজেকে সামলাইতে পারলাম না।

তারপর কী হবে সেইটে বল।

ধর আমি তোরে— এবার বুইঝা নে।

ফিক করে হেসে মাথার বালিশ সরায় অঞ্জলি— এটা কি দেখে রাখ। একেবারে গোড়ায় কোপ মারবো। খোজা হয়ে যাবি। কোন মেয়ে আর মুখে মুতবে না।

অঞ্জলির পাশে চিৎ হয়ে শুয়ে পড়ে ধীরে ধীরে বলে জীবন— বাবুয়া যেদিন মইরা যায় শেষ সোমায় আমি সামনে আছিলাম। বড় দুঃখ নিয়া মরছে সে। কইছিলো, জীবনে কোন দিন একটি মাইয়ার শরীল না দেইখা না ছুঁইয়া মরতে আছে সেইডাই বড় কষ্টোর। আমিও এখন তাই ভাবতে আছি যদি কাইল মইরা যাই কোন দিন জানতেও পারমু না একটা মাইয়ার শরীলে কতখানি আনন্দ গোপন থাকে।

বলে অঞ্জলি— কথা না বলে চুপ করে ঘুমা। তোর আশা পূরণ করতে গিয়ে আমার পেটে যদি আর একটা শত্তুর ঢুকে যায়, তারে খাওয়াবো কি? বাঁচাবো কেমন করে? মরবি কেন তুই! ভগমানের কাছে কামনা করি একশো বছর তুই বাঁচ। নাতি পুতির মুখ দ্যাখ।

আবার পেটা ঘণ্টা বাজে। তিনটে বেজে গেল। ফাস্ট ট্রেন আসবে আর এক ঘণ্টা বাদে।

খরা বন্যা দুর্ভিক্ষের কত রকমের কারণে নিঃস্ব কত শত মানুষ যে ফুটপাথ রেল স্টেশনে মাথা গুঁজতে আসে তার কোন গোনাগাথা নেই। এরই সাথে নতুন যোগ হয়েছে দেশ ভাগের সংকট। যাদের একদা একটা ঠাঁই ছিল এখন সব হারিয়ে স্টেশন ফুটপাথের বাসিন্দা। একটা নতুন পরিবার এসেছে দিন কয়েক আগে। বিধবা এক মহিলা আর তার নাবালক এক ছেলে বয়স্কা মেয়ে।

ওরা জানতো না এই বয়েসের দুঃস্থ মেয়ে এ দেশের কোন রেল স্টেশনেই রাত আঁধারে নিরাপদ নয়। তাহলে এত বড় ঝুঁকি নিতে সাহস পেতো না। ওরা তাদের গরীব সংসারের হাঁড়ি কুড়ি বিছানা মাদুর নিয়ে দু'নম্বর প্লাটফরমের ব্রীজের সিঁড়ির নিচে বসে হয়তো ভাগ্যকে দোষারোপ করছিল।

জীবন আজকাল অন্ধকারের জীব। সারাদিন সে হাসপাতালের জমাদার কোয়ার্টারের পিছনে এক অব্যবহার্য্য ভাঙ্গা দালানের মধ্যে বসে শুয়ে সময় কাটায়। ওই দালানের সামনে জুয়ার আসর বসে। চোলাই মদের আড্ডা জমে। রাত নামলে তখনই জীবন রাস্তায় বের হয়। কিন্তু আজ তাকে তার নিরাপদ গুহা ছেড়ে দিনের আলোয় বাইরে আসতে হল। ইচ্ছা ছিল দু'নম্বর প্লাটফরম থেকে ট্রেনে চেপে গড়িয়া স্টেশনে যাবার। শিখণ্ডার নিত্য ওকে আজ নিমন্ত্রণ দিয়েছে— জীবন ভাই নিশ্চয় এসো কিন্তু। আমি স্টেশনে তোমার জন্য দাঁড়িয়ে থাকবো। কোন কারণ ছাড়াই কেন কে জানে নিত্য জীবনকে ভালোবাসে। হাসপাতালের গেটে তার ফলের দোকান।

সোজা রাস্তায় জীবন স্টেশনে আসতে পারে না। অনেক ঘুর পথে এঁকে বেঁকে সে এসে একটু আড়াল রেখে ব্রীজের নিচে দাঁড়ায় তখনই তার চোখ পড়ে মহিলার দিকে। সঙ্গে সঙ্গে বিদ্যুৎ শিহরণ খেলে যায় সারা শরীরে। একী! এঁরা এই অবস্থায় এখানে কী করে এল! যদিও বিধবার বেশ আর চরম দুরবস্থায় মুখ চোখ চেহারার চেনা চিহ্ন ঢাকা, তবু চেনা যায় এ সুবল সুতারের বউ তুলসী ছাড়া আর কেউ নয়। আর তার পাশে কুসুম। কুসুমের পাশে বিশ্ব।

কুসুম! আহঃ সেই অনেক আনন্দ বেদনা খেলা স্বপ্নের সাথী। আর সে সেই সদ্য পাপড়ি মেলা নওল কিশোরী নেই। সারা শরীর বেয়ে নেমেছে যৌবনের উদ্দাম জোয়ার। কিন্তু তার চোখ দুটোয় যেন জলভরা। যেন অনেক অকথিত বেদনা জমা হয়ে আছে সেই চোখের জলে।

থমকে দাঁড়িয়ে বলে জীবন— এ কী খুড়িমা। তোমরা এইখানে এমন অবস্থায় কেন?

বোবা বিহ্বল হয়ে তাকায় তুলসী। অনেকক্ষণ সে কোন কথা বলতে পারে না। একজন আপন মানুষ কাছে পেয়ে এক রাশ কান্না এসে গেলে চেপে ধরে। শেষে বলে সব আমাগো ভাইগ্য। ভাইগ্য আমাগো এইখানে আইনা ছাড়ছে। বিশ্বর বাপেরে কত কইছিলাম, যাইও না কোনখানে। থাকো দণ্ডকারণ্যে। সবার যা হয় আমাগোও তাই হবে। শুনলো না কথা। নিজে তো মরছে, আমাগোও মাইরা থুইয়া গেছে। কই যাই অখন! কী করি! সাথে সোমত্থ মাইয়া লইয়া কী যে বিপদ!

জীবন জানতে চায়— কই আছিলা তোমরা এতদিন?

তুলসী বলে- দণ্ডকারণ্য থিকা আইসা গেছিলাম বনগাঁয়। র‍্যাল লাইনের ধারে ঘর বানাইয়া আছিলাম। তারপর কুসুমের বাপে কইল লও মোর ভাইয়ের কাছে বেত বাইড়া যাই। সেইখানে গিয়া যে কী ভুল করলাম। আবার চোখ ভাসিয়ে জল নামে তুলসীর— কুসুমের কাকায় আমাগো ভাল চইখ্যে দেখে নাই। ভাই হয় তাই বলতে পারে নাই। থাকতে দিছিলো। যেই ভাই মরছে আমাগো খেদাইয়া দিছে।

কী হইছিল খুড়ার?

কেমনে কমু। তিন চাইর বর পাতলা দাস্ত হইলো আর বার তিনচাইর বমি। রাইত পোয়াইতে না পোয়াইতে মানুষটা শ্যাষ।

কুসুম প্লাটফরমের লোহার রেলিং ঠেস দিয়ে জবু থবু বসা। তার বাড়ন্ত শরীর নিয়ে রেল স্টেশনের লক্ষ্য লোভী চোখের দৃষ্টিতে বড় বিব্রত। যেন তাকে ময়াল সাপের মত জড়িয়ে ধরে আছে প্রবল কুণ্ঠা। পরিবেশ পরিস্থিতি তাকে এমন এক অসহায় অবস্থায় এনে ফেলেছে যেখানে কারও দিকে চোখ তুলে তাকানোয় লজ্জা কথা বলায় লজ্জা। কুসুম সেই লজ্জায় যেন মনে মনে কামনা করছে ধরণী দ্বিধা হও।

বলে তুলসী, পর মানুষও পর মানুষেরে ওই রকম খেদায় না। দ্যাশ ভাগ হইয়া মাইনষের আত্মাও ভাগ হইয়া গেছে। আর কাউর দয়া মায়া আত্মপর জ্ঞান নাই। আমরা থাকলে চাউল খরচা হবে মাইয়াডা বড় হইছে তার বিয়া দেবার ঝামেলা সব ঝামেলা দিয়া পার পাইয়া গেছে আমাগো খেদাইয়া। এখন কই যামু কী করমু ভগবানই জানে। তিনদিন আছিলাম কেনিং। একজন কইলো যাদবপুর যাও। আমাগো দ্যাশ দেশি মানুষরা থাকে। সেইখানে গেলে খাইটা পিইটা বাঁচতে পারবা। তার কথা শুইনা আইছি এইখানে। কিন্তু কোন পথ তো দেখতে পাইতে আছি না।

কুসুম! আঃ সেই কুসুম। যেন এই মাত্র খোলস খুলে বাইরে এসেছে। হাওয়া লাগলে শুকিয়ে যাবে। রোদ লাগলে ঝলসে যাবে। ছুঁয়ে দিলে গলে যাবে। যেন সে সেই রকম নরম কোমল এক বৈদূর্য্যমনি। জীবনের কানে কোথায় কোন দূর নক্ষত্র থেকে ভেসে আসা রাগাশ্রয়ী সংগীতের ধুন এসে আছড়ে পড়ে। কোথাকার কোন রজনীগন্ধার বন উজার করা গন্ধ এসে সারা মন ভিজিয়ে দেয়। তুমি এলে! সেই তুমি এলে গো। তবে এত দেরী করে কেন এলে!

তুলসীর পিছনে ঘর গেরস্থালির সামান্য কিছু সম্বল। তা এত তুচ্ছ যে চোরেও নেবে না। কিন্তু তার হেপাজতে অনেক মহামূল্য সম্পদ আছে। তা চোর কেন রাজাও সুযোগ পেলে কেড়ে নেবে। বলে তুলসী— এইখানে আইসা যে কী বিপদে পড়ছি। সব চাইয়া বেশি বিপদ কুসুমরে নিয়া। এট্যু চোখ বোজলেই কারা কারা য্যান আসে। অরে ডাকে। কী সব অকথা কুকথা কয়।

জীবন বলে— এইটা ইস্টাশন। এইখানে যারা থাকে তারা সব সইয়াই থাকে। তোমাগোও সওয়া লাগবে। দুম কইরা ক্যান যে আইলা।

না আইয়া কী করতাম। ঝগড়া গালাগালি আর কত সওয়া যায়। তারা

আমাগো না খেদাইয়া দম নেবে না। কেমনে সেইখানে থাকমু!

কিন্তু আমি যে এখন কী করি! তোমাগো এই রকম ফালাইয়া কেমনে যাই। আর নিয়া যাই তো কই নিয়া যাই।

যেন জীবনকে কাছে পেয়ে মৃত্যুপথযাত্রী তুলসী ধরবার মত অবলম্বন হাতের নাগালে পায়। এমনভাবে বলে তুই যেইকানে থাকোস, কডা দিন আমাগো এট্যু থাকতে দে জীবন। নাইলে কুসুমির সর্বনাশ হইয়া যাবে।

মনে মনে বলে জীবন— এখনও যে সর্বনাশ কিছু হয় নাই সেই রক্ষা। কিন্তু যে রাত আসছে সেই রাত আজই যে দাঁত নখ মেলে কুসুমকে ছিঁড়ে খাবে না, তা বলা যায় না। গোবিন্দপুর থেকে এই শহরে বাসন মাজতে আসতো পারুল। এক বৃষ্টির রাতে ট্রেন ফেল করে রয়ে গিয়েছিল প্লাটফর্মে। পরের দিন সকালে তাকে পাওয়া যায় মালগাড়ির খালি কামরায়। বিবস্ত্র আর বেহুঁশ। শোনা যায় রাত ডিউটির জিআরপির চার সেপাই পারুলকে চোর সন্দেহ ধরে নিয়ে যায়। তারপরই সব কিছু লুট করে নিয়ে মাল গাড়িতে ফেলে দেয়।

অসহায়। বড়ই অসহায় আজ জীবন। কোন জীবনের আর কানা কড়ি মূল্য নেই। দেশ ভাগ, আর সেই সাম্প্রদায়িক দাঙ্গার কাল নয়। দেশের শাসন ভার এখন একটি গণতান্ত্রিক ধর্ম নিরপেক্ষ শাসক দলের হাতে। তাদেরই বেতন দ্বারা পালিত পুলিশ বাহিনী নির্মম ধর্ষণে বাগদি মেয়ে পারুলবালাকে জীবন্ত অবস্থাতেই মৃত করে রেখে গেছে। এর চেয়ে সেই দাঙ্গাকারীরা কী অনেক বেশি অমানবিক ছিল? তাহলে সব দোষ একটা বিশেষ সম্প্রদায়ের মানুষের ঘাড়ে চাপানো হয় কেন?

কিন্তু জীবন এখন কী করবে! সে নিজেই তো নিরাশ্রয়। কোন রাত তার কাটে লাশ ঘরের ছাদে কোন রাত লোহার পাড়ার কালভারটের নিচে কোন রাত বড় পাইপের মধ্যে। তারই কাছে আশ্রয় চাইছে তুলসী। আশ্রয় চাইছে কুসুম। ভয় পাচ্ছে নিরাশ্রয় হয়ে থাকলে ওকে শেয়াল শকুন ছিঁড়তে পারে। সে ভয় যে অমূলক নয় তা জীবন জানে। পারুলকে বাঁচাতে পারেনি জীবন। পারেনি গোসাবার শিখা মণ্ডলকে রক্ষা করতে। সৎ মায়ের উপর রাগ করে পালিয়ে এসেছিল বাড়ি থেকে। ট্রেনের ফাঁকা কামরায় লুঠ হয়ে গিয়েছিল তার সব কিছু। চরম গ্লানিতে নিজেই ঝাঁপিয়ে পড়েছিল রেললাইনে।

কুসুমের যদি তেমন কিছু হয়ে যায়। বিষম ভাবনা পাড়িয়ে দেয় ওকে। কিন্তু কী যে করবে ভেবে তল পায় না। এখন নিজের অক্ষমতায় বড় আক্ষেপ হয়। মনে পড়ে যায় কার যেন কথা— মারনে বালে সে বাঁচানে বালাকে তাকত জাদা হোতা হ্যায়। সত্যিই তাই মানুষকে মারা সহজ কাজ কিন্তু বাঁচানো বড় কঠিন। এখন জীবনের কাছে তা আরও কঠিন পরিস্থিতিজনিত কারণে। যে নিজেই নিরাশ্রয় সে অন্যের আশ্রয় কী করে হবে। ক'দিন আগে হলে এ সমস্যা ছিল না। এখন জীবনই তো রাত নামলে আশ্রয়ের জন্য হাহাকার করে।

আশা ভরা গলায় আবার বলে তুলসী— এই রকম বিপদের কালে তোর দেখা পামু কোনদিন ভাবি নাই। ভগমান তোরে মিলাইয়া দিছে। কথা শেষ করে সে কপালে হাত ঠেকায়।

ভাবে জীবন, গোটা কয়েক বাঁশ বেড়া জোগাড় হলে রেললাইনের ধারের

সেই জায়গাটায় যেটায় জীবন ঘর বেঁধে মা বাবাকে নিয়ে আসবে বলে ভেবে রেখেছিল, সেইখানে একটা ঝুপড়ি বানিয়ে দিলে ওরা আপাতত থাকতে পারে। কিন্তু তার জন্য টাকা আর সময় দুটোই দরকার। আচ্ছা, দিন দশেক কী কুসুমদের অঞ্জলির কাছে রেখে দেওয়া যাবে! কথা বলতে হবে তার সাথে। একাই তো থাকে। ক'টা দিন কী জীবনের জন্য কষ্ট করতে পারবে না।

লোহার রেলিংয়ে মাথা ঠেকিয়ে আকাশের দিকে তাকিয়ে আছে কুসুম। এতক্ষণে সে একটাও কথা বলে নি। বলার মত সব কথা যেন অবস্থা বিপাকে মরে গেছে। আকাশে এক পাল শকুন উড়ছে। রেললাইনের পাশে মরা ফেলা ভাগানে তবে কী গরু পড়েছে?

আড় চোখে একবার কুসুমের দিকে তাকায় জীবন। কুসুম সুশ্রী স্বাস্থ্যবতী যেন একটা রক্ত মাংসের পুতুল। যার এখন কোন রক্ষক নেই একমাত্র মা। এখন একটা পুতুল একা অরক্ষিত রেলব্রীজের নিচে পড়ে আছে সেই বার্তা পেয়ে মাংসভুক শকুন মানুষের যে লোভাতুর করে তুলবে সেটায় আর আশ্চর্য্য কী। রাত নামবার আগেই এদের সরিয়ে না নিয়ে গেলে কী হবে কিছু বলা যায় না।

তুলসী জানতে চায়— তুই এইখানে কামকোম কী করোস?

কাম? একটু মুচকি হেসে বলে জীবন— পাগলা কুত্তা আছে না? মাইনষেরে কামড়ায়! আমি কুত্তা খেদাই।

এ আবার কেমন কাম! পয়সা কড়ি কেমন পাস?

এখোনও তো পারমেন হই নাই। যখন যখন কাম হয় ভালোই পাই।

কয়ডা দিন আমাগো এট্যু চালাইয়া নিস। শুনছি এইখানে মাইনষের বাসায় কামে মানুষ লাগে। আমি আর কুসুম কোন কাম কাজ পাইলে তখন আর চালানো লাগবে না।

কুসুম জীবনের দিকে তাকায়। বড় কাতর কান্না ভেজা দৃষ্টি। ও কী কিছু বলতে চায়। ওর চাউনির মধ্যে যেন কত শত কথা লুকানো। যা প্রকাশ যন্ত্রণায় মনের দেওয়ালে মাথা খুঁড়ছে। যে কথা ভাষার বাধনে বাধা যাবে না। যে কথা হৃদয়ের সঙ্গে হৃদয়ের স্পর্শ দিয়ে অনুবাদ করে নিতে হয়।

হঠাৎ কী মনে করে যেন জীবন জিজ্ঞাসা করে— সকালে তোমরা কী খাইছো খুড়িমা?

মুড়ি খাইছি আলুর তরকারী দিয়া। কোথায় রানমু কী রানমু! তিন চাইর দিন এই রকম আছি। আমার তো কোন অসুবিধা হয় না। কিন্তু বিশ্বডা অর পারতাছে না।

কথা বলতে বলতে তুলসীর চোখ আবার জলমগ্ন হয়ে ওঠে। চোখের জল বড়ই অবোধ। সে জানে না কখন ঝরতে হয়। জীবন যে একেবারে কপর্দ্দকহীন। নিজেই সে খেতে যাচ্ছিল দুই স্টেশন দূরে আর এক দরিদ্রের ঘরে। তবু কী ভেবে যেন বলে সে— আমার লগে বিশ্ব কুসুমরে পাঠাও। হোটেলে ওগো ভাত খাওয়াইয়া দিই। ওরা আইলে তুমি যাবা। ততক্ষণ মাল পত্তর পাহারা দেও।

তুলসী বলে— লগে চাউল চাইরডা আছে। তোর ঘরে গিয়া ফুটাইয়া

নিতাম।

তার অনেক ঝামেলা আছে। তার আগে দুইটা মুখে দিয়া লও।

মনে মনে হিসেব করে জীবন, তিন জনে খেতে কম পক্ষে ছয় টাকা লাগবে। আগের বাকি আছে ছয় টাকা। এখন আর ছেচন জীবনকে বাকি হবে না বলে দেবে। সরল বিশ্বাসে বাকি দেয়। পয়সা হাতে এলে জীবন শোধও করে দেয়।

ভাত শব্দে কুসুমের কোন চাঞ্চল্য আসে না। সে যেন ভাগ্য বিপর্যয়ে নেমে আসা আঘাতে আর পরিবেশগত অসহনীয়তার চাপে মানসিক স্বাভাবিক ভাবে মেনে নিতে পারছে না। তাই এতদিন পরে দেখা হওয়া জীবনের সাথে মন খুলে কথা বলতে পারছে না। সবই তার মনে হচ্ছে অলীক মায়া ভ্রম স্বপ্ন।

যখন যেই রকম তখন সেই রকম। আগে প্যাট ভইরা খাইয়া তারপর অন্য কথা ভাবা যাবে। বিশ্ব কুসুম চলো আমার সাথে। খুড়িমা থাকুক— আবার বলে ওঠে জীবন

বিশ্ব ভাতের নামে কাতর হয়ে পড়ে। কুসুমের হাত টানে চল দিদি।

তুই যা। আমি যামু না, আমার খিদা নাই। প্রথম বার কথা বলে কুসুম। কথা নয় যেন দলা দলা কান্না।

তুলসী তাকে বলে— যা না কুসুম। জীবোন তো আমাগো পর না। ঘরের পোলা। তিন চারি দিন খাস নাই। ডাকতাছে যা।

অনেকবার বলার পর অবশেষে ওঠে কুসুম। দ্বিধা জড়ানো পায়ে বিশ্বর হাত ধরে সামনে আগায়। জীবন হাঁটে আগে আগে। সতর্ক চোখ রাখে চারদিকে। এই সময়ে প্রকাশ্য দিনের আলোয় অনেক দিন পরে এভাবে হাঁটছে। প্লাটফরমের শেষ মাথায় ঢালু জায়গা দিয়ে নামবার সময় তিন চার দিনের অনাহারী দুর্ব্বল পা পিছলে যায় কুসুমের। হুমড়ি খেয়ে পড়ে যেতে যেতে সে পিছন থেকে জীবনকে জাপটে ধরে।

একটা অকল্পনীয় নিবিড় আলিঙ্গন পেয়ে জীবনের সারা শরীরে শিহরণ খেলে যায়। বুকে ঢেউ তোলে আনাস্বাদিত স্পর্শের মুগ্ধ রোমাঞ্চ। এত গভীর এত আপ্রাণ আঁকড়ে ধরার আনন্দ আগে আর কোনদিন পায় নি জীবন। যেন ঝড় ঝঞ্ঝায় ভীত কোন লাউ লতা কোন সবল গাছকে আঁকড়ে ধরে বিপদজনক কাল পার হয়ে যেতে চাইছে।

জীবন জিজ্ঞেস করে— ব্যথা পাও নাই তো কুসুম?

তুমি সামনে ছিলা বইল্যা বাঁচছি। নিজেকে সামলে নিয়ে সোজা হয়ে হাঁটতে থাকে কুসুম। সামনের পথ এখনও পেছল তাই জীবনের একটা হাত শক্ত করে ধরে রাখে নিজের মুঠোয়। দুটো হাতই থর থর করে কাঁপছে। যেন স্বগোক্তির মত বলে জীবন— আমার মোন কইতো একদিন না একদিন ঠিক তোমার দেখা পামু। যেইদিন তোমরা চইল্যা গেলা, কী কমু তোমারে সারা চোইখ্যে য্যেন অন্ধকার লাইমা আইছিল। দশ দিক আমার য্যান খালি হইয়া গেছিলো। অনেক ভাইগ্যে তোমারে আবার পাইছি। আর য্যান হারাইও না।

কুসুম কোন কথা না বলে হাতটা আরও জোরে চেপে ধরে। কে তাকে দেখছে কে কী ভাবছে কোনদিকে ভ্রুক্ষেপ করে না। দৃঢ় হাতের বন্ধনে সে তার

সব কথা বলে দেয়।

এই সময় ছেচনের হোটেলে খুব ভিড়। এমন সস্তার হোটেল এখানে আর নেই। যত কুলি মজুর ঠেলাওয়ালা রিকশাওয়ালা এখানে খায়। ভিড় না কমলে বসবার জায়গা পাওয়া যাবে না। রাস্তার অন্যদিকে রেলকোয়ার্টারের লোহার রেলিং ঘেসে একটা পেয়ারা গাছ তারই ছায়ায় দাঁড়িয়ে থাকে ওরা তিনজন। সবার ছোট বিশ্ব বড় আকুল চোখে তাকায় ধোঁয়া ওঠা গরম ভাতের থালার দিকে। তাকে স্বান্তনা দেয় জীবন— এট্যু সবুর কর। যারা খাইতে আছে ওরা উঠলেই আমরা বসুম।

বেলা প্রায় দুটো। মাথার উপর জ্বলছে গনগনে সূর্য। হাওয়া আসছে যেন আগুনের হলকা। ছেচনের হোটেলে কোন পাখা নেই। উপরে টিনের চালা। খেতে বসা লোকগুলো ঘেমে জবজবে। তাড়াতাড়ি খেতে পারছে না।

পথ ঘাট এ সময়ে ফাঁকাই থাকে। নিতান্ত দায়ে পড়া নাগরিক ছাড়া কেউ পথে থাকে না সেই ফাঁকা রাস্তায় বাস মোড়ের দিক থেকে রিকশা চালিয়ে ফিরছে। জহর নামের এক রিকশাচালক। সে জীবনকে দেখে চাপা কিন্তু তীক্ষ্ণ গলায় বলে— শিগগির এদিকে শোন।

জীবন বোঝে, জহর কোন গোপন কথা বলতে চায়। সে দ্রুত রিকশা লাইনের দিকে এগিয়ে যায়। তখন বলে জহর— পালা। হাসপাতালের সামনে ভ্যান রেখে পালবাবু এদিকে আসছে। আর কিছু শোনবার অবকাশ নেই। খবর সত্য মিথ্যা যাই হোক ঝুঁকি নেওয়া যাবে না। কিন্তু কোন দিকে পালাবে জীবন। অঞ্জলি বলেছিল এক জায়গায় বেশি সময় থাকবি না। কয়েকশ চোখের সামনে প্রায় ঘণ্টা খানেক দাঁড়িয়ে থাকায় কোন ভাবে হয়তো জায়গা মত খবরটা পৌঁছে গেছে। আর সময় নেই। সে ছুটে হাসপাতালের পাঁচিল ডিঙ্গিয়ে ভিতরে লাফিয়ে পড়ে। উর্দ্ধশ্বাসে সামনে ছোটে।

কুসুম আর বিশ্ব ভাতের আশায় ঠা ঠা রোদ্দুর মাথায় দাঁড়িয়ে থাকে। দাঁড়িয়ে থাকে। দাঁড়িয়ে থাকে। এক ব্যাচ উঠে যায় আর এক ব্যাচ বসে। সে ব্যাচ উঠে যায় আর এক ব্যাচ বসে। জীবন আর ফিরতে পারে না।

যখন আশাহত দুই ভাই বোন মায়ের কাছে ফেরে তার চোখ ফেটে জল গড়িয়ে নামে। কান্না কাতর গলায় বলে— জীবন তুইও এই।

১৫.

স্টেশনের অধঃজগত

যাদবপুর স্টেশনে এমন কিছু ষোল আঠারো বিশ বাইশ বছরের ছেলে থাকে যাদের দেখে স্টেশনের কালীবাবু, যার একটা খবরের কাগজ, মাসিক পত্রিকার দোকান আছে, সে বলে— মা বাপের নাম জানে না হোটেলে খায়, ফুটপাতে ঘুমায়। কথাটা একশো ভাগ সত্যি। তবে এক জনের বেলা নয়, অমল বিমল দুই ভাই বাপের নাম জানে, মায়ের নাম জানে না। কারণ ওরা খুব ছোট থাকতে মা মারা যায়। জন মজুর খাটা বাপ ওদের দু ভাইকে স্টেশনে বসিয়ে রেখে উধাও হয়ে যায় কোথা কে জানে। হাত কাটা গণেশের বাবা মারা যায় খুব ছোট বেলায়। মা ওকে পরিত্যাগ করে গিয়ে অন্য সংসার পেতে নিয়েছে। মুটে ভোলার কে মা কে বাবা কেউ জানে না। সে নিজে তো জানেই না। বড়গোপাল, কালোগোপাল। একজন তালাদি আর একজন লক্ষ্মীকান্তপুরের ছেলে। তবে ওরা কোনদিনই সেখানে যায় না। সেখানে কে আছে না আছে কাউকে বলে না। যাদের সাথে স্টেশনে থাকে তারা এসব ব্যক্তিগত ব্যাপার জানতে চায় না। এসব নিয়ে তাদের কোন কৌতূহল নেই। বাঙ্গাল নারাণ পূর্ববঙ্গের খুলনা জেলার লোক। শোনা যায় রাতের অন্ধকারে বর্ডার পার হয়ে এ পাড়ে আসার সময়ে পরিবার থেকে বিচ্ছিন্ন হয়ে যায়। ঘটি নারাণ মেদিনীপুরের ছেলে। এসেছিল কলকাতায় এক চা দোকানের চাকর খাটতে। সেখান থেকে প্রোমোশন হয়ে স্টেশনে রিকশাওয়ালা এখন। কালিয়ার বাবাও রিকশাওয়ালা, মা মাথা খারাপ। সেই কারণে বাপ আবার বিয়ে করেছে। পাগল মাকে নিয়ে কালিয়া রেলকলোনিতে থাকে। তবে সে শুধু রাতটুকু। সারাদিন কাটে স্টেশনে। এই রকম কোন না কোন বিপর্যয়ে স্টেশনে এসে আশ্রয় নিয়েছে শিবো ভোলা মোটা বিশু আরো কতজন। এখন প্রায় সবাই জমা হয়েছে স্টেশনের জল ট্যাঙ্কির নিচে। রেল স্টেশনে আগে কোনদিন যা হয় নি যা হতে পারে বলে কেউ কোনদিন ভাবতে পারেনি, তা হয়ে গেছে। লজ্জায় সবার মাথা কাটা যাচ্ছে।

কিভাবে বদনাম মুছে, পুনরায় হৃত সম্মান ফিরে পাওয়া যায় সেই বিষয়ে বিচার বিমর্ষ করার জন্যই এই জমায়েত।

পশ্চিম দিকের সিগন্যালের কাছে রেল কোম্পানীর জায়গায় একটা ভাগাড় আছে। এলাকার যত গরু মরে সব এনে ওখানে ফেলা হয়। এই সব মরা গোরুর মালিক জলধর নায়েক। রেলের কাছ থেকে জায়গাটা সে ঠিক নিয়ে রেখেছে। সেই গোরুর চামড়া জলধর তার লোক দ্বারা ছুলে পার্ক সার্কাসে নিয়ে গিয়ে বিক্রি করে আসে। এ ছাড়াও জলধরের আরো দুটো ব্যবসা আছে তার একটা মদ বিক্রি। সেটা চোলাই মদ নয়। সে যোধপুর পার্ক থেকে সরকারি দোকানের ইংলিশ মদ কিনে এনে নিজের ডেরায় লুকিয়ে রেখে এলাকার স্বচ্ছল সম্পন্ন মদখোরদের কাছে বেশি দামে বিক্রি করে। এতে তার যেমন দুটো পয়সা হয়, মদখোর বাবুদের সময় ও শ্রম বাঁচে । যেহেতু জলধর দামী মদ বেচে সে কারণে সে মদ বিক্রেতাদের মধ্যে কুলীন গোত্রের লোক বা কারবারী। তার আর একটা ব্যবসা সুদে টাকা ধার দেওয়া। এলাকার যত রিকশাওয়ালা ছোট ছোট ব্যবসায়ী তার কাছ থেকে মাসিক শতকরা দশটাকা সুদে টাকা ধার নেয়।

আজকালকার দিনে যার কাছে টাকা থাকে তার কিছু প্রভাব প্রতিপত্তি হয়ে যায়। সে কারণে জলধর এলাকার একজন সম্মানীয় লোক। সন্ন্যাসী দাস এই জলধরের চামচা। সন্ন্যাসীর একটা পা খোঁড়া। সুন্দরবনের বাদা অঞ্চলের মানুষ। কবে যেন মাছ মারতে নদীতে নেমেছিল তখন একটা পা কামোটে কামড়ে ধরে। সে যাত্রা প্রাণটা তো বেঁচে গেছে কিন্তু পা'টা চিরদিনের জন্য পঙ্গু হয়ে গেছে। সন্ন্যাসী কাঁধে একটা ঝোলা কপালে তিলক গায়ে নামাবলি হাতে করতাল নিয়ে সারা এলাকায় ভজো গোবিন্দ কহো গোবিন্দের নাম হে, যে জন গোবিন্দ ভজে সে হয় আমার প্রাণ রে, গান গেয়ে ভিক্ষে চেয়ে বেড়ায়। মানুষটা বড়ই ধর্মপ্রাণ। হিন্দু ধর্মের সব চেয়ে পবিত্র প্রাণী গোরুকে তাই সে সুযোগ পেলে পাকা কলা খাইয়ে দেয়। যাদবপুর অঞ্চলে প্রচুর গোরু আজকাল মাঠ তো মাঠ রাস্তা ঘাট জুড়ে বসে শুয়ে দাঁড়িয়ে মানুষ জন গাড়ি ঘোড়া আটকে জাবর কাটতে থাকে। রাস্তাই এদের চরার মাঠ, শোওয়ার গোয়াল। এদের দেখে মনে হয় এরা স্বাধীন সর্বভুক এবং সর্বত্রগামী। এদের কেউ কোন দিন কোন মালিকের অধীনতা স্বীকার করে নি। তবে এরা বেওয়ারিশ নয়। যদি কোন গোরু পথচারীকে গুঁতোয়, তার মালিককে খুঁজে নাও পাওয়া যেতে পারে। কিন্তু কোন গাড়ি যদি গোরুকে গুঁতোয় পাশের গলি, চা দোকান বাস যাত্রী কোথা থেকে কে যে মালিক হয়ে দাঁড়াবে কোন ঠিক নেই।

জলধর সন্ন্যাসীকে নিযুক্ত করেছে এই সব কেষ্টর জীবকে সেবা করার জন্য। কলা জলধরের, সন্ন্যাসীর কাজ লোকের নজর বাঁচিয়ে একটা কলা অবলা জীবের মুখের সামলে ফেলে দেওয়া। সন্ন্যাসীর কোন দোষ নেই, কলারও কোন দোষ থাকার কথা নয়। দোষ গরুর কপালের। কলা খাবার দশ মিনিটের মধ্যে মরে যায়। গত প্রায় এক মাসে এভাবে এলাকার চল্লিশ পঞ্চাশটা গোরু অজানা রোগে মারা গেছে। আর তারপর যা হয়, সে গোরু এসে পড়েছে জলধরের ভাগাড়ে। চামড়া বেচে সে যা দু পয়সা পেয়েছে পুণ্যকর্মের পুরস্কার স্বরূপ এক

পয়সা সন্ন্যাসীর ঝোলাতেও ফেলে দিয়েছে।

এ কারবার চলছিল, আরো চলতো, যতদিন না গোরু মরে পথঘাট একেবারে ফাঁকা হয়ে যায়। কিন্তু সন্ন্যাসীর কপাল খারাপ, কেমন করে যেন কালিয়া দেখে ফেলেছে। আর তারপরই ধরে ফেলেছে হাতেনাতে পাঁচখানা বিষ মাখা কলা শুদ্ধ। যা ছিল তারই ঝোলার মধ্যে। সেই অবস্থায় তাকে ধরে এনে জল ট্যাঙ্কির খাম্বায় তারই নামাবলি দিয়ে পিছমোড়া করে বাঁধা হয়েছে। সে যে দোষী তার যে সাজা হওয়া দরকার সে বিষয়ে সবাই একমত। শুধু একমত হতে পারছে না সাজা কী হবে সেই ব্যাপারে।

জটাধারী গুরু, যে দু'নম্বর প্লাটফরমে হাত দেখে, মাদুলি কবচ বেচে সে বলে দিয়েছে– আমরা হিন্দু, গোরু হচ্ছে আমাদের মাতৃস্বরূপা। যে সেই গোরুকে বিষ দিয়ে মারে সে মাতৃহন্তারক। তার একমাত্র সাজা হওয়া উচিৎ চৌরাস্তার উপর শূলে চাপিয়ে মৃত্যুদান। তবে সেটা আজকাল সম্ভব নয়। যেটা সম্ভব তা হল ওই বিষ মাখা কলা পাঁচটাই ওকে খেতে বাধ্য করা। স্বেচ্ছায় না খেলে মুখ চেপে খাইয়ে দেওয়া যেতে পারে।

ছেচনের হোটেলের পাশে যে সাইকেল রিকশা সারাইয়ের দোকান এর মালিক জলিল মোল্লা। জটাধারী গুরুর প্রথম কথাটা সে মানতে পারে না। গোরু তো আসলে গোরুই। সে কী করে মা হয়? গোরুর মাংস একটা পুষ্টিকর খাদ্য। জলিল তো খায়। গোরুকে না মেরে কী করে মাংস পাওয়া সম্ভব? তবে শেষ কথাটায় তার আপত্তি নেই। সে একটু সংশোধন করে এও বলে যদি কলা খেতে রাজী না হয় তবে সন্ন্যাসীর হাত পা বেঁধে রেল লাইনে শুইয়ে দিলে আর কোন ঝামেলা থাকে না।

জলিলের কথা কালিয়ার পছন্দ নয়। বলে সে শালা সন্ন্যাসী যা পাপ করেছে ওকে মেরে দিলে তার কোন সাজাই তো হলো না। এর চেয়ে ওর দুটো হাত ভেঙ্গে দেওয়া হোক। যে হাতে বিষ খাইয়ে এতগুলো অবলা জীব মেরে দিয়েছে, সেই হাত না থাকলে আর এ রকম কাজ করতে পারবে না।

কালিয়া ঠিক বলেছে। সায় দেয় ঘটি নারাণ। ওই হাতে আর করতাল বাজিয়ে ভজ গোবিন্দ গাইতেও পারবে না। যে মুখে গোরুর চামড়া বেচা চালের ভাত খেয়েছে সে মুখে গোবিন্দের নাম গান করে ভিক্ষেও চাইতে পারবে না।

চা দোকানদার ভোলা অবশ্য এ সব বীভৎস ব্যাপার চায় না। তার মত– ওকে পুলিশে দিয়ে দেওয়া হোক। তারা যা পারে তা করুক।

না, পুলিশে দিয়ে কোন লাভ নেই। বলে বড় গোপাল। পুলিশে দিলে কী হবে? জলধরের কি টাকা কম আছে? দু'পাঁচশো দিয়ে সন্ন্যাসীকে ছাড়িয়ে নিয়ে আসবে। সন্ন্যাসী হলো তার কাছে সোনার ডিম পাড়া হাঁস। কম গোরু মেরেছে সন্ন্যাসী? তাতে কার পকেট গরম হয়েছে? আমার তো মত, জলধরকেও ধরে নিয়ে এসে জলট্যাঙ্কিতে বাঁধা।

কে জলধরকে ধরে নিয়ে আসবে? তুই? পারবি? কে যেন বলে।

আমি একা কেন! সবাই মিলে গেলে?

সবার যাবার দরকার নেই, বলে হাতকাটা গণেশ, আমি কালিয়া দুই গোপাল আর জীবনদা চলুক। শালা যদি মায়ের পেটে ঢুকে লুকিয়ে থাকে তাও

ওকে বার করে ধরে নিয়ে আসবো। কেউ ঠেকাতে পারবে না।

হাতকাটা গণেশের কথায় মনে পড়ে যায় সবার, এখন এখানে যার সব চেয়ে বেশি প্রয়োজন সেই জীবন নেই। সকাল থেকে তাকে দেখা যায় নি। কোথায় গেল সে?

জীবনদা কোথায় রে? হাত কাটা গণেশ জিজ্ঞাসা করে বড় গোপালকে। সারা দিন একবারও দেখি নি। তোরা কেউ দেখেছিস?

কাল একবার দেখেছিলাম। আজকাল কোথায় কোথায় যে থাকে কে জানে। আগের চেয়ে কেমন যেন বদলে গেছে। কোন সময় বাঙ্গাল ভাষায় কথা বলে আবার কোন সময় একেবারে স্কুলে পড়া বাবু ছেলের মত। আবার এক এক সময় যে বুলি বলে মনে হয় খিস্তিতে চ্যাম্পিয়ান। সব চেয়ে মারাত্মক সকালে কী বলেছে বিকালে মনে করতে পারে না। একদিন দেখি নস্কর পাড়ার মোড়ে দাঁড়িয়ে আছে। কত শত্রু ওখানে। ভাবতো কেউ যদি দেখে ফেলতো?

হাতকাটা গণেশকে একটু একপাশে সরিয়ে নিয়ে ফের বলে বড় গোপাল— তোর এ সব পরিবর্ত্তন চোখে পড়ে নি?

পড়েছে। বলে হাতকাটা গণেশ তুই বলছিস বলে আমিও বলছি না হলে বলতাম না। আমার কেন জানি না মনে হয় জীবন দুই জন। মানে আমরা আগে যে জীবনদাকে জানতাম, দু'টুকরো হয়ে দুই জীবন হয়ে গেছে।

বড় গোপাল বলে কানা অজিত দু'জন। এক জন থাকে বাঘাযতীন একজন লালগেট। একজনের বা চোখ কানা, একজনের ডান চোখ। দু'জনই কংগ্রেস করে। দু'জনই মাস্তান। স্বভাব, নাম এক হলেও চেহারা আলাদা, দেখলে চেনা যায়। বালক দাদা তিনজন, তিন জনই সিপিএম, একজন থাকে লোহার পাড়া একজন বিজয়পুর একজন সন্তোষপুর।

বিজয়পুরের বালকদাকে সুরেশ পাল গুলি করে মেরে দিয়েছে।

সে দিয়েছে ঠিকই, কিন্তু তিনজন ছিলো তো! এর মধ্যে সব চেয়ে ডেঞ্জারেস লোহার পাড়ার বালকদা, তার চেয়ে একটু কম সন্তোষপুরের জন। আর বিজয়পুরের বালকদা, দেখ পার্টি ফার্টি করতে হলে একটু আধটু খুন জখম তো করতেই হয়, তা সত্ত্বেও বিজয়পুরের বালকদা লোকটা ভালো ছিল। গরীবের কষ্ট বুঝতো। সে যা হোক, তবু তিনজনকে চেনা যেতো। কিন্তু আমাদের জীবনদা, যদি দু'জন হয় চেহারা যে একরকম, আলাদা করে চেনাই তো মুশকিল।

তুই দুইজন ভাবছিস কেন?

তুই কেন ভাবছিস।

আমার সেই রকম মনে হয়।

আমারও সেই রকম মনে হয়।

একটু থেমে একটু হেসে বলে হাত কাটা গণেশ একবার একটা সিনেমা দেখেছিলাম।

রাম আউর শ্যাম?

নারে, বাংলা বই, কি যেন নাম? ভ্রান্তি বিলাস। উত্তম কুমার আর ভানু বন্দ্যোপাধ্যায়ের ডবল রোল। কে জানে আমরা সেই ভ্রান্তি বিলাসে পড়ে গেছি

কিনা!

ভিড় থেকে কালো গোপাল হাতকাটা গণেশ বড় গোপালকে ডাকে— এ্যই তোরা এদিকে আয়। যা করবি তাড়াতাড়ি কর। হাত ভাঙ্গলে ভাঙ্গ, না ভাঙ্গলে ছেড়ে দে। একটা ঝামেলা নিয়ে দিন কাবার করা পোষাবে না।

ছেড়ে দিলে কেমন হয়? জানতে চায় হাতকাটা গণেশ।

না! কালো গোপাল বলে ওঠে, ছাড়া চলবে না। আমাদের স্টেশনের একটা ছেলেকে কেউ চোর চিটিংবাজ বলতে পারবে না। সবাই মাথার ঘাম পায়ে ফেলে পেটের ভাত জোগাড় করে। একা সন্ন্যাসীর জন্য সবার বদনাম হয়ে গেছে। ওর যদি দুনাম্বারি করার শখ ছিল স্টেশন ছেড়ে চলে গিয়ে করতো, আমরা কেউ কিছু বলতাম না। হারা মনটা বিষা পকেট মারে, ভজা বাদল গাব্বা ভসকায়, কাউকে আমরা কিছু বলি? সন্ন্যাসী শালা ওদের বস্তিতে গিয়ে থেকে যা ইচ্ছা করতো। আমাদের স্টেশনে থেকে আজেবাজে কাজ করলে, যে ছাড়ে ছাড়ুক আমরা ছাড়বো না। স্টেশনটা আমাদের এইখানে ধরতে গেলে জনম, মরবোও এইখানে। নিজের গরজেই আমরা কাউকে এখানটা কবজা করতে দেবো না।

সে তো ঠিক কিন্তু জীবনদা না এলে, কথা সমাপ্ত করে বড় গোপাল একটা নিরাশা দিয়ে— সে না এলে আমরা তো কিছু করতে পারছি না। হাত ভাঙ্গা তো দু'মিনিটের কাজ। কিন্তু তারপর যে ঝামেলা হবে সেটা তোর আমার কী সামলে নেবার ক্ষমতা আছে! জলধর কি চুপ করে থাকবে। তার সাথে পুলিশ মাস্তান কতো লোকের চেনা। এখনই সে থানায় গিয়ে বসে আছে কিনা তা কে জানে।

কিন্তু জীবনদার তো কোন খবর নেই। শুনেছি কালীঘাট শ্মশানে নাকি একটা নতুন ঠেক বানিয়েছে। সেখানে গিয়ে থাকলে আজ আর আসবে না।

জীবনকে যাদের এখন খুব দরকার তারা জীবনকে পায় না। কিন্তু যে খোঁজে নি সেই নাড়ু ওকে পেয়ে যায়। টিবি হাসপাতালের ক্যান্টিন আর হানড্রেড বেডের মাঝে বেশ খানিকটা ফাঁকা জায়গা। ফাঁকা মানে একেবারে ফাঁকা নয়, নানা ধরণের কিছু গাছ গাছালির কিছু ঝাটি ঢোলকলমির বন তুলসীর ঝোপ আছে। যা জায়গাটাকে একটা জঙ্গল জঙ্গল চেহারা দিয়েছে। সেই জঙ্গলের ও পাশে যেখানে সহজে কারো নজর যায় না একটু পরিষ্কার জায়গায় শুয়ে দিবা নিদ্রা দিচ্ছে জীবন।

যাদবপুর স্টেশনের সন্ধ্যা বাজারের পাশে কতগুলো যে ঝুপড়ি আছে তারই একটায় থাকে পকেটমার হারা। সে শুধু পকেটমারই নয়, অনেক বড় মনস্তত্ত্ববিদও। মানুষ কে কোথায় টাকা লুকিয়ে নিয়ে যাচ্ছে সে তার অদ্ভুত বিদ্যায় তা বুঝে ফেলার ক্ষমতা রাখে। মানুষের এটা একটা দুর্বল দিক, যেখানে সে কিছু লুকিয়ে রাখে বার বার সেই জায়গাটা দেখে। তার সেই অতি সতর্কতার কারণেই ঘটে যায় মহা অসাবধনতা, যে তাকে নজর রাখছে পেয়ে যায় গুপ্তধনের সন্ধান।

আজ ট্রেনে এই পর্যবেক্ষণ ক্ষমতায় জেনে গিয়েছিল হারা একজন লোকের অণ্ডকোষের কাছে লুকানো থলিতে ভালো টাকা আছে। যে বড়বাজারে দোকানের মাল কিনতে যাচ্ছে। তারপর যা হবার তা হল গড়িয়া থেকে যাদবপুর ট্রেন

আসার মধ্যবর্তী সময়ে সে টাকা ওরা ব্লেড দিয়ে কেটে বার করে নিল। কিন্তু শেষ রক্ষা হল না। কেউ একজন কি ভাবে যেন দেখে ফেলে হারার হাতের ক্রিয়া। ফলে সে হারার জামার কলার চেপে ধরে চেঁচিয়ে ওঠে— পকেট মার। সে চিৎকারে হারাকে ফেলে রেখে তার দলের লোক যাদের নাম ঠেকবাজ সবকে সব উধাও।

অন্ধকার জগতের যারা অতি দুর্বল জীব তারা জনসাধারণের কাছে নিজেদের পেশা পরিচিতি গোপন রাখার প্রয়োজনে কিছু সাংকেতিক শব্দের ব্যবহার করে থাকে। যেমন ওদের ভাষায় পকেটমার হল টিংবাজ। আর মূল কাজটা অর্থাৎ যে পকেট থেকে টাকা বের করে সে হচ্ছে মিস্তিরি আর যারা ধুর অর্থাৎ যার পকেট মারা হবে তাকে ঘিরে চেপে রাখা কাজটা সম্পন্ন হবার সহযোগিতা করে তারা ঠেকবাজ। যে পকেট মারে তার ঝুঁকি সব চেয়ে বেশি ফলে বখরার আধা একা তার। বাকি আধা পাবে চার বা ছয় ঠেকবাজ। মিস্তিরির মধ্যে যে ব্লেড দিয়ে পকেট কেটে টাকা বের করবার করায় দক্ষ সে পকেটমার সমাজে যাকে বলে কুলিন। বিশাল তার সম্মান। আর এক নাম ঘাউবাজ।

এইভাবে যে চোর রাত্রি বেলা ঘরের তালা ভেঙ্গে চুরি করে তার নাম গাব্বাবাজ। যে ট্রেন থেকে বাক্স পেঁটরা সরায় তার নাম ঢোলবাজ। যে ট্রেনে বা প্লাটফরমে রাতে শুয়ে তাহকে আর সুযোগ বুঝে পাশের ঘুমন্ত লোকটার সব কিছু হাতিয়ে নিয়ে পালায় তার নাম পড়িবাজ। এই ভাবে ওরা ট্রেনের চাকার নাম দিয়েছে লোহার চাকা সঙ্গত কারণে বা রবার চাকা। পাঞ্জাবির বুক পকেটকে বুকখাল, ঝুল পকেটকে নিচ্ছাল। হাতের ঘড়িকে চরকি, গলার চেনকে সুতো। টাকাকে চিটঠা, খুচরোকে ছেচকি। দশটাকা মানে দশা, পাঁচটাকা মানে পাঞ্জন। আধুলি মানে টালি সিকি হচ্ছে মাসা। যে ঘরে চুরি করা হবে তার নাম গাব্বা তালার নাম ফুল। আর যে শাবল দিয়ে তালা ভাঙ্গা হয় একদিক ছুঁচালো সেই শাবলের নাম গামছা। চোরাই মাল যে কেনে তার নাম খাউ। পুলিশ মানে খোঁচড়। জেল মানে অন্দর। ধরা পড়া মানে লাদান হওয়া।

আজ যখন ট্রেন যাদবপুর স্টেশনে এসে থেমেছে। যাত্রীদের ওঠা নামার ভিড় ধাক্কার মধ্যে হারা ঘাউবাজী করে এড়খোল থেকে আড়াই হাজার মাল হাতিয়ে নিয়েছে। সেই সময় কপাল খারাপ বলে লাদান হয়ে গেল সে। মারমুখো জনগণ যে জনগণ বিকৃত মস্তিষ্ক মানুষকে ছেলেধরা বলে পিটিয়ে মেরে ফেলে, তারা হামলে পড়লো হারার উপর। মুহূর্তের মধ্যে তার শরীরের উপর দিয়ে একটা বিদ্ধংসী ঝড় বয়ে গেল। দশ পনেরো মিনিটের তার ঠোঁট ফেটে বুক রক্তে লাল মুখে চোখ ফুলে আলু। কথায় বলে পাবলিকের মার দুনিয়ার বার। তবে পাবলিক যদি সেটা করে ফেলতো কোন কথা ছিল না, করতে চাইলো তার চেয়ে বেশি তার চেয়ে খারাপ একটা কিছু। হারাকে জি আর পির হাতে তুলে দিতে চাইলো। জি আর পি তার মানে তাদের পকেট হারার গতকাল গত পরশুর কষ্টার্জিত রোজগারের একটা বড় অংশ চলে যাবে। যদি তারা ঘুষ খেয়ে ওকে ছেড়ে না দেয়, পাঠাবে কোর্টে। তার মানে তখন সে টাকা খাবে আইন সম্মত ভাবে কোন উকিল। মামলার খরচা চালাতে তখন হারাকে আরো

বেশি লোকের পকেট কাটতে হবে। মোট কথা তাতে ঘুরিয়ে ফিরিয়ে সেই পাবলিকেরই ক্ষতিটা হচ্ছে।

স্টেশনের যারা চিরদিনের বাসিন্দা যারা মেহনত করে খায় তারা হারাকে ঠিক পছন্দ করে না। কিন্তু এই জীবন মনে করে চুরি খুব খারাপ কাজ হলেও জীবনদায়ী অষুধে যারা ভেজাল দেয়, দেশের প্রতিরক্ষা সংক্রান্ত নথি যারা বিদেশে পাচার করে, জনসেবার নামে ভোটে জিতে যারা অন্যায় পথে কোটি কোটি টাকা জমায়, তাদের তুলনায় এমন কিছু খারাপ নয়। আর তাছাড়া হারার অপরাধের বিচার করে শাস্তি দেবে কে? থানা পুলিশ কোর্ট বিচারপতি জেলার সুপার? যদি বলা হয় হারার গায়ে প্রথম পাথর সে মারুক যে কোন অপরাধ করে নি, তাহলে একজনকেও পাওয়া যাবে না। এ এমন এক মহান দেশ যে দেশে শিশুতুল্য মহান সন্তরাও টাকার জন্য অনাথ বাচ্চাদের বিদেশে বেচে দেয়।

সেই সময় কি এক কারণে যেন জীবন পৌঁছেছিল একনম্বর প্লাটফর্মের পূর্বপ্রান্তে। তখনই তার চোখে পড়ে মারমুখী ভিড়। কাছে গিয়ে দেখতে পায় হারাকে। জীবনকে দেখে হারার দু'চোখে ফুটে ওঠে বাঁচাও মার্কা একটা ক্ষীণ আবেদন। আর জীবন হায় জীবন, সে কিনা এগিয়ে গিয়ে হারার রক্ত ঝরা ফাটা ফোলা মুখের উপর পর পর দু' তিনটে ঘুষি মেরে দেয়। এবং হুংকার দিয়ে বলে— শালা শুয়ারের বাচ্চা। আবার তুই আইছোস আমাগো এই ইস্টশানের পকেট মারতে? আইজ আর তোরে কেউ বাঁচাইতে পারবে না। পুলিশ! কেডা কউলো পুলিশে দেওনের কথা? হে নির্ঘাৎ এয়ারদলের লোক। জানে পুলিশে দিলে পেরাণ বাঁইচা যাবে। কী রে তগো লগে পুলিশের সাউগাঠ আছে না? কি ভাবছোস তোরে পুলিশে দিমু? পুলিশে তোরে দিমু না। যার পকেটে হাত মারছোস তার সব টাকা তাইলে কোর্টে জমা পইড়া থাকবো। মামলার নিষ্পত্তি না হওয়ার আগে ফিরত পাইবে না। হেই ফাঁদে পাও দিমু না। আমি তোর হাত পাও চাইর খান ভাঙ্গাইয়া চিরদিনের মত খোঁড়া বানাইয়া দিমু। আর কাউর কোন দিন পকেট কাটতে পারবিনা।

চোখ ঘুরিয়ে দেখে জীবন ভিড়ের মধ্যে মুটে রঘু দাঁড়িয়ে আছে— বলে তাকে রঘু যা জলিলের গ্যারাজ থিকা একসেল খান নিয়ে আয়। দুইখান ইটও বড় বড় আনিস। ইস্টাসনে তো হাত পাও ভাঙ্গা যাবে না, আমি শালারে নিয়া সাইডেংয়ে যাইতে আছি। ওইখানে আয়।

ট্রেন থেকে নামা ভিড়ের নানা কাজ কর্ম আছে। কে কতক্ষণ আর এক চোরের পিছনে সময় খরচ করতে পারে। তারা চোরের দায়িত্ব জীবনের হাতে সমর্পণ করে যে যার গন্তব্যে রওনা দেয়। যার টাকা গায়েব হতে হতে হয় নি তাকে বলে জীবন— আপনের আর কোন কাম নাই, আপনে যান, মাল টান কেনেন গিয়া, এয়ার ব্যবস্থা আমি করতে আছি।

এরপর হারাকে দাঁড় করিয়ে তার পিছন থেকে কোমড়ের কাছে হাত ঢুকিয়ে পালাতে না পারে এমনভাবে কষে প্যান্টটা ধরে ঠেলতে ঠেলতে তাকে সাইডিংয়ে স্টোন চিপসের পাহাড়ের আড়ালে নিয়ে যায়। সেখান থেকে ফের নিয়ে যায় পাল পাড়ার এক ডাক্তার খানায়। ওষুধপত্র লাগিয়ে এরপর নিয়ে যায়

হারার নিজের ডেরায়। সেই কৃতজ্ঞতায় হারা জীবনের হাতে একখানা বুলুপাত্তি গুঁজে দেয়— আর নেই জীবন ভাই এই দিয়ে জল টল খাস।

আজকের বাজারে একশো টাকা কম নয়। ছেচনের হোটেলে দু'বেলা মাছ ভাত খেলেও জীবনের দশ বারো দিন আরামসে চলে যাবার কথা। ফলে সেই টাকায় মাংস ভাত খেয়ে লোকচক্ষুর আড়ালে হাসপাতালের গাছতলায় গামছা বিছিয়ে একটা তোফা ঘুম দিচ্ছিলো সে।

১৬.

শ্রীমতী

জীবন সাধারণত পয়সা জোগাড় হলে ছেচনের হোটেলেই খেয়ে থাকে। কিন্তু আজ আর পাঁচতারা হোটেলের পচা আলু পোকা বেগুন শুকনো পুঁইয়ের ঘ্যাঁটে মন মানেনি। একশো টাকার গরমে সাহস করে চলে গিয়েছিল বাস মোড়ের পিছনের কাঠের গোলার পাশের হেমামালিনীর হোটেলে। এই হোটেলের খাবার দাবারের দাম ছেচনের প্রায় দেড় দু গুণ বেশি। কিন্তু তবু ভিড় উপচে পড়ে। রান্নাবান্না এখানে যেমন ভালো তার চেয়ে ভালো হেমা। সে যা সুন্দর আর যা হাসে যেমন ভাবে কথা বলে যেটুকু বাড়তি দাম, সব উশুল হয়ে যায়। যখন সে গায়ে গা ঠেকিয়ে আদুর গলায় কাউকে বলে— ভালো পোনা মাছ আছে। একটা দেবো? অতি নিষ্ঠুর মানুষ ছাড়া সে অনুরোধ ঠেলে ফেলা কারও পক্ষে সম্ভব হয় না।

বিজনেস পলিসি বলে একটা কথা আছে। শুধু দোকানে পসরা সাজিয়ে বসে থাকলে হবে না, তা বিক্রি করার কৌশলটাও জানা থাকা চাই। সেই জন্য চৌরঙ্গী পার্ক স্ট্রীটের বড় বড় হোটেলগুলোয় শুধু জিভে জল আনা চর্ব্যচোষ্য লেহ্য পেয় রেখেই ক্ষান্ত হয় না। স্বল্প বসনা সুন্দরী নর্তকী, পরিবেশকদেরও জোগাড় করে নিয়ে আসে। এনে রাখে মূল্য পেলে বিছানায় রাত কাটানো সুলভ রমণীদের। কে জানে ওদের কাছ থেকে প্রেরণা পেয়েই এই সব শহরতলীর ছোট ছোট উপরে টালি চারদিকে দরমার বেড়া দেওয়া হোটেলগুলোও ছলাকলায় নিপুণ দু একটা মেয়েকে হোটেলের চাকরীতে রাখছে কী না।

যাই হোক হেমামালিনীর হোটেলে অনুরোধের ভাত খেয়ে মাঠের নিরাপদ ছায়ায় শুয়ে ঘুম পরীর দেশে ভ্রমণে গিয়েছিল জীবন। হঠাৎ তার ঘুমটা চটকে গেল নাড়ুর গলার বিচ্ছিরি গর্জনে— এই বেইমান ওঠ।

বেইমান জীবনকে দেওয়া নাড়ুর তরফে একটা ভালোবাসার নাম। এক

সময় নাড়ু জীবনকে নিয়ে গিয়ে রিকশা মালিক কান্তিবাবুর কাছে থেকে একটা রিকশা এনে দিয়েছিল চালাবার জন্য। সে কবে কতদিন আগের কথা। তখন একদিন জীবন নাড়ুকে ফেলে একা টালিগঞ্জের প্রদীপ সিনেমা হলে একটা সিনেমা দেখে এসেছিল। সেটা নাড়ুর মনে হয়েছে বেইমানি। সেদিন থেকে ওকে নামের বদলে বেইমান বলে ডাকে। অনেক খাইয়ে অনেক সিনেমা দেখিয়েও জীবনের কিছুতে বেইমান নাম যাচ্ছে না।

চোখ মেলে নাড়ুকে দেখে জীবন হতবাক সে একা নয় তার সাথে একটা অচেনা মুখ। যে কোন যুবকের বুকে বিছের কামড় দেবার মত একটা পনেরো কী ষোল বছরের মেয়ের মুখ।

নাড়ু বলে— অসময়ে কী মরণ ঘুম রে তোর। সেই কখন থেকে ডাকছি। ডেকে ডেকে আমার গলা ভেঙ্গে গেল। ওঠ ওঠ। উঠে দ্যাখ সাথে কাকে নিয়ে এসেছি। পাগলা হয়ে যাবি রে।

দেখে জীবন আর হাঁ হয়ে দেখতেই থাকে। এ কে? চোখে জীবনের আর পলকই পড়তে চায় না। কত বয়েস মেয়েটার? না কিছু আন্দাজ করা যাচ্ছে না। যার সারা মুখে ভোরবেলা ফুটে ওঠা শিশির ভেজা বনজ ফুলের লাবণ্য। বড় বড় কালো কালো দুটো চোখে ঢেউ ভাঙ্গছে জোয়ারের মত হাসি খুশি আনন্দ। যে চোখ কথা না বলেও নির্বাক ভাষায় অনেক কিছু বলে যায়। মেয়েটার সারা শরীরে জড়িয়ে আছে দারিদ্র্যের ছোট ছোট দাগ, চিহ্ন। কিন্তু তা সত্ত্বেও মনে হয় সব অভাব অতিক্রম করে তার দেহ সমুদ্রে যেন জেগে উঠেছে মণিময় রত্নদ্বীপ। সে মণি মাণিক্যের তীব্র ছটায় চোখ ধাঁধিয়ে যায়। এ দেহের আনাচ কানাচ কোন বাঁক সব স্বয়ংসম্পূর্ণ। কোথাও কোন অপূর্ণতা দীনতা হীনতা নেই।

কে? কে এ?

এর নাম শ্রীমতি।

শ্রীমতি কি? পুরো নাম বল।

এই পুরো নাম, শ্রীমতি। আগে কিছু নাই, পরে কিছু নাই। তাল বাগান বস্তিতে থাকে। মা গাঁজা বেচে, বাপ মদখোর। এক ভাই এক বোন। মা বাপ এখনো জোয়ান আছে। সঞ্জয় গান্ধীর খপ্পরে পড়ে নি। ভাই বোনের সংখ্যা বাড়তে পারে।

আরো কিছু হয়তো নাড়ু বলতো কিন্তু শ্রীমতির একটা চড় মুখে পড়ায় সে থেমে যেতে বাধ্য হল। মারলি কেন।

বেশ করেছি। ফাজলামো করলে ফের মারবো।

জীবন আর কী বলবে। কিছু বুঝতে না পেরে সে পাতানো গামছার উপর বসে থাকে। তখন নাড়ুর দিকে তাকিয়ে চোখে দুষ্টু ঝিলিক তুলে বলে সেই মেয়ে— তাহলে এই সেই বেইমান?

হ্যাঁ সেই। সেই বেইমান। নাড়ু বলে ওঠে।

সেই বেইমান মানে কী? কপট ক্রোধে জানতে চায় জীবন।

একটু থেমে জীবনকে রাগাবার জন্য ফের বলে নাড়ু— যার মাথার চুল থেকে পায়ের নখ পর্যন্ত পুরোটা বেইমান। আমার এমন বন্ধু ভাগ্য যে এই রকম একজন কপালের দোষে জুটে গেছে।

নাড়ুর কথা বলার ভঙ্গিতে শ্রীমতি খিলখিল করে হেসে ওঠে। তখন জীবনের দিকে ফিরে আবার বলে সে— একটা মানুষ, যে দেখতে অবিকল মানুষেরই মত, মানুষের মতো হাঁটে চলে কথা বলে, হোটেলে খায় মাঠে ঘাটে ঘুমায় মাঠেই হা—

ব্যাস আর কবি না। তুই কী কবি আমি জানি।

কী বলবো?

কইলাম তো জানি।

জানিস না। তুই ভেবেছিস আমি হাগে বলবো। আমি হাগে বলতাম না। একটা মেয়ের সামনে ও সব কথা কেউ বলে। সে যাক তা তোর কথা আমার মুখে শুনে শুনে শ্রীমতি বললো যে ও চিড়িয়াখানায় গিয়ে বাঘ বান্দর সব দেখে এসেছে। কবে নাকি ভুতও দেখেছে। কিন্তু বেইমান কোনদিন দেখে নি। তাই জলজ্যান্ত বেইমান দেখাতে নিয়ে এসেছি।

একে আমি আগেও কবার দেখেছি— শ্রীমতী বলে।

কোথায়?

কোথায় আবার! স্টেশনে, হাসপাতালের মধ্যে। আমাদের বস্তিতেও গেছে এক দুবার। আর কি একটা যেন বলতে গিয়ে থেমে যায় শ্রীমতি।

হেসে ফেলে বলে নাড়ু— ভাগ্যিস তুই ওকে দেখেছিলি, ও তোকে দেখতে পায় নি। না হলে বলা যায় না আজ আমি এখানে শুয়ে থাকতাম আর ও তোকে নিয়ে এসে আমাকে দেখাতো। এই যে দেখো এর নাম নাড়ু গোপাল।

নাড়ুর কথার খোঁচায় জীবন একটু রুষ্ট হয়ে বলে— তা দেখানো তো হইয়া গেছে, এইবার অরে নিয়া যেইখানে যাইতে আছিলি যা না।

তুই কি করবি এখন?

আমি আর একটু সোমায় ঘুমাবো।

আর সারা রাত কি করবি!

রাত্তিরে কী আমি তগো মতো ঘুমাই? পারি ঘুমাইতে?

নাড়ুকে বলে শ্রীমতি— তোর বন্ধু মনে হয় রাগ করেছে।

হ্যাঁ, কাঁচা ঘুম ভাঙ্গিয়ে দিয়েছি না।

ওর বুঝি নাইট ডিউটি।

হ্যাঁ, আমাদের রাত জেগে পাহারা দেয়। বলে হাসে নাড়ু।

এখন প্রায় বিকেল। আর কিছু সময় পরে হাসপাতালের মাঠ পথ এমন জনহীন থাকবে না। কর্মচারী কোয়ার্টারের বাচ্চারা ফুটবল খেলতে আসবে। রোগী, রোগীদের আত্মীয় স্বজনদের চলাচল শুরু হবে। তবে এখন এই দুপুরে এদিকটায় কোন জন সমাগম নেই। কোন দিনই থাকে না। এখানে ঘুরে বেড়ায় কটা জাবরকাটা গরু, ছালওঠা কতগুলো নেড়ি কুকুর। কয়েকটা নাদুশ নুদুশ শুয়োর। এক আধজন জমাদার শ্রেণির মানুষজন। এখানে যে জীবন দুপুরে ঘুমাতে আসে তা রিকশাওয়ালা নাড়ু নানুর মদের ঠেক চালানো দিলীপ এমন এক দুজন ছাড়া বিশেষ কেউ জানে না। যেদিন লোক জানাজানি হয়ে যাবে আবার স্থান বদল করে নিতে হবে।

এখন জীবন আবার শোবার চেষ্টা করছে দেখে নাড়ু সজোরে তাকে ধাক্কা

দেয়— বেশ ভাও বাড়াস না। ওঠ, উঠে বস। কথা আছে।

কী কথা?

বলছি, অতো ব্যস্ত কেন! কথা শেষ করে জীবনকে ঠেলে তার গামছার উপর বসে পড়ে নাড়ু। তখন সক্ষোভে গলায় ঝংকার তুলে বলে শ্রীমতি— আমি কী বৃষকাঠের মত দাঁড়িয়ে থাকবো।

কেন, বস না তুই।

কোথায় বসবো?

কি সুন্দর ঘাস এখানে, ঘাসের উপর বস।

নাক কোঁচকায় শ্রীমতি— চারদিকে শুয়োরের নাদি গোবর, আর কি বিচ্ছিরি গন্ধ। আমার তো মন বলে ঘাসের মধ্যে চিনা জোঁকও আছে। মরার অর জায়গা নেই যে এখানে বসতে হবে। অন্য কোন দিকে চল, যেখানে গিয়ে নিরিবিলিতে কিছুক্ষণ বসা যাবে।

মনে মনে বলে জীবন— কোথায় যাবি রে বোকা মেয়ে। নিরিবিলিতে গিয়ে বসার মত, এমন কি মরার মত জায়গা কি আর আমাদের জন্য অবশিষ্ট আছে। সারা পৃথিবীর সব সমতল ভূমি সব পাহাড় সব নদী সবটা আকাশ মানুষের কাছ থেকে কেড়ে নিয়ে কেউ না কেউ কবজা করে রেখেছে। আমাদের নিজের বলতে আর তো কিছুই নেই। মানুষেরা কাছে সব চেয়ে নিরাপদ সব চেয়ে নিরিবিলি যে স্থান তার নাম গ্রহ। তোকে নিয়ে যে বসতে দেবো তেমন কোন গ্রহ যে আমাদের নেই।

জীবনের মনের মধ্যের কথা ভাষায় প্রকাশ হবার আগেই তার হাত ধরে সজোরে টান মারে নাড়ু— চল।

কোথায়!

জীবন বোঝে শ্রীমতির সাথে নাড়ুর চেনা জানা নতুন হলেও একেবারে নতুন নয়। যতটুকু সময় তারা পেয়েছে মোটামুটিভাবে ভালোলাগার পর্ব পার হয়ে এখন তা পারস্পরিক বিশ্বাসের একটা শক্তভূমির দিকে এগিয়ে চলেছে। এই সময় ওদের নিভৃতি দরকার। যা তৃতীয় কোন অস্তিত্বের উপস্থিতিতে বিঘ্ন ঘটাতে পারে।

সে বলে— তোরা যা, আমি তোগো লগে গিয়া কী করমু। কয় না, কাবাব মে হাড্ডি। আমি এখন তোগো কাছে তাই।

জীবনের গলায় কি কোনও উথলে ওঠা অভিমান ছিলো? কোন পীড়াদায়ক স্মৃতির দহন! অন্তর্জ্বালা। যে জ্বালা ছড়িয়ে রেখে গেছে সেই কুসুম নামের একটা আধফোটা ফুলের কলি। যার নামটাই জীবনের কাছে এক সাগর যন্ত্রণা।

শ্রীমতি জীবনের মনের হদিশ জানে না। তার ধারণায় এখানে এসে পড়ায় সে বিরক্ত হয়েছে। বলে সে— তুই রাগ করবি জানলে আসতাম না। নাড়ু বলল, চল আমার বন্ধুকে দেখে আসবি। তোর কথা অনেক শুনেছি। তাই ভাবলাম। থাকগে, আর আসবো না।

রাগ! তা রাগ একটু জীবন করতেই পারে। তবে সে নাড়ুর উপর। এতদিন তার সাথে বন্ধুত্ব, রোজ কত কথা কত গল্প। কিন্তু কেন কে জানে কোনদিন মনের ভুলেও সে শ্রীমতি নামের মেয়েটা বিষয়ে একটাও কথা বলে নি। কেন

বলে নি? কেন গোপন করে রেখেছে এতদিন এতবড় প্রাপ্তির খবর। বললে কি জীবন মেয়েটাকে খেয়ে ফেলতো!

ফের বলে শ্রীমতি— যখনই নাড়ুর সাথে দেখা হয় দশটা কথা বললে তার পাঁচটা তোর বিষয়ে। আমার বন্ধু জীবন এইরকম আমার বন্ধু সেইরকম। শুনি আর ভাবি কে মানুষটা! যে জীবনকে আমি এক দুবার দেখেছি তার সাথে তো মোটে মেলে না। আমি নাড়ুকে বলেছি, আমার কথা কিছু যেন তাকে না বলে। তা তোকে যে দেখতে আসবো সত্যি মিথ্যা যাচাই করবো সে আর সময় হয় না। আজকে যাও বা সময় হলো, তা তুই রাগ কচ্ছিস।

তোর উপর করি নাই।

কার উপর? নাড়ুর? কেন রে? ও তো তোকে খুব ভালোবাসে। আমার তো মনে হয় তুই নাড়ুর কেউ একজন মেয়ে হলে প্রেম হতো বিয়েও হয়ে যেতো প্রেম পর্যন্ত ঠিক আছে, বলে নাড়ু, বিয়ে হলে সে বিয়ের সুখের হত না। দেখিস না সব সময় ওর সাথে আমার খটামটি লেগে আছে। মোটে বনিবনা হয় না।

শ্রীমতি বলে আমাদের বস্তিতে তোদের মত একটা বর বউ আছে। বরটা বউটাকে মারে আবার বউটা বরটাকে মারে। সব সময় ঝগড়া চেঁচামেচি লেগেই থাকে। কিন্তু বাইরের কেউ গিয়ে তাদের কাউকে কিছু বলুক তো, দুজনে মিলে তাকে একেবারে ধুয়ে দেবে। বলে আমরা মাগভাতার যা করি তোদের কী! আমরা তোদের খাই না পড়ি যে আমাদের ব্যাপারে নাক গলাতে এসেছিস!

এই রকম একটা অভিজ্ঞতা জীবনের আছে। তখন অবশ্য জীবন নামক চরিত্রটা আজকের মত অঞ্চলে এত ব্যাপক পরিচিতি পায় নি। জমাদার কোয়ার্টারের লোক প্রভাবশালী লোক দেখলে যা করতে অভ্যস্থ কপালে ডান হাত ঠেকিয়ে নমস্তে ভাইয়া বলা শুরু করে নি। স্টেশন রেলকলোনির লোকেরা বিপদ তারণ ভেবে তার কাছে ঝগড়া মারামারি নিষ্পত্তি করতে ছুটে আসতো না।

একদিন রাজা মল্লিক রোড থেকে খাল পার ধরে হাসপাতালের মধ্য দিয়ে স্টেশনে যাচ্ছিলো জীবন। সেই সময় দেখে জমাদার কোয়ার্টারের সামনে একটা জমাদার বউ বাড়ি বাড়ি কাজ করা তার মাস মাইনের টাকা নিজের কাছে আটকে রাখার অপরাধে মদ্যপ স্বামী মদ খাবার অধিকার থেকে বঞ্চিত হবার ক্ষোভে রাগে তাকে বেধড়ক পিটছে একটা কোদালের বাঁট দিয়ে। মাটিতে পড়ে মহিলা কাঁদছে চেল্লাছে আর গাল পাড়ছে। অনেকেই এই দৃশ্য দেখছে বটে, কিন্তু কেউ তাকে থামাচ্ছে না। যা দেখে জীবন আর সহ্য করতে পারলো না। তার মাথায় কিলবিল করে উঠলো সেই পোকা, যে বলে দুর্বলের পক্ষে দাঁড়াও। ফলে ঝাঁপিয়ে পড়ে জীবন। ধাক্কা মেরে সরিয়ে দেয় মাতাল স্বামীটাকে। রাগের বশে বুঝি মাটি থেকে উঠে দাঁড়ালো সেই মহিলা। আহত বাঘিনীর মত আক্রমণ করে বসলো জীবনকে— মেরা মরদ মুঝে মারা। ম্যায় উসকা বিবি। মেরা মরদ মুঝে মার সকতা কাট সকতা। তুনে উনকো কিউ মারা। ও তেরা ক্যা কিয়া? যদি সেদিন সেই চরম ক্ষণে নানু না এসে পড়তো নির্ঘাৎ বাঘিনী জীবনের নলি কামড়ে ছিঁড়ে নিতো।

নানু পার্টির লোক তার উপর উঠতি মাস্তান। হাসপাতালের ছেলে, এবং

জীবনের বন্ধু এই কারণে বড় বিপদ থেকে বেঁচে যায় জীবন সেদিন।

এবার জীবন উঠে দাঁড়ায়। সে শ্রীমতি উপর রাগ করে নি, সে যে কোনদিন কোন মেয়ের উপর রাগ করে না তা বোঝাতে চায়। পেতে শোয়া গামছাটার ধুলো ঘাস ঝেড়ে কোমরে পেঁচিয়ে পাঞ্জাবি দিয়ে ঢেকে নেয়। কোঁচকানো লুঙ্গিটা টেনে ঠিক করে। আঙ্গুল দিয়ে মাথার চুল আঁচড়ে বিন্যস্ত করে। তারপর বলে নাড়ুকে চল এবার কোথায় যাবি।

নাড়ু বলে— চল যেখানে হোক। চেনা জানা লোকের সামনে না পড়ি এমন কোথাও চল।

তেমন জায়গা কোথায় পাবি। স্টেশনের রিকশাওয়ালারা সব দিক ভাড়া নিয়ে যায়। কেউ না কেউ দেখবেই।

সে তো আমাদের নিজেদের লোক। ওতে কোন ভয় নেই। খালি শ্রীমতির বাপকে দিয়ে ভয়। সে যা একখানা মাল মাইরি।

কী বললি? শ্রীমতির পাতলা লাল ঠোঁটে ক্রোধ এবং বিস্ময় আমার বাপকে তুই মাল বললি! মাল কথার মানে কী জানিস।

মুখ ফসকে বের হয়ে গেল।

ফের যদি ওসব বলিস, সত্যি বলছি আমি তোর মুখ ভেঙ্গে দেবো। বড় বড় চোখ ঘুরিয়ে ফের বলে শ্রীমতি— শত হলেও সে আমার বাপ, গুরুজন।

বাহ রে! আমি একটু না হয় মাল বলেছি, অমনি খেপে লাল হয়ে গেলি আর তুই যে তোর বাপকে দিনে সাতশো সতেরো গণ্ডা গাল দিস, তার বেলা বুঝি কোন দোষ হয় না।

আমার বাপকে আমি গাল দেই তা বলে তুই দিবি!

না, তুই যদি বারণ করিস, দেবো না।

দিবি না।

কোনদিন না?

বললাম তো কোনদিন দিবি না।

ওরা তিনজন এবার হাঁটতে শুরু করে চুপচাপ। হাসপাতালের সীমানা পার হয়ে বাস চলাচলের বড় রাস্তায় এসে পৌঁছায়। এখানে চারদিকে ছড়িয়ে আছে অনেক চেনা চোখ। সে চোখে কৌতুক আছে কৌতূহল আছে। হ্যাঁ, কিছু চোখে অশ্লীল চাউনিও আছে। সে চোখ যেন চেটে নিতে চায় শ্রীমতীর ফুঁসে ওঠা শরীর। এ দৃষ্টি বড় বিরক্তিকর, অসহ্য এবং ক্রোধ উদ্রেককারী।

জীবন বলে— মাইনষে কি রকম য্যান তাকাইতে আছে।

হিংসা। বলে নাড়ু, সব শালার কলজে ফাটছে।

শ্রীমতী চারদিক তাকিয়ে দেখে নিয়ে বলে— কোথায় যাই বল দেখি! সব দিকে মানুষ আর মানুষ।

নাড়ু বলে— লেকের দিকে যাবি শ্রীমতী? ওদিকটায় এত ভিড় নেই।

মরণ! যেন ঝংকার দিয়ে ওঠে শ্রীমতী। মরতে যাবো লেকে? তোর ইচ্ছা যদি হয় তুই যা আমি যাবো না।

কেন, লেকে গেলে কি হয়? লেক কত সুন্দর জায়গা। নিরিবিলিতে বসা যায়। কত ছেলেমেয়ে ওখানে যায়। বলে নাড়ু।

আগের মতই সরোষে বলে শ্রীমতী– লেক খুব সুন্দর জায়গা সে আমি জানি। ছেলেমেয়েরা যায় কারা যায় কেন যায় সেও আমি জানি। মরণ।

তাই নাকি! তাহলে বলতো কেন লোকে লেকে যায়! মরতে? তরল রসিকতা মিশ্রিত এই প্রশ্নটার উত্তর জানতে চায় নাড়ু।

মরতে যায় না বাঁচতে যায় তা আমাকে শেখাতে আসিস না। তালতলার মেয়ে আমি। লেকের কথা তোর চেয়ে ভালো জানি। বুঝলি!

এ সব অকারণ কথা। কিন্তু এই বয়েস, এই সময় সব কথা কারণ সম্মত বা যুক্তিসম্মত হয় না। সে সব তো হিসাবী লোকের ব্যাপার। তাই ফের বলে নাড়ু– লেক সম্বন্ধে যখন তোর অগাধ জ্ঞান, তো আমাদের একটু বল এই যে এত ছেলে মেয়ে কেন যায় লেকে?

যায় লাভ ম্যারেজ করতে। ঝাঁঝের সাথে বলে শ্রীমতী– লাভ ম্যারেজ কাকে বলে জানিস? ভাব ভালোবাসা। ছ্যাঃ আমরা কী তাই করতে এসেছি নাকি যে লেকে যাবো!

কিছুক্ষণ থেমে থেকে, হাসি চেপে রেখে গম্ভীর গলায় বলে নাড়ু– তা, আমরা তাহলে এখন কী করতে যাচ্ছি শ্রীমতি দেবী?

ঘুরতে যাচ্ছি, আর কি করতে যাচ্ছি। তোদের সাথে ঘুরতে একটু ভালো লাগছে। ঘুরবো, লোকজন দেখবো, তারপর বাড়ি যাবো।

আর ওই যা বললি– লাভ ম্যারেজ। একটুখানি লেকে গিয়ে তা করে নিলে কী হয়? মেয়ে হয়ে যখন জন্মেছিস, একদিন তো ও সব করাই লাগবে। তাহলে দেরী করার কী দরকার। চল, আজকে সেরে ফেলি।

নাড়ুর কথা শুনে লজ্জায় লাল হয়ে যায় তালতলায় বস্তির মেয়ে। মাথা নিচু করে নরম গলায় বলে যাঃ। আমার কী ও সব করার মতো বয়েস হয়েছে নাকি! ও সব যখন বড়ো হবো তখন করবো।

কবে বড় হবি?

এক দেড় বছর বাকি আছে, এখন তো আমার সতেরো চলছে।

দীর্ঘশ্বাস ছেড়ে নাড়ু বলে, দেখিস তুই বড়ো হতে হতে আমি না মরে ভূত হয়ে যাই।

একটুক্ষণ থেমে ফের বলে নাড়ু– আগেকার দিন বড়ো ভালো ছিলো। আট দশ বছরে মেয়ে বড় হয়ে যেতো। বিয়ে হয়ে যেতো, কুড়ির মধ্যে একটা কোলে একটা কাঁখে একটা পেটে। একেবারে সব কাজ সেরে গিন্নী বান্নি।

একথার পরে শ্রীমতির মন্তব্য তুই একটা অসব্ব্য। মুখের কোন ট্যাক্স নেই।

আগে আগে হাঁটছে জীবন। পিছনে, পাশাপাশি হাঁটছে নাড়ু, আর শ্রীমতি। পশ্চিমে হেলে পড়া সূর্যের আলো সরাসরি এসে পড়েছে ওদের চোখে মুখে। কেন কে জানে এখন জীবনকে দণ্ডকারণ্যের সেই ন্যাড়া পাহাড়, বাঁকুড়ার সেই রানওয়ে, কুল বন, যাদবপুর স্টেশনের শূন্য প্লাটফরম যা কোনদিন ভুলতে না পারা এক করুণ স্মৃতি বড়ই পীড়া দিচ্ছে। বাঁকুড়ার শাল বন, দণ্ডকারণ্যের ন্যাড়া পাহাড় আর যাদবপুর স্টেশন এই তিনটে স্থান ছিলো বড়ই সুখের। কারণ সেদিন ওর পাশে কেউ একজন ছিল। পায়ে পায়ে তাল মিলিয়ে একদিন

ওরা দুজন কিছু স্বপ্নের জাল বুনতে বুনতে পথ হেঁটে ছিলো। কুসুম নামের একটা মেয়ে আর জীবন নামের একটা ছেলে ছাড়া সে কথা আর কেউ জানে না।

না, আর এক জন জানে। সে রেল স্টেশনের সিড়ির নিচে বসে গাঁজা খাওয়া, আর হাত দেখা মাদুলি কবচ বেচা জটাধারী গুরু। জীবনকে বলেছে সে মনটাকে সব সময় জলের মত রাখতে যদি পারিস তাহলে জীবনে কম কষ্ট পাবি। দেখিস না জলে কোন দাগ পড়ে না। পাথর মার সামান্য কেঁপে উঠবে একটু ঢেউ খেলবে, পর মুহূর্তে যে কে সেই। যা হয়েছে ভুলে যা। তোর তরফে কোন দোষ ঘটে নি যখন, মনে কর এই ভাগ্যে ছিল। ভুলে যা।

ভুলতে তো জীবনও চায়। কিন্তু তা হচ্ছে কই! মাঝে মাঝেই যে সেই অপমানিত কাতর কালো মুখটা মনের দরজার সামনে এসে দাঁড়ায়। যে বিনা দোষে জীবনকে অপরাধী ভেবে চলে গেছে। চলে গেছে এমন এক পরিখার ওপারে, যেখান থেকে তাকে ফিরিয়ে আনা কঠিন।

বড় রাস্তা ধরে খানিকটা এগিয়ে এসে বাস মোড় পার হয়ে বা দিকে সেই বিজয়পুর যাবার এবড়ো খেবড়ো দাঁত বের করা পথ। এই পথে কিছুটা হেঁটে বাঁ দিকে বিজয়পুর ফেলে সোজা গিয়ে বিক্রমনগর। কিন্তু এখানে কোথায় সেই নির্জনতা! যেখানে ধারালো চাকুর মত চোখের দৃষ্টিকে ফাঁকি দিয়ে নবীন প্রাণ হাতে হাত রেখে মুখোমুখি বসে খানিকক্ষণ কলকল করতে পারে! হাসতে পারে প্রাণের আগল খুলে।

এসব কলোনি এলাকা। এটা মধ্য কলকাতা নয়। এখানে চারদিকে ওঁত পেতে থাকে ছিদ্রানুসন্ধানী শিকারী চোখ। যারা সুযোগ পেলেই হামলে পড়ে। এখনই এখানকার সমাজশোধক জ্যাঠা মশাইয়ের মতো মারমুখো ছেলেরা দেখে নিয়েছে, তাদের সন্দেহ বাতিক চোখে দুটো লুঙ্গি পরা ছোটলোক গোছের ছেলে একটা অসভ্য মেয়েকে নিয়ে একটা আড়াল খুঁজছে। এর তো একটাই অর্থ ওরা কোন নোংরা কাজ করবে। এরা যাই করুক তা বাংলা সিনেমার পবিত্র প্রেমের মত নিশ্চয় সুন্দর কিছু নয় অতএব, সব চোখের ভ্রূকুটিতে একটাই বার্তা— ও সব এখানে চলবে না। পালা না হলে ঝাড় খাবি।

কোন বসার, দাঁড়াবার জায়গা না পেয়ে হাঁটতে হাঁটতে ওরা গলি থেকে বড় রাস্তায় এসে পড়ে। এই রাস্তার নাম আনোয়ার হোসেন রোড। এবার সোজা দক্ষিণ মুখো হাঁটা ধরে। পথে ধুলো উড়িয়ে ছুটে যাচ্ছে বাস লরী ট্যাক্সি। ঘড়ির কাঁটায় সময় এখন চারটের কাছাকাছি। দিনের দাবদাহ খানিকটা এ সময়ে কম। ওদের হাঁটতে কোন কষ্ট হচ্ছে না। হাঁটতে হাঁটতে এক সময় জীবনকে বলে নাড়ু— তোর কাছে টাকা আছে রে বেইমান?

কেন? জানতে চায় জীবন, আমার টাকায় তোর কী কাম?

না মানে তাহলে কোন সিনেমা হলে ছটা নটার শোয়ে ঢুকে পড়া যায়। আর হাঁটা যাচ্ছে না। পা ফা ব্যাথা করছে। একটু বসাও যাবে, অন্ধকারে আমাদের দিকে কেউ চোখ ট্যারা করে তাকাতেও পারবে না।

জীবন একটা গালাগালি দিতে যাচ্ছিলো শালা প্রেম করবা তুমি, আর পকেট ফাঁকা করবা আমার। আমি কী অত গাড়ল নাকি! কিন্তু তার কিছু বলার

আগে বলে শ্রীমতি আর সিনেমা দেখে রাত দুপুরে বাসায় গেলে আমার বাপ যখন আমাকে ঝাড় দেবে, কে আমাকে বাঁচাবে? প্রশ্নটা নাড়ুর দিকে ছুঁড়ে দিয়ে জীবনের দিকে তাকিয়ে বলে বলে দিয়েছে বাপ, সারা দিন যেখানে যাও, কোন বারণ নেই, কিন্তু সন্ধ্যার আগে ঘরে ফেরা চাই। না হলে বাটাম পড়বে।

কয়েক পা হেঁটে আবার বলে শ্রীমতি আমার তো একেবারে কাঁচা বয়েস। বাপ ভাবে মনে হয় ভয় পায়, যে আমি যদি রাত্তিরে কারো সাথে কোথাও লাভ ম্যারেজ করে টরে বসি। তালতলার সোনালির পেটে বাচ্চা এসে গিয়েছিল না! ওর বাপের সাতশো টাকা গচ্ছা গেছে পেট সাফ করতে।

এতক্ষণে জীবনের কাছে ব্যাপারটা পরিষ্কার হয়, তালতলার মেয়ের লাভ ম্যারেজ কথার আসল মানে কী। একটা সুন্দর শব্দ। কেমন করে এমন বিচ্ছিরি অর্থে পরিবর্তিত হয়ে গেল তা কে জানে।

কিন্তু নাড়ু ভাবছে অন্য কথা। যা সে ভাবছে তা বলেই ফেলে, হ্যারে শ্রীমতি, তোর বাপ তোকে মারে?

না মারে না, পুজো করে।

এত বড় মেয়ের গায়ে কেউ হাত দেয়।

যা গিয়ে তাকে বল।

বাপের নাম আর তার ব্যবহার মনে পড়ায় শ্রীমতির চোখের সেই জ্বলজ্বলে হাসি হাসি ভাব নিভে গিয়ে একটা বেদনা ফুটে ওঠে। তারপর বলে— মদ খেলে মানুষের কি কোন হুঁশ বুস থাকে নাকি! এই ভালো তো এই খারাপ। নিজের মাথার চুল খামচে ধরে সে কী এক যন্ত্রণায়। চোখ ছল ছল করে ওঠে তার, মা— টা আমার একদম বুদ্ধু। জেনে বুঝে যে একটা ওই রকম লোকের সাথে বিয়ে বসতে গেল তা কে জানে! খুঁজলে কি এর চেয়ে ভালো কাউকে পেতো না বল! আমার মাকে কি দেখতে শুনতে খারাপ লাগে?

নাড়ুর হাসি পাচ্ছে, কিন্তু হাসতে পাচ্ছে না। কারো দুখে হাসতে নেই। তাই হাসি চেপে রেখে চোখে মুখে গম্ভীর ভাব ফুটিয়ে বলে— তোর মায়ের আর কি দোষ বল। বিয়ের নামে আচ্ছা আচ্ছা লোকের মাথা গরম হয়ে যায়। যা না করার তাও করে বসে। তবে তোর উচিৎ ছিল তাকে বারণ করা। শত হলেও তুই মেয়ে তো! অন্য অপর কেউ না, তোর নিজের মা। মাকে সৎ পরামর্শ দেওয়া যে কোন সন্তানের কর্তব্য।

বলে শ্রীমতি— বুঝিয়ে ছিলাম আমরা।

আমরা মানে।

আমি আর দাদা। আমাদের কথা না শুনলে আমরা কি করবো বল! দাদা তো সেই রাগে বর্ধমান চলে গেছে। আর আসে না।

যখন তোর মায়ের বিয়ে হয় তখন তোর বয়েস কত?

আমি তখন খুব ছোট, এই ধর আট দশ বছর। দাদা আমার চেয়ে চার পাঁচ বছর বড়। দাদার পরে এক বোন। সে মরে গেছে। তারপর আমি।

সন্তানের বিয়ে মা বাপ দেখে থাকে। কিন্তু যে সন্তান তার মায়ের বিয়ে দেখেছে নিঃসন্দেহে সেটা তার একটা বিরলতম অভিজ্ঞতা। শ্রীমতির সে অভিজ্ঞতা আছে। কারণ তার মায়ের দুবার বিয়ে।

সে বলে— আমরা দুই ভাই বোন আগের পক্ষের। এই পক্ষের এখনো কিছু হয় নি। দু তিন মাস পরে হবে। একটু হাসি ফোটে তার মুখে। এবার আমার একটা ভাই হবে।

কি করে জানলি ভাই হবে, যদি বোন হয়?

হবে না। পেটের মধ্যে যদি ছেলে থাকে খুব একটা নড়া চড়া করে না, যদি মেয়ে থাকে খুব নড়ে। মার পেট একদম নড়ছে না। দেখিস আমার ভাই— ই হবে।

রেললাইনের এপাড়ে যে জীবন, সমাজ আর সভ্যতার মূল্যবোধ মানুষের চেতনায় প্রবাহমান, সেই মানব সমষ্টির শ্রেণির এতটুকু মেয়ের এমন গুরু গম্ভীর বিষয় নিয়ে এত পরিণত বিশ্লেষণের অনুমোদন বা রেওয়াজ নেই, সতেরো বছরের একটা মেয়ে অক্লেশে যা বলে গেল শিক্ষিত ভদ্র রুচিশীল কানের কাছে তা শ্রুতিকটু অশোভন। বয়েসের পক্ষে অনুপযুক্ত একটা অভব্য বিষয়। কিন্তু রেল লাইনের ওপাড়ে তালতলা নামক এক রেল কলোনির এমন এক পরিবেশে শ্রীমতি লালিত পালিত যার ভেতরে কোন শিক্ষা সংস্কৃতির আলো সুবাতাস অনুপ্রবেশ করার সুযোগ পায়নি। ফলে রেল কলোনির শিক্ষা বঞ্চিত নিম্ন আয়ের শেকড় ছেড়া, বারো জায়গার বারো রকম মানসিকতার মানুষের যে বসবাস সেখানে কোন সামাজিক রীতি রেওয়াজ নীতি নিয়মের আইন কানুন, আত্মীয় বন্ধনের রাখ ঢাক আব্রু হায়া সেভাবে পালন করা হয় না। এখানে কারও প্রতি কারো তেমন দায় বা দরদ তেমন একটা থাকে না। সবাই এক আত্মজৈবিক আদিম আরণ্যক জীবন যাপনে ব্যস্ত হয়ে থাকে।

এইসব সমাজচ্যুত, লাগামহীন মানুষ ক্রমে ক্রমে যে বেপরোয়া অসুখে আক্রান্ত হয় তার আর এক নাম স্বেচ্ছাচার। এখানকার ঘরের বেড়া এত পলকা যে ওপাড়ে কি কথোপকথন চলছে তা অনায়াসে শোনা যায়। সে বেড়া এত ভাঙ্গা যে না চাইলেও বহু দৃশ্য অবলীলায় চোখে পড়ে যায়। সেই পরিবেশে কোন শিশুই আর শিশু থাকতে পারে না। বয়ঃসন্ধি পার হবার আগেই শিখে যায় বড় বড় সব বিষয় যা একান্তই বড়োদের বিষয়।

বস্তির দুটো পেট জোড়া পিলে নাকে পোটা ন্যাংটা বাচ্চা ঝগড়া মারামারির সময় গালাগালির মধ্যে প্রকাশ করে একে অপরের মাকে ধর্ষণ করার সেই অনেক বড় ধমকি— তোর মাকে চু...। এটা তাদের দোষ নয়। দোষ এক মিশ্র জারজ অবস্থানের। অস্বাভাবিক জীবন প্রণালীর।

তোর আগের বাবা, সে কোথায়? মরে গেছে? জানতে চায় নাড়ু।

জানি না। একটু থেমে গলায় ঝাঁঝ এনে ফের বলে শ্রীমতি— আমাদের সামনে যে ঘর সেই ঘরের এক ছেনাল মাগী তারে ভাগিয়ে নিয়ে গেছে। মাগীর ভাতার নাকি খোজা ছিলো। সুখ দিতে পারতো না। সেই যে গেছে তারপর থেকে তাদের আর কোন খবর নেই।

তা তোরা তো বড় বড় দুই ভাই বোন ছিলি। এরপর আবার তোর মা আবার একটা বিয়ে করতে গেল কেন।

এখন শ্রীমতির মনটা বর্তমান ছাড়িয়ে প্রায় বিস্মৃত ধূসর, এক অতীত অধ্যায়ের দিকে ছুটে যায়। ধীরে ধীরে বলে চলে সে— তখন আমার মাকে

দেখতে খুব সুন্দর ছিল। দু' তিনটে ছেলে মেয়ের মা, কিন্তু দেখে তা বোঝা যেতো না। স্টেশনের রিকশাওয়ালা হকার মুটে সব তার দিকে হাঁ করে তাকিয়ে থাকতো।

তোর মা এখনো বেশ সুন্দর।

বোঝ তাহলে ছয় সাত বছর আগে কেমন ছিলো। এই বউ ফেলে কেন যে আমার বাপটা সেই কালো ধুমসী সাবিত্রী মাগীর সাথে পালালো কে জানে! তোরা বিশ্বাস কর জ্ঞান হওয়া ইস্তক কোনদিন মা বাবাকে একটা ঝগড়া মারামারি কিছু করতে দেখি নি। কি থেকে যে কি হয়ে গেল। সেদিন সকাল বেলা বাবা রোজের মত কাজে বের হয়ে গেল। গেল যে আর এল না। রাত্তিরে শুনি সাবিত্রীও কাজ থেকে ফেরে নি। আমার বাবা রাজমিস্ত্রি তার সাথে সাবিতত্রী জোগাড়ের কাজ করতো।

এখন আর নাড়ু শ্রীমতির কথার মাঝে কোন কথা বলা সমীচীন মনে করে না। একটা মানুষ দুঃখ স্মৃতির জলে ডুবে গেছে, হালকা ইয়ার্কি দিয়ে তার দুঃখকে উপহাস করতে মন চায় না।

বলে শ্রীমতি— ভাই বোন আমরা দুজনে তখন ছোট ছোট। কোন কাজ কর্ম করতে পারি না। মার তখন মাথার ঘায়ে কুকুর পাগল দশা। স্বামী নেই। এখন নিজে কী খাবে আর ছেলে মেয়ে দুটোকে বা কী করে বাঁচাবে। আশে পাশে চেনা জানা আত্মীয় স্বজন কেউ তো নেই যে বিপদের সময় পাশে এসে দাঁড়াবে।

কথা থামিয়ে দূরের দিকে তাকিয়ে থাকে শ্রীমতি। বোঝা যায় না তার দুই চোখ এখন কি খুঁজছে।

সামনে কলাবাগান বাজার। বাজারে ঢোকবার মুখটায় ঝুড়িতে কলা পাতা পেতে তার উপর কাঁঠাল কোয়া রেখে মেপে মেপে বিক্রি করছে একজন ব্যাপারী। কাঁঠালের মোদো গন্ধে বাতাস ম' ম' করছে। দিনের আলো এসময়ে নিভে গেছে। এ সময়ে মাছিরা অন্ধ হয়ে যায়। তবু নোংরায় জন্ম নেওয়া নীল নীল মাছিরা গন্ধ শুঁকে বিন বিন করে উড়ে উড়ে আসছে। আঢাকা রসালো কাঁঠাল কোয়ার উপর। মাছিদের কাজ ঝাঁপানো তারা তা ঝাঁপাবেই। যে ভাবে ঢেকে ঢুকে রাখলে তাদের প্রতিহত করা যেতো, ব্যাপারীর পক্ষে তা সম্ভব হচ্ছে না।

কি হল, চুপ করে গেলি কেন! তার পর কি হল?

কি আর হবে। ঘরে কোন বেটা ছেলে না থাকলে যা হয় তাই হল। সারা রাত আর মা ঘুমাতে পারে না। মদখোরগুলো রাত দুপুরে এসে দরজা ধাক্কায়। মাকে নানা সব কু কথা বলে, কেউ কাঁদে, কেউ হাতে টাকা গুঁজে দেয়। শেষে মা একদিন বলে— এই ভাবে আর পারা যায় না। পেটে নাই ভাত নাঙের উৎপাত। বারো জনার হাতে ঘোরার চেয়ে এক জনার হাতে মরাও ভালো। তোরা যা বলিস বল, আমি একটা বিয়ে করে নেবো। দাদা খুব বারণ করে ছিল। কিন্তু মা কোন কথা শুনলো না। যা তার মন হয়েছিল তাই করে নিলো। এখন তার ফল ভুগছে। কাজ করে না কম্ম করে না মার রোজগারে বসে বসে খায় আর শোয়।

তোর মার রোজগার কি? কি করে তোর মা?

জীবনের সাধারণ জিজ্ঞাসার জবাবে নিচু গলায় বলে নাড়ু— আগে কী করতো জানি না। এখন গাঁজার পুরিয়া বেঁচে।

একটু থেমে আবার বলে শ্রীমতি— কত লোকের কত ভালো ভালো বাপ। সে রকম হবে তা আশা করি না। মমতা রে চিনিস নাড়ু? মমতারও দুই বিয়ে। মমতার মেয়ে আমার বয়েসী। সে বলে এই বাপ তার আগের বাপের চেয়ে নাকি দশগুনে ভালো। আর কিছু না হোক আমার এই বাপটা যদি একটু মানুষ হতো।

এতক্ষণে বুঝলাম, নাড়ু আবার তার তরলতায় ফিরে গেল। তাহলে তোর এই বাপ কোন মানুষ নয়। নাড়ুর কথার মধ্যে যে ফাজলামো ছিল তা ধরতে না পেরে বলে শ্রীমতি— অমানুষ। একটা আস্ত জানোয়ার। মদখোর কোনদিন মানুষ হয় নাকি! যারে যা না বলার তারে তা বলে, যেখানে না বসার সেখানে শুয়ে পড়ে। সব কুকুরেরও অধম।

আকাশটা বিকালে নির্মেঘ নির্মল ঝলমলে ছিলো। এখন কোথা থেকে যেন কালো মেঘ এসে সারা আকাশ ঢেকে ফেললো। ঝোড়ো হাওয়া উঠলো। সেই হাওয়ায় উড়তে লাগলো শ্রীমতির এলোচুল। ধুলো এসে পড়তে লাগলো চোখে মুখে। তবে সে হাওয়া বেশিক্ষণ রইলো না। দুচারটে দমকা দিয়ে শান্ত হল। তখন আবার বলে শ্রীমতি— একদিন আমার বাপ কি করেছিলো জানিস?

বলিস নি তো! কী করে জানবো।

মদে চুর হয়ে এক জন লোককে ধরে নিয়ে বাসায় হাজির। কী? না, আমার বিয়ে দেবে। লোকটার কত বয়েস জানিস? দেখে ইচ্ছা করে ছিলো ঝাঁটা পেটা করে বিয়ের ভূত নামিয়ে দিই। তোরা বলে, সত্যি করে বলবি এখনো কী আমার বিয়ে করার মত বয়েস হয়েছে?

না, হয় নি কক্ষনো হয় নি। জোর দিয়ে বলে নাড়ু। সরকারের নিয়ম আছে আঠারো বছর না হলে তার বিয়ে দেওয়া বে— আইন।

মা— ও তাই বলেছে। পুরনো কথার সুত্র ধরে বলে চলে শ্রীমতী— এই টুকুন মেয়ে আমার, ঘর সংসারের কি বোঝে ও। এখনই কীসের বিয়ে! কিন্তু আমার বাপ কেন মানবে। সে কবে কবে নাকি লোকটার কাছ থেকে আমাকে দেখিয়ে অনেক টাকা নিয়েছে। এখন লোকটা চাপ দিচ্ছে হয় মেয়ে দাও নয়তো সুদ শুদ্ধ টাকা ফেরত দাও। টাকা ফেরত দেবে কোথা থেকে সে তো মদ গিলে ফতুর করে দিয়েছে। সেই জন্য আমাকে বিয়ে দেবার এত তোড়জোড়। বুঝলি কিছু! বল অমানুষ না হলে কোন বাপ এ সব করে?

একটা মেয়ে পাচার চক্র এ অঞ্চলে দীর্ঘ দিন ধরে বেশ সক্রিয়। এরা রেলকলোনি খাল পাড় বস্তি সর্বত্র তীক্ষ্ণ নজর রাখে কোথায় কার মেয়ে ডাগর ডোগর হয়ে উঠেছে। তখন গরীব কন্যাদায় গ্রস্ত বাপ মাকে এরা নানান কথার জাল বুনে প্রলুব্ধ করে। মেয়ে তোমার তো বড় হয়ে গেছে, বিয়ে দেবে নাকি? দেবে তো বলো। একটা ভালো ছেলে আছে আমার হাতে। যার নেই নেই করে দেড়শো দুশো বিঘে চাষের জমি। ট্রাকটারে সে জমি চাষ হয়। আখের ক্ষেত তামাক বাগান তারপর ধানকল। দোতলা পাকা বাড়ি। বলতে গেলে প্রায় ছোট খাটো জমিদার আর কি! তবে দোষের মধ্যে এই যে বাঙালী নয়। ওই যে হারাম

নস্করের মেয়ে পুতুল ওর ওই গ্রামে বিয়ে হয়েছে। পুতুলরে দেখে ছেলে জেদ ধরে বসে আছে বিয়ে যদি করি বাঙ্গালীর মেয়েকেই করবো। না হলে সারা জীবন আইবুড়ো থাকবো। তা তুমি যদি রাজী থাকো তো কথা চালাই। না, না, ও সব পণ ফণ কিছু নেবে না। কেন নেবে? তার কি টাকা পয়সা সোনাদানা কিছু কম আছে নাকি। ছেলে এ পর্যন্ত বলেছে, ভালো মেয়ে পেলে মেয়ের বাপকেই এক দুই হাজার নগদ দেবে। মেয়ে তোমার বিয়ের যুগ্যি হয়ে গেছে। বাংলায় তো পণ ছাড়া জামাই পাবে না। যদি দিল্লীতে মেয়ে পাঠাও। আমি আর কি বলবো। চিন্তা ভাবনা করে আমাকে বোলো।

মেয়ে পক্ষ টাকার টোপ গিলে নিলে পাচার চক্রের কারও সাথে নমো নমো করে একটা লোক দেখানি বিয়ে সেরে নেয়। তারপর হতভাগা মেয়েটাকে নিয়ে তারা চলে যায় বিহার উত্তর প্রদেশ বা মহারাষ্ট্র। কেউ কেউ পাচার হয় আরো দূর দেশে। অনাত্মীয় সেই ভূমিতে মেয়েটাকে ছিঁড়ে ছিঁড়ে খায় শকুন শেয়াল তুল্য মাংসভুক একদল নরাধম। শেষে অরুচী ধরে গেলে বিক্রি করে দেয় কোন পতিতা পল্লীতে। পতিতা পল্লীতে অল্প বয়সী কিশোরী কন্যার খুব চাহিদা। তাদের সাথে সহবাসে নাকি দুরারোগ্য যৌনব্যাধী সেরে যায়।

কে জানে যাকে শ্রীমতির বাবা ধরে নিয়ে এসেছিলো সে পাচার চক্রের কোনও আড়কাঠি বা দালাল কিনা।

তারপর কী হল? জানতে চায় নাড়ু।

কি আর হবে, মা বাপে ঝগড়া মারামারি। সেই ফাঁকে আমি পালিয়ে গেলাম। ট্রেনে চেপে চলে গেলাম শিয়ালদায়। এ ছাড়া আর কোথায় যাবো। বেশি দূর তো কোন জায়গা চিনি না। শিয়ালদার এক বেঞ্চিতে বসে কাঁদতে শুরু করলাম।

কাঁদতে শুরু করলি না আপনা আপনি এসে গেল কান্না।

অত কথার খোট ধরিস না। ওরে কইতে দে। নাড়ুকে বলে জীবন।

নে বল।

শেষে এক বুড়ি আমাকে কাঁদতে দেখে সাথে করে নিয়ে গেল। তার সাথে কোলে মার্কেটে সবজি কুড়িয়ে তা বেচে যা হোক কিছু কিনে খেয়ে বুড়ির সাথে ফুটপাতে শুয়ে থাকতাম। সে আমাকে মেয়ের মত ভালোবাসত। পাহারা দিতো। বাপের ভয়ে বাসা থেকে পালিয়েছি, সেখানে দেখি বাপেরও বাপ আছে। কিন্তু বুড়ি মা ছিলো কড়া ধাতের মানুষ। তার ভয়ে কারো বাপের ক্ষমতা হয় নি আমার ধারে কাছে ঘেঁষে। মাস দু'তিন ছিলাম তার কাছে। কার কাছে যেন খবর পেয়ে মা গিয়ে তখন আমাকে নিয়ে আসে।

এখন আর তোর বাপে তার বিয়ার কথা টথা কয় না?

বলে না আবার। টাকা নিয়েছে। যারা টাকা দিয়েছে তারা ছাড়বে কেন! তবে মার জন্য কিছু করতে পারে না। মা আজকাল খুব ঝগড়া করে বাপের সাথে। বলে, আমার পেটে তো একটা শত্তুর ঢুকিয়ে দিয়েছিস কী না আমার নিজের বাচ্চা চাই। এখন ও না থাকলে কে কাঠ কুটো জোগাড় করবে, কে রাঁধবে বাড়বে, আর কে দু'মাইল পথ ঠেঙ্গিয়ে গিয়ে কলের জল নিয়ে আসবে!

জীবন জিজ্ঞেস করে– তাইলে যতদিন তোর কোন ভাই বইনা না হইয়া যায় তেমন কোন বড়ো বিপদ নাই। তাই না?

সে কথা শ্রীমতী বোধ হয় শুনতে পায় নি। সে অন্য কথা বলে চলে— মা বলে মেয়ে ছেলের বাড় আর কলা গাছের বাড় সমান। ক'দিন আর লাগবে বল আমার বড় হয়ে যেতে। একটু বড় হলে তখন ভালো মন্দ বুঝে নিতে শিখে যাব। বল যাবো না? তখন আমি বিশাখার মত দেখিস কারও সাথে ঠিক পালিয়ে চলে যাবো।

একটা মোড়ে এসে থমকে দাঁড়ায় শ্রীমতী। তার পা যেন মাটিতে গেঁথে গেছে। সামনে সেই মেয়ে মাত্রকে পাগল করে দেওয়া সামগ্রী। বলে ফুচকা খাবো। নাড়ু, জীবনের দিকে তাকিয়ে দিল দরিয়া গলায় বলে, খানা, কে বারণ কচ্চে! জীবন সাথে আছে না! ওর মন খুব বড়। দশটাকা খরচা হলেও ও পিছনে হটার বান্দা নয়।

নাড়ুর কানের কাছে মুখ নিয়ে নিচু গলায় বলে জীবন— যতোই পাম দে, আমি এক পয়সা দিমু না, আগে আগে কইয়া দিলাম। যা খচ্চা হবে তুই দিবি।

ছিঃ ছিঃ জীবন ছিঃ। এই রকম একটা বাজে কথা বলতে তোর একটু লজ্জা করলো না? সাত আট দিন ঠিক মত রিকশা চালাতে পারছি না। তার উপর পর পর তিনদিন পাত্তিতে ঝাড় খাচ্ছি, কি যে হচ্ছে পাত্তি শালা মোটে সাথ দিচ্ছে না। পাঁচ পাঁচ দু'দিন একদিন সাত, মোট সতেরো টাকা হেরে বসে আছি। আর তুই বিনা জুয়ায় সকাল বেলায় বুলু পাত্তি জিতে বসে আছিস, আর এখন আমাকে বলছিস ফুচকার দাম দিতে! ছিঃ

নাড়ুর দক্ষ অভিনেতা সুলভ অঙ্গভঙ্গি আর স্টেশন আবাসিকদের নিজস্ব ভাষায় আওড়ানো সংলাপকে কোন পাত্তা না দিয়ে বলে জীবন, মাইয়াডারে তুই ঘোরাইতে নিয়া আইছোস। আমি আনি নাই। আমি তো তোগো লগে এমনি এমনি আইছি। এখন যা খচ্চা হবে সে সব তোর। আমি ক্যান দিমু!

নিচুস্বরে বলা কথা এত নিচু নয় যে দু'তিন হাত দূরে দাঁড়ানো মানুষ শুনতে পাবে না। শ্রীমতি বধির হলেও ওদের হাত আর মুখ নাড়ানো দেখে আলোচ্য বিষয় বুঝে যেতে তার অসুবিধা হতো না।

সে বলে— তোদের চিন্তা করতে হবে না, আমার কাছে টাকা আছে, যা দাম সে আমিই দেবো। খা।

তোর কাছে টাকা আছে! কোথায় পেলি রে? কাল তো ছিলো না।

সকালে মাল আনতে গিসিলাম যে। পাঁচ টাকা আমদানী হয়ে গেছে।

মাল মানে গাঁজা। শ্রীমতীর মায়ের গাঁজার ব্যবসা। যা সে প্রথম স্বামী পালিয়ে যাবার পর পেট পালবার জন্য ধরেছিল। এখন সে ব্যবসা বেশ জমে গেছে। এক টাকা পুরিয়ার চল্লিশ পঞ্চাশ পুরিয়া রোজ বিক্রি হয়। আবগারী লোকাল পুলিশকে দিয়ে থুয়ে যা বাঁচে দানাপানী চলে যায়। পাইকারি মাল পার্ক সার্কাসে পাওয়া যায়। ওকে সেই ঠেক থেকে একদিন দু'দিন পর পর মাল নিয়ে আসতে হয়। আগে ওর মা মাল আনতো। এখন পেটে বাচ্চা থাকায় চলাচলে অসুবিধা। এ সব কারবার মেয়ে ছেলে ছাড়া চলবে না। তল পেট বুকের ব্রেসিয়ারের মধ্যে মাল লুকাবার তাদের অনেক জায়গা। কারও বাপের সাধ্য নেই যে সে সব জায়গায় হাত দিয়ে মাল বার করে।

শ্রীমতীর শরীরটা ছোট সে তুলনায় বুক ভরন্ত পুরুষ্ট, ওখানে মাল লুকিয়ে

রাখতে পারে না। বয়সের কারণে গর্ভবতীও সাজাতে পারে না। কুমারী মেয়ের গর্ভ ধারণ পুলিশ আবগারির শুধু নয় পাবলিকের চোখেও সন্দেহজনক। তাই বাধ্য হয়ে ঝুঁকি নিয়ে ব্যাগে করেই মাল আনে। যার ফলে দু'চার দিন পর পর কিছু পয়সা পেয়ে যায়।

এখন শ্রীমতী নিজের কষ্টে জোগাড় করা টাকা খরচা করতে যাচ্ছে দেখে গলায় ব্যাঙ্ক ম্যানেজার তুল্য উদারতা এনে জোরের সাথে বলে জীবন– আরে না না তুই ক্যান দিতে যাবি। আজকের সব খরচ্চা আমাগো। তুই তো আইজ আমাগো অতিথি।

যেন পয়সা সব নাড়ুই দেবে এমন এক উদার গলায় বলে– এটাই নিয়ম। কোন মেয়ে যদি কোন ছেলের সাথে ঘুরতে বেড়াতে যায় তো সব খরচা ছেলেটার পকেট থেকে যায়। তোর টাকা তুই রেখে দে, পরে কাজে লাগবে। এখন সব জীবনই দেবে।

অভিজ্ঞ এক ভ্রমণ পটীয়সী মেয়ের মত বলে শ্রীমতী– সে সব নিয়ম আমি জানি মশাই। আমাদের বস্তির চারু, সুশীলা সব ছেলেদের সাথে ঘুরতে যায়। ছেলেদের টুপি পড়িয়ে কত কী খায় কত কী কেনে আমার কাছে সব গল্প বলে। না না করে চারুবালার পাঁচ পাঁচটা তোলা শাড়ি হয়ে গেছে। সুশীলা তো কানের মাকড়ি পর্যন্ত বানিয়ে নিয়েছে। এর পর শ্রীমতী তার গোঁড়া রক্ষণশীল সিদ্ধান্তের কথা ঘোষণা করে– ওরা যেভাবে যা করে ছেলেদের কাছ থেকে শাড়ি গহনা আদায় করে, সে আমি কোনদিন করবো না। কারো কাছ থেকে কিছু নেবো না। এক টাকা খাবো না!

কেন রে! বিস্ময় প্রকাশ করে নাড়ু– ছেলেদের পয়সায় মেয়েদের তো একেবারে জন্মজাত অধিকার। ছেলেরা রোজগার করে কেন! মেয়েদের পিছনে ওড়াবে বলে। তুই সেই অধিকার থেকে নিজেকে বঞ্চিত করবি?

শ্রীমতী বলে– জিভ যার নুন খায় মন তার গুণ গায় জানিস তো? আজ খাবো কাল খাবো এই করতে করতে কি হবে বলতো? মায়া পড়ে যাবে তারপর হয়ে যাবে ভাব ভালোবাসা। বলে না, মন না মতি। তখন যদি লাভ ম্যারেজ হয়ে যায় তখন আমার কি হবে?

কি হবে? হয় তো ওই যা বললি তা হোক না। হলে কি এমন ক্ষতি!

ও সব কি বাঘ ভাল্লুক যে তোকে খেয়ে নেবে।

তার চেয়ে খারাপ।

কী সে খারাপ?

লোকে বলবে না অমৃত সাঁপুইয়ের মেয়েটা অল্প বয়সে পেকে গেছে। লাভ করে বেড়াচ্ছে। আমি কী আমার বাপের নাম ডোবাবো নাকি! সে সব করবো বিয়ের পরে। তখন তো কেউ কিছু বলতে পারবে না।

জীবন এখন নিশ্চুপ। তার মনের ভাব বোঝা যাচ্ছে না। তবে নাড়ুর এখন বড় ভালো লাগছে। মনটা একেবারে ফুরফুরে আর রঙিন হয়ে উঠেছে। আজকের এই মেঘাচ্ছন্ন সন্ধ্যাকে মনে হচ্ছে খুবই মূল্যবান। যেন কোন পরম প্রাপ্তি ঘটে গেছে আজ। যা আগে আর কখনো ঘটে নি। মনে হচ্ছে এমন একটা সময়ের জন্য সারা জীবনের সঞ্চয় উড়িয়ে দিলেও কোন আপসোস হবার কথা

নয়। ঈশ্বর তুমি আছো কী না, থাকলে কোথায় থাকো তা কে জানে। তবে আজকের এই সন্ধ্যা যদি তোমার দয়ায় মিলে থাকে, এমন একটা অভাবনীয় উপহার দেবার জন্য তোমাকে ধন্যবাদ।

ফুচকার দোকানদার বিহারী। বয়েস চল্লিশের কোঠায়। কুড়ি বছর কলকাতায় আছে। বন্দেল গেটের কাছে ভাড়া বাসায় থাকে। সম্ভবত সে তার জীবনে প্রথম দেখলো যে দু' দুটো ফচকে ছেলের সাথে ঘুরতে বের হয়ে একটা মেয়ে নিজের পয়সায় ফুচকা খাচ্ছে। টাকায় আটটা। ওরা তিন টাকার ফুচকা খেয়ে আবার সামনে হাঁটে। দূরে দেখা যাচ্ছে নবীনা সিনেমা হল। তা ছাড়িয়ে আর একটু সামনে টিপু সুলতান মসজিদ। অনেকক্ষণ কেউ কোন কথা না বলে চুপ করে সেদিকে হাঁটে। তারপর এক সময় বলে নাড়ু— এতক্ষণ ধরে সারা পথ তোর সাথে ফাজলামো করেছি। এবার একটা সিরিয়াস কথা জিজ্ঞাসা করছি। খুব ভেবে উত্তর দিবি কিন্তু।

বল! শ্রীমতী বলে।

তুই যখন বড়ো হবি, মানে আর এক কি দেড় বছর পর যখন তুই ভালোবাসা করবি, আমাদের দুই বন্ধুর কেউ কী চান্স পাবো?

নাড়ুর কথায় শ্রীমতীর কপালে ভাঁজ পড়ে। অর্থাৎ কথাটা নিয়ে সে সত্যি সত্যি চিন্তা করছে। এটা তো গভীর একটা চিন্তারই বিষয়। নাড়ু ফাজিল হতে পারে, কিন্তু তার প্রশ্নটা তো কোন হালকা পলকা ফাজলামো নয়। এ কথার একটা ভেবে চিন্তে উত্তর দিতে হবে বইকি!

এটা তো শ্রীমতীর জীবনে একটা স্থির সিদ্ধান্ত যে সে বাপের দেখা পাত্রকে কিছুতে বিয়ে করবে না। সে কাউকে নিজে পছন্দ করবে যা খুব স্বাভাবিক ভাবে তার বাপের পছন্দ হবে না। তখন তো পালাতেই হবে। তা এই ছেলে দুটো, মোটামুটি যা জানা বোঝা গেছে, খুব একটা খারাপ হবে না। এদের যে কোন একজনকে নিশ্চয় বেছে নেওয়া যায়।

সে ঠিক আছে, শ্রীমতী বলে।

কী ঠিক আছে।

তোদের সাথে ভালোবাসা করবো।

একটু থেমে ফের বলে নাড়ু— কিন্তু দুজনের সাথে ভালোবাসা করলেও বিয়ে করার জন্য তো যে কোন একজনকে বেছে নিতে হবে। আমাদের মধ্যে কাকে বাছবি? কে হবে সেই ভাগ্যবান?

বলে শ্রীমতী— তোরা দুজনেই ভালো।

কি করে বুঝলি?

মেয়েরা বোঝে।

জীবনের মনে হয়, মেয়েটার বুদ্ধি সুদ্ধি খুবই তরল। শুধু গায়ে গতরে খানিকটা বেড়ে গেছে। বুদ্ধি ঘন হলে কথা বার্ত্তা চলনে একটা অন্য রকম ভাব ভঙ্গি এসে যেতো। তাহলে আর এত ভালো লাগতো না। এ এক ব্যতিক্রম। না হলে শ্রীমতী যে পরিবেশে বাস করে পেকে ঝুনো হয়ে যাবার কথা। কুসুমের সাথে শ্রীমতীর এইখানে একটা অমিল। কুসুম ছিলো তার বয়েসের চেয়ে কম পক্ষে পাঁচ বছর এগিয়ে শ্রীমতী পিছিয়ে আছে পাঁচ বছর। সে যা বলতো সে

যা করতো তার পরিণাম পরিণতি সম্বন্ধে সজাগ থেকে করতো। এ যা বলছে করছে সবটাই একটা ছেলেমানুষী খেলার মত। যার পিছনে কোন বুদ্ধির ছাপ নেই।

১৭.

দেবতাদের মন্দির

সেদিনের সেই এলোমেলো পথ চলা আর আবোল তাবোল কথার পরে যখন জীবন স্টেশনে ফেরে, খবর পায় তার জন্য অপেক্ষা করতে করতে ক্লান্ত হয়ে হতাশ গণেশ গোপালরা সাধ্যমত গরুমারা সন্ন্যাসীর বিচার করে দিয়েছে। বেশ ঘা কয়েক দিয়ে মাথার চুল একদিক কামিয়ে মুখে কালি লেপে সারা স্টেশন এলাকায় ঘুরিয়ে তাড়িয়ে দিয়েছে স্টেশনের সীমা থেকে।

যাদবপুর রেল স্টেশনের দুই প্লাটফরমে দুজন জীবন থাকে। এক জনকে খুঁজলে পাওয়া যায় সন্ধ্যার পরে সন্ধ্যা বাজারে রেলকলোনিতে, সাইডিংয়ে, বা একটু গভীর রাতে ওভার ব্রীজের সিঁড়ির নীচে। দিনের বেলায় সে কোথায় থাকে কি করে সেটা সঠিকভাবে বলা একটা সমস্যা। শোনা যায় কালীঘাট শ্মশানে কাঠের চুল্লির পাশে কৃষ্ণ কালী মন্দিরের কাছে তার একটা ঠেক আছে। ফাঁসুড়ে নাটা মল্লিকের ভাই শংকর মল্লিক, সেন্ট্রাল জেলের ওয়ার্ডার রাধেশ্যাম রায়, শ্মশানের ক'জন ডোম, এক জন সাধু যে কিছু দিন আগে দশ বছর জেল খেটে এসে আর ও সব করবে না বলে সন্ন্যাস নিয়ে শ্মশানে এসে আশ্রম বানিয়ে বসে আছে এরা তার সাথী সঙ্গী।

ঘুড়ি যেমন সারা আকাশে উড়ে কোন না কোন সময় লাটাইয়ের কাছে ফিরে আসে সুতোর টানে, সারা দিন সেখানে যেভাবে কাটুক রাত হলে এই জীবন তেমনই ফিরে আসে দু নম্বর প্লাটফরমের সিঁড়ির নিচে। তখন তার গাঁজার নেশায় চোখ লাল থাকে বা মদের কারণে পা বেসামাল।

এ সেই জীবন যে একদিন ঘুরতে ঘুরতে পৌঁছে গিয়েছিল এই ষ্টেশনে। তারপর এখানকার মাটির টানে মানুষের মায়ায় আর চলে যেতে পারেনি। রয়ে গেছে ষ্টেশনের একজন হয়ে, সবার সুখে দুখের অংশভাগী হয়ে।

সাধু মহাপুরুষ পণ্ডিতরা বলেন যে মানুষের জন্মের সময়ে আকাশের গ্রহ নক্ষত্রের যে অবস্থান তারাই ঠিক করে দেয় জাতকের ভাবী জীবন কেমন

হবে। এবং যা তারা ঠিক করে দেয় তার বাইরে যাবার ক্ষমতা মানুষের হাতে থাকে না। সেই অমোঘ অদৃশ্য শক্তির দ্বারা নিয়ন্ত্রিত হয় সব জীবকুলের জীবন ও কর্ম। কথাটায় কতটা সত্য আছে, আদৌ আছে কি না তা এই জীবন যে জীবন অন্য এক জীবনের ডুপ্লিকেট সে জানেনা। কোনদিন তা জানবার চেষ্টাও করেনি। বিদ্যা মেধা জ্ঞান অর্জনের জন্য মানুষের যে অবসর দরকার তা আর কোনদিন ছিলো না। আজও নেই। অভিশপ্ত বর্ত্তমান আর অনিশ্চিত ভবিষ্যত তাকে কোথাও তিষ্টোতে দেয়নি দুদণ্ড ফলে ওসব উচ্চমার্গের বিষয় নিয়ে নাড়াচাড়া করবে কখন?

এই কারণে যে দেব দেবতা ভূত ভগবান এসব নিয়েও বিশেষ মাথা ঘামাতে পারেনি। "যাকে জানি না তাকে মানি না" এই রকম একটা বোধ থেকে আর মনের মধ্যে হালকা একটা নাস্তিক্যবাদের পলেস্তরাও পড়ে গিয়েছে। ভগবান বলে কেউ যদি থেকে থাকে তো থাকুক না আমার কি! সে যখন কোনদিন আমার খোঁজ খবর নেবার দরকার মনে করেনি আমি বা তার খোঁজ নেবো কেন?

জীবনের এই মানসিক অবস্থার কথা যারা জানে তারা এক বাক্যে বলে ও যতই কালীঘাটে যাক আর সাধু সঙ্গ করুক কোনদিন সাধু হবে না। সে ওর রাশিচক্রে নেই। যদি থাকতো আর কিছু লক্ষণ এতদিনে নিশ্চয় প্রকাশ পেতো। কথায় বলে যার নয়ে হয় না, তার নব্বইতেও হয় না।

জীবন নিজেও জানতো তার দ্বারা এ জীবনে ধর্ম কর্ম কোনদিন করে ওঠা সম্ভব হবে না। মাথার ঘায়ে যে কুকুর পাগলা মহৎ তার দ্বারা হবে কেমন করে। কিন্তু জীবন জানতো না সে না চাইলেও তার ভাগ্য তার হাত দিয়ে এমন এক কর্ম করিয়ে নেবে যে তা ষ্টেশনেই ধার্মিক মানুষের ধর্মকর্ম নাম সংকীর্তনের একটা মহান কেন্দ্র হয়ে গড়ে উঠবে। বলা যায় না এই কর্মের জন্য এক দু'শো বছর পরে তার নাম মীরজাফরের সঙ্গী হওয়া সত্ত্বেও হিন্দু ধর্মের মানুষের কাছে রাজা রাজবল্লভের নাম যে শ্রদ্ধায় উচ্চারিত হয়, তা হলেও হতে পারে। শোনা যায় ইংরেজ মিত্র ওই রাজা দেশের নানা প্রান্তে নব্বই খানা মন্দির স্থাপন করেছিলেন।

যাদবপুর রেল ষ্টেশন থেকে যে রাস্তাটা বাঁয়ে একটু বাঁক নিয়ে সোজা রাজা মল্লিক রোডে গিয়ে মিশেছে, এক নম্বর প্লাটফরমের টিকিট কাউন্টারের সামনে থেকে যে রাস্তায় নামলে প্রথমে বাঁদিকে পড়বে বহু প্রাচীন এক বট গাছ যার সামনে সার দিয়ে দাঁড়িয়ে থাকে অনেকগুলো খালি রিকশা সওয়ারীর অপেক্ষায়। কারণ, এটা একটা রিকশা স্ট্যান্ড। শহর এবং শহরতলীর সব রিকশা লাইনে ঠিক যা যা হয় এটাও তার ব্যতিক্রম নয়। একটু চোখ চাইলে চোখে পড়বে থেমে থাকা রিকশার আড়ালে বসে গাঁজা টানছে কেউ কেউ। দেখা যাবে গামছা পেতে জুয়া খেলা, পরিশেষে চিৎকার ঝগড়া মারামারির দৃশ্যও। এখানে আছে মানুষের শ্রমে ঘামে উপার্জন করা অর্থ সুকৌশলে খসিয়ে নেবার জন্য প্রলোভনকারী সাট্টার খেলা।

রিকশা লাইনে গোটা পঞ্চাশ রিকশা রাখার মত জায়গা আছে। তবে একমাত্র রাত ছাড়া এত রিকশা জড়ো হয় না। কিছু স্ট্যান্ডে থাকে তো কিছু

যাত্রী নিয়ে পথে পথে। আগে এখানে সব রিকশা যে যার মত এলোমেলো দাঁড়াতো, হাঁকা ডাকা করে যে পারতো সওয়ারী তুলতো, এবং এই এলোমেলো রিকশা দাঁড় করাবার জন্য ট্রেন থেকে নামা যাত্রীদের চলাচলে বড় অসুবিধা হত। জীবন নিয়ম করেছে, আগোছালো নয়, রিকশাগুলো রাখতে হবে সুশৃঙ্খলভাবে লাইন দিয়ে এবং যাত্রী তুলতে হবে একের পর এক। একজন দশ ট্রিপ মারবে আর একজন এক ট্রিপও পাবে না এটা ঠিক নয়, একটু আবেগ মাখা গলায় বলে ছিলো জীবন আমরা সবাই গরীব মানুষ দুখী মানুষ, কারও দুঃখ কষ্ট দূর করবো সে ক্ষমতা তো আমাদের নেই। চেষ্টা করো যেন তোমার জন্য আর এক গরীবের কষ্ট যাতে বেড়ে না যায়। দেখো না যদি তার দুঃখ দশজনে মিলে একটু ভাগ করে নিলে সে যদি একটু বাঁচে।

কিছুটা ভয়ে কিছুটা ভালোবাসায় বাধ্য হয়ে সবাই জীবনের কথা মেনে নিয়ে একের পর এক লাইন দিয়ে ভাড়া তুলছে। এবং আশ্চর্য হয়ে দিনের শেষে হিসাব করে দেখছে যে এতে আগের চেয়ে মোটেই কম হচ্ছে না। তার বানানো নিয়ম কেমন পালিত হচ্ছে দেখতে এসে এক দুপুরে দেখে জীবন, রেল ষ্টেশনের মুটে রঘু বিশাল একটা ডাবের ঝুড়ি মাথায় নিয়ে গলদঘর্ম দাঁড়িয়ে হাঁক পাড়ছে, কিন্তু প্রথম দ্বিতীয় তৃতীয় কোন রিকশার সামনে বোঝা নামাবার জন্য একজনও রিকশাওয়ালা নেই। ডাবের বোঝা খুব ভারী, এক কুইন্টালের কম নয়। মাত্র দশ সেকেন্ডও যে বোঝা মাথার উপর রাখা এই গরমে কত কষ্টদায়ক তা সে জানে যার মাথার উপর পাহাড়।

যারা এখানে রিকশা চালায় তার মাত্র অল্প কয়েক জন যাদবপুরে থাকে। বেশির ভাগই এসেছে দক্ষিণ আর উত্তর চব্বিশ পরগনা থেকে। কেদার আর সীতারাম বিহারের। এরা সত্যিই রিকশা চালিয়ে দুটো পয়সা রোজগার করে পরিবার পরিজনের পেট পালতে চায়। রিকশা রেখে তারা এদিক সেদিক ঘুরে বেড়াবে এমন কোন বদ মতলব তাদের নেই। কিন্তু কেন কে জানে সারাক্ষণ তো তারা যাত্রীর আশায় রিকশার উপর বসে থাকে যেই সেই রিকশা লাইন টেনে টেনে সামনের বটগাছের গোড়ার দিকে চলে আসে তারা আর রিকশার ধারে কাছে দাঁড়ায় না। দাঁড়াতে পারে না। তারা রিকশা লাইনে রেখে চলে যায় দূরে। অনেকটা দূরে। এর কারণ কি? কারণটা আর কিছুই নয় দুপুরের দক্ষিণ বাতাস। রৌদ্র গন্ধ সেই প্রখর বাতাসে ভেসে আসে নাকে জ্বালা ধরানো একটা ঝাঁঝালো গন্ধ। সে গন্ধবাণ সহ্য করে সেখানে দাঁড়াবে কার বাপের এমন সাধ্য।

যাদবপুর ষ্টেশনের উপর দিয়ে সারা দিনে যে শতাধিক ট্রেন আসা যাওয়া করে সবকটি লোকাল ট্রেন। লোকাল ট্রেনে তো প্রস্রাব— পায়খানা করার মত কোন ব্যবস্থা থাকে না। যাদবপুর ষ্টেশনে টিমটিমে একটা ব্যবস্থা অবশ্য আছে, সে দু'নম্বর প্লাটফরমে। তাই যারাই এক নম্বর প্ল্যাটফরমে ট্রেন থেকে নামে বা চাপে ট্রেনে চড়ার আগে আর ট্রেন থেকে নামার পরে ও কর্মটি বটগাছের ছায়ায় সেরে নেয়। আমাদের জাতীয় সভার অনুকরণ, এবং তা সদগুণের বেলা যতটা নয় অবগুণের বেলা দ্বিগুণ। ফলে, কেউ কাউকে বট বৃক্ষের তলে চেন খুলে লুঙ্গি তুলে দাঁড়াতে দেখলেই সে তার সঙ্গ দেবার পদানুসরণ করার তাড়নায় অধীর হয়ে ওঠে। অকারণে বটগাছের গোড়ায় নিরন্তরে নির্বিরোধে

জল সিঞ্চন চলছিল।

প্লাটফরমের টিকিট কাউন্টারের উল্টোদিকে একটা টিষ্টল। ষ্টলের লোকজনের সাথে ওই সব জলত্যাগী জনতার প্রায় রোজই রুটিন মাফিক বাক— বিতণ্ডা ঝগড়া মারামারি হয়ে থাকে। এ পক্ষের বক্তব্য এই জলত্যাগ জনিত গন্ধ এবং অশ্লীলতার কারণে তাদের কাস্টমার কমে গেছে। মহিলারা তো একদম দাঁড়াতেই চায় না, চা কি খাবে?

অপর পক্ষের যুক্তি অতি সরল –তারা রেলের যাত্রী আর জায়গাটা রেল কোম্পানির, কারো বাপের তো নয়। এখানে টিষ্টল হবার বহু আগে থেকে বলা চলে তাদের পূর্ব পুরুষরা ট্রেন যাত্রী হবার সুবাদে রেল কর্তৃপক্ষের কাছ থেকে এখানে মূত্র ত্যাগ করার মানবিক অধিকার পেয়ে এসেছে। এখন তাদের সেই অধিকার থেকে বঞ্চিত করার জন্য গায়ে জল ছুঁড়ে দেওয়া শুধু অন্যায় নয় অতি অমানবিক ব্যাপার। রেলকর্তৃপক্ষ যখন বাধা দিচ্ছে না তখন অন্য কারো বাধা তারা মানবে কেন?

এই নিয়ে যে বিবাদ বিতর্ক একটা দীর্ঘদিন ধরে চলছে তা এই জীবন জানেনা। ওই জীবন জানলেও জানতে পারে। তবে সে নিজেও মাঝে মধ্যে এখানে দাঁড়িয়ে পড়ে— পড়তে বাধ্য হয় বলে কোন পক্ষ নিতে পারে না ঝগড়ায়।

এক সময় সমগ্র যাদবপুর অঞ্চলের সবকটি রিকশা লাইনকে সংযুক্ত করে সিপিএম পার্টির নেতা মন্টু সেন একটা রিকশা ইউনিয়ন গঠন করে ছিলেন। সেটা মন্টু বাবু এলাকা ছেড়ে চলে যাবার পর ভেঙ্গে যায়। এখন সব রিকশা লাইনেই নিজেরা নিজেদের মত আইন নিয়ম বানিয়ে ছোট ছোট স্বাধীন ইউনিয়ন বানিয়ে রিকশা চালকরা রিকশা চালায়। যা কিছু সমস্যা হয় স্থানীয় ভাবে সমাধান করে। যাদবপুর স্টেশন রিকশা চালকরাও সেরকম একটা ইউনিয়ন নামে মাত্র গড়ে রেখে ছিলো টিবি হাসপাতালের মাস্তান সাধন দের ভাই সোনাদেকে সভাপতি বানিয়ে।

জীবন, দু নম্বর প্লাটফরমের রাতচরা ভবঘুরে জীবনকে অন্ধকার থেকে খুঁজে বলা চলে ধরে নিয়ে এসেছিলো ক'জন রিকশাওয়ালা। এবং তাকেই বলেছিল ইউনিয়নের সেক্রেটারি তোমায় হতে হবে। রিকশাওয়ালাদের বিপদে আপদে যে ভাবে তুমি পাশে দাড়াও, সেই কথা মনে রেখে সবাই চায় তুমিই ওই পদে থাকো।

অনুরোধ যদি বা ঠেলা যায় আদেশ ঠেলে ফেলা যায় না বিশেষ করে সোনাদার। বলে সে আর কোন কথা নেই, তুই— ই সেক্রেটারি হলি। এটা জনগণের দাবি। এ দাবিকে মর্যাদা দিতেই হবে।

সেই দাবিকে সম্মান দিতে জীবন সেক্রেটারি। এবং সেক্রেটারি হয়েই তার প্রথম ফরমান সবাইকে লাইন দিয়ে একের পর এক যাত্রী নিতে হবে। আজ থেকে এই নিয়ম। যে নিয়ম ভাঙ্গবে তিন দিন "সাসপেন"। সেদিন নবনির্বাচিত সেক্রেটারি জীবন তার বিজয় ভাষণে পেশাদার রাজনৈতিক নেতার ঢংয়ে যে বিষয়টার উপর বিশেষ জোর দেয় তা দেশভক্তি, জনসেবা।

"দেখো ভাই সব যারা তোমাদের রিকশায় চাপে তাদের সাথে তোমাদের

একটা সুন্দর সম্পর্ক গড়ে তুলতে হবে। কেউ তাদের সাথে কোন খারাপ ব্যবহার করবে না। কেন করবে? তারা তো তোমাদের অন্নদাতা। দোকানদাররা বলেন খরিদ্দার লক্ষ্মী। বলতে গেলে প্যাসেঞ্জাররা তোমাদের লক্ষ্মী যাতে তাদের একটু সুবিধা হয় মানে নিজের কোন ক্ষতি না করে যেটুকু যা করা যায় তা করলে রিকশাওয়ালাদের লাভই হবে।"

কারো ক্ষতি না হলে কারো কি উপকার হয়? বেমক্কা বলে বসে নিমাই মাস্টার।

নিমাই মাস্টার যাত্রা দলের মাস্টার। বাড়ি মাতলা নদীর ওপারে, গোসাবায়। ছোট বেলা থেকে তার যাত্রা করা শখ। মনে বড় আশা ছিলো সে একদিন সোনাই দিঘি ও স্বপন কুমারের মত বড় অভিনেতা হবে। সেই আশায় পৈত্রিক দু'বিঘে জমি বিক্রি করে পাড়ার ছেলেদের নিয়ে গড়ে তুলে ছিল বনবিবি অপেরা। সে টাকায় চারটের বেশি শো করা যায়নি। চারটে শোতে সেই নামও হয়নি নিমাই মাস্টারের যা দিয়ে স্বপন কুমারের সাথে পাল্লা দেওয়া যায়। যাত্রা পালার পিছনে জমি জিরেত খুইয়ে এখন নিমাই পেটের দায়ে যাদবপুরে রিকশা চালায়। যাত্রা তাকে ছেড়ে গেলেও সেই মাস্টার অর্থাৎ বদনামটা এখনো নামের সঙ্গে সেটে আছে।

এই রিকশা লাইনে সেই একমাত্র শিক্ষিত প্রাণী। কারণ তার হাতের লেখা "মুক্তোর মত"। সেই অধিকারে তার জ্ঞানবাণী কারো ক্ষতি না হলে কারো উপকার করা যায় না। সন্ন্যাসী বিষ দিয়ে গরু মারতো। যার ক্ষতি হত তার হত লাভ হত জলধরের।

নিমাইকে জোর গলায় ধমকে ওঠে জীবন, মাস্টার তোমার যাত্রার পাঠ বন্ধ করো। এসব হচ্ছে শিক্ষিত শয়তান লোকেদের বদ যুক্তি। বজ্জাতি বদমায়েসী করার জন্য তারা এ সব কথা বলে। করা যায়, কারো কোন ক্ষতি না করেও ইচ্ছা থাকলে মানুষের উপকার করা যায়। একটু থেমে সবার দিকে একবার তাকিয়ে ফের বলে জীবন তোমাদের কারো কোন ক্ষতি হবে না, শুধু ট্রেনটা স্টেশনে ঢুকলে একটু রিকশার সামনে থেকো তাতেই মানুষের উপকার হবে। আমি তো দেখি, ট্রেন থেকে লোক মোটঘাট বালবাচ্চা নিয়ে এসে রোদে রিকশার সামনে দাঁড়িয়ে কে যাবে কে যাবে বলে হাঁক ডাক করছে, রিকশাতো লাইনে আছে কিন্তু ড্রাইভার আশেপাশে নেই। ভাবোতো তোমার মাথার উপর যদি দেড় মোন বোঝা থাকে আর সে নিয়ে দাঁড়িয়ে থাকতে হয়, কত অসুবিধা। তাই আজ থেকে এই নিয়ম করা হল লাইনের প্রথম থেকে পরপর যে চারখানা গাড়ি থাকবে রিকশাওয়ালাকে তার উপর বসে থাকতে হবে। যদি এক নাম্বার গাড়ির ড্রাইভার না থাকে দু'নাম্বার গাড়ি ভাড়া নিয়ে যাবে, দুই না থাকলে তিন, তিন না থাকলে চার। আর যারা ভাড়া নিলো না সব সারাদিন "সাসপেন"।

জীবন নিজের রিকশা চালায় না। সে কি করে জানবে কেন কী হয়। নিমাই মাস্টার তাকে চ্যালেঞ্জ জানায় তুমি পারবে?

কী?

দুপুর বেলা, যখন রোদ চচ্চর করে উঠবে দক্ষিন দিক থেকে বাতাস আসবে পারবে রিকশার উপর বসে থাকতে?

পারলে কী হবে?

আগে বসে তো দেখাও।

আইন জীবন বানিয়েছে। বাংলায় আপনি আচরি ধর্ম পরকে শিখাও বলে একটা কথা আছে। ফলে নিজে করে দেখানোর বাধ্য বাধকতার জালে সে নিজেকে বেঁধে নেয়।

কতক্ষণ বসতে হবে?

যতক্ষণ ভাড়া না আসে।

ঠিকাছে, কাল।

কাল কেন আজই হোক।

ঠিক কি কারণে নিমাই এত জেদ ধরছে তা তখনো মাথায় ঢোকেনি জীবনের। সে ভাবছে রোদের তাপের কথা। রোদ! পাগলরে এই দেহের উপর দিয়ে কত রোদ বর্ষা শীত পার হয়ে গেছে কেউ দেহের দূর্বা ঘাসও বাঁকা করতে পারেনি। কি করে আমার মে মাসের রোদ?

প্রথমে যে রিকশাখানা লাইনে রাখা তার উপর উঠে হাসি হাসি মুখ করে বসে পড়েছিল জীবন। প্রায় মিনিট খানেক ঠিকমত বসতে পেরেছিল। তখন বাতাসের বেগ উল্টো দিকে থাকায় বিশেষ অসুবিধা হয় নি। সেই বাতাস দিক পরিবর্তন করলো মনে হল যেন নাক বুক পেট সব তীব্র ঝাঁঝে জ্বলে গেল। মনে হল কেউ তার নাসারন্ধ্রে বোতল খানেক নাইট্রিক এ্যাসিড ঢেলে দিয়েছে। প্রাণঘাতী গন্ধ সহ্য করতে না পেরে জীবন ছুটে গেল বিপরীত দিকের বটগাছটার ওপাড়ে উত্তর থেকে দক্ষিণ দিকে। মুখ থেকে তার বের হয়ে এল একেবারে অজান্তে বিরক্ত বিব্রত সেই বহু কথিত প্রিয় সম্বোধন -ও শাল্লা -রে। মোষের মত কালো অনবরত পান চিবোনো সারা গায়ে ঘাম আর ঘামাচি ভর্তি মন্টু সেনের ইউনিয়নের লাইন সেক্রেটারি বর্ত্তমানে প্রাক্তন অনিল ঘোড়ুই খ্যাঁক খ্যাঁক করে হাসতে লাগলো আইন বেইনেচিস, দ্যাখ এখোন কেরাম লাগে!

কি এখন করে জীবন? কথায় বলে বন্দুকের গুলি আর মুখের বুলি একবার বের হয়ে গেলে আর ফেরানো যায় না। এখন কী করে জীবন ওই প্রাণঘাতী গন্ধবাণ থেকে মানুষকে বাঁচায় কি করে রক্ষা করে নিজের বলা বাক্যের মান মর্যাদা।

সেদিন রাতেই সে কিছু বাছাই রিকশাওয়ালাকে সাথে নিয়ে প্লাটফরমের এক কোণে এক জরুরি মিটিংয়ে বসল। বলো দেখি তোমরা কি ভাবে কি করা যায়। যে করে হোক গন্ধতো বন্ধ করতেই হবে।

অনিল ঘোড়ুই জিজ্ঞেস করে— কত হাতি ঘোড়া গেল তল মশা বলে কত জল। মন্টুবাবু যা পারেনি আমরা কি করে পারবো?

পারবো, আমরা পারবো। কালীচরণ, যার মাথাটা শরীরের তুলনায় খানিকটা বড়, কথা বলার সময় থুতু ছেটে, বলে সে আমার কথা মতোন এট্টা কাজ কত্তি পারলি আর গনধো থাকবে নি।

কি কাজ? সমস্বরে জানতে চায় সবাই।

যেই দেখবি কেউ মুততেচে পেছন থেকে মারবি পাছায় এ্যাক লাথি। দিন কতেক এরাম গোটা কয়েক ঝাড় খেলি দেখবি আর ভয়ে কেউ মুততে আসবে

না।

কে মারবে লাথি? তুই পারবি?

পারবো।

জীবনে কাউকে কোনদিন মেরেছিস? কাউকে মারা অত সহজ না। তুই এক ঘা দিবি তোকে ধরে পাবলিক দশ ঘা দিয়ে দেবে।

তোরা সাথে থাকবি না?

না ভাই মারপিটে আমি নেই বলে নিমাই মাস্টার রাত বিরেতে ইদিক সিদিক ভাড়া নিয়ে যাই। কে না কে বাগে পেয়ে পেঁদিয়ে বাপের নাম ভুলিয়ে দেবে, তখন কি হবে?

পাশের টিষ্টল থেকে ভাঁড়ে ভাঁড়ে চা আসে। চায়ের দাম ইউনিয়ন মাসে মাসে যে চাঁদা তুলবে তা থেকে দেবে। আপাতত বাকি। চায়ের সাথে আসে ঘুটিয়ারী শরীফের কারিগরের হাতে বানানো লাল সুতোর মাথা চ্যাপ্টা নেপালী ও গুজরাটি মিঠে কড়া তামাকের বিড়ি। হাতে হাতে বিড়ি জ্বলে ওঠে। বিড়ির ধোঁয়া বুদ্ধির জট খুলতে খুবই সহায়ক। বিড়ির চেয়ে গাঁজা আরো সরেস। এই জন্যে লোকে গাঁজার কলকের নাম দিয়েছে বুদ্ধিমন্ত। তবে এখন বুদ্ধিমন্তকে দূরে রাখা হয়েছে। প্লাটফরমে কেউ গাঁজা টানলে জিআরপি পুরে দেবে নারকোটিক ড্রাগ অ্যাক্টে।

এবার ডাক্তার বলে, আচ্ছা যদি একটা বোর্ড বটগাছের গায়ে টাঙ্গিয়ে দেওয়া হয়? যাতে বেশ বড় বড় করে লেখা থাকবে এখানে প্রস্রাব করিবেন না। তাহলে মনে হয় আর কেউ...।

এ ডাক্তার কোন নাড়ি টেপা রোগী দেখা ডাক্তার নয়। এ হচ্ছে ঘোড়ার ডাক্তার। রেসের মাঠে যে সব ঘোড়া দাঁড়ায় তার হাল হকিকৎ জন্মপঞ্জি সব তার জানা। কোন জ্ঞানই বিনামূল্যে মেলে না। এই মহা জ্ঞানকে আত্মস্থ করতে গিয়ে উড়ে গেছে তার মুদিখানার সব পুঁজি। বাধ্য হয়ে ব্যবসা বর্জন করে এখন রিকশা চালায়। রিকশা চালায় আর স্বপ্ন দেখে একদিন কোন একদিন অংক কষে বের করে ফেলবে সেদিনের বাজীর পাঁচটা নম্বর। পেয়ে যাবে একটা জ্যাকপট। ফিরে যাবে সে বড়বাজার থেকে লরী ভরে মাল নিয়ে মদনপুরের তার সেই দরমার বাড়িতে। আবার সাজিয়ে বসবে দোকানখানা।

মিটিংয়ে উপস্থিত রিকশা চালক জনগণের সর্বসম্মতিতে এই প্রস্তাব গৃহীত হল যে একটা বোর্ডই লাগানো হবে। এরপর শুরু হল বাজেট নিয়ে বিতর্ক। বোর্ড বানাতে লেখাতে যে টাকা লাগবে সেটা একেবারে কম নয়। সে টাকা আসবে কোথা থেকে? দেবে কে?

গোকুল নামের একজন অভিমত দিলো এখন যে রিকশা ভাড়া আছে তার উপর সামান্য কিছু বাড়িয়ে এই বোর্ড খরচা যাত্রীদের কাছ থেকে আদায় করে নেওয়া হোক।

হবে না! বলে একজন এতে ঝামেলা ঝগড়া বাড়বে। যে যাত্রী সকালে বিজয় নগর থেকে এসেছে বিজয় নগর স্ট্যান্ডের রিকশায় এক ভাড়া দিয়ে, বিকালে স্টেশনের রিকশায় গিয়ে বাড়তি ভাড়া দিতে চাইবে না। সেই নিয়ে বেধে যাবে ঝগড়া। মারতেও পারে ওরা।

তাহলে উপায়! মাথা মোটা কালীচরণ তার মনো বাসনা জানালো স্টেশনে রাত্রি বেলায় যে জুয়ার আড্ডা বসে, মেরে ধরে সেই টাকা কেড়ে নেওয়া হোক। একাজ কালীচরণ খুশি মনে করতে প্রস্তুত যদি তার পিছনে জীবন আর জীবনের দলবল গনাগনেশ গোপালরা থাকে। সব রিকশাওয়ালার নৈতিক সমর্থন থাকলে এ কাজ করতে গিয়ে যদি তার হাসপাতালে যাবার ঝুঁকি নিতে হয় তাও সে নিতে পারে।

অবশেষে জীবন বলল, একটা সামান্য কাজের জন্য এত ঝামেলায় যাবার দরকার নেই। যেটা সহজ সোজা সেটাই করা হোক। পঞ্চাশ জন রিকশাওয়ালা প্রত্যেকে আট আট আনা করে চাঁদা দিক। দরকার হলে সে পয়সা মাসিক চাঁদা থেকে বাদ করে দেওয়া হবে।

সে চাঁদা কে তুলবে? পূর্ব অভিজ্ঞতা সম্পন্ন অনিল ঘোড়ুই বলে রিকশাওয়ালার কাছ থিকে চাঁদা নেওয়া আর বাঘের মুখ থেকে খাবার কেড়ে আনা এক কথা।

কারো তুলতে হবে না, আমি তুলবো। জীবন বলে ওঠে। কয়েক দিন পরে হলুদ আর লাল রঙের একখানা ঝাঁ চকচকে টিনের বোর্ড পেরেক ঠুকে সেঁটে দেওয়া হল বট গাছের গায়ে। যাতে লেখা আছে সেই অবিস্মরণীয় ঐতিহাসিক বাণী "এখানে প্রস্রাব করিবেন না।"

প্রতিদিনকার সেই সব যাত্রী যারা নিয়মিত এখানে প্রস্রাব করে, বটগাছের ছায়ায় দাড়িয়ে সুদৃশ্য বোর্ডখানার দিকে তাকিয়ে বড় মুগ্ধ হল। এদের অনেকেই লেখা পড়া জানেনা ফলে পড়তে পারলো না এতে কোন মহাপুরুষের কোন বাণী লিখিত আছে। তবে তারা রঙের অপূর্ব প্রয়োগ দেখে মনে মনে কোন অমূর্ত চিত্র কলা কল্পনা করে শিল্পীর তারিফ না করে থাকতে পারলো না। এ আর কারো নয় পঞ্চানন তলার সেই "কাকু"র হাতের কাজ। যে রিকশার পিছনে গাছ ফুল পাখি আঁকে।

পঞ্চানন তলার কাকু নামক সেই মহান শিল্পীর শিল্পকর্ম যাদবপুরের বহু রিকশার পিছনে শোভামান। গাছ ফুল পাখি নয় যে কিছু স্বরচিত কবিতাও লিখে দিয়েছে রিকশার শরীরে। ফুল হ্যায় গুলাব কা খুশবু লেকে জাইয়ে, গাড়ি হ্যায় গরীবকা ভাড়া দেকে জাইয়ে, নাহানা হো তো দরিয়ামে যা কিনারামে ক্যা রাখা হ্যায়, প্যার করনা হো তো ডাইরেক বোল ইশারামে ক্যা রাখা হ্যায় এসব তারই কবিতা। এই বোর্ডটাকেও মানুষ বোধহয় কোন সান্ধ্য সান্ধ্যভাষায় লেখা আধুনিক কবিতা বলেই ধরে নিলো। যার অর্থ সর্ব সাধারণের বোধগম্য নয়।

তবে তাতে গন্ধ কমার কোন লক্ষণ দেখা গেল না। বরং বেড়ে গেল। আচার্য রজনীশ বলে গেছেন— নিষেধ মানে হল আমন্ত্রণ। কোন একটা বাড়ির দরজায় লিখে রেখে দাও উঁকি মারিবেন না। দেখবে সে লেখায় যার চোখ পড়বে ঘরের দিকে তেরছা চোখে নিশ্চয় তাকাবে। কেন নিষেধ সেই কৌতূহল তাকে তাকাতে বাধ্য করবে। এটাই মানুষের চিরদিনের স্বভাব।

এখানে যে প্রস্রাব করা যায় তা বহুলোকে জানতো না। এখন বোর্ড লাগানোর ফলে তারাও জেনে গেল কেন বোর্ড। তার ফলে সবাই মাতোয়ারা হয়ে গেল নিষেধ না মানার মারাত্মক খেলায়। কয়েক দিন পরে আবিষ্কার এক

অন্ধকার রাতে সবাই যখন ঘুমে সেই সুযোগে কে বা কারা যেন এক ঘোর ষড়যন্ত্র করে বোর্ড থেকে "না" অক্ষরটি বেমালুম উধাও করে দিয়েছে। ফলে আগে যা ছিল নিষেধ এখন তা হয়ে গেল লিখিত আবেদন— এখানে প্রস্বাব করিবেন। বোর্ড দেখে আগে যেটুকু যা জড়তা এসেছিল তা ঝেড়ে ফেলে মানুষ সবাই অতীতের মত উৎসাহ উদ্দীপনায় এখানে প্রস্রাব করার যেন নৈতিক অধিকার পেয়ে গেল।

এক রাতে অভিমন্যু নামের এক রিকশাওয়ালার সাথে জীবন গিয়েছিলো বিবেকনগর নামক এক জায়গায়। সেখান থেকে এক দরকারি কাজ সেরে ফিরতে ফিরতে অনেকটা রাত হয়ে গিয়েছিলো। ইংরেজি মতে তখন তারিখ বদল হতে মাত্র মিনিট দশেক বাকি। পথঘাট ছিলো একেবারে সুনসান। পুলিস আর পার্টির ছেলেদের কারণে রাত নটার পরে পথে আজকাল লোকজন থাকে না। সেই রাত আঁধারে ফেরবার সময় হঠাৎ জীবনের চোখ গেল বিবেক নগর স্পোর্টিং ক্লাবের ফুটবল মাঠের আধো আলো আধো অন্ধকার দক্ষিণ পশ্চিম কোণ বরাবর। ধবধবে সিল্কের সাদা কাপড় পড়ে অল্প বয়সের একটি মেয়ে সেখানে কার প্রতীক্ষায় কে জানে একা একা বসে আছে। দূর থেকে দেখে বোঝে জীবন মুখশ্রী একেবারে মন্দ নয়, শরীর খানাও বেশ টান টান। অন্ধকার ভেদ করে অনাবিষ্কৃত দ্বীপের মত জেগে আছে তার উদ্ধত দুটো নিটোল স্তন। কিন্তু সে এভাবে এখানে একা একা। কেন?

রিকশাটা একটু থামাতো।

অভিমন্যু রিকশা থামালে নিচে নেমে কিছুক্ষণ ইতস্তত করে জীবন। কি করবে মনস্থির করতে পারে না। সে দেখেছে ন্যাশানাল হাইওয়েতে হাড়কাটা গলি সোনাগাছিতে সন্ধ্যার পর থেকে এভাবে কাউকে কাউকে কারও প্রতীক্ষায় পথের পাশে দাঁড়িয়ে থাকতে দেখা যায়। কিন্তু এটা তো সে পাড়া নয়। এখানে এ সময়ে একা একটা মেয়ে! ব্যাপারটা কি?

সাহস করে এবার জীবন তার দিকে আগায়। যা হয় হোক তবু ব্যাপারটা বোঝা যাক। ওঃ হরি, মেয়েটার কাছে গিয়ে জীবন অবাক। সে অন্ধকারে যার উপর বসে আছে সেটা একটা আস্ত গাধা। গাধা এমন গাধা যে না নড়ছে চড়ছে না ঘাস জল খাচ্ছে, স্রেফ দাঁড়িয়ে আছে।

জীবন গিয়েছিল লরী চালক চৌধুরীর বাসায়। সে জীবনকে শুধু রাতের খাবার তড়কা রুটি খাইয়েই রেহাই দেয়নি দু'গেলাস নির্জলা চোলাইও খাইয়েছে। নেশার কারণে জীবন একটু ভুল করে ফেলেছে। ইনি কোন রক্ত মাংসের মানবী নন। হিন্দু ধর্মানুসারে যে বসন্ত— এ বসন্তও সেই বসন্ত নয়। যখন হেড়ে গলাতেও সুর খেলে যায়— ওরে ভাই ফাল্গুন লেগেছে বনে বনে। এ হচ্ছে গা গতরে আগুন লাগানো মারাত্মক অসুখ। সেই বসন্ত রোগের যে দেবী যার আর কোন কাজ নেই একটাই কাজ রোগে মানুষ মারা অন্ধ করা সেই দেবীর নাম শীতলা। তিনি এমন এক দেবী যাকে কালী দুর্গার মত 'দূর হ'— বলে বিসর্জন দিয়ে দেবার বিধান শাস্ত্রে নেই। আসছে বছর আবার হবে বলে আদর করে বসিয়ে রাখা নিয়ম।

এখন বড় কঠিন সময়, আজকাল মাটির মা তো দূরের কথা আসল মাকেও

মানুষ অকারণে বছরভর পুষে ভোগান্তি বাড়াতে চায় না। যে কালে পৃথিবীতে পুণ্যের নদী বইতো সেই দ্বাপর যুগেও ধর্মপুত্র যুধিষ্ঠির তার মাকে বনে পাঠিয়ে দিয়েছিলো চিরশত্রু দুর্যোধনের বাপ মায়ের সাথে। বনে আগুন লেগে তিন বুড়ো বুড়ি পুড়ে মারা যায়। পাশে তখন রক্ষা করার মত কেউ ছিলোনা। আর এখন তো কলিকাল। ঘোর কলি। তাই পূজো শেষ করে প্রসাদ খেয়ে নেবার পরে পূজনীয় মাতাকে কে বা কারা যেন রাতের অন্ধকারে বসিয়ে রেখে গেছে নির্জন মাঠের এক কোণে রোদ বৃষ্টিতে গলে গলে মাটির মাকে মাটিতে বিলীন হবার জন্য।

মহিলাকে একা সামনে পেয়ে নিশুতি রাতে নাস্তিক আর নেশাগ্রস্থ জীবনের মগজে এক বদ মতলব চাগাড় দিয়ে উঠলো। চারিদিকে তাকিয়ে যখন একেবারে নিশ্চিত হল কেউ তাকে দেখছে না তখন বিকৃত পুরুষের ধর্ষক মানসিকতার মত অসীম সাহসে জাপটে ধরলো তাকে। একাই নিয়ে এসে তুলে ফেলল অভিমন্যুর রিকশার উপর— চল।

কোথায়?

কোথায় আবার, সোজা যাদবপুর ষ্টেশনে।

এ দিয়ে কী করবে?

কী করবো দেখতেই পাবি।— চল।

ষ্টেশনে এসে অভিমুন্যকে বলে জীবন চুপচাপ কোথা থেকে চারটে ইঁট জোগাড় করে নিয়ে আয়। জলিলের দোকানের সামনে দ্যাখ, পাবি।

এরপর জীবন সেই চারখানা ইঁট থকথকে হলুদ জলের ঝাঁঝালো কাদায় পেতে তার উপর প্রতিষ্ঠিত করে দিলো "কাঁচা খেকো দেবী" মা শীতলার গর্দভ বাহন মূর্তি। ওরা দুজন ছাড়া এর সাক্ষী আর কেউ ছিলো না। বড় উপকার হল এই মূর্তি স্থাপনায়। পরের দিন ভোর বেলায় ট্রেন থামতেই আধো অন্ধকারে চিরকালীন অভ্যাস বসে চোখ রগড়াতে রগড়াতে যারা চেন খুলে, লুঙ্গি তুলে ধেয়ে এল তেমনিভাবে উল্টো দিকে ছুটে পালালো। এর একটাই কারণ, যারা ধর্ম বিশ্বাসে হিন্দু তারা কাঁচা খেকো দেবীর শরীরে মূত্র ত্যাগ করে দেবীর কোপানলে পড়ে সমূলে সবংশে ধ্বংস হবার ঝুঁকি নিতে মানসিক দিক থেকে প্রস্তুত নয়। আর যারা মুসলমান তারা এক হিন্দুদেবীর অসম্মান করে সাম্প্রদায়িক রোষের শিকার হতে এই মুহূর্তে একেবারে নারাজ। এবং যারা না হিন্দু না মুসলমান স্রেফ মানুষ স্রেফ পুরুষ তারা এক মহিলার সামনে, বিশেষ করে সর্ব সমক্ষে পুরুষাঙ্গের আস্ফালন দেখাবার পক্ষে, লাজ লজ্জা বিসর্জন দিয়ে অসভ্য আচরণে মেতে ওঠার পক্ষে ভীষণ রকম দুর্বল অসহায় হয়ে পড়লো। তিনের যোগফলে কদিন পরে মাটি খটখটে হয়ে গেল। উধাও হল দুর্গন্ধ। প্রথম দিকে যারা দেবীর হেনস্থায় ক্রুদ্ধ হয়েছিলো। এখন প্রশংসায় মুখর হল দুষ্কর্মের। নিজের আবিষ্কারে এখন নিজেই মুগ্ধ ভবঘুরে জীবন। কেউ জানলো না কেউ বুঝলো না যুগান্তকারী মা শীতলার কে সেই পরম ভক্ত? যে একমাত্র জানে শীতলা নামের কি মাহাত্ম্য।

বেশ কটা দিন কেটে যাওয়ার পর এক পথচারী পথে যেতে যেতে দেখে একটা আধুলি পড়ে আছে বড় অনাদরে পথের ধুলোর মধ্যে। মাত্র পঞ্চাশ

পয়সা। পঞ্চাশ কি একশো টাকা হলে না হয় একটা কথা হত। তার যাদবপুরের বাজারে বড় দোকান আছে। এখানের অনেকেই চেনে। ফলে এই সামান্য পয়সা কুড়িয়ে সবার সামনে পকেটে পুরতে তার সংকোচ হলো, সংস্কার সভ্যতায় বাধা দিলো। সে দু আঙুলে এমন ভাবে ধুলো থেকে আধুলিটা তুললো যেন শুকনো কিচ্ছু তুলছে, যেন পরমহংসের মত পয়সার ছোঁয়ায় তার দেহ মন অশুচি হয়ে যাচ্ছে। পয়সা হাতে করে নিয়ে চারদিকে তাকালো যদি দান করার মতো কোন দরিদ্রের দেখা পান। নেই। ভিখারীরা এত ভোরে "পাড়া করতে" বের হয় না। তখনই তার চোখ গেল শীতলা মূর্তির দিকে। এই তো যোগ্য জায়গা। তারপর যেন ভারমুক্ত হচ্ছেন, পাপমুক্ত হচ্ছেন, যেন পবিত্র গঙ্গায় ডুব দিচ্ছেন এমন ভাবে আধুলিটা ছুঁড়ে মারলেন শীতলা মূর্তির সামনে।

তখন সবে সাট্টার প্যাড লেখা সাত্ত্বিক বামুন হরি নারায়ণ চক্রবর্ত্তী বট গাছের গোড়ায় এসে বসেছেন। দোকানে ধুপ ধুনো দিচ্ছেন। পয়সা পড়ার শব্দে অন্তরাত্মা চমকে উঠলো তার। যেন সেই শব্দ বামুনে বুদ্ধির গোড়ায় গোত্তা মেরে শতাব্দীর ঘুম থেকে জাগিয়ে তুললো তাকে। একটা আওয়াজ যে কত মধুর হতে পারে এই প্রথম জানলেন তিনি। এই জন্যে বোধ হয় শব্দকে ব্রহ্ম বলে। ব্রহ্মচৈতন্যের অলৌকিক স্পর্শে দিব্য চোখে তিনি একটা সম্ভাবনার দ্বার খুলে যাবার সংকেত পেয়ে গেলেন। আর কেউ নয় এই বোধ এবং বোধির পিছনে সেই সৃষ্টি কর্তারই কেমন মহৎ ইচ্ছা আছে। তাকে দিয়ে ঈশ্বর নিশ্চয় এই কর্ম করাতে চান। খুশিতে ডগমগ হয়ে উঠলো হরি নারায়ণ চক্রবর্ত্তীর মন।

উনি নিজের স্থান থেকে উঠে ওই পঞ্চাশ পয়সা তুলে নিলেন এবং নিজের পকেট থেকে আরো পঞ্চাশ পয়সা যোগ করে নিয়ে এলেন একটা গন্ধরাজ ধূপের প্যাকেট। চেয়ে চিন্তে নিলেন ফুলঅলাদের কাছ থেকে কিছু ফুল। আর রায় বাবুর পেতল কাঁসার দোকান থেকে বাকিতে একখানা রেকাবি। প্রণামী তো এতেই পড়বে। ষ্টেশনে থাকে ভিখারী দুলির মা। তার এক পা খোঁড়া। তাকে কাছে ডেকে বড় আদর করে বোঝালেন, দেখ এটা মায়ের কাজ। মায়ের কাজে না বললে পাপ হয়। যা গিয়ে একটা ঝাঁটা নিয়ে আয়। এক বালতি জল আর একটু গোবর আনিস। মায়ের থানটা একটু লেপে পুছে দে। সেদিন থেকে মা এখানে আবির্ভূত হয়েছেন বড় অনাদরে আছেন। যদি উনি ক্রুদ্ধ হন সব রসাতলে যাবি।

দুলির মায়ের ঝাঁট লেপা পোঁছা হয়ে গেলে মূর্তির সামনে ধুপ জ্বেলে ফুল ছিটিয়ে রেকাবী পেতে রেখে যত রিকশাওয়ালা হকার দোকানদার সবার কাছে গেলেন হরি নারায়ণ— দু'টাকা পাঁচটাকা মায়ের নামে যে যা দেবে দাও। অনেক দিন মা অনাদরে অবহেলায় রয়েছে। এটা কারো পক্ষে ভালো নয়। কাঁচা খেকো দেবী কার দিকে দৃষ্টি দেবে কে বলতে পারে? সেবা— যত্ন হওয়া খুবই দরকার চারদিকে যা রোগব্যাধী হচ্ছে। মা কাল রাতে আমাকে স্বপ্নে আদেশ করেছেন— আমার পূজা কর।

সেদিন খুব একটা ধুমধাম না হলেও শাস্ত্র বিধি অনুসারে ঠিক মতোই পূজা হল। বহুদিন পরে মন্ত্র পাঠ করলেন হরি নারায়ণ। সাট্টার প্যাড লিখতে লিখতে যা প্রায় ভুলতে বসেছিলেন। সবাই প্রসাদ খেলো। যা চাঁদা উঠেছিল, তার সবটা

খরচ হয়নি। যে টুকু যা বাঁচানো গেল সবটা হরি নারায়ণের দক্ষিণা। হিসেব মত সেটা সারা দিনের প্যাড লেখার চেয়ে কম নয়। সেটা তো আছেই সাথে এটাও এল, ঈশ্বরের কী অপার করুণা।

শীতলা পূজার একটা মস্ত অসুবিধা এই যে বছরে এক বারের বেশী পূজা করা চলে না। এতে দেবীর চলে যেতে পারে কিন্তু সেবায়েতের চলে কেমন করে? মজা কোথায়? দরকার এমন এক পূজার যা রোজ রোজ হবে। এই ভাবনা থেকে হরি নারায়ণ একে একে শনি কালি শিব রাধাকৃষ্ণ মনসা সব দেবী দেবতার লাইন লাগিয়ে দিলো। দেখতে দেখতে গড়ে উঠলো প্রথমে দরমা পরে ইঁটের দেবালয়। দরজায় লাগানো হল কোলাপসিবল গেট। এল চেন বাঁধা প্রণামীর বড় বাকসো। রেকাবীতে আর পয়সা রাখা যাচ্ছিল না রাস্তার বাচ্চাদের জন্য। খিদে পেলেই তাদের কেউ দরজার ফাঁকা দিয়ে মুঠো ভরে তুলে নিতো। কেউ দেখলে দাঁত বের করে জবাব দিতে হরি ঠাকুর সব একা খাবে? মন্দিরের সামনে এখন সন্ধ্যা হলেই ভক্তবৃন্দের সমাগম বেড়ে যায়। রাত বাড়ে তত গাঁজার ধোঁয়া ওড়ে। ধর্মস্থানে যা যা হয় কিছুই এখন বাকি নেই।

মন্দির দেখে আর মনে মনে ভাবে জীবন একদিন এখানে হয়তো গড়ে উঠবে বিশাল বড় আকাশ ছোঁয়া কোন মন্দির। দেশের যেখানে যত বড় মন্দির সবই একদিন এভাবে শুরু হয়েছিল। জঙ্গলের মধ্যে একদিন ক'জন ডাকাত যে মন্দিরের পত্তন করেছিলো আজ তা পূজিত হচ্ছে মহাতীর্থ বলে। কে জানে কোন দিন এই মন্দিরও তেমন হবে কিনা? শুধুমাত্র দুর্গন্ধ দূর করার জন্য এক বদমায়েশ যা স্থাপন করেছিল ।

নতুন বন্ধু পুরনো বন্ধু

১৮.

কামাকে খানেওয়ালি

দেখতে দেখতে বিদায় হয়ে গেল আম কাঁঠাল পাকানো আর মানুষের প্রাণ আইঢাই করা সেই অসহ্য গরম। এক বিকালে আচমকা বর্ষা নামল বর্শা ফলার মতো, আগাম কোন পূর্বাভাষই ছিলো না। সারাটা দিন রোদ ঝলমল করে বিকেল বেলায় আকাশ কালো হয়ে মেঘ ঘনিয়ে উঠল। এমন মেঘ কদিন ধরে ঘনাচ্ছিল, আবার রাতের দিকে কেটে যাচ্ছিলো। কিন্তু আজ ফোঁটা পড়েছে। সেই সাথে বাজ পড়ার কড়কড় আওয়াজ আর বাতাসের ঝোড়ো ঝাপটা। রেল লাইনের পাশের বুড়ো বটগাছ, যার নীচে রিকশা স্ট্যান্ড। তার একটা মোটা ডাল ভেঙ্গে পড়ল মড়মড় করে। খাম্বায় বিদ্যুৎবাহী তার ছিঁড়ে লম্বা হয়ে পড়ল রাস্তার উপর। বাতাসের প্রচন্ড ঝটকায় এক দোকানের ছাউনির টিন উড়ে সুদর্শন চক্রের মতো ঘুরে ঘুরে গিয়ে আছড়ে পড়ল ছেচন সাউয়ের হোটেলের সামনে। ধারে কাছে কেউ ছিলোনা, তাই রক্ষা। না হলে কী হত কে জানে।

ঝড় যত হচ্ছে এখন বৃষ্টি ততটা নয়। জোর পেয়ে সেই জলই ছররা গুলির মত সামনের দিকে ছুটছে। প্লাটফরমে ট্রেন ধরার জন্য এ সময়ে যাত্রীদের সবথেকে বেশি ভিড় থাকে। অপেক্ষমাণ মানুষজন বৃষ্টির, যেন ভোঁতা পেরেকের খোঁচা খেয়ে একধারে টিকিট কাউন্টারের কাছে জড়োসড়ো হয়ে যায়। এখানে একটা টিস্টল, একটা দেওয়াল আর কিছু আড়াল আছে। ফলে বর্ষার ছাঁট একটু শাসনে থাকছে। এই সময়ে এক জীবন ষ্টেশনেই বসে ছিল। সে একটা কোনা খুঁজে নিয়ে বেশ আয়েশ করে একটা চারমিনার ধরায়। কড়া তামাকের ধোঁয়ায় শরীরটা একটু গরম হয়। বৃষ্টি না কমলে তার এখন আর কোথাও যাবার কোন ব্যাপার নেই। বাস মোড়ে একটু যাবার দরকার ছিলো। সে এখন আর হবে বলে মনে হয় না।

চারমিনার শেষ করে সেটা শেডের বাইরে বৃষ্টির জলের মধ্যে ছুঁড়ে ফেলে ঘাড় ঘোড়াতেই চোখ চলে যায় অন্য দিকে। সেখানে পকেটমার সেলিম আর

বিশা দাঁড়িয়ে আছে। তাদের চোখ যেন চরকির মত বনবন করে চারদিকে ঘুরছে। তা দেখে হঠাৎ জীবনের মাথাটা ঝাঁ করে ওঠে। ওরা এখানে এক নম্বর প্লাটফরমে ঘুরপাক খাচ্ছে কেন? বৃষ্টির কারণে ঠাসাঠাসি ভিড়ে মানুষজন নাজেহাল। তাদের কারো পকেট ফকেটের দিকে তেমন একটা সাবধানী পাহারা নেই। তা থাকার কথাও নয়। সেই সুযোগে এরা কার কার সর্বনাশ করে সরে পড়বে তা কে জানে!

জীবন ভিড় ঠেলে ওদের কাছে এগিয়ে যায়। তারপর কঠিন গলায় বলে তোরা এখানে কি করছিস?

থতমত খেয়ে যায় সেলিম জীবনের আক্রমণাত্মক আচরণ দেখে। ভয়ে ভয়ে বলে কিছু না। এই এমনি এমনি।

মনে হয় এখন জীবনের যা সে বলতে চায়, তা নিজের ভাষায় বললে কোন ফল হবে না। সে ভাষা বড় রুগ্ন, দুর্বল, অপুষ্ট। সে ভাষায় নিজে কাঁদা হয়তো যায়, অন্যকে ভয় দেখানো যায় না। বলতে হবে সবল, সশক্ত ভাষায়। যে ভাষা ছাড়া ওরা অন্য কিছু বোঝে না। অগত্যা ওরা যে ভাষা বোঝে সেই ভাষায় বলে জীবন যদি এখানে কারও পকেটে ফকেটে হাত ফাত গলাস ফলাস— মেরে তোদের দু— জনার গাড় ফাড় ভেঙ্গে দেবো বলে দিলাম। আপসকামী ভাষায় সেলিম বলে— তুই খামোকা পাবলিকের সামনে সওয়াল কচ্ছিস? বিষ্টি হচ্ছে বলে একটুখানি দেড়িয়ে আছি। আমরা কী ও সব করবো বলে এসচি নাকি? ঠিকাচে, তুই যখোন বলচিস চোলে যাচ্চি। কথা শেষ করেই ওরা রেললাইন টপকে দু নম্বর প্লাটফরমে উঠে যায়। জানে জীবন ওখানেও ওরা দাঁড়াবে না। দাঁড়ালেও কিছু করবে না। কি লাভ? যখন তা আবার ফেরত দিয়ে দিতে হবে। জীবন শালা দেখে ফেলেছে যে। আবার নিজের জায়গায় ফিরে আসবার জন্য মুখ ঘোরাতে দেখতে পায় জীবন একটা যেন চেনা চেনা চেহারা। একটা মেয়ে। কিন্তু ঠিক কোথায় যে দেখেছে, কবে দেখেছে তা ঠিক মনে করে উঠতে পারে না।

জীবন প্রায় সব সময় এই এক অসুবিধায় ভোগে। কেউ কেউ শহর কলকাতার ভিড় দেখে তাকে সমুদ্রের সাথে তুলনা করে জন সমুদ্র। মনে হয় জীবনের, মেয়েরা যেন সেই গভীর সমুদ্রের রূপালী ইলিশের মত অচেনা। শুধু সমুদ্রের ইলিশ কেন? পুকুরের পুঁটি পচা পাঁকের শিং বা মাগুর, সবই চেনা বড় দায়। একটা পুঁটি একশোবার দেখে, এক ঝুড়ি পুঁটির মধ্যে মিলিয়ে দিলে যেমন খুঁজে বের করা কঠিন— মনে হবে বুঝি এইটা, জীবনেরও সব মেয়ে দেখে মনে হয় আগে কোথায় যেন দেখেছি।

কিন্তু মেয়েটা ওর দিকে তাকিয়ে হেসে ফেললো কেন? সে হাসিতে যে পূর্ব পরিচয়ের সুস্পষ্ট স্বীকৃতি। দাদা আমারে চিনতি পেরেছিস?

মাথা নাড়ে জীবন চেনা চেনা লাগছে। কিন্তু ঠিক মনে করতে পারছি না।

কি বলতিছিস? মোনে নাই? মেয়েটা বড় আশ্চর্য হয়। এত বড় একটা ঘটনা যার মধ্যে দিয়ে দুজনার পরিচয়, সে কথা কেমন করে মানুষ এমন বেমালুম ভুলে যেতে পারে? কিন্তু তার তো হুবহু মনে আছে। আর তাই একবার দেখেই উপকারী ছেলেটাকে ঠিক চিনে ফেলেছে।

রেলষ্টেশনগুলোর উপর মনে হয় যেন বিশ্ব বিধাতার কোন ভয়ংকর অভিমান আছে। যেখানে যত রেল ষ্টেশন, তা সে বাংলা বিহার আসাম উত্তর প্রদেশ, যেখানেই হোক তাকে ঘিরে একটা অসামাজিক কর্মকাণ্ডের ঘাঁটি গড়ে উঠবেই। তাহলে এই ষ্টেশন তার ব্যতিক্রম হবে কী করে?

এখানে ভীড় ট্রেনে ওঠা নামার সময়ে পকেটের সর্বস্ব লোপাট হয়ে যেতে পারে। রাত্রির ফাঁকা কামরায় ছিনতাই হয়ে যেতে পারে কানের দুল গলার চেন হাতের ঘড়ি। ট্রেন ফেল করে ষ্টেশনে রাত কাটানো কোন নিরুপায় মেয়ের লুট হয়ে যেতে পারে গোটা শরীর এবং সম্ভ্রম। কোন যুবতীর স্তনে ছোবল মারতে পারে কোন নিশপিশ করতে থাকা অসভ্য হাত। এমন কোন ঘটনা ঘটলে আর ঘটনাক্রমে জীবন সেখানে থাকলে সে কিছুতে নিজেকে সংযত নিরপেক্ষ নির্বিরোধ রাখতে পারে না। একটা না একটা পক্ষ হয়ে যায়। এবং সে পক্ষ অসহায়, দুর্বল অবশ্যই। এ এক গরমিল গণিত। এই গাণিতিক নিয়মে যখন একজন লোককে ঘিরে পকেটমার বলে বিশ পঁচিশ মিলে পাইকারী হারে পেটায়, জীবন কথিত পকেটমারের পক্ষে দাঁড়িয়ে যায়। তাকে যেভাবে পারে মারের হাত থেকে বাঁচায়। আবার একা অসহায় কোন ভীরু দরিদ্র মেয়েকে ঘিরে পাঁচ জন বদমাশ ছেলে বদামো শুরু করলে তখন মেয়েটার দাদা হয়ে তাকে রক্ষা করে। বদমাশদের পেটায়। একা না হলে গণেশ গোপাল কালিয়াদের ডেকে নেয়।

এই সব কারণে ষ্টেশনের মুটে— মজুর রিকশাঅলা হকার বেকার নিত্যযাত্রী সবাই জীবনকে চেনে, একটু অন্য রকম বলে ভাবে এবং কিছু ভালোও বাসে। একবার একরাতে এমনই এক বিপদজনক মুহূর্তে এই মেয়েটা অকস্মাৎ সহায়ক হিসাবে পাশে দাঁড়ানো পেয়ে গিয়েছিলো তাকে। সেদিন এই মুখটা মনের আয়নায় একটা দাগ হয়ে থেকে যায়। যা কোনদিন মুছে যাবার নয়। ভুলে যাবার নয়।

সেদিনও ছিলো ঠিক আজকের মত অঝোর বর্ষার একটা রাত। তিন চারদিন ধরে অবিরাম বৃষ্টিতে শহরের পথঘাট সব হয়ে গিয়েছিলো জলে থৈ থৈ। যাতে মানুষ নাকালের এক শেষ। এক হাঁটু জল ঠেলে এসেই বিজয়পুর থেকে সেদিন ষ্টেশনে এসেছিলো এই মেয়েটা। কিন্তু এসে, পড়ে গিয়েছিলো মহা সমস্যায়। যেখানে সে যেতে চায়, যাবার মতো কোন ট্রেনই ছিলো না। প্রবল বৃষ্টিতে রেল লাইনের উপর নানা জায়গায় জল জমে গেছে। সে জল না সরলে আর আপ ডাউন কোন ট্রেনই চলাচল করতে পারবে না।

এখন উপায়?

মেয়েটা এক বাবু বাড়ীর কাজের মেয়ে, যা শহর কলকাতার বাবু কালচারের এক অপরিহার্য অঙ্গ। এদের না হলে সুন্দরী শহরের মধ্যবিত্ত গৃহবধূদের শারীরিক এবং মানসিক— উভয় সংকট। এরা দরকারী বটে, তবে এই সব মেয়ে এ্যাসট্রে টি পট ঘর মোছা ন্যাতা ঝাঁটার মত সমতলে গৃহকোণে গুছিয়ে রাখার কোন মূল্যবান সামগ্রী নয়। এরা অনেকটা চায়ের ভাঁড় আইসক্রিমের কাঠি এঁটো শালপাতার মত ব্যবহার শেষে ছুঁড়ে ফেলা বর্জ্য পদার্থের মতই জিনিস। যতক্ষণ প্রয়োজন আখ পেষাই মেশিনের মত নিংড়ে নাও, তারপর

যা দূর হ।

এই সব মেয়েরা একেবারে মুর্খ নয়, বাবু বিবিদের কাছে তাদের কতটা কদর সে তারা ভালোই জানে। তাই পাঁচ দশ পঁচিশ বছর দুই তরফের নিত্য সান্নিধ্যেও কোথাও কোন দিকে মানবিকতা সহমর্মিতার মেদ জমতে পারে না। চলে একটা মাপা আর যান্ত্রিক সৌজন্যের দেঁতো আদান প্রদান।

এই জন্য যখন কাজের শেষে সন্ধেবেলায় বাইরে তুমুল বৃষ্টি দেখে চিন্তিত মুখে বলেছিলো কাজের মেয়েটা কি করে বাড়ি যাই বলো দিকিন দিদিমণি। পতে জল থৈ থৈ করতি নেগেছে। বাজ পড়তিচে। তখন গৃহকর্ত্রীর হিসেবী মন বুঝে গিয়েছিলো, থাকতে দেওয়ার কত খরচ। তাই মৃদু হেসে মোলায়েম গলায় জবাব দিয়েছিলেন ঠিক যেতে পারবি। কত লোক যাচ্ছে তাকিয়ে দেখ। ছাতা আছে না? না থাকলে সিঁড়ি ঘর থেকে সেই পুরানো ছাতাটা নিয়ে নে। মনে করে কাল নিয়ে আসিস কিন্তু।

খুব বেশিদিন এ বাড়িতে কাজ না করলেও অন্য অনেক বাড়িতে অনেক বছর কাজ করার অভিজ্ঞতা আছে তার। তাই এটা জানা আছে, কাজ করিয়ে নেওয়া আর মাস গেলে মাইনের কটা টাকা ফেলে দেওয়া ছাড়া অন্য কোন দুর্বলতা বাবুরা মনে মগজে হৃদয়ে স্থান দেয় না। কাজের মেয়ে তো কাজের মেয়ে তার আর কী কথা। এরা নিজের মা বাপ পর্যন্ত বুড়ো হয়ে গেলে বাড়ি থেকে বার করে বৃদ্ধাশ্রমে পাঠিয়ে দিতে কোন দ্বিধা করে না। এদের অঙ্ক অতি সোজা, আমি আমার ছেলে মেয়ে আর আমার উনি এ ছাড়া আর সব বাড়তি ঝামেলা।

তাই যা আছে কপালে বলে মেয়েটা নেমে পড়েছিলো জলে ডোবা রাস্তায়। কোনমতে তিন চার কিলোমিটার পথ পার হয়ে ষ্টেশনে পৌঁছে খুঁজে ফেরে নিজের গ্রামের কোন চেনা মুখ। কিন্তু কাউকে পায় না। কেউ নেই। কোথায় গেল হরিমতী? কোথায় গেল পটোলের মা, আঙ্গা পিসি, দেশ গেরামের এ্যাতো লোকজন? তারা সব চলে গেছে যে ট্রেনে রোজ যায় সেই ট্রেনে। দেরী করে ফেলেছে এই মেয়েটা ষ্টেশনে আসতে।

এদিকে রাত বাড়তে থাকে, চেনা মানুষ খুঁজে খুঁজে হয়রান হয় এই মেয়ে। রাতের সাথে বৃষ্টিও বাড়তে থাকে। ঘন হতে থাকে চারপাশের ঘন অন্ধকার। অথচ ট্রেন আসবার কোন লক্ষণ দেখা যায় না। নিতান্ত নিরুপায় হয়ে একা মেয়ে রাত কাটাবার তাড়নায় দু নম্বর প্লাটফরমের মাঝামাঝি এক বেঞ্চিতে গুড়িসুড়ি মেরে শুয়ে পড়ে। শহরতলীর এই অঞ্চলে এমন রাত বড়ই অরাজক সন্ত্রাসময় ভীতি জনক। রাতের এই অন্ধকারে দিনের আলোয় দেখা শান্ত গোবেচারা নিরীহ আদলগুলো আমূল বদলে যায়। বের হয়ে পড়ে তাদের গোপন করে রাখা হিংস্র দাঁত নখ। সেই দাঁতে নখে ছিঁড়ে ফেলে প্রতিরোধ অক্ষম সতীচ্ছদ সতীত্ব সম্ভ্রম। নষ্ট করে দেয় অবলা অসহায় কোন মেয়ের বর্তমান আর আগত ভবিষ্যতের বেঁচে থাকার আনন্দ। ছুঁড়ে দেয় তাকে এক সাগর যন্ত্রণা অপমানের মধ্যে।

গত বছর ঠিক এই রকম এক রাতে মালগাড়ির খালি কামরায় ফেলে একদল বর্ব্বর ছিঁড়ে খেয়েছিলো পিয়ালী গ্রামের একটা চোদ্দ বছরের কুমারী

মেয়েকে। সেই কেসে যারা জড়িত ছিলো কেউ কোন দাগী অপরাধী নয়, কেউ ষ্টেশনের মুটে কেউ রিকশা চালায় কেউ ছোট ছোট ব্যবসা করে। আট নয় জন ছিলো তারা।

মেয়েটা সে ঘটনাটা জানে। এই ভয়ে সে শুয়েছে প্লাটফরমের ঠিক মাঝামাঝি আলোক বৃত্তের মধ্যে কিছু লোকজনের আশে পাশে। যদিও তারা খুবই অক্ষম, দুর্বল বুড়ো বুড়ি মানুষ তো! মানুষ মানুষের বিপদে পাশে দাঁড়ায় সেই প্রচলিত বিশ্বাসে সে কিছুটা নিশ্চিত।

অনেক রাতের দিকে বৃষ্টির দাপট কিছুটা কমে আসে। এই সময় ঘুমঘুম পায় তার। সারাদিনের পরিশ্রমের পর রাতটা তো মানুষের ঘুমের জন্যই বরাদ্দ। এমন দুর্যোগ না এলে সে এতক্ষণে তালদি নামক এক গ্রামের ছোট্ট ঘরের খড়ের চালায় নিচে শুয়ে তাই করতো। বৃষ্টির ছাঁট আর অন্ধকারের যে ভয় ওকে কাঁপাচ্ছিল এখন কিছুটা নরম পড়েছে বলে চোখ দুটো বুজে এসেছিলো। হঠাৎ তার কানের কাছে একটা ফিস ফিস কামুক স্বর আর গায়ে অসভ্য হাতের স্পর্শ এ্যাই– ওঠ না!

কে? কে রে? মেয়েটা ধরফর করে উঠে বসে দেখে, তিন চারটে আবছা মুর্ত্তি তাকে ঘিরে ফেলেছে। তাদের মুখে দেশী মদের উগ্র গন্ধ, চোখ লাল, গলায় ধমক– “এক দম চেল্লাচেল্লি করিস না। চুপচাপ উঠে চলে চল। না হলে...।” এক পাশে শোয়া বুড়ি ভিখারিণী চোখ মেলে ছিলো। সে আবার চোখ বন্ধ করে নেয়। একে ভিক্ষাজীবি তায় গৃহহীন। জীবনের অনেকগুলো বছর কেটেছে এই ষ্টেশনের দু’নম্বর প্লাটফরমের শেডের নীচে। এক সময় তার শরীরেও কিছু যৌবন অবশিষ্ট ছিলো। সে জানে এখন কী ঘটতে যাচ্ছে। এই সময় চোখ কান মুখ বন্ধ রাখাই বুদ্ধির লক্ষন। ঘাড়ের কাছে নিঃশ্বাস ফেলছে ঘোর অনিষ্ট শক্তি। এ সময়ে গান্ধীয় বাঁদর না হলে বিপদ আছে। সে এখন খারাপ কোন দৃশ্য দেখবে না, খারাপ কোন শব্দ শুনবে না যাতে খারাপ হয় এমন কোন কথা বলবে না, ব্রত গ্রহণ করে বোবা বধির মৃত হয়ে যায়।

কিন্তু মেয়েটা মৃত হতে পারে না। সে অনুভব করে একটা কালো কুৎসিত হাত তার শরীর মাপছে। ফলে সে আতংকে আশংকায় ঠেলে হাতটা শরীর থেকে সরিয়ে দেয়। তারপর গ্রাম্য ভাষায় ঝাঁঝিয়ে ওঠে তোগার ঘরে মা বোন নেইকো? যা, সেখেনে যা!

হাতের মালিক মেয়েটার কথায় রাগ করে না। সে বিনয়ে বিগলিত হয় লক্ষী সোনা, ঝামেলা করিস না। বেকার বেকার ঝামেলা করে কি লাভ বল? তার চেয়ে আমাদের সাথে চল। মাইরি বলছি এক ঘণ্টার মধ্যে ছেড়ে দেবো। আচ্ছা, এমনি এমনি যেতে হবে না, ক’টাকা নিবি বল তাও আমরা দেবো।

বলে মেয়ে তোরা এখেন থিকে সরে যা। নালি আমি কিন্তুক চেল্লাবো।

চিল্লালে কি হবে? কেউ আসবে না।

সত্যি কেউ আসবে না, এ এমন এক সময় কারও বিপদে কেউ পাশে গিয়ে দাঁড়ায় না। এক নম্বর প্লাটফরমে একটা জিআরপি ফাঁড়ি আছে। একবার নকশালরা ফাঁড়ির মধ্যে ঢুকে ছয় সাত জনকে মেরে রাইফেল গুলি সব নিয়ে চলে গেছে। আবার যদি ওরা আসে? সেই ভয়ে তারাও আর বেশী রাতে ফাঁড়ির

বাইরে বের হতে সাহস পায় না।

কিন্তু বড় সত্যি হল, এ অঞ্চলে আর নকশালরা নেই। কিছু মরে গেছে, কিছু জেলে পচছে, আর বাদবাকিরা এলাকা ছেড়ে পালিয়ে গেছে। সিপিএমের লোকজনও পলাতক কংগ্রেস আর পুলিসের ভয়ে। ফলে রেল ষ্টেশনের আশেপাশে মাথা চাড়া দিয়েছে কিছু দুর্বৃত্ত, সমাজ বিরোধী, গুণ্ডা বদমাশ, যারা ওই সব রাজনৈতিক দলের ছেলেদের ভয়ে চুপ করে থাকতে বাধ্য হয়েছিলো। ষ্টেশনের চারপাশ ঘিরে গজিয়ে উঠেছে কিছু ছোট ছোট দল। যারা যা মনে আসে তাই করে চলে। এই দলটা সেই রকম একটা। যারা চুরি ছিনতাই করে মদ খায় আর মেয়েদের উপর ঝাঁপায়।

মেয়েটা দেখে, আবার সেই বিচ্ছিরি হাতটা এগিয়ে আসছে তার দিকে। সাথে সহায়ক আরো দুটো হাত। যারা পাঁজা কোলে করে মেয়েটাকে তুলে নিতে চাইছে।

মেয়ে নয় এ একটা আমিষ আহার। ওদের আদিম রিপুতে লেগেছে নির্জলা চোলাই মদের ঢেউ। সে ঢেউকে তুফানী গতি দিয়েছে আজকের বাদলভরা নিশুতি নির্জন রাত। এ রাতে কে কাকে বাঁচায়।

ষ্টেশনে আজ অন্য দিনের তুলনায় ঘুমানো লোকজনের সংখ্যা খুবই কম। অন্য দিনের তুলনায় আজ এই যুবতী মেয়েটি অনেক বেশী অরক্ষিত। ঠান্ডার আমেজে সারা শহর তখন ঘুমাচ্ছে। এমন রাতে ডাকাতি ধর্ষণ যা ইচ্ছা তা করার পক্ষে দারুণ অনুকূল সময় এখন। ফলে একটা হাত মেয়েটাকে সজোরে জাপটে ধরতেই সে প্রাণপণে চিৎকার করে ওঠে— বাঁচাও— । একবার, মাত্র একবার চিৎকারের পরেই তার মুখে হাত চাপা দেয় একজন।

পাশে শোয়া বুড়ি সে চিৎকারে পাশ ফিরে শোয়। কিচ্ছু হচ্ছে না। কিচ্ছু হবে না। একটা মাত্র রাতের ব্যাপার। চোখ কান বুজে দাঁতে দাঁত চেপে সয়ে নে মা। কী আর করবি বল! এ সব আমাদের কপালের দেখা রে মা।

মেয়েটা দু হাত দিয়ে টেনে তার মুখের উপরকার হাতটা সরিয়ে আবার চিৎকার করে উঠল বাঁচাও। সে আর্তনাদ ছড়িয়ে গেল বৃষ্টি ভেজা রাত্রির অন্ধকার বাতাসে। তারপর একটা অন্য ধরনের শব্দ। মনে হল যেন মুখে হাত চাপা দেওয়া আঙুলের ফাঁক গলে আঃ আঃ জাতীয় কোন কাতর স্বর। আর ঠিক তখনই একটা ছেলে, এপারের প্লাটফরম থেকে লাফিয়ে নিচে নেমে রেললাইন টপকে উঠে এল এ পাড়ের প্লাটফরমে। তারপর গর্জে উঠলো কোন শুয়ারের বাচ্চারে! ছাড়, ওরে ছাইড়া দে।

তুই কে বে? বলে একজন— ভালো চাস তো সরে যা এখান থেকে। আমাদের ব্যাপারে নাক গলাস না। না হলে মরবি।

রেললাইন টপকে আসা ছেলেটা বুঝলো এদের সাথে বাক্য ব্যয় বৃথা। সে এগিয়ে এসে সটান ধমক দাতার মুখে সজোরে ঘুসি মারলো। সে টাল সামলাতে না পেরে ছিটকে পড়ল মেঝেয়। মদ্যপদের মনে যতই জোর থাকুক শরীরে তা থাকে না। বেগতিক দেখে বাকি সঙ্গীরা টলোমলো পায়ে ছুট মারলো যে যেদিকে পারে।

এরপর মেয়েটাকে বলে ছেলেটা কোন ভয় নাই ঘুমাও, আমি আছি। আমি

থাকতে কেউ তোমার কোন ক্ষতি করতে পারবে না।

সে বেশ কিছুদিন আগের ঘটনা।

সময়ের কাছে মানুষ বড় অসহায় জীব। সময়ই কাল যে কাঙাল ছিলো আজ সম্রাট বানিয়ে দিয়েছে। কাল যে ছিলো মহা পরাক্রমী আজ হাড়গোড় ভেঙে পড়ে আছে পথের ধূলায়। আবার কাল যে মানুষ সত্য আর সুন্দরের পূজারী ছিলো যে কারণে সবাই তাকে শ্রদ্ধা করতো সম্মান দিতো আজ সে হাঁটছে এক উল্টো পথে। কে জানে হয়তো সময়ই ঘটিয়েছে পদস্খলন, আছড়ে ফেলেছে সেই পাঁকে যাতে মানুষ ঘৃণা নিন্দায় থুতু ছেটায়।

এমন উদাহরণ হাজার হাজার। হয়তো তাই, এই মেয়েটা সেদিন যে সম্মান সম্পদ রক্ষার জন্য কাতর কান্নায় রাত ভাসিয়ে ছিলো, সময়েরই ঘাত প্রতিঘাতে সেই সব আজ তার কাছে হয়ে গেছে অতি নগণ্য অতি সাধারণ— নাম মাত্র মূল্যের বিষয়। এখন আর সে ধর্ষিত হবার ভয়ে কেঁপে ওঠে না। ধর্ষণের জন্যে স্বেচ্ছায় নিজেকে পেতে দেয় কামুক পুরুষের পাতানো বিছানায়। এখন সে আর বাবু বাড়ির বাসন মাজা মেয়ে নয়, শরীরের সওদা করা বারবনিতা। এই ট্রেন পথে খদ্দের খুঁজতে তার রোজ আসা যাওয়া। কখনো সখনো নামতে হয় এই ষ্টেশনেও। থাকতে হয় কিছু সময়। বলাতো যায় না কখন কী দরকার পড়ে। তাই ষ্টেশনের দাদাদের সাথে আলাপ পরিচয় রাখতে হয়। এ দাদা তার পূর্ব পরিচিত। সময় যার উপর একটু ধুলো ফেলে দিয়েছে। এখন ব্যবসায়িক প্রয়োজনে সেই পুরনো সম্পর্কটা একটু ঝেড়ে পুঁছে নেওয়া।

সে বলে আগে তোদের ইষ্টাশনে আসতাম। মোনে নেই, এ্যাক রাত্তিরি তুই কটা মদখোর গুণ্ডামতোন নোকের হাত থিকে আমারে বেঁচিয়ে দিলি?

কবে সে ঘটনা ঘটেছিলো তা এখন জীবনের মনে পড়ে না। হতে পারে সে নয়, অন্য আর এক জীবনের কাজের প্রশংসা জুটে যাচ্ছে তারই ভাগ্যে। তাই কথা অন্য দিকে ঘোরাতে চায় সে— সে ঠিক আছে, তা এদিকে এখন কোথায়? কাজ থেকে?

আমি আর বাবু বাড়ী কাজ করি না। অন্য কাজ করি। ইয়ে, কামাই খাই। কামাকে খানেওয়ালি এটা একটা সাংকেতিক শব্দ। যার অর্থ সর্ব সাধারণের কাছে বোধগম্য না হলেও যারা ঠিক সাধারণ নয় তারা সবাই জানে— মেয়েটা কে বা কী। তাই চমকে ওঠে না জীবন। সে জানে এতে চমকে ওঠার মত কিছু নেই। এখন তো কত জনের পেশা বদলে যায়। কালুয়া আগে বাস মোড়ে রিকশা চালাতো। এখন হোটেল খুলেছে। হরেন ঘোষের আগে সবজী দোকান ছিলো এখন চালায় রিকশা। এই নিয়মে কাল যে মেয়েকে বাজারে ফুল বেচতে দেখা যেতো সে আজ মুখে সস্তার পাউডার মেখে ডান হাতে কাঁচের চুড়ি পড়ে হাড়কাটার গলিতে দাঁড়িয়ে নিজেকে বেচছে।

নিজের তরফে সাফাই দেবার গরজে বলে মেয়েটা দাদা রে, মেয়ে হয়ে জন্মে যে কি পাপ করে ছেলাম জানি না। শালা, এই গতরটার দিকি শতেক জনার শকনির মতোন নজর। মেয়ে নই যেন মরা পড়া ভাগাড়। কাঁহাতক আর নিজিরে বেঁচিয়ে নে চলা যায় বল। যেদিকি চাও যেদিকি যাও, খাবে বলে নোক হা করে বসে রয়েছে। তারচে এখোন এই ভালো আছি। আয়, যা তোর

দরকার নিয়ে যা। আমি আমার দামটা ঠিকঠাক পেয়ে গেলি আর কোন শোক তাপ নেইকো।

কথাটা বলে মেয়েটা মুখ বেঁকিয়ে বিশ্রি করে হাসে। যেন সে নিজেকে আর চারপাশের মানুষজনকে মুখ ভেংচায়।

একে ঠিক না চিনতে পারলেও এর মত কামাকে খানেওয়ালি অনেককে চেনে জীবন। যাদের বেশবাস অনেকটা কোন ছোট কারখানার সাপ্তাহিক মজুরিতে কাজ করা মহিলা শ্রমিকের মত। তারা সে অঞ্চলে যে গ্রামে বাস করে কেউই জানেনা কি এদের পেশা। এরা বাড়ি থেকে ডিউটিতে যাবার মতই ছাতা ব্যাগ টিফিন নিয়ে দুপুর বেলা বেড়িয়ে আসে। তারপর রেলষ্টেশন বাসস্ট্যাণ্ড সিনেমা হল নানা জনবহুল জায়গায় ঘুরে, বসে, দাঁড়িয়ে কথা হাসি, চোখের চাউনি অঙ্গভঙ্গি দিয়ে বুঝিয়ে দেয়, আমি সস্তা এবং সহজলভ্য। এরা যেমন কাউকে খোঁজে কেউ কেউ তো পথে ঘাটে ষ্টেশনে এদেরও খুঁজে বেড়ায়। চার চোখ এক হয়ে গেলে দরদাম ঠিক করে চলে যায় চুক্তিবদ্ধ সময়টুকুর জন্য। হাড়কাটা, কালিঘাট, ঘুটিয়ারী শরীফ, ডায়মণ্ডহারবার এ সব জায়গায় যে কোন সময়ে ঘর ভাড়া পাওয়া যায়।

মেয়েটার উপর এখন জীবনের কোন আকর্ষণ বিকর্ষণ হয়না। তবে মনে হয়, যতক্ষণ বৃষ্টি না থেমে যাচ্ছে, অন্য কোথাও যতক্ষণ চলে না যাওয়া হচ্ছে, বেকার ভোঁদার মত দাঁড়িয়ে না থেকে একটু গল্পগাছা, দু– চারটে কথা বলে সময়টা কাটিয়ে দেওয়া কোন মন্দ ব্যাপার নয়। যা হোক আর যেমন হোক এ একটা মেয়ে তো! দেখতেও একেবারে খারাপ নয়। তাছাড়া এই পেশায় মেয়েদের পুরুষভীতি কমে যায় বলে অন্যান্যদের তুলনায় এরা সাবলীল, সাহসী এবং নৈকট্য প্রিয়। এমন সঙ্গী এই সময়ে কারোর খারাপ লাগার কথা নয়। বিশেষ করে তার, যার হরমোন বীর্য্যে শুক্রকীটে জোয়ার আসে।

জানতে চায় জীবন এই তোর নামটা কী রে?

হেসে হেসে ঢলে পড়ে বলে সেই মেয়ে— নাম দে আর কি করবি। কাজ কিছু থাকলি তাই বল।

তবু— ! একটা কিছু বলে তো ডাকতে হবে নাকি? কী বলে ডাকবো?

যা হোক একটা নাম দিয়ে নে না! যা তোর মনে চায়।

তবু নিজের নাম বলবি না?

বলে কি হবে! যেটা বলবো কি করে জানবি সেইটে আসল না মিথ্যে?

তুই বল তো। তারপর দেখছি।

বেশ তালি গোলাপি বলে ডাকিস।

১৯.

গুরুপদর চোলাই মদের ঠেক

বৃষ্টি বেশ ঝেঁপে এসেছে । আশে পাশে বিকট আওয়াজে বাজ পড়ছে। একটা কাছে পিঠে কোথাও। যার তীব্র আলোকচ্ছটায় চোখ ধাঁধিয়ে যায়। জলকণাবাহী বাতাস শরীর ছোবলায়। একটু শীত শীত করে। চারপাশের মানুষ জনের মুখ চিন্তায় কালো। আজ ঘরে ফেরা যাবে কি না কে জানে।

একটু পরে বলে গোলাপি নাম বলা মেয়েটা আমার কাপড় চোপড় সব জলে ভিজে একশা। বিষ্টি এট্যু কমলিই বাড়ি পালাবো। আজ আর লোকজন হবে বলে মনে হচ্ছে না। কি যে বাজার যাচ্ছে। তিন দিন খালি হাতে ফিরাতিছি। এট্যু চা খাওয়াবি রে দাদা?

তোর বাড়ি কোথায়?

তালদি।

তালদির কোন গ্রাম?

সে আমি বলবুনি। কোন দিন কাউরি বলি না। বাপরে! আঁতকে উঠে বলে গোলাপি এ্যাকবার কি হয়েছেলো তা জানিস! তেখন আমি লাইনি সবে নোতুন। কারে কি বলতি হয় আর না বলতি হয় কিচ্ছু বুঝিনে। চার ছ দিনির মেলামেশায় মোনটা এ্যাকজনার উপর এট্যু নরম পড়ে গেছালো। কথায় কথায় তারে বলে দেছালাম গেরামের নাম। সে ড্যামন কদিন খুঁজে আমারে না পেয়ে মদতাড়ি গিলে সট্যান আমাগার গেরামে গে হাজির। তুই বল, আমি এখেনে যা দেশ গেরামে কি তা? যা করি দেশের নোক জেনে গেলি পিটবেনা! সেই জন্যি কাউরি ঠিক ঠিকানা বলিনে। রাস্তার চেনাজানা রাস্তায় থাক। বল, আপ্ত বেরাদরের কাছে একবার আমার নাম খারাপ হয়ে গেলি, আর কি কোনো দিন আমার বে থা হবে?

মেয়েটার পেশা যাই হোক, তার আচরণে কথ্য ভাষায় এখনো রয়েছে সেই গ্রামীণ সারল্য। বক্তব্যে কোন জটিল বাঁক মোচড় প্যাঁচ না থাকায় মূল বিষয়

বুঝে নিতে কোন মাথা ঘামানোর দরকার পড়ে না। কেন কে জানে জীবনের মেয়েটাকে ভালো লাগে। ভালো মানুষের সাথে মিশলে মনটা যেরকম ভালো হয়ে যায় সেই রকম ফুরফুরে লাগে তার।

বলে,তুই তাহলে বিয়ে করতে চাস। সে শখ এখনো তাহলে আছে।

ওমা শখ থাকবেনা! এ আবার কি কথা! মেয়ে হয়ে জন্মেছি, চিরকাল কি এই রকম বার মুখো হয়ে থাকলি চলবে! মেয়ে মানষি আইবুড়ো মরলি তার নরকেও ঠাঁই হয়নে তা জানিস? যা হোক আর যেমনই হোক এট্যা যে তো করাই লাগবে।

তাহলে এখনই কেন কাউকে দেখে শুনে বিয়ে করে নিচ্ছিস না? যা করিস ওসব না করে একজন কাউকে নিয়ে ঘর সংসার পেতে তো ফেলতে পারিস? আমার তো মনে হয় সেটা এর চেয়ে ঢের ভালো।

গোলাপি বলে তোর কথায় কাঁদবো না হাসবো কিছু বুঝে উঠতি পারতিছি না।

গোলাপির কথা শুনে ফ্যাল ফ্যাল করে তাকিয়ে থাকে জীবন। সে কি কোন ফালতু কথা বলে ফেলেছে! তাহলে ওর কথা গোলাপি কোন মূল্য দিলো না কেন!

দাদারে, কোন দেশের নোক তুই? টেকা না থাকলি এ দেশের কোনও মেয়ের আজকালকার দিনি বে হয়? যেমন ভালো ছাবাল তার সেইরম দাম ছাইকল ঘড়ি সোনা রূপা নগদ তারপরেও আরো কত কি। অত টেকা আমার গরীব বাপ ভাই কেরাম করে জোগাড় করবে বল! গতরে খেটে যা পায় পেটের ভাতই হয়নে।

চোখ কুঁচকে অর্থপূর্ণ হাসি হেসে ফের বলে সে সেই জন্যি লাইনি নেমে গিছি। টেকা জমাচ্ছি। আর মাত্তর দু তিনটে বচ্ছর। হাজার দেড়েক জমিয়ে ফেলেই আর হাজার দেড়েক হয়ে গিলি ব্যাস। লাইন ছেড়ে দেবো, বে করে নেবো।

বিস্মিত জীবন না চাইতেও তার মুখে বাঁকা হাসি ফুটে ওঠে। বলে যে ভাবে যা করে টাকা জোগাড় করছিস সেই টাকায় যে বর কিনবি তার বড় পোড়া কপাল যে, সে বিষয়ে কোন সন্দেহ নেই।

কপাল যদি পোড়া হয় সে আমি কি করবো বল! আক্ষেপ ঝরে পড়ে গোলাপির গলা থেকে, দেখতি শুনতি আমি তো একেবারে খারাপ ছেলাম না, বল, ছেলাম? কিন্তুক কেউ আমাদের খালি হাতে বে করে নিতি চায়নে। খানকির ছাবালরা। টেকাও নিবি আবার খাটি জিনিসও চাবি তা কোন দিন হয় নাকি! খায় কোম দুধ দেয় বেশি সে রাম গোরু কে কোথায় পেয়েছে বল! নে এখন এঠো পাতা চাট, আর কি করবি।

জীবনের মনটা একটা মেয়ের আত্মার অসহায় আর্তিতে জারিত হয়। সে যা বলছে তার সব কথার মধ্যে একটা গভীর যন্ত্রণা আছে, দ্রোহ আছে, অক্ষমতা আছে। আছে নিত্য অপমানের মানসিক কষ্টও।

ভেজা ভেজা গলায় বলে জীবন দেখ, একটা কথা বলছি, যদি মানিস তোর ভালো হবে। তুই এ সব লাইন ছেড়ে দে। দেখ তোর মত কত গরীব মেয়ে মান

সন্মান বাঁচিয়ে ছোট ছোট কারখানায় কাজ করছে। কেউ বাবুদের বাসায় বাসন মাজছে, কত জন মাছ, সবজি বেচছে। এই করে যা দুটাকা রোজকার করে তা নিয়ে কেমন সুখে আছে। আমি বলি, তুই সেই রকম একটা কিছু কর। আমি তোকে সাহায্য করবো। তাতে তোর ভালো হবে।

নেওড়া ভালো হবে। রাগত গলায় বলে গোলাপি আমি আগে বাবু বাসায় কাজ করতাম না! ভুলে গেছিস? কাজ ছেড়ে দেলাম ক্যান? সব শালাশালি উপর উপর ভদ্দোর। নালি সব বারো চোদা খানকির ছাবাল।

উহু, গালাগালি করিস না।

গাল কি আর শখে আসে? আসে জ্বালায়। ভদ্দোর বাবুরাই তো আগে আমারে নষ্ট করে দেছে। তেখন ভাবলাম, বাবু বাড়ি কাজে যাও সিখেনে নোকে ফাঁকা ঘর পেলি টেনে কাপড় খুলে নেয়, টেরেনে ইস্টেশনে মাঠে ধানক্ষেতে যেখানে যাই কেউ না কেউ হামলে পড়ে। কিছুতি রেহাই নি। মেয়ে মানুষির গতরই বড় শত্তুর। পর তো পর আপন আত্মীয়ও বাগে পেলি ছাড়ে না। দাদারে এত বছর বয়েস হলো এমন এট্যা বেটা ছাবাল দেখিনি যে হাতে পেয়ে ছেড়ে দেয়। তালি আর কার কার হাত থিকে কি করে রাত দিন নিজেরে বাঁচাবো। তেখন ভাবলাম কাজ নি আর বাঁচিয়ে। কাজ নি আর সব্ব সোমায় ভয়ে ভয়ে বেঁচে। নেমে পড়িছি পথে। এবার আর নোকের ইচ্ছায়, নোকের জোর জবর দস্তিতে কাপড় তুলবো না। নেংটো হব নিজির ইচ্ছায় নিজির দরকারে। শরীল আমার, আমি তার মালিক। তবে তারে অন্যে কেন কাড়ে, আমি বিলোবো আমার মর্জিতে।

গোলাপির চোখে এখন যেন একটা শুকনো সমুদ্র। যাতে কোন ঢেউ তরঙ্গ চঞ্চলতা নেই। সে যেন শান্ত শায়িত মলিন এক বিশাল নোনা আয়না। যে আয়নায় সমুদ্রের উপর কোন ছায়া ছবি স্থায়ী হতে পারেনি। অতীত বর্তমান সব পিছলে পিছলে চলে গেছে স্বপ্ন না হয়ে। এখন যা আছে তা মুখ ভেংচানো রূঢ় এক বাস্তবতা। কিছুক্ষণ গুম মেরে থাকার পর হঠাৎ সে হেসে ওঠে। প্রান খোলা নয় কেমন এক নিম গেলা তেতো হাসি। বলে বাদ দে ও সব কথা। বলে, আমার কি হবে আর শুনে বা তুই কি করবি। চা খাওয়াবি একটু খাওয়া।

টিস্টল পাশেই। সেখানে একটু সরে দাঁড়িয়ে অনেকটা সময় নিয়ে চা খাওয়া শেষ করে ওরা। তখনো বৃষ্টি থামার কোন লক্ষণ দেখা যায়না। বড় বড় জলের ফোটা পড়ছে ষ্টেশনের শেডের উপর। চড়বড় করে তুবড়ি বাজির মত শব্দ হচ্ছে। মাঝে মাঝে দমকা বাতাসের সাথে জলের ঝাপটা আসছে। তাতে মানুষজন সব ভিজে স্যাঁতস্যাঁত হচ্ছে। ওরা যেখানে দাঁড়িয়েছে পিছনে একটা দেওয়াল পেয়েছে। বাঁদিকে টিস্টলের শোকেস। সামনে ডান দিকে মানুষের দেওয়াল। ফলে ওদের গায়ে জলের ছাট লাগতে পারছে না। ওদের সামনে দাড়িয়ে চা খাচ্ছে বাস মোড়ের ফুটপাতে চুলকাটা জগাই। সে জীবনের সাথে গোলাপিকে কথা বলতে, চা খেতে, হাসতে দেখে চোখ কুঁচকে কিছুক্ষণ তাকায় আর বুকে যেন ঈর্ষার বিছের কামড় খায়। ইস্ সেই মালটা না? ফলে এক সময় সে হাতের ইশারায় জীবনকে কিছুটা দূরে ডেকে ডেকে নিয়ে গিয়ে ফুটপাতিয়া বুলিতে বলে আজ মাইরি দারুণ জমাটি দিন। মালটাকে আজ রগড়ানি দিবি

নাকি?

জগার মুখের ভাষা, অঙ্গভঙ্গি, চোখের চাউনিতে শরীর জ্বলে ওঠে জীবনের। ঝাঁঝের সাথে বলে— তোর আপত্তি আছে?

কী?

আমি যদি ওর সাথে শুই তোর কোন আপত্তি আছে? থাকলে বল।

জগা বোঝে জীবন অসন্তুষ্ট হয়েছে। বলে সে— দেখ দেখি। আমার আপত্তি থাকবে কেন। ও আমার কি হয় যে।

তবে বলছিস কেন?

তোরই ভালোর জন্য। না হলে আমার কি দরকার।

আমার ভালো?

ওকে আমি চিনি। ওর সিবলিস আছে। ওর সাথে যদি থাকিস তোরও হয়ে যাবে।

তুই কি করে ওর রোগের কথা জানলি? তোর হয়েছে নাকি? কবে শুয়েছিলি ওর সাথে? তোর থেকে তোর বউয়ের হয়ে যায়নি তো?

জগাই বুঝতে পারে কথাবার্তা একটা বিচ্ছিরি দিকে বাঁক নিয়েছে। যা পরে মারামারির দিকে এগাবে। কিন্তু মারামারি করে ওদের সাথে জেতা খুব মুশকিল। ওরা সর্বক্ষণ মারামারির জন্য প্রস্তুত হয়েই থাকে। কাছে চাকু ফাকু ও থাকা বিচিত্র নয় রিভলবারও থাকতে পারে। তাই মার খাবার আগে সম্মানজনকভাবে পিছু হটা দরকার। তাই গলায় কিছু জোর কষ্ট করে এনে বলে সে— আমি এই সব আলতু ফালতু মেয়ের পিছনে ঘুরি না। আমার বৌ ওর চেয়ে দশগুণ সুন্দর।

তা আমাকে ডেকে তোর এত জ্ঞান দেবার দরকার কেন পড়ল? নিজেরে খুব সেয়ানা মনে করিস? বাকি সব ধূর?

সেয়ানা ধূরের কি হল!

চলে যা এখান থেকে। আমার তিন গোনার আগে চলে যা। না হলে— ! ইয়ে— , আমতা আমতা করে বলে জগাই, মানে বন্ধুর মত মনে করে তোকে একটা কথা বললাম। না হলে আমার কি দরকার। বেকার বেকার তুই আমার উপর।

যাবি? আর একবার জিজ্ঞাসা করছি, যাবি?

জগাই বুঝতে পারে সরে যাওয়াই এখন তার পক্ষে মঙ্গল। সে যেন কিছুই হয়নি এমন ভাবে বলে বিষ্টি থামবে বলে মনে হচ্ছে না ফালতু দাড়িয়ে থেকে কি হবে। এরপর ভিজে ভিজে বাস মোড়ের দিকে ছোটে।

জীবন আবার গোলাপির কাছে ফিরে এসে দাড়াতেই কেন কে জানে বলে সে— আমি তাহলে যাই?

তুই কি আমার অনুমতি চাইছিস? পাগলি, কোথায় যাবি? যে রকম বৃষ্টি হচ্ছে, আর ট্রেন এলে যা ভিড় হচ্ছে, সেই ঠাসাঠাসি ভিড়ে উঠতে পারবি ট্রেনে?

তালে এখন কি করবো! এটা কোন প্রশ্ন নয়, একটা হতাশার অভিব্যক্তি।

একটা বাদানুবাদ হয়ে গেছে। যা মন থেকে মুছে ফেলে আগের মতো স্বাভাবিক হতে পারছেনা জীবন। জগাইয়ের কথা আর বিচ্ছিরি ইঙ্গিতে শরীর

জ্বলছে। রাগে কপালের রগগুলো দপদপ করছে। সেই অবরুদ্ধ রাগ এখন ফেটে বের হয়ে আসতে চাইছে। আর তাই, চারপাশের চেনা অচেনা মানুষ, চিরায়ত মূল্যবোধ অনুশাসন সমাজ সংস্কৃতি বিধি বিধান সব কিছুকে যেন অস্বীকার করে, বিদ্রুপ করে কর্কশ গলায় বলে ওঠে জীবন একটা কিছু ব্যবস্থা নিশ্চয় করবো তোর জন্য। আজ তোর বাড়ি যাওয়া হবে না।

কোথায় থাকবো এই ঝড় জলে?

যেখানে আমি তোকে রাখবো। সে তো আমার ব্যাপার। থাকবি না? থাকবো না কেন। চিন্তিত মুখে বলে গোলাপি— সে না হয় রইলাম। কিন্তু কেন রাখতে চাচ্ছিস আমারে?

আগের মতই রাগের ভাষায় বলে জীবন আমাকে দেখ তোর কি মনে হয়— ব্রহ্মচারী?

তা না, তবে!

হিজরে?

ধেস্।

না থাকতে চাইলে তাও বল।

মাথা নড়ে গোলাপির, সে থাকবে। এই পেশার কোন মেয়ের মুখে না শব্দ থাকতে নেই। থাকতে নেই কোন ব্যক্তিগত পছন্দ বা অপছন্দও। এখানে কাউকে না বলে ফিরিয়ে দেওয়া মানে সাধা অন্নে লাথি মারা। দেমাক দেখিয়ে যে তা করে তার প্রতি মা অন্নপূর্ণা, মা লক্ষ্মী, বাবা গণেশ বিরূপ হয়। তার সারা দিনে আর খদ্দের আসে না, বউনি হয়না। তখন দিন শেষে খালি হাতে ভগ্ন মনে ঘরে ফিরে যেতে হয়। পুরুষ মানে হচ্ছে সোনা। তা বাঁকা সোজায় দামের হেরফের হয়না।

সেদিক থেকে দেখলে গোলাপির কাছে জীবনতো খাঁটি হীরের টুকরো ছেলে। মুখে কোন মদের গন্ধ নেই। ব্যবহারও যথেষ্ট মানবিক। তা ছাড়া একদিন সম্পূর্ণ নিঃস্বার্থ ভাবে গোলাপির বিপদে ঝাঁপিয়ে পড়েছিলো। সে ঋণ আজো শোধ করা যায়নি। আজ যদি কিছুটা শোধ বোধ হয়।

কিন্তু সত্য সত্যই ও আমার কাছে থাকবে তো! নাকি সেই লোকটার উপরকার ঝগড়ার রাগ স্রেফ আওয়াজ দিয়ে ঝেড়ে ফেলেছে! বুঝতে পারে না গোলাপি।

আকাশ থেকে অঝোরে বৃষ্টি ঝরছে তো ঝরেই যাচ্ছে। থামার কোন লক্ষণই নেই। মনে হচ্ছে ষ্টেশনের চারদিকে যেন শত শত মোটর পাম্প বসিয়ে অলক্ষ্যে বসে কেউ জল ছেটাচ্ছে। সেই সাথে বাজ পড়ার কান ফাটা গর্জন। রাত ভোর যদি এ রকম বর্ষা হয় সারা শহর জলের তলায় চলে যাবে। বাপরে! একী প্রলয়ংকর বৃষ্টি! গত বিশ বছরে এমন বৃষ্টি কেউ দেখেনি। মহা প্রলয়ের যেন সূচনা হয়ে গেছে।

কোথাও কোন আলো নেই এখন। বিদ্যুতের তার ছিঁড়ে লন্ড ভন্ড। গাছপালা উপড়ে চলাচলের পথরুদ্ধ হয়ে গেছে। যানবাহন সব অচল। দাঁড়িয়ে পড়েছে পথে, জলের মধ্যে। এখন আর কোন ট্রেনও আসা যাওয়া করতে পারছে না। রেল লাইনের উপর জল জমে গেছে। জল না সরা পর্যন্ত ট্রেন বন্ধ। চার দিকে

এখন থৈ থৈ করছে জল শুধু জল। ড্রেন রাস্তা সব একাকার। জলের তোড়ে ভেসে যাচ্ছে যত ময়লা আবর্জনা। তবে এ সময় অন্ধকার ততটা গাঢ় নয়। মনে হচ্ছে মেঘের নিচে কোথাও বড়সড় চাঁদ লুকানো আছে। মেঘের রঙ সেকারণে মিশকালো নয়, বকের পালকের মত সাদা। ভয়ের কারণ এটাই। গ্রাম্য প্রবাদ আছে হাঁসা মেঘে ফাঁসায়। তাই মনে হচ্ছে এ শহর আজ ভাসবে। সেই বিকেল থেকে শুরু হয়ে এত রাত। রাত যত বাড়ছে বেড়ে যাচ্ছে বৃষ্টির দাপট। ষ্টেশনের গৃহহীন সেই সব মানুষরা আজ শোয়া তো দূরের কথা দাঁড়াবার মত এক টুকরো শুকনো জায়গাও পাবে কি না সন্দেহ। ঘরে ফিরতে না পারা শত শত ট্রেন যাত্রীতে ঠিকঠিক করছে প্লাটফরম। জলের ঝাপটায় সবাই ভিজে জবজবে। টিকিট কাউন্টারের সামনের ছোট জায়গাটায় ভিড় যেন সবচেয়ে বেশী। এই খানে জলের ছাট কিছু কম আসছে যে। যদি বৃষ্টি কম না হয়, যদি ট্রেন চলাচল শুরু না হয়, সারা রাতে এ ভিড় কমবে না। বিকালের দিকে দেরীতে হলেও একটা দুটো ট্রেন চলছিলো। এখন পুরোপুরি বন্ধ। সকাল তো বটেই জল না সরলে আরও কতক্ষণ ট্রেন বন্ধ থাকবে বলা অসম্ভব।

অনেক সময় ওখানে দাড়িয়ে ছিলো ওরা দুজন। যখন বোঝা গেল প্রকৃতি এই খামখেয়ালিপনা চলতেই থাকবে তখন তিতো গলায় বলে ওঠে জীবন— তখন রাগের মাথায় যে কথা বলে ফেলেছিলাম এখন তো দেখছি তা সত্যি হয়ে গেল রে গোলাপি। আজ আর তোর আমার কাছে না থাকা ছাড়া অন্য কোন উপায় নেই দেখছি।

মুখ বাঁকিয়ে পেশাদারি ঝামটা দেয় গোলাপি— চার চার ঘণ্টা ধরে দেড়িয়ে আছি। এট্যু বসার জায়গা হলো নি। পা ফা সব টনটন করতেছে। সারা রাত্তির এরম থাকথি হলি সে থাকার কী মানে!

মাথা চুলকে বলে জীবন— একটু দূরে একটা ঘর আছে থাকার মত। দরজা জানলা তো নেই কিন্তু ছাদটা পাকা। তবে সেখানেই চল চলে যাই। একটা রাততো, ঠিক মাথা মুখ গুঁজে কাটিয়ে দিতে পারবি। বৃষ্টিটা একটু কমুক।

বিষ্টি কমার আশা আর করিস নে। যাবি তো চল। আমি আর দেড়িয়ে থাকতি পারতিছি না।

আর একটু একটু সময় দেখি।

বৃষ্টি কমেনি অপেক্ষায় শুধু রাতটাই বেড়ে গেল। অগত্যা ওরা টিস্টল থেকে কিছু কেক বিস্কুট খেয়ে নেয়। এটাই আজ রাতের খাবার। ঝড়ের তাণ্ডবে ছেচনের হোটেলের উনুন জ্বলেনি। হোটেলের কর্মীরা কি খাবে সেই নিয়ে সে ভাবনায় পড়েছে। টালি উড়ে গিয়ে চাল থেকে জল পড়ে মেঝে কাদাকাদা। উনুন ভিজে নিভে ঠাণ্ডা। এই অবস্থায় ভাতের আশা না করাই ভালো। জীবনের এ নিয়ে কোন সমস্যা নেই। যা হোক একটু কিছু হলেই হলো। না হলে কোন খেদ নেই।

কিছুক্ষণ পরে জীবন কোথা থেকে যেন একটা প্লাস্টিকের পর্দা নিয়ে আসে। যা রিকশার সামনে বর্ষার জল আটকাবার জন্য বাঁধা হয়। সেই পর্দায় কোন রকমে মাথা শরীর ঢেকে জল ট্যাক্সির পাশের মাঠ ভেঙ্গে, ষ্টেশন মাস্টারের

কোয়ার্টারের পিছন দিক থেকে লোহার পাড়া যাবার গলি পথ ধরে কিছুটা হেঁটে ওরা যেখানে এসে দাড়ায় সেটা টিবি হাসপাতালের পাঁচিল। এখানেও দেওয়াল কিছুটা ভাঙা। কারন পাঁচিলের ওপারে কর্মচারীদের কোয়ার্টার। তারা স্টেশনে আসা যাওয়ার প্রয়োজনে খসিয়ে দিয়েছে দেওয়ালের কিছু ইট। তারা দুজনে সেই ভাঙ্গা পাঁচিল গলে হাসপাতালের মধ্যে ঢুকে পড়ে। এই পথে এক হাঁটু নর্দমা উপচানো নোংরা জলের মধ্যে দিয়ে ছপাং ছপাং করে হেঁটে হেঁটে পৌঁছায় গুরুপদর মদের ঠেকে। অন্য দিন রাত দশটা সাড়ে দশটা পর্যন্ত চলে এই ঠেক। আজ যা বৃষ্টি, মনে হয় সন্ধার পরেই ব্যবসা গুটিয়ে গুরুপদ চলে গেছে। হাসপাতালের অব্যবহৃত এই ঘরটায় এখন সর্বত্র ছড়ানো ছিটানো আছে নানা চিহ্ন। এক কোনে কটা মদের খালি বোতল। তার পাশে একটা জল রাখার মালসা। এতে এটো গেলাস ধোওয়া হয়। তার পাশে একটা নারকেল মালা যাতে কিছু আদার কুচি, নুন। তার পাশে কটা থান ইট। এতে খরিদ্দাররা বসে মদ্যপান করে। হাসপাতালের মূল ফটক থেকে যে সোজা রাস্তা হানড্রেড বেড পার হয়ে চলে গেছে সেই মূল ভবন থেকে দক্ষিণ দিকের বেশ তফাতে জল নিকাশি বড় নালার পাশে শুয়োর চরার বড় বড় ঘাস আর ঢোল কমলির জঙ্গলের মধ্যে কোন কালে কি উদ্দেশ্যে এই গৃহটি নির্মাণ করা হয়েছিল তা কে জানে। তবে এটা এখন গুরুপদর দখলে। গুরুপদ হাসপাতালের ওয়ার্ডবয়। যা মাইনে পায় সংসার চলে না। এ থেকে কিছু বাড়তি রোজগার হয়ে যায়। যে যতক্ষণ এখানে মদ বেচে তারপর ঘর খালি পড়ে থাকে। না, সব রাতে খালি থাকে না, তারপর কেউ লুকিয়ে চুরিয়ে এসে থাকে। যার জন্য গুরুপদ এর নাম দিয়েছে 'প্রেম ভবন'। আশে পাশে কোন লোকজনের নিবাস নেই। আর আসা যাওয়ার জন্য আছে অন্ধকার গলি পথ।

এখানে আসতে পেরে আর মাথা গোঁজবার মত ঠাঁই পেয়ে মন ওদের হালকা হয়ে যায়। বৃষ্টির বেগ আগের মতোই আছে। তবে যেদিক থেকে জলের ছাঁট আসছে সেদিকটায় দেওয়াল থাকায় ঘরের মেঝেটা শুকনো। কিন্তু সারা দিনের শতেক পায়ের আনাগোনায় জমে আছে পুরু ধূলো। জীবন ঘর খুঁজে একটা বস্তার ছেঁড়া টুকরো পেয়ে তা দিয়ে ঝেড়ে ঝেড়ে ধূলো সরায়। তারপর খুশি মনে বলে যা হোক বাপ, রাতটা থাকবার মত একটা ব্যবস্থা তো হল। মাল গাড়ির খালি ডাব্বার চেয়ে এটা ভালোই হল কি বলিস?

সে আর বলতি। বলবার কোন প্রয়োজন ছিলো না তবু বলে ওঠে গোলাপি, খালি বগিতি যদি এ্যাকবার জিআরপি ধরতি পারে আমার হাড়মাস কালি করে ছেড়ে দেবে। বল, এই গতরে কি চার ছটা মেরো সহ্য করা যায়? শালারা কতকাল বউদের মুখ দেখে না। ধরে যেন যম ধরা। মানুষটা মরলো না বাঁচলো মোনে রাখেনা। তেমন আমি নোতুন, এ্যাকবার কি হয়েছিলো জানিস?

ধুলো ঝাড়া শেষ করে সোজা হয়ে দাড়িয়ে বলে জীবন চুপ। আমার সামনে ও সব বিবরণ একদম বলবি না। শুনতে আমার ভালো লাগে না। গোলাপি বিস্মিত চোখে জীবনকে দেখে। বুঝে উঠতে পারে না ওর এভাবে ফুঁসে ওঠার কারণ কি! এমন কিছু খারাপ কথা তো বলা হচ্ছে না। এ্যাকবার জি আর পি ধরেছিলো। জিআরপি যদি অন্ধকারে একলা মেয়ে পায় যা করে সে সবাই

জানে। সে কথা বলার দোষ কোথায়। যা সত্যি তা বলার কোন দোষ হয় না। জীবন তো দাদা ভাই কাকা মামা বা পাড়া গ্রামের কেউ নয়। তবে?

ঘরের অন্ধকারে এক কোণে গুম মেরে থেকে শেষে বলে ওঠে জীবন যা হয়ে গেছে তা গেছে। মনে কর, এখন তুই মনে কর, ইচ্ছাতেই হোক আর অনিচ্ছাতেই হোক জ্ঞানে বা অজ্ঞানে কারো সাথে কোনদিন খারাপ কোন কাজ করিসনি।

মনে করলি কিছু হবে?

হবে, মনে করলেই হবে। মনটাই তো হচ্ছে আসল। মনে কর তুই কুমারী, একেবারে নিস্পাপ পবিত্র। আজ পর্যন্ত কেউ তোর শরীর স্পর্শ করতেই পারেনি।

হাসে গোলাপি। কিন্তু কোন কথা বলেনা। জীবন এগিয়ে এসে পরম মমতা মাখা একটা হাত গোলাপির ডান কাঁধের উপর রেখে ঘন হয়। এহাত সবল এবং নির্ভরযোগ্য। মনে হয় গোলাপির এমন একটা হাত ধরে অনেক পথ অতিক্রম করা যায়।

জীবন জিজ্ঞেস করে, তুই কখনো স্বপ্ন দেখেছিস গোলাপি?

জবাবে বলে গোলাপি সব মানুষই সপনো দ্যাখে। মেয়েরা যেটা ছাবালদের 'চে এট্যু বেশিই দ্যাখে।

সে তো সুখের স্বপ্ন। আমি তা বলছি না। কু— স্বপ্ন দেখেছিস কখনো? মনে কর, তোর জীবনে আগে যা যা ঘটে গেছে তা সব বিচ্ছিরি স্বপ্ন। যা একটাও সত্যি নয়।

তালে সত্যি কী?

সত্যি এই, গোলাপির হাতে চিমটি দেয় জীবন। বলে, লাগছে না? তার মানে এই যে তুই আমি একসাথে এখন রয়েছি যে এইটে আসল। বাদবাকি আর যা ছিলো সব কিছু আজেবাজে, নকল, মিথ্যা, দুঃস্বপ্ন।

বর্ষণ মুখর এই রাতে জগত থেকে বিচ্ছিন্ন যেন জনহীন এক দ্বীপে বসে প্রেমিক জীবন অমৃত পিপাসায় ফুঁপিয়ে কাঁদছে। সে কান্নার অর্থ সে— ই জানে যার বুক জোড়া পিপাসা জেগে থাকে। যার হাত থেকে পিছলে গেছে পান পাত্র। শূণ্য পাত্র পূর্ণ ভেবে যার প্রতিক্ষা করা ছাড়া আর কিছুই করার নেই।

গোলাপিরে, তোর আমার আমাদের মত সবার ভালো পথ ভালো হয়ে বেঁচে থাকার পথে হাজার হাজার বাধা। তুই যতই চেষ্টা করিস না কেন কেউ তকে ভালো ভাবে থাকতে দেবে না। খারাপভাবে তো বাঁচা যায়না। বেঁচে থাকার, ভালো থাকার একটাই উপায়, কোন ভাবে মন্দ না থাকা। যেটা খারাপ যেটা মন্দ সেটাকে স্বীকারই না করা। সব সময় মনে করবি কোন মন্দ আমার ধারে কাছে ঘেঁসতে পারেনি। তুই কি মনে করিস, তোর জীবনে যা যা ঘটেছে আর কারও তা ঘটেনি? ঘরে ঘরে গিয়ে খোঁজ নিয়ে দেখ, যদি বলে জানতে পারবি হাজার হাজার মেয়ের জীবনে কত অপমান অত্যাচার ঘটে গেছে।

একটু থেমে ফের বলে জীবন, আমি আজ সব কথা তোকে বলতে পারবোনা। তবে জেনে রাখ আমার জীবনেও তোর চেয়ে কম কিছু হয়নি। কি করবো, ছোট ছিলাম দুর্বল ছিলাম। দুর্বল যে— ই হবে তার উপর সবল সব

দিনই অত্যাচার করে। হয় সবল হও নয় অত্যাচার সও।

একটু পরে আবার বলে সে— আমি আর সে সব পুরানো কথা মনে করে রাখিনি। মনে করতেও চাইনা। সে সব কথা মনে পড়লে নিজেকে কেমন কুত্তা কুত্তা মনে হয়। সে কুত্তাপনা আর করবো না রে গোলাপি। যদি কেউ আমাকে কুত্তা বানাবার চেষ্টা করে তার যা করবো সে বুঝবে।

এই ঘরটা একটা চোলাই মদের ঠেক। সারা ঘরে ছড়িয়ে আছে মদো মদো গন্ধ। সেই গন্ধেই কি নেশা ধরে গেল নাকি জীবনের। সটান বলে বসে সে— গোলাপি বল তুই আমার সাথে বিয়ে করবি? বাঁধবি আমার সাথে মিলে ঘর সংসার?

আচমকা এই কথায় থতমত খেয়ে বলে গোলাপি— তুই যে কি বলতিছিস তা আমি ঠিক বুঝে উঠতি পারতিছি না তো তোর কি উত্তর দেবো!

ধীরে ধীরে বলে জীবন— অনেক দিন ধরে মনে হচ্ছিলো আমার একজন সাথী দরকার। না হলে কিছুতে চলবে না। তোকে বলছি, কিছু মনে করিসনা। সারা দিন রাত আমার শরীরের মধ্যে যেন রাবণের চিতা জ্বলে। বুকের মধ্যেটা বড় খালি খালি লাগে। যা মোটেই সহ্য করতে পারিনা। সেই জন্যও, আমার শহরে আমার মত লোককে একা কোন বাড়িওয়ালা ঘরভাড়া দিতে চায়না, সে কারণে আমাকে থাকতে হয় স্টেশন ফুটপাতে। সেই জন্যেও আমার একজন সঙ্গী চাই। করবি তুই আমার সাথে বিয়ে?

কথা সব সময় কথার কথা হয় না। কখনো আবৃত্তি হয় কখনো মন্ত্র হয় স্তব হয় আবার কখনো প্রলাপ হয়, গ্যাজা হয় ভাট হয়। এটা যে কি তা গোলাপি বুঝতে সক্ষম হয় না যখন জীবন বলে আমার জন্য ঘরে বসে তুই মনের মত রান্না করবি। আমাকে যত্ন করে খেতে দিবি। আমার ঘরে ফিরতে দেরী হলে রাস্তার দিকে তাকিয়ে থাকবি। আর আমার সাথে গল্পে গল্পে সারা রাত জাগবি। আমার যা দুঃখ কষ্ট তা তুই কিছুটা ভাগ করে নিবি। তোরটা নেবো আমি। এ সব ভেবে আমার সংসার পাতবার শখ হচ্ছে। বল থাকবি আমার সাথে সারা জীবন?

গোলাপি বোকার মত কিছুক্ষণ জীবনের আবছা মুখের দিকে তাকিয়ে থেকে জানতে চায় ভাং গাঁজা খেয়েছিস নাকি তুই?

কেন?

নেশার খেয়ালে লোকে আবোল তাবোল কত কি না বলে। নেশা কেটে গেলি সে কথা আর মোনে থাকে না। কত মানুষ দেখেছি রাত্তিরে কত কিনা বলে। সকাল হলি তেখন পালাতি পারলি য্যান বাঁচে।

বলে জীবন— গাঁজা ভাং আমি খাইনা।

মদ?

সে কোন কোন দিন। তবে আজ মদ না খেলেও নেশা আমার হয়েছে। একে বলে ভালোবাসার নেশা। ঘর বাঁধার নেশা। তকে কেন কে জানে আমার খুব ভালোবাসতে ইচ্ছা করছে। যদি রাজী থাকিস তো বল।

আমি তো খারাপ মেয়ে। আমার সব কথা তো তোর জানা। এরকম জেনে কেউ আগুনে হাত দেয়?

আবার সেই কথা! গোলাপির মুখে হাত চাপা দেয় জীবন— বললাম না তখন পুরানো কথা সব ভুলে যা। তুই কোনদিন কোন খারাপ কাজ করিসনি। তাহলে খারাপ মেয়ে হলি কি করে? তোর জীবনের প্রথম পুরুষ আমি। আমি আজ তোকে প্রথম ছুঁয়েছি। এটা যদি খারাপ কোন কাজ হয় সে তো সবার জীবনে ঘটে। যার না ঘটে সে কপাল পোড়া মন্দ ভাগ্য।

না রে। ছাদের দিকে তাকিয়ে আশাহত, ভগ্ন, ধরা গলায় বলে গোলাপি— না জেনে সাপের বিষ খেলিও নোকে হজম করতি পারে। জেনেশুনে কেউ হজম করতি পারে না।

আমি পারবো।

একটু সময় চুপ করে থেকে ফের বলে জীবন— খোলা মনে তুই তোর সব কথা আমার কাছে বলে দিলি বলেই তো তোর যা কিছু গোপন ব্যাপার তা জানতে পারলাম। যদি কিছু না বলতি পারতাম এ সব জানতে? পারতাম না। ধর অন্য একজন আজ হোক কাল হোক, যাকে আমি বিয়ে করবো সে কি কোনদিন তার কথা এমন সরল মনে বলে দিতে পারবে? পারবে না। আমি কোনভাবেই তাহলে তাকে জানতে পারবো না সে কে বা কী। তাই না? হয়তো সোনা ভেবে যাকে নিয়ে ঘর করবো সে আসল গিলটি। তার চেয়ে যদি জেনে বুঝেই ঘরে গিলটি নিয়ে আমি পরে আর তো ঠকার ভয়টা থাকবে না। আর যদি গিলটি পরে সোনা হয় সে তো লাভে লাভ। বলছিস তুই খারাপ, তা আমি বা কোন ধোয়া তুলসি পাতা! ধোয়া তুলসি পাতা আজকাল আর কে আছে?

গোলাপি জীবনের কথাগুলো এক বাজে পোড়া গাছের মত অন্ধকারে বসে থেকে শোনে। যার স্তম্ভিত হবার কারণ থাকলেও থাকতে পারে কিন্তু আন্দোলিত হবার মত আবেগ আর নেই। এর আগে বহুবার বহু রাতে সে এরকম বহু অস্ফুট সংলাপ শুনেছে। ঝরে ঝরে পড়ছে এ রকম মন ভোলানো অনেক প্রতিশ্রুতি। বিশেষ বিশেষ সময়ে উন্মাদ হয়ে যাওয়া পুরুষ এই রকম অনেক কিছু বলে থাকে। পরে আর সে সেই কথার অর্থ খুঁজে পায়না। তখন নিজের কাছে নিজেই লজ্জিত হয়।

তবে এটা ঠিক যে সেই সব লোক শাড়ি গহনা নগদ টাকা দীঘা ভ্রমণ এ সব লোভ দেখালেও বিয়ে করবো এমন আব্দার কেউ করেনি। নেশায় টলে পড়ে গেলেও কেউ বলেনি তোকে বউ করে বাড়ি নিয়ে যাবো। তারা জাতে মাতাল হলেও তালে ঠিক। মন তাদের টলে না। তারা জানে— এ সব মেয়ে নিয়ে বাইরে ফুর্তি করা যায়। ঘর বাঁধা যায় না। মানুষ কী বলবে!

সেদিক থেকে জীবনের কথায় একটা নতুনত্ব আছে বটে।

জীবন যেন এখন এক ঘোরের মধ্যে ভাব সমাধির মধ্যে চলে গেছে। সেখান থেকে পাগল পাগল গলায় বলে আমি আমার সারা জীবনে কারও কোন উপকারে লাগতে পারিনি। বিনা কারণে এতগুলো বছর খরচ হয়ে গেছে। আজ যদি তোর কোন উপকার করতে পারি জানবো অন্তত একটা কাজের মত কাজ করতে পেরেছি। জীবনটা একেবারে বেকার গেল না।

গোলাপি এক বারবনিতা। পুরুষের মুখে এমন সুন্দর সুন্দর কথা শুনে তার কান পচে গেছে। তবু শোনে কেননা শুনতে ভালো লাগে। এটা কে জানে

যে যাত্রা সিনেমা নাটকে যা হয় সব মিথা, সব অভিনয়। যার আয়ু মাত্র আড়াই ঘণ্টা। কিন্তু সেই মিথ্যা সংলাপেও মানুষ মুগ্ধ হয়। নায়ক— নায়িকার দুঃখে কাঁদে সুখে হাসে। কারণ তা বর্তমানের কঠিন বাস্তবতা থেরে দূরে— কিছু সময়ের জন্য এক কল্পনার ইচ্ছা পূরণের জগতে নিয়ে যায়।

জীবনের এই সব আবেগ বিহ্বল বিলাপের সময় সীমা হয় তো এক রাত মাত্র। কিন্তু এখন এই বৃষ্টিভেজা অন্ধকারে তা কানে ঢোকা মাত্র মন মোচড়ায় গোলাপির। বিশ্বাস করতে তার বড় ইচ্ছে হয়। মানুষের প্রতি নাকি বিশ্বাস হারানো পাপ। ইচ্ছা করে সেই মানুষ ভাবতে যার মন আছে।

ছোটো একটা কলি, বাপ মা যার নাম দিয়েছিলো ফুলের নামে। যে ফুল কোন মন্দিরের দেবতার পূজার জন্য বেছে নেওয়া হয়নি। পরিপূর্ণ পাপড়ি মেলে ফুটে ওঠার আগেই দগ্ধ হয়ে গিয়েছিলো পুরুষের কামার্ত নিশ্বাসে। তার সেই দগ্ধ মনের আনাচে কানাচে জমে আছে সন্দেহ আর অবিশ্বাস। পুরুষ মানেই এক বর্বর জীব। পেশার প্রয়োজনে পুরুষের আলিঙ্গনের কাছে আত্মসমর্পণ করে বটে। কিন্তু সেই পূর্ব তিক্ত অভিজ্ঞতা তাকে বাধা দেয় ফেলে সেই মোহমায়া প্রেম জাগেনা, যা জাগলে প্রবল বিশ্বাসে বিষধর সাপকেও মালার মত গলায় পড়ে নেওয়া যায়। আর উল্টো হলে রজ্জুতেও সর্প ভ্রম ঘটে যেতে পারে।

তবু সে এখন জীবনকে কোন বাধা দেয় না। বলুক, তার মনে যতক্ষণ এই নেশা উত্তেজনার মাদক নেশা আছে। সে আর কতক্ষণ? রাত ফুরালে কথাও ফুরিয়ে যাবে। ফুরিয়ে যাওয়ার আগে জ্বলতে থাকুক ফুল ঝুরির বহুবিধ বর্ণচ্ছটায়। যদি হয় হোক না রাতটা একটু আলোকিত হোক না মধুময়। অভিনয় করার সময় যখন অভিনেতা কাঁদে জল তো চোখে থেকেই ঝরে। তখনকার জন্য সে জলতো মিথ্যা নয়।

জীবন এখনও সেই ঘোর থেকে মুক্তি পায়নি। সে বলে– কথা বল গোলাপি বল চুপ করে থাকিস না। বল আমার সাথে করবি সংসার? তুই তো ঘর চাস বর চাস, আমি তোকে সেই সব দিতে চাচ্ছি। বল নিবি?

জীবনের কথায়, স্পর্শে সেই হামলে পড়া পুরুষের আগ্রাসন নেই যারা মনের কোন তোয়াক্কা না করে শরীরটার দখল নেয়। যথেচ্ছ ব্যাবহার করে। যেন দেয় মূল্যের সবটুকু নির্মম ভাবে উশুল করে নিতে পারে। এ এক অন্য মানুষ। এর যেন রয়েছে মোমের মত গলে যাবার মরণ অভিপ্রায়। সে মৃত্যু বাসনা সঞ্চারিত করে দিতে চায় গোলাপির মনের মধ্যেও। যা রূঢ় এক বাস্তব তাকে সম্পূর্ণ অস্বীকার করে মৃতপ্রায় মনটাকে এক নতুন অনুভবে সিক্ত হতে আমন্ত্রণ জানায়। এই আমন্ত্রণ এক অনাস্বাদিত রোমাঞ্চের পরশ দেয় শরীরে— মনে। বারবণিতার কর্কশ জীবনের নীচে চাপা পড়ে যাওয়া সেই চিরন্তন নারী সত্তাটা বড় কাতর হয়ে পড়ে। সেই নারী সত্তা তার নারীত্বের পক্ষে চরম অপমান অসম্মানের। আজ সেই মহার্ঘ সম্পদ অযাচিত ভাবে এসে দরজায় কড়া নাড়ছে দ্বার খোলা। দেখো আমি এসেছি। দরজার পাল্লায় হাত রেখে দাঁড়িয়ে আছে গোলাপি। এক ঝটকায় দরজা খুলে ফেলা যায়। কিন্তু খুলতে পারছে কই? একটা সংশয়ের কাঁটা যে প্রবলভাবে খোঁচাচ্ছে। কী সেই কাঁটা?

গোলাপি ভাবে— ওই পুরুষ লোকটা যে আমার উপকার করবার কথা

বলছে। কিন্তু একবারও তো বলছে না— তুমি আমার জীবনে এলে আমি উপকৃত হবো, ধন্য হবো, পূর্ণ হবো! সে আমার জীবন পূর্ণ করতে চাইছে। কিন্তু উপকার দয়া দান এ সব কি প্রতিদানের ঝোলাখানি শূন্য দেখে মনে হতাশা, ক্লান্তি, বিরক্ত আসেনা? যদি দুজন মানুষের মধ্যে ভালোবাসার, পারস্পরিক দান প্রতিদানে, শ্রদ্ধা এবং নির্ভরতার একটা নিরেট ভূমি না গড়ে ওঠে, শুধু মাত্র দাতা আর গ্রহীতার যৌথ জীবন চর্চা কি দীর্ঘস্থায়ীত্ব পেয়ে টিঁকে থাকতে পারে?

অপেক্ষা, আরো অপেক্ষার কথা ভাবে গোলাপি। লোকটার কাছে আরো বিশ্বস্ততার পরিচয় চায় সে। শেষ না দেখে একটা মতামত দেওয়া অর্থহীন। সে বড় অস্বস্তির, অবমাননার লোককে ডেকে ডেকে বলবে কিনা— ওই যে, ওই সেই মালটা, যাকে ঢপ দিয়ে সারারাত নাচিয়েছিলাম।

বাইরে অবিরাম জল ঝরে চলছে। পরিবর্ত্তিত প্রকৃতি নির্জন অন্ধকারে একটা ঘরের কোণায় দুটো মন মস্তিষ্কের উপর দু— রকম প্রভাব বিস্তার করে। একজন নিজেকে টুকরো টুকরো করে ছড়িয়ে দিতে চায়, আর একজন ছড়িয়ে যাওয়া টুকরোগুলো কুড়িয়ে নিয়ে জড়ো করতে চায়। গোলাপির কাঁধে রাখা জীবনের হাত আস্তে আস্তে নরম কোমল ভূমিকা বর্জন করে সবল সাহসী হয়ে উঠতে থাকে। জল প্লাবিত, জন বিবর্জিত মাঠের এক অন্ধকার ঘরে সে হাত কিছু আহরণ করতে চায়। এ হাত এক যুবকের দৃঢ় দৃপ্ত হাত। সে হাতের তালুতে ভেঙ্গে ভেঙ্গে যায় সব সংযমের বিধি বাধার দেওয়াল।

বল গোলাপি, কথা বল। হয় ভালো নয় মন্দ হোক কিছু বল।

২০.

অন্তরঙ্গতা এবং দূরত্ব

গোলাপি তার শরীরের সব ভার জীবনের উত্তপ্ত বুকের উপর ছেড়ে দিয়ে বেদনাহত গলায় বলে— তুই পাগোল হোসনি রে। আর আমারে পাগল বেনিয়ে দিসনি। আমি যা আছি যেমন আছি তাই থাকতে দে। আমার সব্বনাশ করিস নারে। তুই আমারে নে সোমসার করবি, আমারে ভালবাসবি এত বড় লোভ দিসনা রে। আমাগার মতোন মেয়ের নোকে "বাবু" হতি চায়, আর ঢেমনি বেনিয়ে রাখতি চায়। বউ বানাতি চায়না। দু— দশ দিন আমার সাথে থাকলি মোনের নেশা কেটে গেলি তেখন দেখবি আমারে তোর ঘেন্না করতি ইচ্ছা করবে। নিজির হাত সেদিন নিজি কামড়াবি এই ভুলির জন্যি।

গোলাপির মত জড়তা আড়ষ্টতাহীন মেয়ের এত নিবিড়, ঘনিস্ট সান্নিধ্য কোন দিন পায়নি জীবন। প্রতি অঙ্গের উষ্ণ স্পর্শ এখন প্রতিটা অঙ্গে। নারী দেহ হয়তো একেবারে অচেনা নয় তার। কিন্তু সে অসম চেনায় কিছু অস্বাভাবিক কারণে সুপ্ত হয়েছিলো একটা ন্যায় অন্যায় দ্বন্দ্ব। যা মানসিক তৃপ্তির পক্ষে অন্তরায় ঘটায়। গোলাপির বেলায় তেমন কিছু নেই। তাই জীবনের মন জুড়ে এখন অদ্ভুত শান্তি সুখ আনন্দ বাতাস বয়ে যাচ্ছে। গোলাপি কি বলছে কি ভাবছে তা সে শুনতে বুঝতে এখন উৎসুক নয়। সে কাল কি করবে সে তার ব্যাপার। কিন্তু এই রাত জীবনের। জীবন আজ জীবনের কাছে সেই কথাটাই বলে দেখে যে কথা কাউকে বলে যেতে যা পারলে জীবন বৃথা যৌবন বৃথা জন্ম বৃথা।

কিন্তু সেই কথাটা বলতে গলা কাঁপে বুক কাঁপে তার। যা বলার বাসনা এমন কোন শব্দ কী আজো আবিস্কার হয়েছে যা দিয়ে মনের সেই ভাবকে প্রকাশ করা যায়?

এখন মনে হয় জীবনের অনেক বলার চেয়ে না বলা অনেক বলা হয়ে যায় সময় সময়। সময় নীরবতার মধ্য দিয়ে বলে দেয় অনেক কথা। ভাষা যেখানে

পথ হারা সেখানে যৌনতার নারীর আকুতিই মানব মনের সেই অব্যক্ত আর্তিকে যথাযত ব্যক্ত করে দিতে সক্ষম সফল হয়।

তাই দুহাত দিয়ে গোলাপিকে বুকে বেঁধে চুপ করে বসে বাইরের ঝমঝম করে পড়তে থাকা বৃষ্টির শব্দ শুনতে থাকে জীবন। আকাশ থেকে ঝরে পড়া এই জলের ফোঁটা মাটির কানে কানে কি যেন বলছে। কী বলছে? এই জল পেয়ে মাটি নরম কোমল সম্ভাবনাময় হবে। তার শরীরে জাগবে সবুজ হবার সতেজ হবার প্রতিশ্রুতি। বাৎসরিক বন্ধ্যাত্ব কেটে গিয়ে শস্য প্রসবিনী হবার আনন্দ অহংকার।

বহু সময় পার হয়ে যাবার পর মনে হয় জীবনের গোলাপিকে এখন কিছু বলা দরকার। তার বুকের পাঁজরে নিশ্চয় এখন ছোবল মারছে অতীত দিনের সেই গ্লানি অপরাধবোধ। সে বিষ ছোবল এসে পড়ছে তার ভবিষ্যতের আশা সাধ স্বপ্নের চির কাঙ্খিত বাসরের দরজায়। এ সময়ে তার দরকার একটা আস্থার কেন্দ্র বিশ্বাসযোগ্য মানুষের সহমর্মী মনের স্পর্শ।

অনেক ভেবে চিন্তে ধীরে ধীরে দরদ মাখা গলায় বলে সে— শোন গোলাপি— যাকে ভালবাসা যায় তাকে কোনদিন ঘেন্না করা যায় না। তার কাছে কাছে থাকতে পারলে মনের সব অসুখ সেরে যায়। তোকে আমি ভীষণ ভালোবেসে ফেলেছি রে গোলাপি। যত তোকে দেখছি সে ভালোবাসা বেড়ে যাচ্ছে। মনে হচ্ছে তুই আমার সেই মেয়ে যাকে আমি সারা জীবন ধরে খুঁজে বেড়িয়েছি। আর আজ পেয়ে গেছি। পেয়ে তোকে আর হারাতি চাইনা। তুই হারিয়ে গেলে মনে হয় আমার বাঁচার আনন্দটাই হারিয়ে যাবে।

এই রকম হঠাৎ করে কি ভালোবাসা হয়? আগে মানুষটারে চেনা জানা লাগে, বোঝা লাগে। যদি কারও দোষের থিকে গুনের ভাগ বেশি হয়, তেখন তারে ভালো লাগে। তারপর মিশতি মিশতি তেখন হয়।

না না না। জোর গলায় বলে জীবন— অত হিসেব নিকেশ করে যা হয় তা কোনদিন ভালোবাসা নয়। গুনিজনি লোকে বলে ভালোবাসা অন্ধ। সে অত অংক কষে দোষ গুণ খুঁজতে বেড়াতে পারে না। যার তা হবার হঠাৎ করে হয়ে যায়। যার না হবার সারা জনম চেষ্টা করেও হবেনা। মাপামাপি করতে করতে জীবন কাবার হয়ে যাবে।

এ সব কথা তুই শিখলি কার কাছে?

কেন?

মাস্টার মশাইয়ের মতোন কথা। এ্যাক মাস্টারের বাড়ি কাজ করতাম। সে বলতো এই রকম।

তোকে বলতো?

আমারে বলবে ক্যান। তার ছাত্তোরগার বলতো। পড়তি আসতো যারা।

একটু হেসে জীবন বলে— আমি কারও কাছে কিছু শিখিনি। যা শিখেছি তা সব নিজে নিজের কাছে। আমার জীবনই আমার গুরু বলিস গুরু মাস্টার বলিস মাস্টার। জানবি যেখানে যত জ্ঞান যত শিক্ষা সব মিথ্যা ফালতু। আসল শিক্ষা হল জীবনের শিক্ষা। জীবন থেকে মানুষ যা শেখে তার উপর আর কোন শিক্ষা হয়না।

ঘরের বাইরে সেই অবিশ্রান্ত জল পড়ার শব্দ। যেন লক্ষ লক্ষ জল পরীর উত্তাল জলনাচে ডুবে যাচ্ছে বিশ্ব চরাচর। সেই কূলপ্লাবী জল প্লাবনের দুরন্ত তরঙ্গ মালার মধ্যে এক ছোট্ট ডিঙ্গিতে চেপে ভেসে যাচ্ছে দিশাহীন দুটো মন। কান্ডারিবিহীন ধেয়ে চলা দুটো জলযান জলের দোলায় দুলছে।

একটা আলসেমি জড়িয়ে আসছে গোলাপির চোখে। শরীরের প্রতি লোমকূপে নামছে মৃত্যুর মতো শীতল এক ঘুম। বরফ হয়ে যাচ্ছে ধমনীর লোহিত কণিকা। আর নিজেকে দু পায়ের উপর দাড় করিয়ে রাখতে পারেনা সে। গোড়া কাটা গাছের মত বসা থেকে গড়িয়ে মেঝের ধূলি শয্যায় পড়ে সে। তারপর বলে— আর একবার বল। একবার, আর একবার বল, আমারে ভালবাসিস।

বাসিরে গোলাপি। সত্যি সত্যি তোকে আমি ভালোবাসি। কতখানি যে ভালবাসি তা বলে বোঝাতে পারবোনা। যদি সুযোগ পাই প্রমাণ করে দেখিয়ে দেবো।

কান্না উথলে উঠে গোলাপির গলায়— আমারে কেউ কোনদিন ভালবাসার কথা বলেনি। আমার বুক পেট থাই আরো কত কি নে কত জনা কত কিনা বলেছে। কিন্তুক সবটা নে যে গোটা মানুষটা তার মনটা কেউ কিনতে চায়নে। যা খালি মেয়ে দে কেনা যায়। তুই সেই পেরথম মানুষ যে বললি আমারে ভালোবাসিস। বল, আবার বল। বারে বারে বল, ভালোবাসার কথা শুনতি শুনতি আমি মরি।

কোথায় যেন কড় কড় করে বিকট শব্দে একটা বাজ পড়ল। তীব্র আলোকচ্ছটায় জ্বলে উঠল দশদিক। থর থর করে কেঁপে গেল ছোট্ট ঘর খানা। মনে হল এক খণ্ড আকাশ বুঝি ভেঙ্গে পড়ল ঘরের ছাদের উপর। কেঁপে গেল জীবনের সারা শরীর, মন। কেউ কোথাএ নেই। যেন মহা প্রলয়ের পরে পৃথিবীর আদিম গুহায় এক মাত্র জীবিত আছে এই দুই প্রাণী। যার একজন নর একজন নারী। কি নেই সেই নারীর কাছে? সব আছে তার যা আর দশজন নারীর থাকে। যা পুরুষের কামনার বাসনার এবং তৃপ্তিরও। অন্য সব নারী, তারা এখন এই রাতে হয়তো প্রিয় শয্যায় রতি সুখের মধু ছন্দে মেতে উঠেছে। অন্ধকার রাত, বৃষ্টি বজ্র দিয়ে তাদের ভয় দেখাতে চাইলে আঁকড়ে ধরে মনে সাহস পাবার মত মানুষ তার পাশেই রয়েছে। আর এই মেয়ে— একই সম্পদ নিয়ে অনাদরে অবহেলায় পড়ে আছে চোলাই ঠেকের এক হাঁটু ধূলোর মধ্যে। তার সামনে পিছনে নিজেকে নিঃশেষে বিলিয়ে দেবার মত একজনও বিশ্বাসী মানুষ কেউ নেই। যার কাছে সে বিশ্বাস করে নিজেকে সমর্পণ করবে ইচ্ছেমত শরীরটাকে ভোগ করে খালি চায়ের ভাঁড়ের মত ফের আবর্জনায় ছুঁড়ে ফেলে চলে যাবেনা। এ ভাবে কত মানুষ চলে গেছে তা কে জানে। তাই হয়তো ওর মনে জমে গেছে পুরুষের প্রতি অবিশ্বাস। ওর জীবন হয়তো ওকে শিখিয়েছে— পুরুষ স্বার্থপর, লোভী কামুক। তার কথায় ভুলো না। সে তোমাকে ঠেকিয়ে নিজের কাজ গুছিয়ে নিয়ে সরে পড়বে।

জীবন ভাবে— এই ভ্রান্তি দূর করতে হবে। বুঝিয়ে দিতে হবে সব মানুষ সমান হয়না। কেউ কেউ এমনও আছে যে সুযোগ সন্ধানী নয়, স্বার্থপর নয়।

জীবন তার পাশে বসে পড়ে। মেঘের আন্তরণ ভেদ করে যে ভেজা আলোর রেশ আসছে সেই আলোয় গোলাপি নামের মেয়েটাকে ভালো করে দেখার চেষ্টা করে। কিন্তু দৃষ্টি ব্যাহত হয়। ঘরের মধ্যে ততখানি উজ্জ্বলতা নেই যাতে একটা অবয়ব চোখের উপর স্পষ্ট হয়ে ফোটে। তার ফলে জীবন অন্ধকারে অন্ধ মানুষের মত হাতের স্পর্শে গোলাপিকে সম্পূর্ণ ভাবে দেখে নেবার চেষ্টা করে। এই হচ্ছে মাথা, মাথার চুল। লম্বা চুলে খোঁপা বাঁধা। চুলে ফিতে বাঁধা। ফিতে খুলে দেয় জীবন। চুলগুলো ভেজা, বৃষ্টির জল পড়েছে চুলে। খোলা চুলে সস্তা নারকেল তেলের গন্ধ। জীবনের হাত এখন গোলাপির কপালের উপর চলাচল করে। কপালে একটা টিপ। কে জানে কি রঙ। এই হচ্ছে ভুরু আর এই চোখের পাতা। মনে আছে জীবনের বিকালে মেয়েটার চোখে কাজল ছিলো। এখন সে চোখ দুটো বোজা। বোঝা যাচ্ছে ঘুম নয়, ঘুম আর তন্দ্রায় মাঝামাঝি আবেশ মেদুরতা মাখা রয়েছে সে চোখে।

হাত গড়িয়ে নাক বেয়ে ঠোঁটের উপর নামে। সেটা তেমন পাতলা কমলা কোয়ার মত নয়। একটু মোটা কিছুটা রুক্ষ, খসখসে। যেন বহু অভিমানে ফুলে ওঠা। এই ঠোঁটের উপর কখনো কোন আদরের চুমু নেমে আসেনি। যা এসেছে তা কাম লালা মাখা কদর্যতা। বুঝি অভিমান তাই।

এরপর গোলাপির গালের উপর হাত বোলায় জীবন। চার আঙ্গুলের মাংসের নমনীয়তা টিপে টিপে দেখে। এই সেই গাল যেখানে রাত আধারে কত শত কামুক চুম্বক কত না ধারালো দাঁতের দংশন সহ্য করতে হয়েছে। কিন্তু চিরস্থায়ী হয়ে একটাও ভালোবাসার চিহ্ন পড়েনি। সেই না পাওয়ার বেদনায় বুঝি মেয়ের মুখের ভার। অভিমানে ঠোঁট ফোলা।

হাত গলায় নামে। গলায় এক গাছি নকল সোনার সরু চেন। কানেও তেমন নকল গহনা। আসলে একটা মেয়েকে এই সব নকল গহনায় সাজিয়ে নকল নিবেদনে রাত জাগতে হয়। হায়— রে হতভাগী!

জীবনের নিশ্বাস এখন ঘন হয়ে উঠেছে। গরম ভাপ বের হচ্ছে নাক মুখ থেকে। গলার ভিতরটা শুকিয়ে খটখটে হয়ে গেছে। ঘড়ির কাঁটার মত বুকের ভিতর অনবরত টিক টিক আওয়াজ হচ্ছে। সারা শরীর মন যেন আগুন তাপে পুড়ে যাচ্ছে। নিজের গরম ঠোঁট নামিয়ে এনে গোলাপির অভিমানি ঠোঁটের উপর আলতো করে রাখে সে। মাত্র একটা চুমুতে বলে দেয় সেই কথা যা নপুংসক বাৎসায়ন তার হাজার পৃষ্ঠায় বইয়ে বলে যেতে পারেনি।

আঃ গোলাপি রে! তুই খড় মাটির পুতুল দেখেছিস জানিসনা প্রতিমা কাকে বলে? তুই কামাতুর কুকুর দেখেছিস জানিসনা প্রাণবান পুরুষ কেমন হয় যাকে প্রেমিক বলে। অনেক চিৎকার, অনেক সশব্দ প্রলাপ শুনেছিস, অনেক লোভী স্বার্থপর দৈত্য দেখেছিস শুনিসনি নিরুচ্চার নিবেদনের মধুর রাগিণী। খুঁজে পাসনি একটাও প্রেম পাগল মুগ্ধ মানুষের মন। জানিসনা ধর্ষণ আর সম্ভোগের কতখানি পার্থক্য। আমি আজ তোকে তোর চেনা জগৎ থেকে অনেক দূরের সেই অজানা জগতে নিয়ে যাবো। আজ সারা রাত আমি জেগে থাকবো আর তোকেও জাগিয়ে রাখবো। তোর সাথে জেগে থাকবো আর তোকেও জাগিয়ে রাখবো। তোর সাথে জেগে থাকব আমার দেহের অনু পরমানু শ্বেত কণিকা

লোহিত কণিকা।

হাত আরো নিচে নেমে বুকের উপরকার স্যাঁতসেঁতে কাপড়খানা সরিয়ে দেয়। তার নীচে বক্ষ বন্ধনী। এখন জীবন এই অন্ধকারে খুলে ফেলতে চাইলো সব বন্ধন। একটু হাত কেঁপে ওঠে তার। যেন সেই নিষিদ্ধ ফলে হাত রাখা প্রথম পৃথিবীর পুরুষ। যার কোন অভিজ্ঞতাই নেই। ব্লাউজের সেফটি পিনে খোঁচা লাগে আঙ্গলের ডগায় উঃ।

কি হল!

আঙ্গুলে পিন ফুটে গেল।

গোলাপি এক বারবণিতা। বারবণিতা জানে কখন তাকে কি করতে হবে। সে জীবনের হাত সরিয়ে দিয়ে নিজেই ব্লাউজ খুলে মেলে ধরে তার লুকানো সম্পদ। তারপর ফিস ফিস করে বলে— তোকে একটা কথা বলবো?

বল।

বিশ্বাস করবি?

আমি জানি তুই আমার কাছে কোন মিথ্যা কথা বলবি না।

এই দুটোরে আমি আজ পর্যন্ত কাউরে ছঁতি দেইনি।

কি বলছিস! বিস্মিত জীবন— রাক্ষসদের হাত থেকে কেমন করে একে রক্ষা করে রেখে দিলি?

সত্যি বলতিছি। তুই যার নামে বলবি তার নামে কিরে কটাতি পারি। এরই জন্যি আমার এট্টা খদ্দের নষ্ট হয়ে গেছে। এক রাত্তিরি কুড়ি টেকা দিতো।

এটাকে এক আগলে রাখা কি জন্যে?

অন্ধকারে চোখ চক চক করে ওঠে গোলাপির। গভীর আবেগতাড়িত স্বরে বলে— এ্যাক না এ্যাক দিন তো আমার পেটে ছাবাল মেয়ে হবে। বল হবেনে? তেখন কি পাঁচে পাঁচ জনার ঘাটা মাই তাগার মুখি দিতি পারবো? মোনটা কেমন কেমন হবে না? সেই জন্যি আগলে রেখে দিইচি। কারো ছোঁয়ায় অপবিত্তর হতি দিয়নি। সারা শরীরে ময়লা কাঁদা মাখলিও বুক দুটোয় কোন দোষ ঘাটতি দেইনি।

চমকে জীবন গোলাপির বুক থেকে হাত সরিয়ে নিয়ে বলসে— কি হলো? হাত সরিয়ে নিলি যে? রাগ করলি বুঝি?

না না।

তবে!

তোর ছেলে মেয়ের জন্য রাখা জিনিস।

গোলাপি ফিক করে হেসে জীবনের হাত টেনে নিজের স্তনের উপর চেপে রেখে বলে— অন্য সবার সাথে তোর কথা আলাদা। তুই তো আর খদ্দের নোস। গলায় তার থর থরানো আবেগ ভর করে। তুই তো বললি আমারে ভালোবাসিস! বে করে আমারে বউ বানাবি। বউয়েরে যা কিছু টা বরেরে দিলি কোন দোষ পাপ হয়নে।

জীবনের হাত সেই অমৃত সাগর হাতের তালুতে ধরে, মন্থন করে উত্তাপে উত্তেজনায় যেন উন্মাদ হয়ে যায়। এই পবিত্র, শিশুর পানের জন্য সংরক্ষিত করে রাখা বর্তুল স্তনে গাল ঠেকিয়ে মনে হল তার গোটা সাম্রাজ্য জয়ের যে

সুখ, উঁচু পাহাড়ের চূড়ায় উঠে আকাশ ছুঁয়ে ফেলার যে আনন্দ তা সম্পূর্ণ হয়ে গেল। যুদ্ধ জয়ের চেয়ে নারীর মন জয় করা অনেক কঠিন কাজ। আজ সে একটা নারী হৃদয় জয় করে নিয়েছে। এর চেয়ে বড় বিজয় আর কিছু নেই।

গোলাপি নামের সেই বহুভোগ্যা মেয়েটা আজ আবার আশ্চর্য হয়ে যায়। বহু রাত বহু পুরুষের আলিঙ্গনে পিষ্ট এই শরীরটায়, এখনো এত সংবেদনশীলতা আছে? কই আগে তো কোনদিন শিরা উপশিরায় ধমনি হৃৎপিণ্ডে এইভাবে রক্ত দৌড়ায়নি। এমন অনাবিল মুগ্ধতা, আবেশ আসেনি মনের দুকুল ভেঙ্গে। নিজেকে নিঃশেষে বিলিয়ে দিয়ে নিঃস্ব হয়ে যাবার মরণ সাধ জাগেনি। তবে আজ এরকম হচ্ছে কেন? কেন জাগছে হৃদয় তোলপাড় করা বিধ্বংসী তুফান। এই পুরুষের স্পর্শে কি এমন আছে যা অন্য কারও ছিলোনা? তবে কী সে ভালোবেসে ফেলেছে, বিশ্বাস করে ফেলেছে জীবনকে। তাই এত কাল ধরে শরীরের মধ্যে ঘুমিয়ে থাকা ভিসুভিয়াসের ঘুম ভেঙ্গে গেছে। শুরু হয়েছে অগ্নুৎপাত, গড়াচ্ছে গরম লাভাস্রোত। তাই কি মনের দাবীর কাছে মাথা খুঁড়ছে দেহের দাবী— গ্রহন করো, তোমার সব কিছু দিয়ে আমার সব কিছু লুঠ করে নাও। আমি কোন বাধা দেবোনা।

জীবনের হাত বুক থেকে পিছলে পেট, পেট থেকে তলপেটে নামে। সুগভীর নাভি কুণ্ডলির চারপাশে বার কয়েক চক্রাকারে ঘুরে হাতের আঙ্গুল এক দলা নরম মাংস খামচে ধরে। ছাড়ে— আবার ধরে। তারপর হাত যেন উজান ঠেলে উপরে ওঠে। স্তন ছুঁয়ে আবার পিছলে পিছলে নিচে নামে। গোলাপি সেই পুরুষ হাতের মন্থনে কেঁপে কেঁপে ওঠে। একে বোধ হয় শিহরণ বলে। তার নারী শরীরের কোষে কোষে ফনা তোলে বিধ্বংসী এক যৌনক্ষুধা।

এক সময় জীবন তার হাতের খেলায় গোলাপির শরীর থেকে সব বসন সরিয়ে দেয়। এক গাছি সুতোও দেহে অবশিষ্ট রাখে না। খুলে ফেলে হাতের চুড়ি চুলের ফিতে কানের দুল গলার হার। নকল এ সব গহনা থেকে নকল সাজ থেকে মুক্ত করে তাকে। এখন কুঁড়ে ঘরের সামনে খেলা করা গ্রাম বালিকার মত উদোম করে দেয় গোলাপি নামের মেয়েটাকে। তারপর জীবনের দুই হাতের দশ আঙ্গুল এক সর্পিল বক্রতায় চলাচল করে বেড়ায় সেই নিবস্ত্র অঙ্গের প্রতিটা ভাঁজ বাঁকের মসৃণ উষ্ণতায়। না, কোথাও কোন খুঁত নেই। কোন দাগ নেই। নিখাদ নিটোল এবং স্বয়ং সম্পূর্ণ। ঘুরিয়ে ফিরিয়ে তার মুখ বুক পেট উরুসন্ধি নিতম্বে বারবার বোলায় জীবন। এই সব কিছু আমার। এ আর কারও নয়। আজ থেকে সব আমার একা আমার।

গোলাপি জীবনের বলিষ্ঠ হাতের ছোঁয়ায় বাতাস লাগালতার মত কেঁপে কেঁপে যায়। সারা শরীর জুড়ে তার বিদ্যুৎ চমকায়। অদ্ভুত এক শিহরণ খেলে যায় শ্বেত কণিকায় লোহিত কণিকায় হরমোনে। যেন বর্ষায় দু— কুল প্লাবিত ভরা নদীর তটে আছাড় খায় পাড় ভাঙ্গা ছলাৎ ছলাৎ ঢেউ। আর সে স্থির থাকতে পারে না। দু হাত দিয়ে প্রবল বেগে জীবনকে নিজের ফুঁসে ওঠা বুকের উপর চেপে ধরে পাগলের মত গালে ঠোঁটে চুমুর পর চুমু খায়। নিলাজ গলায় কাতর আর্তি জানায় আজ আমার মরে যেতি ইচ্ছা করতিছে রে। আজ যেদি মরে যাই আমার আর কোন দুককু থাকবেনি। আজ আমারে মেরে ফ্যাল।

জীবনেরও কি মরে যেতে ইচ্ছা করছে না? এমন নিপুন নিটোল পাপড়ি মেলা শরীর সে আগে আর কখনো দেখেনি। কারও স্পর্শে শরীর মনে যে এত উন্মাদনা আসে আগে কোন দিন জানবার সুযোগ হয়নি। প্রকৃতি পরিবেশ সব কিছু যেন আজ ওকে সহযোগ দিচ্ছে। এই বৃষ্টি ভেজা অন্ধকার, জল পড়ার ঝমঝম শব্দ আর এই নির্জনতা সব কিছু তার পক্ষে। নারীকে ফুলের সঙ্গে তুলনা করা হয়। গোলাপি সে ফুল নয় ও এখন আগুনের ফুলকি। যা জ্বালানি পেলেই দাবানল হবার অপেক্ষায়। ও যেন অনেক শিল্পীর অনেক শ্রমে গড়া মধু আর মদের আগুন আর উর্বশী তিলোত্তমাদের অংশ দিয়ে শিশুদের খেলার সঙ্গী হবার জন্য। পারে জীবন, শরীর খেলায় মেতে উঠতে এখন। কে যেন বলছে, সময় সুযোগ আর মনের মত সঙ্গী পেলে কোন মানুষই ব্রহ্মচর্য রাখতে পারবে না। এই তিনটেই এখন জীবনের হাতের নাগালে। কিন্তু এখন— এই সময় তো নিজের কাছে নিজের পরীক্ষার সময়ও। আমন্ত্রণ গ্রহণ করার যেমন আনন্দ আছে কোন কোন সময় সে আনন্দ গ্রহণ না করাতেও গোপন থাকে।

গোলাপি এখন আধশোয়া। জীবনের মুখটা চেপে ধরে আছে নিজের মুখের সাথে। জীবনের মুখটা চেপে ধরে আছে নিজের মুখের সাথে। তার গরম নিশ্বাসে জীবনের কাঁধ পুড়ে যাচ্ছে। জীবনের শরীরের পুরুষালি ঘামের গন্ধে মাতাল হয়ে গেছে গোলাপির দেহের প্রতিটি কোষ, অনু, পরমানু। সঙ্গ সুখের উদগ্র লিপ্সায় প্রাণের মনের সবকটা অর্গল উন্মুক্ত হয়ে আহ্বান জানাচ্ছে প্রিয় পুরুষকে। এসো, আরো কাছে এগিয়ে এসো। তোমার যত অস্ত্র আছে প্রহার করে আমার সব কিছু কেড়ে নাও। অধিকার করো কথিত অজেয় দুর্গ। কিন্তু জীবন এখনো এত সংযত হয়ে আছে কেন? বুঝতে পারে না গোলাপি। কখন সে বাধন ছেঁড়া বুনো মোষের মত শিং বাগিয়ে ছুটে আসবে? কত দেরী আর? কখন সে শরীর আলু থালু করে অমৃত সন্ধান নেবে? নেবে এবং দেবে।

অপেক্ষায় অপেক্ষায় ক্লান্ত গোলাপি। বিষন্ন গোলাপি। হতাশ গোলাপি। এক সময় অধৈর্য্য অবসন্ন হাতের বাঁধন শিথিল হয়ে গেল তার। চাঁদের আকর্ষণে নদীতে যে জোয়ার এসেছিলো, সে জোয়ার উল্টো যাত্রা করল। ভাটা নামলো মনে। পরাভূত আশাহত শরীর এলিয়ে পড়লো আবার ধুলোর বিছানায়। বুক দাপিয়ে একটা ব্যর্থ বাতাস উড়ে গেল অনেক বাতাসের মধ্যে। দুচোখ ধুয়ে বিস্ময় আর বেদনা ভরা দু— ফোটা জল গড়িয়ে এল গোলাপির গাল বেয়ে। সে জলের কোন সাক্ষী রইলো না। মুহূর্তে সে জল শুষে নিল ঘরের ধূলো।

জীবনের চোখ তখন অন্ধকারে জ্বল জ্বল করে গোলাপির শরীরময় কী যেন খুঁজছে। সেই দৃষ্টির সামনে কুঁকড়ে গেল গোলাপি। এই প্রথমবার তার লজ্জা করতে লাগল। এখন নিজেকে নিরাবরন বা উদোম নয়, উলঙ্গ বলে মনে হল। সে উলঙ্গ তা বোধ এসেছিল কিশোর বেলায় নিজের ইচ্ছার বিরুদ্ধে— মাঠে নাড়া তুলতে গিয়ে বাপের বয়সী এক পুরুষের হাতে ধর্ষিত হবার পর। সে উলঙ্গতা বোধ এসেছিলো বাবু বাড়ির বাথরুমে এক নির্জন দুপুরে। এখন আর সে সহ্য করতে পারলো না নিজের নগ্নতাকে। অন্ধকারে হাতরে কাপড় চোপড় খুঁজে ঢেকে নিলো নিজের শরীর। ঠিক যেমন ভাবে মৃতদেহে কফিন ঢাকা দেয়। তারপর সে পাশ ফিরে শোয়।

জীবন গোলাপির মনের দোলাচলের খবর জানেনা। জিজ্ঞাসা করে সে কি হল রে গোলাপি?

কি আবার হবে। কিছু হয়নি!

মনে হচ্ছে যেন রাগ করেছিস!

কার উপর রাগ করবো?

এবার আর জীবনের বুঝতে বাকি থাকেনা যে গোলাপি তার ব্যবহারে কোন কারণে মনে কষ্ট পেয়েছে। মান ভাঙ্গাবার জন্য তাকে আবার আদর করতে যায় জীবন। "আমাকে ভুল বুঝিসনা"। তার বলা এই কথা এখন গোলাপির কানে একটা পরিহাসের মত মনে হয়। মনে হয় যেন জীবন পরাজিত, ভুপতিত প্রতিপক্ষ যোদ্ধার বুকে শেষ পদাঘাত করল। যন্ত্রণায় ক্ষোভে ফুঁসে উঠে গোলাপি— আমার সাথে এরম এর্কী করবি বলে আমারে এখেনে নে এসেছিলি?

ইয়ার্কি কেন বলছিস? তোর সাথে কখন ইয়ার্কি করলাম?

কি করেছিস আর না করেছিস তার মর্ম মেয়ে হলি বুঝতিস।

জীবন কিছু একটা বলার চেষ্টা করতেই বলে ওঠে গোলাপি— থাক থাক। আর কিছু বলা লাগবেনি। যা বোঝার তা আমার সব বোঝা হয়ে গেছে। ডাক্তাররা যেরকম রোগীর গা ছুঁয়ে বলতি পারে জ্বর কম না বেশি আমারাও বেটা ছাবালের ব্যাভার দেখে মোনের ভাব বুঝে যেতি পারি। কোম দিন তো লাইনি নামিনি। না না করে হাজার মানুষ দেখিচি। আমারে অত বোকা ভাবিস নে।

জীবন এখন গোলাপির বাক্য বাণে বিদ্ধ এবং বিদ্ধস্ত। ছন্দে গন্ধে রঙে রূপে যে রাতটাকে তার মনে হয়েছিলো বর্ণিল সর্পিল অবিস্মরণীয় । এক ভুল বোঝাবুঝির অবাঞ্ছিত বেনো জল এসে ভাসিয়ে নিয়ে যেতে চাইছে সব মাধুর্য। বিবর্ণ বিদ্বস্ত করে দিতে চাইছে গড়ে তোলা স্বপ্নের সাত মাইল সৌধ।

অর্থনৈতিক, সামাজিক, সাংস্কৃতিক যে পরিমণ্ডল পরিবেশে মানুষের বাস বেঁচে বেড়ে ওঠা, তার মনন চিন্তন মুল্যানুমানের স্তরে স্তরে সেই সব কিছু সুপ্ত এবং সক্রিয় হয়ে থাকে। যা মানুষ আজীবন অবচেতনে মনের মধ্যে বয়ে নিয়ে বেড়ায়। এ এমন এক ভাইরাস যার কোন বিনাশ নেই। ওরা দুজন যে যার বোধের উপর সিদ্ধান্তের উপর দাড়িয়ে থাকায় কেউ কারো মনঃসমীক্ষণ করে উঠতে পারছেনা। ভুল বোঝাবুঝির সেখান থেকেই সুত্রপাত।

গোলাপি এখন চিৎ হয়ে শুয়ে ছাদের দিকে তাকিয়ে আছে। ঊর্ধ্বমুখী দুটো ফুঁসে ওঠা স্তন উঠছে আর নামছে অসহ্য অপমানের দাহে। তার মনের মধ্যের সেই গোপন দোলাচলে হেরে যাবার অসহ্য জ্বালা। এতবড় পরাভাব আর কোনদিন হয়নি। এ যে কতবড় পরাভব তা নারী ছাড়া অন্য কারও পক্ষে বোঝা সম্ভব নয়।

এভাবে অনেকটা সময় এক ভীষণ নীরবতার মধ্য দিয়ে কেটে যাবার পর গোলাপি জীবনের দিকে কিছু দূরত্ব রেখে কাত হয়। তারপর জিজ্ঞাসা করে— একটা সত্যি কথা বলবি? আমারে তোর ঘেন্না লাগতেছে তাই না?

না তো! চমকে উঠে বলে জীবন— ঘেন্না লাগবে কেন?

গোলাপি তার এতক্ষণের স্বাভাবিক নরম কোমল নারী অবয়বটা ভেঙ্গে চুরে

ছুড়ে ফেলে দেয়। কেননা প্রেম নামক যে পরশ পাথরের ছোঁয়া পেয়ে লোহা সোনা হয় সেই পাথরটা যে আর স্বধর্মে নেই। গোলাপি তাহলে কেমন করে কোমলতা আঁকড়ে থাকে? তাই সে যেন এখন খোঁচা খাওয়া বাঘিনী বিশেষ। যার পাবার কোন আশা নেই হারাবার কোন ভয় নেই। আছে এক রক্তাক্ত এক প্রতিহিংসা। বলে সে ওই খানকির ছাবাল তেখন তোরে কি বলেছেলো? মনে ভেবেছিস আমি শুনিনি! আমার ছিবলিস আছে! পাই এ্যাক বার ওর দ্যাখা। যদি মুখে জুতোর বাড়ি না মারতি পারি তেখন বলিস!

মিন মিন করে বলে জীবন— কিন্তু আমি তো ওর কথা বিশ্বাস করিনি তাহলে তোকে নিয়ে আসতাম?

তালে নিজিরি এরাম গুটিয়ে নিলি ক্যান?

জীবন আবার গোলাপির দিকে তাকায়। তার সারা মুখে থম থম করছে ঘন অন্ধকার। সেই অন্ধকারে তাকে যেন একটা মহার্ঘ পাথরের তৈরি কোন মহান প্রাসাদের ধ্বংস স্তুপের মত মনে হয়। যে স্তুপের তলে চাপা পড়ে গেছে সাজিয়ে তোলা সুখের বাসর শয্যা। এর জন্য দায়ী জীবন। নিজের অজান্তে তার হাতে ঘটে গেছে ঘোর অপরাধ। এখন কী বলে তাকে স্বান্তনা দেবে? কীভাবে মুছিয়ে দেবে তার অপমানের জ্বালা।

জীবন যখন প্রথম গোলাপিকে নিয়ে আসে তার বিশেষ কোন উদ্দেশ্য বা পরিকল্পনা ছিলো না। দুর্যোগের এই রাতে কোথায় থাকবে মেয়েতা— তাই সাথে করে নিয়ে আসে। নারী মাত্রেই মোহিনী মায়া জানে। নারী মানেই সেই অসাধারণ ক্ষমতার অধিকারিনী যে পাথরকে গলিয়ে জল করে ফেলে আজকের এই বিশেষ পরিবেশে গোলাপির সাথে কথা বলে বলে যা হবার তা হয়। তাকে ভালো লেগে যায় জীবনের। যা বদলে যাওয়া সময়ের সাথে পরিবর্তিত এবং পরিণত হয় প্রেম ভালোবাসায়। তখন জীবনের বুকের মধ্যে বসে থাকা সাথী হারা মনটা কেঁদে বলে ওঠে— এই তো সেই। সারা পৃথিবীর পথে পথে যাকে আমার সন্ধান করে ফেরা। একেই আমি চাই বাকি জীবন ছায়া সঙ্গী হিসাবে।

এই পর্যন্ত ভাবনায় জীবনের কোন ভুল ছিলো না। ভ্রান্তি আসে এর পরে। একেই যখন বউ করে পেতে চাই তাহলে আজ এই সময়ে তার দারিদ্র অসহায়তার সুযোগ নিয়ে সব পুরুষ যেরকমভাবে যা করেছে আমি তা করবো কেন? কথাটা ঘনিষ্ঠতার একেবারে চরম মুহূর্তে চকিতে মনে এসে যায় জীবনের। যে সব পুরুষ কুত্তার মতো রাতের অন্ধকারে গোলাপির নরম শরীর ছিঁড়েছিলো খুঁড়েছিলো কামড়ে খেয়েছিলো তাদের সাথে তাহলে আর আমার তফাৎ হল কোথায়? বলেছিলাম প্রমান দেবো। সেই প্রমাণের এই তো উপযুক্ত ক্ষণ। দেখ গোলাপি, আমি নিজে কুত্তা হচ্ছি না আর তোকেও তা বানাচ্ছি না। দুটো মন যখন মিলে গেছে দেহ মিলতে কতক্ষণ? মাত্র একটা দিন। মাত্র চব্বিশটা তো ঘণ্টা। কাল তোকে কালীঘাটে নিয়ে গিয়ে কপালে সিঁদুর তুলে দেবো। তার পর দুজনে দুজনের শরীর ছেনে তুলে নেবো সেই চরমানন্দ। তখন সেই আনন্দ সাগরে অবগাহন করতে সামাজিক ধার্মিক আইনগত কোন বাধাই আর থাকবে না। বিধি সম্মত ভাবে বিবাহিত কিছু বলার থাকবে না। কিন্তু এখন কপালে সিঁদুর তোলার আগে পর্যন্ত এটা অনৈতিক অন্যায় অবৈধ্য।

অন্যায় থেকে যে মাত্রার সূচনা হয়, বিজ্ঞজনেরা বলে গেছে তার সমাপ্তি সুন্দর হয় না।

কিন্তু এখন এ সব তত্ত্ব কথা শোনবার এবং বোঝবার মত মনের অবস্থা গোলাপির নেই। তার জীবনে দাঁড়িয়ে আছে কঠোর এক বাস্তবতার উপর। যে বাস্তবতার পরতে পরতে শুধুই সন্দেহ অবিশ্বাস দ্বিরাচারিত প্রতারণা। মানুষের সাথে এখানে মানুষের যে সম্পর্ক তা খাদ্য খাদকে। থাকে ক্রেতা বিক্রেতার হিসেবী সম্পর্ক। এই ভয়াল অরণ্যে মানুষকে মানুষ বলে চিনে নেবার চোখ কোথায় পাবে গোলাপি? কেমন করে বুঝবে কেন জীবন পিছু হটেছে। তার এই এক পা পেছানো যে দু– পা আগাবার জন্য তা কে তাকে বলে দেবে?

জীবন এখন বুঝতে পারছে গোলাপিকে সঠিক বিষয়টা বোঝাতে একটু সময় লাগবে। আর পরিস্থিতি যেদিকে গড়িয়ে গিয়েছে এখন এই সময়ে তার মৃত আশাকে পুনরায় বাঁচিয়ে তুলতে গেলে সেটা অন্য দিকে বয়ে যাবে। এখন আর কোন কথা নয়। রাতটা শেষ হোক। কাল সারা দিনে অনেক সময় পাওয়া যাবে এই ছোট্ট ভুলটা মুছে দিতে।

গোলাপি কাত থেকে উবু হয়ে মরু ঝড়ের উটের মতো ধূলোর মধ্যে গুজে শুয়ে থাকে। নিঃশব্দে কাঁদে। বর্ষণ মুখর রাতের কোটি কোটি জল বিন্দুর মধ্যে তার দু– ফোঁটা জল হারিয়ে যায়। যার কোন হদিশ থাকার কথা নয়।

জীবনের এখন কিছু আর করার নেই। মনে মনে বলে সে বুঝতে পারছি আমার ব্যবহারে তুই মনে কষ্ট পাচ্ছিস। কিন্তু বিশ্বাস কর ওই পাঁঠা জগাইয়ের কথার আমি কানাকড়ি মূল্য দিয়নি। আমি শুধু আমার সিদ্ধান্তের কারণে এখন তোর সাথে শরীর খেলায় মেতে উঠতে চাইনি। নিজের ইচ্ছার গলা টিপে একটা দিনের জন্য দমন করে রেখেছি।

গোলাপি ফোঁস করে মুখ থেকে একটা শব্দ ছাড়ে। সে শব্দের কি মানে তা কে জানে। হতে পারে এই শব্দ আর হাওয়ায় তার এতক্ষণ ধরে বুনে চলা সাধ স্বপ্ন আশা সব বাতাসে উড়িয়ে দিয়ে মনের ভার মুক্ত করে ফেললো। এবার সে ঘুমাবে। অনেক রাতের মত আর একটা রাত অপচয়ের পর এখন একটু ঘুম তার দরকার।

কখন যে ঘুমের আঠায় জীবনের দুচোখের পাতা জুড়ে গিয়েছে তা সে টেরও পায় না। যখন তার চোখ খোলে ঝড় বৃষ্টি থেমে গেছে। আর জলের উপর ভাসছে সোনার থালার মত বিশাল সকাল বেলার সূর্যের প্রতিচ্ছবি। ঘরের চারদিকে শুধু জল আর জল। চোখ মেলে গোলাপিকে খোঁজে সে। কিন্তু কোথাও তার খোঁজ মেলে না। ঘরটা ফাঁকা, যেন খাঁ খাঁ করছে। যেখানে সে শুয়েছিলো সেখানে পড়ে আছে একটা ভাঙ্গা কাঁচের চুড়ি। কিন্তু মেয়েটা নেই। চারিদিকে থৈ থৈ জলের মধ্যে ঘরটা এখন দ্বীপের মত মনে হচ্ছে এখন। পথঘাট সব ডুবে আছে জলের তলায়। এই পথে হেঁটে হেঁটে কোন দিকে চলে গেল অভিমানিনী মেয়েটা। কোথায় সে গেছে তার কোন চিহ্ন নেই। সব মানুষই এইভাবে জীবনের জীবন থেকে দিক চিহ্ন না রেখে হারিয়ে যাবে। কেন? কেন? জল দেখে জীবন। বাতাসের মৃদু ধাক্কায় ছোট ছোট ঢেউ ভাঙ্গছে। কিন্তু আর কোন দাগ নেই। জলের উপর কোন দাগ পড়েনা। গোলাপির মতো মেয়েদের

মনও কি জলের মত দাগহীন!

এখন এসব জিজ্ঞাসার জবাব কে দেবে জীবনকে?

জীবন মানে যুদ্ধ। অনবরত চারপাশের কিছু দৃশ্য অনেক অদৃশ্য শত্রুর সঙ্গে লড়াই করতে করতে রণভূমিতে টিঁকে থাকা। জয়ী হওয়া এবং পরাজিত করা।

জীবন মানে এক সাগর অভিজ্ঞতাও। প্রতিদিনের চলাচলের বাঁক মোড় ঘটনা দুর্ঘটনা থেকে হরেক রকম তথ্য তত্ব জ্ঞান দিয়ে নিজের শূণ্য ঝুলি খালি পূর্ণ করতে করতে এগিয়ে চলা।

জীবন এক যাত্রাও। জন্ম মুহূর্ত থেকে অবিরাম একপা একপা করে মৃত্যুর দিকে হেঁটে চলা। যে জীবনের সূচনা বা শুভারম্ভ হয়েছিলো জন্মের সময়, মৃত্যু সেই বৃত্তকে সম্পূর্ণ করে।

জীবন এক যন্ত্রণাও বটে। চলার পথে পথে আঘাতে চক্কোরে ক্ষত বিক্ষত রক্তাক্ত হতে হতে, উটের কুঁজের মত পিঠে একটা যন্ত্রণার পাহাড় বয়ে বয়ে পৃথিবীর পথে পথে ঘুরে ঘুরে বেড়ালে এটাও জীবনেরই নাম।

২১.

মর্গ

এই যুদ্ধ যন্ত্রণা যাত্রা অভিজ্ঞতার বড় প্রকট সমাবেশ ঘটেছে যার জীবনে ঘটনা চক্রে তার নামও জীবন। যাকে কেউ বলে চণ্ডাল জীবন কেউ বলে বাঙ্গাল জীবন। চণ্ডাল সে দুটি কারণে, প্রথম কারণে, প্রথম কারণ সে রাগী। রেগে গেলে তার আর হিতাহিত, মরণ— বাঁচন জ্ঞান থাকে না। এবং রেগে সে প্রায় সময়ই থাকে। অতি তুচ্ছাতিতুচ্ছ কারণেও তার মাথা গরম হয়ে যায়। যে মিনিবাসটা রবীন্দ্রসদন থেকে যাদবপুরে আসছে সে প্রায় ফাঁকা বাসে একজন মাঝ বয়েসী চেক চেক লুঙ্গি পড়া, মুখে মদের গন্ধ মাখা কোন লোক একটা মেয়েকে অনবরত ধাক্কা দিতে থাকে, সব যাত্রীর মত তারও চোখ বন্ধ করে, ''কিছু দেখছি না'' ধ্যানে বসে থাকা উচিৎ। কিন্তু সে তা করতে পারে না। সে এগিয়ে গিয়ে লোকটাকে ধাক্কা দিয়ে সরিয়ে দেয়, সর সইরা যা নাইলে এ্যাক থাপড়ে নেশা ছুটাইয়া দিমু। লুঙ্গি পড়া হিন্দিভাষী বাধ্য হয়ে বাস থেকে নেমে তো যায়। তবে একেবারে যায়না। ফুটপাতে দাঁড়িয়ে ক্ষুর বের করে খানিকক্ষণ চেল্লায় আর খিস্তি দেয়। তা শুনে রেগে চণ্ডাল জীবন মারামারি করবে বলে বাস থেকে নিচে নামতে যাচ্ছিলো। সেই মেয়েটাই থামায়, যাবেন না। ওরা বদমাশ, ওদের সাথে পারবেন না।

এই রকম ঘটনা তার জীবনে অসংখ্য। যা রাগী বা মাথামোটা নির্বোধের কর্ম। শাস্ত্রে বলা হয়েছে রাগ চণ্ডাল। এ কারণে তার ওই নাম। অন্য কারণ— সে যে জাতি সম্প্রদায়ের, হিন্দু ধর্মের চতুবর্ণ ব্যবস্থায় তারা শূদ্রের এক ধাপ নিচের নমঃ শূদ্র সম্প্রদায়ের মানুষ। ঠিক জানা যায়না কেন তাদের উনিশশো এগারো সালের আগে পর্যন্ত উচ্চ বর্ণের লোকেরা চণ্ডাল বলতো। অধিকাংশ নমঃ শূদ্র একদা যে তাদের চণ্ডাল বলা হোত সে কথা মনে করিয়ে দিলে ভীষণ মনো কষ্টে ভোগে, কুঁকড়ে যায়। অপমান বোধ করে। আমি সেই জীবন যাগো মাইনষে আগে চনডাল কইতো। অন্যায় কাম যে করবা তার উপার আমার

কোন দয়া মায়া নাই।

এটা বৈজ্ঞানিক সত্য যে প্রতিটা মানুষের মস্তিস্কের কোষ আলাদা আলাদা ফলে তাদের বিচার বিশ্লেষণ, ন্যায় অন্যায়ের সংজ্ঞা বা অবধারণ ভিন্ন ভিন্ন। যে কারণে জীবন ন্যায় মনে করে যে কাজ করে তা অনেক সময়ে অনেকের কাছে আইনবিরুদ্ধ সমাজবিরুদ্ধ বলে মনে হয়। তারা ওকে কোন সমাজ সেবক বা জনগণের বন্ধু নয়, একজন সমাজবিরোধী, গুন্ডা বদমাশ বলেই মনে করে।

এই জীবনের মত আর এক জীবন আছে যাদবপুর স্টেশন এলাকায়। যাকে এই জীবনের ডামি, ডুপ্লিকেট, ক্লোন, ডবল, যমজ বলাটা ঠিক হবে না। যদিও দুজনকে দেখতে একও রকম, তবু দুজন আলাদা ব্যাক্তি এবং কিছু কিছু ক্ষেত্রে আলাদা বিচার আলাদা সিদ্ধান্তের। ঘটনা চক্রে দুই জীবন এক স্টেশনে বাস করলেও কোন কোন সময় মনান্তর ঘটলেও এখন পর্য্যন্ত দু জনের মধ্যে এক জন আর একজনকে বিলোপ করে দেবার মত বিরোধ হয়নি। যেমন হয়নি লোহার পাড়ার বালক দাস আর সন্তোষপুরের বালক দাসের মধ্যে। বাঘা যতীনের কানা অজিত আর কায়স্থ পাড়ার কানা অজিতের মধ্যে। বিজয়পুরের জগা আর কাঠগোলার জগার মধ্যে। দুই বালক দুই জগা দুই কানা অজিত যেমন এক মত এক পথের পথিক হয়েও এক নয় তেমন দুই জীবনও যে যার মত ব্যক্তিগত সিদ্ধান্ত মন মানসিকতা অভিরুচি নিয়ে মোটামুটি এক শান্তিপূর্ণ সহবস্থানের মধ্যে দিয়ে এক ষ্টেশনে আছে। আছে এক দেহের মধ্যে।

আজ দুপুরে আবার বাঙ্গাল ভাষায় কথা বলা এবং নিজের নামের আগে চণ্ডাল যোগ করা জীবন এসে বসেছে হানড্রেড বেড আর হাসপাতালে ক্যান্টিনের সেই ছায়া ঘেরা আধা জঙ্গলের মধ্যে। সে একা নয়, তার সাথে নাড়ু আছে। কারণ, এখানে শ্রীমতী আসবে। সেদিনের সেই ঘোরাঘুরি শেষ করে তিনজনে যে যার ঠিকানায় তো ফিরে এসেছিলো। ফিরে এসে অন্যে কে কী ভেবেছে তা কে জানে, জীবনের মনে হয়েছিলো তার যাওয়াটা একেবারে অকারণ হয়েছে। একেবারে ফালতু এবং পরের দিন আবার অকারণেই ঘুরতে গিয়েছিলো তার এই অকাজে সময় অপচয়ের। ধরা বাধা কোন গল্প নেই। নির্দিষ্ট কোন পক্ষ নেই বসবার কোন বেদি নেই, দাঁড়াবার কোন ভূমি নেই, শুধু হাঁটা আর হাসা আর চলা। জীবনের কাছে যা কারণ ছাড়া। শ্রীমতিকে নাড়ু পছন্দ করে। কারণ বা কার্য্য সব কিছু তার। জীবন এখানে তৃতীয় ব্যাক্তি।

এই রকম একদিন ঘুরতে ঘুরতে ওরা চলে গিছে গিয়েছিলো শ্রীনাথ কলোনির পাশের মাঠের বারো ভূতের মেলায়। নাগর দোলা চড়েছিলো পাঁপড় খেয়েছিলো আর ফেরবার সময় লালুকাকার মাঠের ঠিক মাঝে এসে জানতে চেয়েছিলো নাড়ু— আজ বল শ্রীমতী, আমাদের দুজনার মধ্যে কাকে তোর পছন্দ। দেখ, আমি তোকে সুখী দেখতে চাই। যদি তুই জীবনকে পছন্দ করিস তাও বল। আমি কিছু মনে করবো না। কিন্তু আজকে তোকে যাকে হোক এক জনকে বেছে নিতে হবে। বল কাকে তোর ভালো লাগে।

নাড়ু কথা থামাবার সাথে সাথে বলে জীবন— কিন্তু আমার একটা কথা আছে।

জীবন কী বলতে পারে সেটা নাড়ুর জানা। বলে সে তোর এখন কোন

কথা নেই। কথা যা আছে তা শ্রীমতির। তুই সেদিন বলিসনি যে, যাতে শ্রীমতির ভালো হবে তুই জান প্রাণ দিয়ে তাই করবি? তাহলে এখন তোর আবার কথা কিসের? কীসে শ্রীমতির ভালো হবে তা সে তোর চেয়ে ভালো বুঝবে। নে তুই বল।

শেষ কথাটা শ্রীমতিকে। কিন্তু সে যে আজও মনঃস্থির করে উঠতে পারছেনা দেড় বছর। মাত্র দেড়টা বছর পরে সে কাকে সাথে নিয়ে পালাবে। জীবন স্বাস্থ্যবান, সাহসী তার পকেটে একশো টাকার নোট থাকে, কিন্তু নাড়ু পরিশ্রমী সৎ এবং দারুণ হাসিখুসি। বলতে গেলে তার হাসিটার দাম হাজার টাকা। তবে খুব তাসের জুয়া খেলে। ওতেই উড়ে যায় সব রোজগার। জীবন জুয়া খেলে না কিন্তু মাঝে মাঝে মদ খায়। সব মিলিয়ে ভালো আর মন্দের দাঁড়ি পাল্লায় দু— জনই প্রায় সমান সমান এবং দুজনেই শ্রীমতিকে গভীর ভালোবাসে। এখন কাকে ছেড়ে কাকে ধরে কাকে ধরে কাকে বাদ দিয়ে কথা বলে। দুটো হাতের যেটাই কাটা যাক ব্যাথা তো সমান। নিজের মনের মধ্যে অনুসন্ধানে বোঝে শ্রীমতি সে দু— জনার প্রতি একই রকম দুর্বল। এই কারণে এখন এমন এক সমস্যা যার কোন সমাধান নেই।

অনেক ভেবে বলে সে— তোদের দুজনকেই আমার পছন্দ।

তা বললে তো হবে না। বিয়ে করে ঘর বাঁধতে হলে একজনকে বেছে নিতে হবে। হয় আমি নয় জীবন।

বিয়ে করবো না।

কি করবি তাহলে?

তিনজনে একসাথে মিলে মিশে থাকবো। তোরা কাজকর্ম করতে যাবি বাজার হাট করে আনবি। আমি ঘরে বসে রাঁধবো বাড়বো। ঘরে এলে তোদের খাওয়াবো। বল, মজা হবে না?

মজা হবে। পাবলিক বোঝাবে মজা। ও ভাবে থাকা চলেনা।

কেন। কেন চলেনা?

সে তোকে বোঝাতে পারবোনা। যার হোক এক জনের বউ তোর হতেই হবে। দেখ সমাজের এই নিয়ম।

বলে শ্রীমতি— কিন্তু তা কি করে হবে। আমি যে তোদের দুজনকেই চাই। দুজনই আমার পছন্দের। একজনকে হাসিয়ে আর একজনকে কাঁদাতে পারবো না।

নাড়ু ওই একটা প্রশ্নের উত্তর পাবার জন্য যেন অস্থির হয়ে উঠেছে। যেন এই প্রশ্নটার উপরই দাঁড়িয়ে আছে তার জীবন মরণ। কিন্তু জীবনের কোন হেলদোল নেই। এই বিষয় নিয়ে খুব বেশি ভাবনা চিন্তা করতে চায় না। এর আগে এক জন বড় কাতর হয়ে জীবনের সঙ্গে তার জীবন যুক্ত করতে চেয়েছিলো। কী মর্মন্তুদ আবেদন ছিলো তার চোখে মুখে। বিনা শর্তে নিজেকে নিঃশেষে বিলিয়ে দেবার কী আতুর আর্তি ছিলো মনে প্রাণে। প্রতীক্ষায় পথ চেয়ে চেয়ে শেষে নিস্ফল ফিরে গেছে সে। তার স্মৃতি আজও তাড়া করে বেড়ায়। কিছুতেই জীবনকে ভুলতে দেয়না আবমাননায় কালো তার কোমল মুখটা। এখন আর তাকে পাওয়া যাবে না। কোন দিন সে যে ফিরে আসবে

তেমন কোন আশা ভরসা নেই। বড় কঠিন এক পরীক্ষার ওপাড়ে পৌঁছে গেছে সে। সূর্য ওঠার আগে আকাশ লাল হয়। কিন্তু জীবনের আকাশ জুড়ে শুধু ঘন অন্ধকার। আবার সে নতুন করে ব্যাথার বাঁধনে নিজেকে বাঁধতে নিজেকে বাঁধতে মনের সায় পায়না। কিন্তু নাড়ুর মনটা সাদা কাগজের মত। সেখানে কোন দাগ আঁচড় ক্ষত রক্ত ক্ষরণ নেই। সে শ্রীমতিকে আনন্দিত দেখতে চায়। তাই বরাবর জানতে চায়, বল কাকে তোর পছন্দ। কাকে পেলে তুই সুখি হবি উৎফুল্ল হবি। যেন নাড়ুর বাঁচা মরা জীবনের সব সার্থকতা লুকিয়ে আছে ওই একটা উত্তরের মধ্যে। সে শ্রীমতির নিজের মুখে সেই স্পষ্ট উচ্চারণ শুনতে চায়। যদি সে তাকে বেছে নেয়, নিজেকে ধন্য মনে করবে নাড়ু। যদি জীবনকে বেছে নেয়, কোন কষ্ট পাবে না রাগও করবে না। কেন করবে? সে শ্রীমতিকে ভালোবাসে। তার যাতে ভালো হয়, সুখে থাকে তাতেই নাড়ুর সুখ। কিন্তু সেটা নিজেরই মুখে শ্রীমতিকে বলতে হবে। কোন রাখঢাক চলবে না।

অনেক চাপাচাপির পর খিল খিল করে হেসে উঠে শেষে বলে শ্রীমতি— বিয়ে যদি করতেই হয় তবে তোদের দুজনকেই করবো। না করলে কাউকে করবো না।

বলে নাড়ু— পাগলি মেয়ে ওটা হয় না।

কেন হয় না? জানতে চায় শ্রীমতি, তাহলে দোপদি মাসির কি করে হল?

আঁতকে উঠে পাল্টা প্রশ্ন করে নাড়ু— দ্রৌপদি তোর মাসি হয়?

সরলতার সাথে বলে শ্রীমতি— এক বস্তিতে থাকি একটা কিছু বলে তো ডাকতে হবে তাই মাসি বলেই ডাকি। বলতো দোপদি মাসির কটা বর? দুটো। হাতের দুটো আঙুলে তুলে দেখিয়ে ফের বলে সে— রামপাল মেশো বিহারী আর ধরনীধর মেশো উড়িয়া। দুজনে নরেন্দ্রপুরের এক কারখানায় পাহারাদার। এক জন কাজে যায় আর এক জন বাসায় থাকে। দুই বরে কী মিলমিশ। মাসিকে রিকশার মাঝে আর দুজন দুধারে বসে ছুটির দিন সিনেমায় যায়। যে দেখে সেই বলে সতিনে সতিনে মিল হয়না আর এরা কেমন তিন জনে মিলে আছে।

তোর সেই মাসির ছেলে মেয়ে কাকে কি বলে ডাকে?

দু জনকে বাবা?

মাসির তো অপারেশন। বাচ্চা কাচ্চা হবে কি করে। দেশে মাসির দুটো ছেলে আছে তারা আগের পক্ষের। তারা কোনদিন কলকাতা আসে না। মাসি আনেনা। মাঝে মাঝে দেশে গিয়ে দেখে আসে।

কলোনির কেউ কিছু বলে না?

কে বলবে? দম আছে কারও? কলোনির পঞ্চা একবার মুখ পেতেছিলো, মাসি ধুয়ে দিয়েছে গরুর গা। কি রে পঞ্চা লায়েক হয়েছিস নাকি? কারে কি বলিস? তোর নিজের বোন কি করে, মাসে ধরে মাসে ছাড়ে। আমি যা ধরেছি মেড়ো হোক খোট্টা হোক রেখে দিয়েছি ছেড়ে তো আর দিইনি। তোর নিজের কটা মাগ? বেটা ছেলে বলে তোরা কি লাট বেলাট যে পাঁচ সাতটা মাগ করবি আর মেয়ে ছেলে দুটো করলে তদের চোখ টাটাবে। কেন রে? আগে নিজে ঠিক হ ঘর ঠিক কর তারপর পরের দোষ ধরিস।

একটু থেমে ফের বলে শ্রীমতি— কলোনির সবার পোদে গু আছে দুধে

ধোয়া কেউ নেই কে কাকে বলবে।

শেষ বারের মত চেষ্টা করে নাড়ু শ্রীমতিকে বুঝিয়ে পথে নিয়ে আসতে তাই বলে– তোর মাসির না হয় অপারেশন, ছেলে পুলে হয় না কিন্তু তোর তো হবে? তখন কি হবে?

কি হবে?

কাকে বাপ ডাকবে?

দুজনকে।

কি করে?

বড় বাপ আর ছোট বাপ।

কে বড় কে ছোট?

মুচকি হেসে বলে শ্রীমতি– হাতে এখনো ঢের সময় আছে ভেবে চিন্তে কদিন পরে বলবো।

হতাশা ঝরে পরে নাড়ুর গলায়, বলবি বলবি করে দিন চলে যাচ্ছে। কবে আর বলবি বল। মনে হচ্ছে তোর মুখের কথা শোনার আগে আমি মরে পচে ছাই মাটি হয়ে যাবো।

ও সব অলুক্ষুনে কথা বলবি না। তুই কেন মরবি? মরে তোর শত্তুর। কার খেয়ে রেখেছিস যে–

শ্রীমতির কথা মাঝখানে থেমে যায়। লালু কাকার মাঠের ঠিক মাঝখানে ঘন অন্ধকারে একা দাড়িয়ে থাকা প্রাচীন বৃক্ষ কোটরে কোন পাখির শান্ত সুখী গৃহকোণে হামলে পড়েছে কোন নিশাচর পাখি বা কোনও প্রাণী। সেই মরণ ভয়ে কর্কশ গলায় ককিয়ে কাঁদছে ভীত স্ত্রস্ত পাখি মা, তার বাচ্চাকে খুবলে খেয়ে গেল কেউ। পাখির মায়ের সেই কাতর বিশ্রি কান্নায় রাতের বাতাস ভারী হয়ে ওঠে।

রাত এখন সাড়ে দশটার কম নয়। লালু কাকার মাঠে তেমন আলো নেই। এ মাঠে এত রাতে সাধারণ মানুষের আসার সাহস নেই। তবে ওরা– বিশেষ করে জীবন মোটেই সাধারণ নয়তো। আধার নামলে যারা এই মাঠ অধিকার করে নেয় সেই টোনাই অঞ্জন কিষান সবাই ওর বন্ধু। জীবন কী চীজ তা জানে।

ধীরে ধীরে ওরা মাঠ পার হয়ে রাজা মল্লিক রোডে উঠে কিছু সামনে এসে সামনে এসে টিবি হাসপাতালের পিছনের খাল পাড়ের রাস্তা ধরে। এই রাস্তা দিয়ে তালতলা রেলকলোনিতে পৌঁছে যাওয়া যায়।

যে পুকুরে গুলি খেয়ে বাবলু মরে পড়েছিলো সেই পুকুর পাড়ে এসে এতক্ষণ পরে কথা বলে বাঙ্গাল জীবন– ছিরিমতি তোর বাপে তোরে মারবে না তো এত রাত্তিরে বাসায় যাইতে আছোস?

বাপ আজ বাসায় নেই। নাহলে কি উঃ বাপরে! কথার মাঝে বিকট চিৎকার করে পিছন ফিরে শ্রীমতি নাড়ুর বুকে ঝাঁপিয়ে পড়ে।

কি হইলো?

কি হলো?

সাপ! বিষাক্ত নয়, একটা ঢোঁড়া সাপ যে বড় নিশ্চিন্তে পথ জুড়ে পড়ে ঘুমোচ্ছিল মানুষের পদশব্দে, মাটির কম্পনে বিরক্ত হয়ে লিক লিক করে

পাশের পচা খালে নেমে যায়।

এইবছরের তিনটে মাস জুন জুলাই আগস্ট যেন কেটে গেল খুবই তাড়াতাড়ি। তাড়াতাড়ি তো নয়, আসলে সময় যখন সুখের হয় ফুরাতে দেরী করে না। দুঃখের সময় বুকে চেপে থাকে অনড় পাহাড় হয়ে।

জুনের দশ তারিখে অসহ্য দাবদাহের অবসান ঘটিয়ে অবশেষে প্রবল বৃষ্টি নামলো। সারা শহর যেন ভেসে যাচ্ছিলো সেই জলের তোড়ে। শহরে নিকাশি ব্যবস্থা ঠিকঠাক না থাকায় জল জমে গিয়েছিলো পথের উপর। সেই জল ঠেলে এগিয়ে যাওয়া যান বাহনগুলো ভ্রম হচ্ছিলো কোন জলযান বলে। এক সকালে সেই জলে উপুড় হয়ে ভাসছিলো পাঁচ— পাঁচটা গলার নলি কাটা হাত পা বাঁধা পাঁচ— পাঁচটা লাশ।

মৃত্যু এই শহরতলীতে বিশেষ কিছু নয়, আজকাল একটা দৈনন্দিন ঘটনা মাত্র। যা মানুষকে এখন আর ভাবায় না বিচলিত শিহরিত করেনা। তবে ব্যাতিক্রম এই যে আগে একটা বা দুটো খুন হতো এখন গণ্ডা ডজন হিসাবে মারছে। এটাই একটু বিরক্তির ব্যপার।

কাল সারা রাত ধরে শহরময় কারা যেন ছুটছিলো হুংকার দিচ্ছিলো, কারা যেন আর্তনাদ করছিলো প্রাণভয়ে জল ঝপ ঝপ পথে পালাচ্ছিলো। সকালে তাদেরই পাঁচ জনকে ভাসতে দেখা গেল শহর ধোয়া খোলা নোংরা জলে। যারা বারো ঘণ্টা আগেও মানুষ ছিলো, ছিলো কোন নামও, এক চাকুর পোঁচে আর তাদের কিছু নেই, লাশ হয়ে গেছে। নম্বর হয়ে গেছে। হাজার চুরাশি হাজার পঁচাশি...।

কোন লাশেরই সরকারি আইনে পোস্ট মর্টেম ছাড়া দাহ সংস্কার হয় না। থানা হসপিটাল ঘুরে এরা এসে জমা হয় মর্গের মেঝেয়। সেখানেই চলে চেরাই ফাড়াই সেলাই।

এমন অনেকগুলো মৃত মানুষ— না ঠিক মানুষ নয়, পচা গলা লাশের টুকরো টুকরো অঙ্গ প্রত্যঙ্গের মাঝে লাশকাটা ঘরের চাতালে চিৎপাত হয়ে পড়ে আছে উদোম নাড়ু। কাল পরনে লুঙ্গি, গায়ে জামা ছিলো সব ডোমেরা খুলে নিয়েছে, শুধু এখন আণ্ডার ওয়ার।

নিঃস্ব মৃত্যুর এমন কদর্য্য রূপ আগে আর দেখেনি জীবন। চার পাশের লাশগুলো ফুলে ফেঁপে পচে গলে এমন দুর্গন্ধে ডুবে আছে যে বমি উঠে আসে জীবিত মানুষের। কারও চোখ খুবলে নেওয়া, কারও পেট চেরা, কারও মুখ ভারী কিছু দিয়ে থেঁতলে দেওয়া, কারও সারা শরীর এমন ভাবে পোড়া যে অতি প্রিয়জনও চিনতে পারবে কিনা সন্দেহ। কারও পোষাক বলতে এক টুকরো ন্যাতা, কারও তাও নেই। মহিলা পুরুষ মিশিয়ে গোটা কুড়ি বাইশ লাশ, একটার উপর আর একটা অশ্লীলভাবে গাদা মারা। কিছু লাশের শরীরে সাদা সাদা পোকা বিজ বিজ করছে। কবে কত কাল আগে গাদায় ফেলা হয়েছিলো তা কে জানে। যা থেকে ছড়ানো দুর্গন্ধে সারা এলাকাটাকে পুন্নাম নরকের কথা মনে করিয়ে দেয়।

নাড়ু অবশ্য পচা গলা নয় একেবারে টাটকা মরা। রাত দশটা সাড়ে দশটা নাগাদ হাসপাতালে ভর্তি হয়ে ভোর চারটেয় মারা গিয়ে বেলা দশটায় মর্গে

এসে শুয়ে আছে সিমেন্টের মেঝেয়। এখনো ডাক্তার আসেনি তাই কিছুটা আর লাশ চেরা ডোমের দাবি মত দেড়শো টাকা জলপানি দিতে দেরী হওয়ায় আরো কয়েক ঘণ্টা এভাবে পড়ে থাকবে। শ্মশানের দিকে যেতে দেরি হবে।

বাস মোড়ে যেখানে নাড়ু রোজ রাতে জুয়া খেলতে যেতো আর যেখানে সে রিকশা চালাতো সেই স্টেশন থেকে সব মিলিয়ে জনা কুড়ি পঁচিশ শবযাত্রী এসেছে তার শেষকৃত্যে যোগ দিতে। নাড়ুর বাড়ির কেউ আসেনি। তারা কেউ নাড়ুর মৃত্যু সংবাদ জানেনা। কি করে জানবে! তারা যে কে কোথায় তা তো নাড়ুরই জানা ছিলো না। কেউ তাদের খবর পাঠাবে কি করে? শুধু এসেছে নাড়ুর এক পাতানো দিদি যে হাপুস নয়নে কাঁদছে আর জনে জনে খোঁজ নিচ্ছে নাড়ুর কোন জমানো টাকা পয়সা ছিলো কিনা। থাকলে তা কার কাছে আছে কেমন ভাবে পাওয়া যাবে।

এই কুড়ি পঁচিশ জন শবযাত্রীর মধ্যে আছে বাওয়া আর ভুট্টো নামের দুজন। ওরা অবশ্য কোন কালে নাড়ুর বন্ধু ছিলোনা। শত্রুর যে বন্ধু সে আমারও শত্রু সেই চানক্য নীতি হিসাবে নাড়ু ওদের শত্রুই ছিলো। তবু ওরা এসেছে কারণ, নাড়ুর মৃত্যুটা ঠিক স্বাভাবিক মৃত্যু নয় বলেই ওদের ধারনা। এটা নিশ্চয় একটা সুপরিকল্পিত হত্যা। সেই ধারনা আশংকা সন্দেহের কেন্দ্রে আছে বেইমান জীবনের নাম। জীবনই নাড়ুকে মেরে ফেলেছে। যা এক ত্রিকোণ প্রেমের পরিণতি। জীবন ওদের ঘোরতর শত্রু। আর চোখের সামনে সেই শত্রুর বিনাশ দেখার সুযোগ। সেই আনন্দ থেকে নিজেকে বঞ্চিত করতে মনের সায় পায়নি তারা। তাই একজন চোলাই ঠেক ফেলে আর একজন চোরাই মাল কেনার দোকান ''কাওয়ার খানা'' বন্ধ করে মমিনপুর মর্গে ছুটে এসেছে।

নাড়ুর মৃত্যু কারও কাছে ততখানি গভীর বেদনাদায়ক বিষয় নয় যে সব শোকে মুহ্যমান হয়ে পড়বে। বসে বসে কাঁদবে। তারা জোরে জোরে কথা বলছে জোরে জোরে হাসছে। নাড়ু কবে কি বোকামি করে ছিলো সেই নিয়ে মজা মসকরা করছে। হতভাগা নাড়ু। ওর জন্য এখানে সত্যিকারের চোখের জল ফেলার মত আনাদরে তাকে ফেলে রেখেছে লাশকাটা ঘরের নোংরা চাতালে।

দূরে, জীবন দাঁড়িয়ে আছে একা এক কোনায়। কেউ তার সাথে কোন কথা বলছে না। সবাই দূরে দূরে সরে সরে থাকছে। কেমন একটা অদৃশ্য আঙ্গুল ধারালো বল্লমের মত তার দিকে তাক করা। তুই! নাড়ুর এই দশার জন্য তুই দায়ী। তুই ওকে মেরে ফেলেছিস!

আজ সকালে বাঙ্গুর হাসপাতালের বড় গেটের সামনে প্রথম সেই ময়লা নখ ওয়ালা নোংরা আঙ্গুলটা তুলে ছিলো চোলাইঅলা বাওয়া। ''আমি জানি নাড়ু কেন মরেছে। জানি কে মেরেছে। কিন্তু এখন আমি কাউকে কিছু বলবো না। আগে পোস্ট মর্টেমের রিপোর্টটা বের হোক তখন যা যা বলার পুলিসের কাছে খুলে বলবো''।

বাওয়া যা জানে তা তার জিগরি দোস্ত ভুট্টোকেও জানিয়েছে। ফলে, দারুণ উৎফুল্ল হয়ে ভুট্টো সব কাজ ফেলে হাসপাতাল ঘুরে সোজা মমিনপুর মর্গে পৌঁছে গেছে। বড় সুখের দিন আজ। আজ তাদের এক চিরশত্রুর বিনাশ হবে।

কেস ফাঁসি যদি নাও বা হয় যাবজ্জীবন কে ঠেকাবে? তিনশো দুই বাই চৌত্রিশ ধারার কেস সামলাতে আচ্ছা আচ্ছা লোকের হুলিয়া টাইট হয়ে যায়। আর এতো ফুটপাতিয়া জীবন।

এখন বেলা আটটা মত। বাস মোড়ের হোটেলওয়ালা কালুশা যে নাড়ুর সাথে রাত জেগে শখ করে এক দুদান তাসের জুয়া, অন্দর বাহার খেলতো তার হঠাৎ মনে হয় একটা সিগারেট টানা খুব দরকার। তখন ব্যস্ত হয়ে বলে সে ডেডবডি খালাস হতে দেরী আছে। নটার আগে ডাক্তার আসবে না। ডাক্তার ডেথ সার্টিফিকেট না দিলে বডি পাওয়া যাবে না। বেকার এখানে দাঁড়িয়ে না থেকে চল বাওয়া চা সিগ্রেট খেয়ে আসি।

বাওয়া বোকা নয়। কোন কথার কি মানে তা সে ভালোই জানে। সে কালুশার পিছন পিছন বড় রাস্তা পার হয়ে এ পাড়ের খাটিয়া জলের কুঁজো গেলাসের দোকান গুলোর পাশের এক চা দোকানে একটু আড়াল করে দাঁড়ায়। তখন বলে কালুশা, বল দেখি বওয়া আসল ব্যাপারটা কি? সুস্থ তরতাজা ছেলেটা দুম করে এই ভাবে মরে গেল। নাড়ু আমার ছোট ভাইয়ের মতো ছিলো। তার কি ভাবে কি হল যা তুই জানিস বল তো শুনি।

বাওয়া চা খেয়ে নম্বর টেন সিগারেটে সুখটান দিয়ে ধোঁয়া ছেড়ে ধীরে ধীরে বলে কালুদা তোমাকে বলছি। তুমি যেন এখন কাউকে কিছু বোলো না। শালা যদি বুঝে যায় আমরা কেসটা ধরে ফেলেছি, পালাবে। একবার পালিয়ে গেলে আর কোথায় খুঁজে পাবে। আমাদের তো ঘর বাড়ি বউ বাচ্চা আছে। ওর যাদবপুরে কি আছে যেখানে রাত সেখানে কাত।

আরে না, কাউকে কিছু বলবোনা। তুই নির্ভয়ে বল। বাওয়াকে আশ্বস্ত করে কালুশা।

বেস্পতিকে চেনো তো? আরে যাদবপুর বাজারে সে সবজী বেচে। অনেক দিন ধরে মাছটাকে চার দিচ্ছিলাম বুঝলে। শালি কিছুতে টোপ গিলছিলো না। এক নখরা, তোমার বউ জানতে পারলে পিটবে। অনেক চেষ্টার পর কাল সবে কাত করেছি। তা কাত তো করেছি কিন্তু মালটাকে নিয়ে যাই কোথায়? কোথায় ফেলে রগড়াই। চিন্তা ভাবনা করে শেষে নিয়ে গেলাম ঢাকুরিয়া লেকে। গোবিন্দপুরের দিকের রেল লাইনের ধারটা বেশ সান্নাটা না? একটু জঙ্গলও আছে তার উপর অন্ধকার। তা সেখানে বসে বসে মালটাকে হাতফাত মেরে সবে গরম খাওয়াতে শুরু করেছি, হঠাৎ কি দেখি বলতো? দেখি নাড়ু আর জীবন লেকের মধ্যে ঘুরে বেড়াচ্ছে।

ওরা তোদের দেখেনি?

কি করে দেখবে? আমরা তো বসে রয়েছি অন্ধকারে জঙ্গলের পাশে। ওরা আছে রাস্তার আলোর নীচে। আমরা ওদের দেখতে পাচ্ছি কিন্তু ওরা আমাদের দেখতে পাচ্ছে না।

রাত তখন কটা?

তা আটটা নটা তো হবেই। ঘড়ি তো আর দেখিনি, আন্দাজে বলছি।

কালুশা আগে যে রিকশা চালাতো এখন হোটেল মালিক সে মনে মনে হিসেব করে, জীবন আর নাড়ু যদি আটটা কি নটার সময় লেকে ঘুরে বেরিয়ে

থাকে তারপর সাড়ে দশ কি এগারোটায় যদি নাড়ুকে হাসপাতালে নিয়ে যাওয়া হয়ে থাকে তাহলে মাঝের ওই এক দেড় ঘণ্টায় কি এমন ঘটেছিলো যে জলজ্যান্ত ছেলেটা হঠাৎ লাশে বদলে গেল?

জিজ্ঞাসা করে সে— তারপর কি হল? আর কি দেখলি?

আর কিছু তো দেখিনি। ওরা সামনের দিকে হেঁটে চলে গেল। রাতে স্টেশনে গিয়ে শুনি,— আচ্ছা কালুদা তুমি বলো যে মানুষটা দুঘণ্টা আগে চলে ফিরে বেড়ায়, কোন রোগ ব্যাধির বালাই নেই, একদম ফ্রেশ, সে হঠাৎ কি করে ঝট করে মরে যায়। আমার কি মনে হয় জানো, মনে হবার কোন কথা নয় একেবারে পাক্কা জীবনই নাড়ুকে মার্ডার করে দিয়েছে।

এই রকম একটা সন্দেহ যে কালুশার হয়নি, তা নয়। সে একাই বা কেন প্রত্যেকের এই এক ধারনা। তবে মানুষটা জীবন যার নামের আগে চণ্ডাল তাই মুখ ফুটে সাহস করে সে কথা কেউ বলতে পারেনি। বলছে বাওয়া বুকের পাটা আছে বটে।

বাওয়ার কাছে মনের ভাব প্রকাশ না করে তার মনের সব কথা জেনে নেবার অভিপ্রায়ে ওঠার অভিনয় কালুশা কি বলছিস তুই!

বিশ্বাস করে তোমাকে বললাম তুমি যেন— ,

সে ঠিক আছে আমি কাউকে বলবো না। কিন্তু!

আমি যা বলছি ঠিকই বলছি। পোস্ট মর্টেমের রিপোর্ট পাওয়া গেলে তখনই জানবে সত্যি বলছি কিনা।

ধেস্, সব তোর আজে বাজে কথা। কেন জীবন ওকে মারবে? দুজনের কত বন্ধুত্ব। কোনদিন ওদের ঝগড়া পর্য্যন্ত হয়নি। আমার হোটেলে জীবন নাড়ুকে না হলেও পঞ্চাশ বার খাইয়েছে।

সব উপর উপর। বুঝলে কালুদা উপর দেখে তোমরা ভুল বুঝেছো। তোমরা কেউ কিচ্ছু জানো না। ভিতরে ভিতরে একজন আর একজনার জানি দুশমন ছিলো। আমি সব জানি। মিলে মিশে থাকা খাওয়া সব লোক দেখানো।

কিন্তু কেন?

কি কেন?

নাড়ুকে মেরে ফেলা!

কেন আবার, মেয়ে। এ সব কোন নতুন ঘটনা নাকি? সেই রামায়ণ মহাভারতের কাল থেকে হচ্ছে। কত যে মেয়ে নিয়ে খুনাখুনি তা কি গোনা গাথা আছে?

নম্বর টেনের টুকরোয় শেষ টান দিয়ে আঙ্গুলের টোকায় তাকে দূরে ছুড়ে ফেলে আবার বলে বাওয়া তালতলা রেল বস্তির অমৃতর মেয়ে শ্রীমতিকে চেনো? তার সাথে দু— জনার অনেক দিন ধরে লিং লিং চলছিলো। মেয়েটা দেখতে চামর। শালি যেন হেলেনের ছোট বোন। কে কাকে টপকে মালটাকে কবজা করে নেবে সেই নিয়ে নাড়ু আর জীবন দু জনে রেষারেষি চলছিলো। এক ফুল দো মালি, কেলোটা হয়ে গেছে সেই কারণে।খল খল করে খানিক হেসে আবার বলে বাওয়া— এক ফুল দো মালি বাওয়াল তো হবেই।

কালুশা বিষয়টা আরো বিশদ জানতে উৎসুক— কাল যখন ওরা লেকে

ঘুরছিলো সাথে কি নাম বললি সেই মেয়েটা ছিলো না?

তখন অতোটা তো খেয়াল করে দেখিনি। মনে হচ্ছিলো ছিলো না। জীবন কি অতো বোকা নাকি যে সাক্ষী রেখে মার্ডার করবে? মনে হয় মারবে বলেই ও প্ল্যান করে একা নাড়ুকে লেকে নিয়ে গিয়েছিলো। আজকাল সন্ধার পরে পথে ঘাটেই লোকজন থাকে না আর তো লেক! ফাঁকায় ফাঁকায় কাজ সেরে দিয়েছে। আগে জীবন পাল পাড়ায় নকশালদের সাথে থাকতো না। খুন টুন তো ওর কাছে জলভাত।

কালুশার গায়ের রঙ মোষের মত চেহারাটা মোটা তবে মাথাটা চিক্কন। সে অনেক সময় ধরে বাওয়ার বলা কথাগুলো মনের মধ্যে নাড়াচাড়া করে। ও যা বলছে সঠিক হলে নাড়ুর এই হঠাৎ মৃত্যুর একটা সহজবোধ্য যুক্তিগ্রাহ্য যথেষ্ট কারণ পাওয়া যায়। না হলে সবটা কেমন ধোঁয়াশা এবং তা হলে ব্যাপারটা শুধুমাত্র নিছক সন্দেহ না থেকে পারিপার্শ্বিক তথ্য প্রমাণের উপর দাঁড়িয়ে সত্য হয়ে যায়। বাওয়ার সাক্ষী কোর্টও মানতে বাধ্য।

হয়, এরকম আকছার হচ্ছে। নারী দেহ ভোগ দখল করার জন্য যুগ যুগ ধরে কত লড়াই কত রক্তপাত কত ধ্বংস মৃত্যু বিপর্যয়। তা শুধু যাত্রা সিনেমা দেখলে আর খবরের কাগজ পড়লে জানা যায়। কালুশা যাত্রা সিনেমার পোকা। সোনাই দীঘি যাত্রাপালা তিনবার দেখেছে, নয়াদৌড় সিনেমা দুবার। এক মেয়ের জন্য কি অঘটন বাপরে।

আবার বলে বাওয়া— হাসপাতাল থেকে আনার সময় নাড়ুর মাথার পিছন দিকটা দেখেছো তো কালুদা? ফাটা আমার কি মনে হয় বলো তো? পিছন থেকে অচানক ভারী একটা কিছু— মানে শাবল তো বড় বলে নিতে গেলে নাড়ুর নজর পড়ে যাবার ভয় ছিলো। হাতুড়ি ছোট, সেটা লুকিয়ে নিয়ে যাওয়া সহজ। সেটা দিয়ে পিছন থেকে জোরসে মাথায় মেরে দিয়েছে। মাথা বলে কথা— এক মারেই তুমি কি বলো?

কালুশা আবার সিগারেট ধরায়। তারই মাথা বোন বোন ঘুরছে। সে মাথায় চিন্তায় ঝড়। পৃথিবীটা কি থেকে যে কি হয়ে গেল। চারদিকে কুকুর ছাগলের মত মানুষ মরছে। ভাই ভাইকে ছেলে বাপকে বাপ ছেলেকে বন্ধু বন্ধুকে পার্টি পার্টিকে। শুধু লাশ আর লাশ। এ এক বড় কঠিন সময়। এ সময়ে কাকে আর বিশ্বাস করা যায়। নাহঃ আর কেউ এ বিশ্বে বিশ্বাস করার মত মানুষ নেই। সব বেইমান সব খুনি কসাই জহ্লাদ। এই জীবন হায় জীবন। কাল পর্যন্ত যে ছিলো তোর সব থেকে প্রিয় বন্ধু, প্রাণের দোসর আজ কত অবলীলায় তার প্রাণটা কেড়ে নিলি। কেন নিলি? একটা মেয়ের জন্য? মেয়ে তো এক টাকায় চারটের সাথে একটা ফাউ মেলে। ভাবা যায়!

দূরে দাঁড়িয়ে চারদিকের আবহাওয়া দেখে অনুমান করেছিলো জীবন ওরা নাড়ুর মৃত্যুটাকে ঠিক স্বাভাবিক মৃত্যু বলে মেনে নিতে রাজী নয়। যেমন ভাবে ওটা ঘটে গেল কারও পক্ষে মানাও সহজ নয়। এক হত্যাপ্রবণ বিধ্বংসী সময় এখন। সন্দেহ অতি স্বাভাবিক। জীবন নিজেই কি নাড়ুর মৃত্যুটাকে সহজ মনে মেনে নিতে পারছে? যে মানুষ কাল পর্যন্ত সুস্থ সবল, কত কি পরিকল্পনা কত স্বপ্নের জাল বোনা সে এখন আর নেই।

এখন আর একবার মনে হচ্ছে জীবনের মানুষের জীবন কত হাল্কা পলকা ক্ষুদ্র কত অসহায়। ঝড়ে একটা গাছ ভাঙ্গলে তার পতনে মাটি কেঁপে যায়। আর মানুষ কত নিশব্দে মরে পড়ে থাকে। কাল ঠিক কী কী ঘটেছিলো, কোন ঘটনা কোন ঘটনাকে আমন্ত্রণ করে এনেছিলো কোন ঘটনা না ঘটলে কোন ঘটনা ঘটার সম্ভাবনা থাকতো না তা একবার মনে করবার চেষ্টা করে জীবন।

তখন ঠিক দুপুর। খনিকক্ষন আগে এক পশলা বৃষ্টি হয়ে গিয়েছিলো। জীবন আর নাড়ুর টিবি হাসপাতালের পুকুরের পাঁচশো এক সাবান দিয়ে জামা লুঙ্গি কেচে স্নান টান করে ছেচনের হোটেলে পেট ভরে ডিমভাত খেয়ে ওরা বসেছিলো হানড্রেড বেডের বারান্দায়। এদিকটা বেশ নিরিবিলি। লোকজন পারতপক্ষে আসা যাওয়া করে না এই সময়ে। রোগীরা সব বেডে পড়ে পড়ে ঘুমায়।জীবন নাড়ুদের চোখে কোন ঘুম ছিলোনা। ছিলো প্রতীক্ষা, পাখির মত উড়ে উড়ে কখন সেই পাগলি মেয়েটা আসে। এই সময় সবদিন এখানে ফাঁকা থাকে। গাছের ডালে বসে পাখিরা ঝিমোয়, নিচে বসে জাবর কাটে ক্লান্ত গরু। রোজ ঠিক এই সময় তার শয়তান বাপের চোখ বাঁচিয়ে নাড়ু জীবনের সাথে দেখা করতে আসে শ্রীমতি। ছেলেমানুষী শব্দ দিয়ে গেঁথে যায় বড়মানুষী যত ভাবনার মালা। কদিন আগে বলে গেছে সে— তার একটা বোন হয়েছে। ঠিক তার মত নাকি দেখতে।

নাড়ুর যা স্বভাব খোঁচা দিয়ে বলেছিলো সে তাহলে— তোর বাপের তো কি বলে আঙ্গুল ফুলে কলাগাছ তাই না শ্রীমতি? তোকে বেচে যা পাবার তা পেয়ে গেছে পরেরটাকে বেচে আর কিছুদিন মুফতে মাল খাবার ব্যবস্থা হয়ে গেল।

নারে, তা করবে না। ওটা যে নিজের জন্ম দেওয়া। ঠোঁট বাঁকিয়ে বলেছিলো শ্রীমতি— নিজের মেয়েকে হরলিকস কিনে দিচ্ছে। আর আমি যদি একটা টাকা চাই তো বলে টাকা কি গাছের ফল?

অন্য দিনের চেয়ে কাল আসতে কিছু দেরী করেছিলো সে। যখন এলো তার মুখে কোন কথা হাসি উচ্ছলতা ছিলো না। কেমন যেন ধরা ধরা গলায় কান্না ভেজা স্বরে বলেছিলো— আর তোদের কাছে আসা যাবে না।

কি হয়েছে? ব্যাকুল গলায় জানতে চেয়েছিলো নাড়ু— তোর এরকম অবস্থা কেন? তোর বাপ তোকে মেরেছে?

কাঁদতে কাঁদতে বলে শ্রীমতি, মার তো প্রায় দিনই খাই। তোদের বলি না। বলে কি বা কী হবে ফালতু তোরা কষ্ট পাবি।অন্য অপর কেউ তো নয় বাপ হয় যে আমার। কুত্তার বাচ্চা মনে হয় মদের দেনায় মাথা ফাতা খারাপ হয়ে গেছে। আমারে বেচে দেনা শোধ করবে। তারা নাকি এখন বিয়ে দিলে আমার জন্য আরো এক হাজার দিতে রাজী। আমি মত দিচ্ছিনা বলে বাপের আমার উপর এমনিতে রাগ, তার উপর কে যেন তোদের সাথে ঘোরাফেরা করার কথাতার কানে তুলে দিয়েছে। সেই দুই রাগে— ।

তোকে মেরেছে?

জীবনের বুক মোচড়ায়, নিশ্বাস ঘন হয়। হাতের তালু ঘামে। মনের মধ্যে একটা পোষ না মানা একটা বুনো মোষ গর্জে ওঠে। ঘাম পিচ্ছিল হাত ক্রোধে মুঠো হয়। সে এখনই এমন কিছু একটা করে ফেলতে চায় যা করা উচিৎ নয়।

ওটা কি বাপ? বাপ না কসাই? শুয়োরের বাচ্চাকে কেটে রেল লাইনে ফেলে দিলে এতে কোন পাপ নেই।

বেইমান, মাথা ঠাণ্ডা রাখ। নাড়ু জীবনকে শান্ত থাকতে বলে— গরম মাথায় যে কাজ করবি ভুল হবে। কী কইরা মাথা ঠাণ্ডা রাখি? রাগত গলায় বলে জীবন— আরে সে কসাই সেও নিজের বাচ্চারে কাটেনা।

আমি কি তার নিজের বাচ্চা? আক্ষেপ করে বলে শ্রীমতি। হয়েছে তো নিজের দেখাবো তারে কি করে!

জীবন না চাইলেও তার ক্রোধের বারুদে বিস্ফোরণ ঘটে যায়।যা শুনে শ্রীমতি চমকে ওঠে— নাড়ু তুই ক' শালার বাচ্চারে কোপাইয়া দিয়া আমি জেলে যাই। জটাধারী গুরু কইছে আমার হাতে নাকি কারাদণ্ডর রেখা আছে। যাই, কইটা বছর থাইকা আসি।

তাতে কোন লাভ হবে না। বলে নাড়ু, ও সব ভাবনা ছাড়। যাতে সাপ মরে যায় লাঠি টের না পায় সেই রকম একটা পথ বের করে।

এরপর শ্রীমতির দিকে ফিরে বলে নাড়ু— এখন তুই বল কি করতে চাস?

আমি কি বলবো আর কি যে করব। হতাশ গলায় বলে ওঠে শ্রীমতি— আমার আর কোন পথ নেই রে। হয় বাপের কথা মত বিয়ে বসতে হবে, আর না হয় ঝাঁপাতে হবে রেল লাইনে।

না, মরার কথা একদম বলবি না। বলে নাড়ু মরবি কেন? কত মানুষ কত কষ্ট করে বেঁচে আছে দেখিসনা চারপাশে তাদের? সবার আশা, একদিন দুঃখের দিন কেটে গিয়ে সুসময় ফিরবে। বিশ্বাস রাখ, একদিন তোরও সুদিন আসবে। মরে গেলে তো সব শেষ হয়ে যাবে।

অন্য অপর কেউ নয় আমার বাপ আমার শত্রু। বল, বাঁচবো কি করে? বিহার না কোথায় কে জানে আমারে পাঠাবে সে তো মরার চেয়ে বাড়া।

গাছের ছায়াটা সরে সরে যাচ্ছে। পাতার ফাঁক থেকে এক চিলতে রোদ শ্রীমতির মুখের উপর এসে পড়েছে। দেখা যাচ্ছে ওর গালের উপর মা অমৃতর হাতের পাঁচটা আঙ্গুলের দাগ।

এক সময় নাড়ু বলে— তুই ভয় পাসনা শ্রীমতি। আমরা দুজন আছি না? আমরা যতক্ষণ বেঁচে আছি কেউ তোর কোন ক্ষতি করতে পারবে না। এখন বাসায় গিয়ে চুপচাপ থাক। কাল এই সময় আসিস যা হোক একটা ব্যবস্থা কালকের মধ্যে করে ফেলবো।

কি করবি?

তোকে নিয়ে চলে যাবো।

কোথায়? আমাকে নিয়ে গিয়ে তোরা রাখবি কোথায়? যেখানে নিয়ে গিয়ে রাখবি বাপ জানতে পারলে আমাকে চুলের মুঠি ধরে টেনে নিয়ে আসবে। থানা পুলিস হলে তোরা বিপদে পড়ে যাবি।

সে ভাবনা আমাদের। তোর এ নিয়ে ভাবতে হবে না। কাল একেবারে তৈয়ার হয়ে আসবি। আর তোকে শয়তান বাপের কাছে থাকতে হবে না।

সত্যি বলছিস?

সত্যি না তো কি মিথ্যা!

তাহলে কাল কিন্তু আমি আসবো।

আসিস।

শ্রীমতি চলে জাবার পর জীবনকে বলে নাড়ু— নষ্ট করার মত সময় নেই শিগগির চল।

কোথায়?

কোথায় আবার একটা ঘর খুঁজতে। কাল শ্রীমতি চলে আসবে না? ওকে রাখার মত একটা ঘর চাই কি না? আজই একটা ঘর কোথাও খুঁজে ভাড়া নিতে হবে।

এত অল্প সময় কি ঘর খুইজা পাওয়া যাবে?

পেতেই হবে। চল। লোকে বলে খুঁজলে খড়ের গাদায় হারানো সূঁচও পাওয়া যায়। আর আমরা একটা ঘর পাবো না?

২২.

দুর্ঘটনা

এরপর জীবন আর নাড়ু বের হয়ে পড়ে একখানা ভাঙ্গাচোরা যেমন হোক একটা অল্প ভাড়ায় ঘর খুঁজতে। এমন ঘর কোথায় থাকে? থাকে খালপাড় জবরদখল কলোনি কোন গরীব বস্তি বা রেলকলোনিতে। কিন্তু হায় কপাল! যত সহজে নাড়ু কোন না কোন বস্তি কলোনিতে একটা সস্তার ঘর ভাড়া নিতে পারবে বলে আশা করেছিল ফালতু কসবা, রথতলা রামলাল বাজার যেখানে হাজার মুটে মজুর রিকশা ঠেলাওয়ালা থাকে সর্বত্র ঘুরে বুঝতে পারলো ব্যাপারটা অত সহজ নয়। এই ঘর না পাবার কারণ অনেক। তবে প্রধান কারণ, অল্প বয়সের দুটো ছেলে প্রথম দর্শনেই যাদের ঠিক ভদ্রগোছের বলে মনে হয় না, যারা নাকি রিকশা চালায়, তারা নেবে ঘর? তা নিক, কিন্তু ওদের সাথে আর একজনও থাকবে। সে একটা মেয়ে। যে এদের মা বোন মাসি পিসী কেউ নয়। বিষয়টা বড় গোলমেলে। আজকাল সময় বড় সাংঘাতিক। এ সময়ের পায়ে পায়ে জড়িয়ে আছে বিপদ। সাধ করে কে বিপাকে পড়তে চায়? পাড়ার উঠতি মাস্তান, থানার পুলিশ আর মেয়ের বাপ ভাই কোনদিক থেকে যে বিপদ আসবে কে তা বলতে পারে? না বাবা, মাফ কর। ভাড়া আমার মাথায় থাক দরকার নেই ঝামেলায়। নেই ঘর খালি নেই।

এই জন্য রাজডাঙা খাল পাড়ে একটা ঘর মাসিক কুড়ি টাকায় পেয়েও পাওয়া গেল না। যদিও খাল পাড়, জায়গার মালিক পশ্চিমবঙ্গ সরকার তবু এখানে এক একজন দখলদার দু তিনখানা ঘরের মালিক। ঘর ভাড়া দিয়ে তার ভালোই রোজকার। একটায় সপরিবারে নিজে থেকে অন্যগুলো কুড়ি কুড়ি টাকা মাসে ভাড়ায় চলে। চেনা জানা এক রিকশাওয়ালার কাছে সুলুক সন্ধান জেনে ওরা পৌঁছেছিল সেই বাড়িওয়ালার সামনে। শুনলাম আপনার নাকি একটা ঘর খালি আছে?

আছে। মাথায় লম্বা চুল চোখ লাল বাড়িওয়ালা বলে চৌকির উপর দুজন

তলায় দুজন, চার জনের থাকার মত বড়ো ঘর। যার ভাড়া মাত্তর পঁচিশ টাকা। তবে মাসের দশ তারিখের ভাড়া পরিশোধ না দিলি দরোজায় তালা পড়ে যাবে। আগাম জমা রাখতি হবে এক মাসের ভাড়া। আর লোক কুটুম্ব চেনা জানা বন্ধু বান্ধব কাউরে বাসায় আনা চলবে না। মদ খাতি পারো বাধা নেই, তবে মাতলামো চেঁচামেচি করলি পরের দিন বিদায়। আর কি শোনবা?

না আর কিছু শোনবার দরকার নেই, সানন্দে বলে নাড়ু নিলাম আপনার ঘর।

কবে আসবে?

কাল বিকাল।

খুচরো ছয় দিনির পাঁচ টেকা আর এক মাসের পঁচিশ। এখন দেবা না কাল?

একটু ভেবে বলে নাড়ু— আচ্ছা টাকা কাল সকালে দিয়ে যাবো।

সকালে কখন? কটায়?

এই ধরুন আটটা। তখন ঘরে উনুন টুনুন কিছু মাল পত্র কিনে রেখে যাবো।

যেটা শোনা হল না,— তোমরা লোক ক'জনা?

তিন। আমি, আমার এই বন্ধু, আর একজন মেয়ে।

মেয়ে! চোখ বড় বড় হয়ে যায় বাড়িওয়ালার। তোমাদের সাথে যে থাকবে সে মেয়ে? কারও বউ নয়?

না মানে, বউ নয়, মানে এখনো মেয়ে। বিয়ে হয়ে গেলে তখন সে বউ হয়ে যাবে। ঘর পাওয়া যাচ্ছিলো না বলে বিয়ে হচ্ছিলো না। এখন যখন ঘর পাওয়া গেল একদিন কালীঘাটে গিয়ে।

কার সাথে বিয়েটা হবে?

এইখানে তাড়াহুড়োয় বিষম ভুল করে ফেলে ওরা। নাড়ু আঙ্গুল তোলে জীবনের দিকে আর জীবন আঙ্গুল তোলে নাড়ুর বুক বরাবর। "ও, ও বিয়ে করবে। তা দেখে বাড়িওয়ালা কী বুঝলো আর না বুঝলো তা কে জানে। খেপে উঠল— ঘর নেই।

আহা ব্যাপারটা একটু শুনুন। একটু বোঝবার চেষ্টা করুন আমরা দুই বন্ধু একটা মেয়েকে ভালোবাসি। সে— ও আমাদের দু— জনকে ভালোবাসে। আমাদের যে কেউ একজন তার কপালে সিঁদুর তুলে দিলে আর তো কোন অসুবিধা নেই। আপনি কি বলেন?

বাড়িওয়ালা বলে— আর আমাকে কিছু বোঝানো লাগবে না। বুঝে বুঝে পাঁচ পাঁচটা মেয়ে ছেলের জন্ম দিয়েছি। মাথার চুল আমার তো এমনি এমনি বাতাসে পাকেনি। এখেনে ও সব কাজের ঘর মিলবে না। এটা ঘুটিয়ারী ডাইমণ্ড হাবড়া নয়, গেরস্থ পাড়া। বুয়েচো।

রাজডাঙ্গা থেকে বিফল হয়ে হেঁটে হেঁটে ঘর খুঁজে খুঁজে ওরা পৌছায় কসবা হয়ে গোবিন্দপুর। ভালো কোন ঘর নেবার মতো আর্থিক সঙ্গতি তো নেই। তাই সস্তার ঘর ভাঙ্গা চোরা দরমার বেড়া খালপাড় রেলবস্তি জবরদখল কলোনি ছাড়া আর কোথায় বা পাওয়া যায়। এখন ওরা পাগল, যেমন করে হোক আজকের

মধ্যে তা পাওয়া চাই।

নাড়ু আর জীবন নামের দুই অভাগার কষ্টকর প্রবঞ্চিত জীবনের দুয়ারে এক আকাশ আশা নিয়ে মেয়েটা বাঁচার জন্য ছুটে এসেছে। ফুরফুরে হাওয়ার মত তাজা তার হাসি কথা মান অভিমান। যা এখন অভাগা দুই যুবার বিশ্বাস আর নিশ্বাস বাঁচা এবং মরার মধ্যে ছাড়িয়ে গেছে। একে বাদ দিলে, বিমুক্ত করলে জীবন জুড়ে যে শূন্যতা দৈনতার সৃষ্টি হবে এমন কোন কিছু নেই যা দিয়ে সেই ফাঁক বা ফাঁকি ভরাট করা যায়। তাই ওকে হারাতে পারবে না। কিছুতেই না। যে কোন মুল্যে যে কোন শর্তে এই সম্পদ ধরে রাখতে ওরা বদ্ধ পরিকর।

গোবিন্দপুর রেলকলোনিতে আঁতিপাতি করে অনেক খোঁজে ওরা একটা অল্প ভাড়ার ছোট্ট ঘর। কিন্তু ওদের চালচলন কথা বাত্তার অসঙ্গতি, অভিজ্ঞ চোখে অধরা থাকে না। ফলে, ঘর আর মেলে না। হন্যে হয়ে ঘুরতে ঘুরতে এক সময় বিকেল গড়িয়ে গিয়ে সন্ধ্যে নামে। তখন হতাশ গলায় বলে নাড়ু— আজ আর চেষ্টা করে কোন লাভ হবে না। কাল গড়িয়া সোনারপুরের দিকে গিয়ে দেখবো। ওদিকে অনেক ঘর। আমাদের অনেক চেনা জানা রিকশাওয়ালা থাকে।

ঘর যতোই থাকুক ফল ওই একই হবে। আমাগো কিছুতে কেউ ঘর দিবো না। বিরক্ত হয়ে বলে জীবন— বাবু পাড়ায় আর বেশ্যা পাড়ায় টাকা দিলেই ঘর মেলে। কে কার সাথে থাকলো না থাকলো তাতে তাগো কিছু যায় আসেনা। কিন্তু আমাগো গরীব মহল্লার ঘর নিতে শতেক সমস্যা।

জীবনের কথার সারমর্ম বুঝে নিতে চিন্তিত মুখে বলে নাড়ু তাহলে এখন উপায়? ঘর ছাড়া তো— !

উপায় একটা আছে।

কি উপায়?

বিয়া কইরা শ্রীমতিরে বউ বানাইয়া ফেলানো। তাইলে আর কোন ঝামেলা থাকবেনা। সব বাড়িওয়ালা ঘর দেবে।

তো তাই কর।

এবার জীবন আর নাড়ু দুজনে ভাবনায় পড়ে যায়। শ্রীমতিকে বউ বানাতে হলে দু জনার একজনকে বর হতে হবে। কে হবে বর? একটা মেয়ের তো দুজন স্বামী হতে পারে না। সমাজে তো সে নিয়ম নেই। তালতলার বস্তির দোপদির নিয়ম অন্যত্র চলবে না। কিন্তু শ্রীমতি সে তো কাকে তার পছন্দ কিছুতে প্রকাশ করছে না। ঘুরিয়ে ফিরিয়ে যতবার প্রকাশ করা হয়েছে জবাব তার একটাই -আমার দুজনই পছন্দ। এতদিন এটা কোন সমস্যা ছিলো না। কিন্তু এখন মহা সমস্যা। আর হাতে সময় নেই। এবার মনঃস্থির করে যে কোন এক জনের নাম তার বলতেই হবে।

কিছুক্ষণ পরে সংশয় জীর্ণ গলায় বলে জীবন যদি শ্রীমতি তোরে পছন্দ কইরা নেয়, সব দিক রক্ষা হয় কোন ঝামেলা থাকেনা। যদি আমার সাথে বিয়া বসার জইন্য জেদ ধরে তাইলে মহা মুশকিল।

কেন, মুশকিল কেন? মেয়েটা তোর চেয়ে কোন দিক থেকে খারাপ?

খারাপ তা বলি নাই তবে—

কি তবে?

একটু খানি ভেবে বলে জীবন— আমার যা অবস্থা তাতে এই রকম একটা বোঝা ঘাড়ে না নেওয়াই উচিৎ। এক তো ধরাবান্ধা কোন রোজকার নাই। চাইর দিকে শত্তুর। চাইলে তগো মতো যে রিকশা চলামু— পারমুনা। তার উপার কবে মরি কবে জেলে যাই তারও কোন ঠিক ঠিকানা নাই।

মন দিয়ে জীবনের কথা শুনে শেষে বলে নাড়ু— ও নিয়ে এখনই ভাবনার দরকার নেই। কালকে ও আসুক। ওকে সব বুঝিয়ে বলা হোক। যদি ও সব শুনে বুঝেও তোকেই বর বানাতে চায়? মনে হয় তা চাইবেনা। এমনিতে দেখতে গেলে তোর চেয়ে আমি ওকে বেশি ভালোবাসি। মেয়েরা ভালোবাসায় গলে যায়। দেখা যাক কি হয়। কাল তো হোক।

কাল মানে সময় কাল মানে মৃত্যু কাল মানে একটা ভয়ংকর অন্ধকার পর্দার ও পাশের এক অজানা অদেখা অকল্পনীয় জগত। ওরা কেউ জানতো না সে কাল ওদের জন্য কি সংবাদ নিয়ে অপেক্ষা করছে।

এবার ওদের যাদবপুর স্টেশনের দিকে ফেরবার পালা। হতাশ বিষণ্ণ দুজোড়া পরাজিত পা এগিয়ে চলে পিছন দিকে। এত সময় মনের মধ্যে যে আশা যে পরিকল্পনা শেকড় মেলছিল তার পরিসমাপ্তি ঘটে গেছে। কাল সব কিছু আবার নতুনভাবে নতুন করে শুরু করতে হবে।

জীবনের ইচ্ছা ছিলো রেললাইন ধরে হেঁটে সোজা এসে ঢাকুরিয়া ব্রীজে উঠে বাস রাস্তা ধরে হেঁটে হেঁটে স্টেশনে পৌঁছালো। কিন্তু নাড়ু বলে— মনটা একদম ভালো লাগছে না রে জীবন। চল কিছু সময় লেকের মধ্যে গিয়ে বসি। হাওয়ায় টাওয়ায় যদি মন ভালো হয়। আমাদের এখন তো বিশেষ কোন কাজ নেই। এক ঘণ্টা পরে না হয় গেলাম।

ঢাকুরিয়া লেক। শত সহস্র হৃদয় ভাঙ্গা জোড়ার ইতিহাস ছড়িয়ে আছে এই মাঠের ঘাসে ঘাসে। এখন সবুজ ঘাসের উপর হাতে হাত রেখে বসে জোড়া জোড়া আসঙ্গ মন। কুঞ্জন গুঞ্জন স্বপ্নের জাল বোনার চূর্ণ হচ্ছে বাদামের শুকনো খোলা। জমছে খালি চায়ের ভাঁড়ের স্তুপ। যাহা আনন্দ তাহাই অমৃত। ওরা সেই আনন্দমেলার এক কোনে নিরাপদ বিগ্রহের মত বসে ছিলো অনেকক্ষন। তখন ওদের বলার মত কোন কথা ছিলোনা দেখার মত কোন স্বপ্ন ছিলো না হাসবার মত কোন কারণ ছিলো না। ওদের চারপাশ জুড়ে ছিলো রহস্যময় কালো রাত্রির কুটিল অন্ধকার। অনেকক্ষন পরে যেন জীবনের ওপার থেকে ভেজা ভারী আর কুহেলি স্বরে বলেছিলো নাড়ু এবার যাবো।

এখন মনে হচ্ছে জীবনের নাড়ুর ''এবার যাবো'' শব্দটায় কি গুঢ় কি অভিসন্ধিময় এক দ্যোতনা ছিলো। কেউ তখন জানতো না যাবো বলে এগিয়ে চলা নাড়ুর পা কোন পরিনতির দিকে আগাচ্ছে। হয়তো সেটা বুঝেছিলো অন্ধকার গাছের ডালে বাসা বাঁধা কোন নাম না জানা পাখি। যে সেইক্ষণে বড় বিচ্ছিরি স্বরে ডেকে উঠেছিলো চ্যা চ্যা করে।

ওরা দুজন লেকের মধ্য দিয়ে হেঁটে হেঁটে এসে পৌঁছেছিলো পঞ্চানন তলা বাসস্টপে। ইচ্ছা ছিলো সেখান থেকে কোন বাসে চেপে যাদবপুর মোড়ে

এসে নামবার। তারপর হেঁটে ষ্টেশনে পৌঁছানো। ছেচনের হোটেলে খেয়ে শুতে যাওয়া। সে আর হয়নি।

তখনকার প্রত্যেকটা দৃশ্য এখনো বেশ স্পষ্ট মনে আছে জীবনের। বাস আসছিলো একটার পর একটা কিন্তু তাতে ছিলো উপচে পড়া ভিড়। কোন বাসের পাদানিতে পাটুকু রাখার মত সামান্য জায়গাও অবশিষ্ট ছিলো না। অনেকক্ষণ ধরে অনেক চেষ্টার পরেও বাসে না উঠতে পেরে কেন কে জানে অধৈর্য্য হয়ে উঠল নাড়ু। শেষে, একটা ভিড় আর চলন্ত বাসের সামনের গেটের রড ধরে দৌড়ে গিয়ে ঝুলে পড়ল সে এবং জীবন চিৎকার করে বলে উঠল উঠে পড় শিগগির।

জীবন চলন্ত বাসে উঠতে জানে। সে উঠেছিলো বা বলা চলে ঝুলে পড়েছিল পিছনের গেটের পাশের জানালার শিক ধরে। সে হাতের বাঁধন বড় শক্ত ছিলো। ভিড়ের সাধ্য ছিলো না সে বাঁধন খুলে জীবনকে ঠেলে ফেলে দেয়। কিন্তু হেরে গেল নাড়ু, সে রড ধরে রাখতে পারলো না। ওরই গন্তব্যে পৌঁছাবার বেশী তাড়া ছিলো। পিছলে গেল ওরই ঘামে ভেজা হাত। চলন্ত বাস থেকে পড়ে গেল নিচে নির্দ্দয় মাটিতে। ব্রীজের ফুটপাতে কংক্রীটের কোলে চিৎ হয়ে পড়া মাথাটা ঠুকে গেল। সাথে সাথে একটা মাটির হাঁড়ি ফাটার মত শব্দ হল। গোঁ গোঁ করে জ্ঞান হারিয়ে লুটিয়ে পড়ল নাড়ু।

এ্যাই বাস থামাও! তীব্র গতিতে ছুটে চলা বাস থামতে থামতে পার হয়ে গেল এক স্টপিজ। বাস থেকে ঝাঁপিয়ে নেমে ওকে তুলে ধরে মুখে মাথায় জলের ঝাপটা দিয়ে ছিলো জীবন এক পথচারীর জলের বোতল থেকে। কিন্তু নাড়ুর জ্ঞান আর ফেরেনি।

ওর এই অবস্থার কথা কাউকে বলতে পারেনি জীবন। বলার মত সুযোগ তখন কোথায়? একটা রিকশা করে একা ওকে নিয়ে পৌঁছেছিলো বাঙ্গুর হাসপাতালের ইমারজেন্সিতে। সেখানেই জীবনের বসে বসে কেটে গেছে সারাটা রাত। কিন্তু দুঃসংবাদ কখনো চাপা থাকে না। বাতাসে ওড়ে। ডালপালা মেলে সে খবর পৌঁছে যায় বাঙ্গুর থেকে যাদবপুর। স্টেশন বাস মোড় থেকে দল বেঁধে আসে সেই মানুষ যাদের কেউ কেউ নাড়ুর কারণে কষ্ট পাচ্ছে আর কিছু যারা জীবনকে কষ্ট পেতে দেখতে উৎসুক।

এখন যেন সবার সন্দেহ ঘন কুটিল দৃষ্টি জীবনকে এফোঁড় ওফোঁড় করে দিচ্ছে। তাদের ধারনায় এটা নিছক কোন পথ দুর্ঘটনা নয়। পথের কাঁটা সরিয়ে দিতে চণ্ডাল জীবনের নিপুণ একটা পরিকল্পনা পরিণাম। ত্রিকোণ প্রেমের যা অনিবার্য্য পরিণতি।

ছোট ছোট দলে ভাগ হয়ে শবযাত্রীরা নিচুস্বরে নিজেদের মধ্যে কথা বার্তা বলাবলি করছে। মনে কিছুটা ভয়ও আছে জোরে বললে আর তা জীবন শুনে ফেললে কি না কি ঝামেলায় পড়তে হয়। মানুষটা তো ঠিক ভালো বলতে যা যা বোঝায় মোটেই তেমন নয়। শোনা যায় এর আগেও সে কাকে কাকে মেরেছে।

একজন দ্বিধাগ্রস্থ হয়ে বলে— তোমাদের কথা শুনে বোঝা গেল, মেয়েটা— কি যেন নাম? শ্রীমতি, ওকে পাবার জন্য জীবন নাড়ুকে ফুসলে নিয়ে এসে

লেকের কোন অন্ধকারে ফেলে দিয়েছে। তা তেমন হলে তো তার লাশ ফেলে রেখে পালিয়ে যাবার কথা। জীবন সেটা না করে নাড়ুকে হাসপাতালে নিয়ে এল কেন? আমি তো এর কোন ব্যাখ্যা পাচ্ছি না।

জবাব দেয় অন্য একজন— কি মাকড়ারে তুই? এত সিনেমা দেখিস আর এইটে জানিস না? গল্পটা কি বানিয়েছে জীবন? না, নাড়ু বাস থেকে পড়ে গেছে। এরপর হাসপাতালে আনা কি দশ বিশ টাকার ওষুধ কিনে দেওয়া, মুখটা ভার করে বসে থাকা, দরকার হলে একটু খানি কাঁদাকাটা, আর কেউ জীবনকে সন্দেহ করতে পারবে যে সে— ই নাড়ুকে খুন করেছে?

আর একজন বলে— যেভাবে বাস থেকে পড়ার কথা বলছে ও ভাবে পড়লে কেউ মরে না। মাথার উপর চাকা ফাকা উঠে গেলে না হয় একটা কথা হোত। কোথাও ফাটেনি কাটেনি শুধু মাথাটা একটু ফোলা। আমার তো মনে হয় শাবল ফাবল কিছু না খাবারে ফাবারে বিষ ফিষ কিছু। বমি পরীক্ষা করলে বোঝা যেতো।

জীবন আর দাঁড়িয়ে থাকতে পারল না। চারপাশে সন্দেহের এক অদৃশ্য বলয়। মুখের সামনে কেউ কিছু বলছে না বটে কিন্তু প্রত্যেকেটা চোখের চাউনিতে বিজ বিজে কৃমি কীটের মত ঢেউ খেলছে সন্দেহ অবিশ্বাস ঘৃণা আতংক। বাধ্য হয়ে জীবন ওদের মাঝের দূরত্ব বাড়ায়। চা খাবার ছুতোয় অন্য দিকে সরে যায়।সাথে সাথে কালুশা বাওয়ার দিকে ঘুরে চোখ টিপে বলে ফলো রাখিস। দেখিস যেন চকমা দিয়ে ফুটে না যেতে পারে।

চায়ের অর্ডার দিয়ে পিছন ফিরে দেখে জীবন পাশে এসে দাড়িয়েছে অমল। এ সেই অমল যাকে লস্কর পাড়ার লোকেরা ব্যাট উইকেট দিয়ে বিনা দোষে বেধড়ক মারছে দেখে ছেচন সাউয়ের মাছ কাটা বঁটি তুলে অমলকে রক্ষা করতে দাঁড়িয়ে পড়েছিলো একা জীবন নিজের জীবন বাজি রেখে। সে অনেক দিন আগের কথা। সময় এখন অনেক বদলে গেছে। কেন কে জানে মনে হয় জীবনের, অমলও মনে হয় আজ বিপরীত ভাবনায় বিপক্ষ শিবিরে যোগদান করে বসে আছে। হয়তো সে জীবনের গতি বিধির উপর নজর রাখবে বলেই কাছে এসে দাঁড়িয়েছে।

গলায় অসহিষ্ণুতা ফুটিয়ে বলে জীবন— কি ব্যাপার রে অমল? আমার আগে পিছে ঘুর ঘুর করতে আছোস ক্যান?

বলে অমল— তোমার দিকে লক্ষ্য রাখছি।

কেন?

অমল এখন আর সেই পনেরো ষোল বছরের বাচ্চা নয়, ষোল সতেরো বছরের তরুন। বলে— একজন কাউকে তো পাশে দাড়ানো লাগবে এই সময়। তোমার যে কি বিপদ তা কিছুটা তো বুঝতে পারছি। গনেশদা গোপালদা কেউ নেই কিন্তু আমি তো আছি। একদিন তুমি আমার জন্য আগুনে ঝাঁপিয়ে ছিলে। দরকার হলে আজ আমি ঝাঁপাবো।

ছোট্ট অমলের কথায় জীবনের বুকটা ভরে যায়। মানুষ, সব মানুষ তাহলে এখনো অকৃতজ্ঞ হয়ে যায়নি। কেউ না কেউ এমন এখনো আছে যে উপকারীর উপকার মনে রাখে। কোথায় কার কাছে যেন শুনেছিলো জীবন রাজদ্বারে

শ্মশানে বিপদের সময় যে পাশে এসে দাঁড়ায় প্রকৃত বন্ধু সে— ই। এখন জীবনের জীবন বিপন্ন। পোস্ট মর্টেম রিপোর্ট, ডাক্তারের সামান্য ভুল তার সব কিছু তছনছ করে দিতে পারে। তখন যে জীবনের পক্ষ নেবে সে— ও বিপদে পড়ে যাবে।

একটু পরে বলে অমল— বলা উচিৎ না, তবু তোমাকে একটা কথা বলবো জীবনদা?

বল।

কিছু মনে করবে না তো?

মনে না হবার মতো কথা হইলে ক্যান মনে করমু।

চারদিক একবার দেখে নিচু গলায় বলে অমল— নাড়ুদাকে তুমি কতখানি ভালোবাসতে তা আমি জানি। যে যা বলে বলুক, তুমি তাকে মেরে ফেলবে সে আমি বিশ্বাস করি না। কিন্তু এখন মহল তোমার পক্ষ নেই। বাওয়া লোকজনকে তাতাচ্ছে। তোমার উপর পুরানো রাগের শোধ নিতে চাচ্ছে। আজকালকার মানুষজন পাগলা কুকুরের মতন। কখন কি করে বসে কোন ঠিক নেই। তাই বলছি, তোমার ভালোর জন্য বলছি, এখনকার মত তুমি একটু সরে যাও। আমি তো রইলাম, শব আমি ঠিক মত দাহ টাহ করে ফেলবো।

তুই কি বলছিস অমল! মিথ্যা অপবাদের ভয়ে নাড়ুরে ফালাইয়া শেষ সোমায় পালাইয়া যামু?

জীবনকে বোঝানোর শেষ চেষ্টায় বলে অমল— মানুষ মাত্রেই ভুল করে। যে পোস্ট মর্টেম করছে সে— ও তো মানুষ। ধরো যদি সে কোন ভাবে একটা ভুল রিপোর্ট দেয়? তখন তো তোমার উপর বিরাট বিপদ নামবে। সেলিমপুরের কেসটা মনে নেই?

সেলিমপুরের এক বাবুর বাড়িতে কাজ করতো একটা মেয়ে। বাড়ির লোকে তাকে গলা টিপে মেরে পাখার সাথে শাড়ি বেঁধে ঝুলিয়ে দিয়েছিলো। সেই খুন পোস্ট মর্টেমে আত্মহত্যা বলা হয়েছিলো।

অমল বলে— খুনকে যদি আত্মহত্যা বানানো যায়, দুর্ঘটনাকেও খুন বানানো কঠিন নয়।

জীবন বলে— যা হয় হবে। আমিও তো দেখি শেষ পর্যন্ত কি হয়। যদি কিছু সেই রকম হয় আমার সাপোর্ট করলে তুইও জড়ায় যাবি।

দৃঢ়তা ফুটে ওঠে অমলের গলায়— একদিন তোমার জন্য জান বেঁচেছিলো আজ না হয় তা তোমার জন্য যাবে। কিছুক্ষণ পরে দেখে জীবন অমল স্টেশনের সেই সব সতেরো— আঠারো— উনিশ— কুড়ি বছরের ছেলেরা যাদের লোকে বলে মায়ে খেদানো বাপে তাড়ানো হোটেলে খাওয়া আর ফুটপাতে শোয়া। যাদের ভোটার লিস্টে জনগননার নথিতে রেশন কার্ডে নাম থাকেনা। নাগরিক অধিকার বঞ্চিত আগাছার মত বেঁচে থাকা বেড়ে ওঠা গনা গনেশ কালিয়া বড় গোপাল কালো গোপাল ভীম কালাচাঁদ সব এসে জীবনকে ঘিরে দাঁড়ায়। জীবন বুঝতে পারে এই মানব বর্ম ভেদ করে এখন বাওয়া কালুশাদের কোন ষড়যন্ত্র তার কাছে পৌঁছাতে পারবেনা। ওরা যে কোন বিপদ বুকের আড়াল দিয়ে রুখে রক্ষা করতে আসছে তাদের জীবনদাকে।

জানতে চায় জীবন— টাকা আছে তাদের কাছে? কার কাছে কত আছে দে। নাড়ুরে খালাস করতে ডোমগো বিশ টাকা দেওয়া লাগবে। আমার কাছে অত টাকা নেই।

বলে গনা— খবর পেয়ে আমরা চাঁদা তুলেছি। একশো আশি উঠেছে।

জীবন গনেশ বড় গোপালের দিকে তাকিয়ে বলে— ডাক্তার আইসা থাকলে দ্যাখ নাড়ুরে দেবে কিনা। লাশ কাটার ডোমগো কত কী দিতে হয় তা কেডা জানে। যা লাগে আমরাই দিব। বাওয়া কালুশারা যেন দয়া দেখাবার সুযোগ না পায়।

এরপর তিন চাকার ভ্যান রিকশায় চেপে হাসপাতাল থেকে কাঁটাপুকুর মর্গে পৌঁছে নাড়ুর লাশ চেরাই ফারাই সেলাই হতে সময় নিলো পাঁচ ছয় ঘণ্টা। উৎসাহী শবযাত্রীরা এখন তিতি বিরক্ত। সব কাজ যখন সম্পন্ন হল বিকেল গড়িয়ে গেছে। রেজিস্টার বগলে চেপে রাখা পোস্ট মর্টেম করা ডাক্তারের কাছে গিয়ে জানতে চায় কালুশা— ছেলেটা কি করে মারা গেল সার? একেবারে সুস্থ ছেলে। কিছু কি ধরতে পারলেন?

জবাব দেয় ডাক্তার— ব্রেন হেমারেজ। মাথায় কোন আঘাতের ফলে মৃত্যু।

কালুশার দিকে তাকিয়ে চোখ কোচকায় বাওয়া— যার অর্থ কি বুঝলে? বলে ছিলাম না তখন রড ফড। এখন বিশ্বাস হলো তো? কিন্তু কই পুলিশ তো এলনা। ধরলো না তো জীবনকে। শালা পুলিশ কোন কেসই লেখেনি। পুলিশের যা কাজ, বোঝা যাচ্ছে জীবনের কাছ থেকে মোটা মাল খিচে নিয়েছে। কাল রাতেই মনে হয় থানায় গিয়ে দিয়ে এসেছে। পুলিশ কারও আপন হয়না। যে দিকে নোট পায় সেদিকে ভোট দেয়। দিয়ে দিয়েছে জীবনকে ভোট। নাড়ু বেচারার তো তেমন আপনজন কেউ নেই যে কেসটার তদ্বির তদারক করবে। তেমন কেউ থাকলে আজ কি আর জীবনের রেহাই ছিলো? সাথে সাথে এ্যারেস্ট তারপর হয় ফাঁসি নয় যাবজ্জীবন। এতে আর কোন ভুল ছিলোনা। হারামিটা বড় বাঁচা বেঁচে গেল।

এখন আর এখানে বেকার বসে থেকে থেকে কি হবে? যা হলো সব তো বোঝাই গেল। বাওয়া ডাকে— চলরে ভুট্টো, চলে যাই, ফালতু ফালতু দিনটা গেল। কালুদা আমরা গেলাম।

থাম থাম আমিও যাবো।

কালুশার পরে একে একে সবাই চলে যায়। শবদাহ করার আনন্দটাই তাদের মাটি হয়ে গেছে। রয়ে যায় জীবন আর তার সাথী একজন বাউন্ডুল।

নাড়ুকে ওরা কালীঘাটের বৈদ্যুতিক চুল্লিতে দাহ করে যখন যাদবপুর স্টেশনে পৌছাতে পারলো তখন বেশ খানিকটা রাত হয়ে গেছে। নটা কি সাড়ে নটা। সারা দিন ওদের কারও চান আহার হয়নি। সাবান দিয়ে গড়ফার ঝিলে অনেকক্ষণ ধরে চান করে বিষণ্ণ মনে জীবন এসে বসল বট গাছের গোড়ায় বাধানো বেদিটার উপর। চারদিক বড় শূণ্য শূণ্য লাগছে ওর। নিরানন্দ নিঃসঙ্গ জীবনের যে ফাঁকফোকর অন্য কারও দ্বারা ভরবার নয় যে তা ভরিয়ে দিয়েছিলো সে হঠাৎ করে চলে গেছে আগাম কোন আভাস না দিয়ে। অনেকগুলো দিন একসাথে কাটানো, কত কথা কত গান হাসি ঝগড়া খুনসুটি, সব এখন স্মৃতি।

এক বিপন্ন সময়ের যেন ঘনঘোর অমানিশার মধ্যে ঝড়ের মত সে অনুপ্রবেশ করে ছিলো জীবনের জীবনে। পাখির ছানার মত বুকের ওমে পার করে দিয়েছিলো ভয়ার্ত অন্ধকার কাল। আর রাত ফুরাবার সাথে সাথে সে কিছু না বলে কোথায় যেন মিলিয়ে গেল। তার কোন চিহ্ন আর পড়ে রইলো না। বড় অভাগা জীবন। যার সাথে তার গভীর নিবিড় বন্ধুত্ব হয় কেন কে জানে তারা পথের বাঁকে বাঁকে হারিয়ে যায়। মরণ রাজা নাড়ু একে একে সব চলে গেছে বুকের মধ্যে এক একটা ক্ষত চিহ্ন রেখে।

এখন জীবন একা। একেবারে একা। পাশে গনা গনেশ কালিয়া বড় গোপাল কালো গোপাল জটাধারী গুরু কেউ নেই। যখন থাকে তখনো কি থাকার মত থাকে? সবার আলাদা আলাদা জীবন যন্ত্রণা আলাদা বাস্তব বোধ মনন চিন্তন বিশ্লেষণ। এক সময় এক কাল এক স্থানের নিবাসি হলেও সবাই ভিন্ন ভিন্ন সত্তার। এমন যে ভবঘুরে জীবন যে বাঙ্গাল জীবনের হুবহু প্রতিমূর্তি সেও অভিন্ন অখণ্ড নয়। তাই এখন জীবনের যন্ত্রণার অংশভাগী হবে তেমন কেউ নেই। সে তার মনোবেদনা নিয়ে এক কোনে এখন বসে থাকে এক আকাশ বৃষ্টির মত বুক বোঝাই কান্না নিয়ে।

কতক্ষণ এ ভাবে বসেছিলো তা জানেনা। হঠাৎ তার চোখে পড়ল শ্রীমতি আসছে। সে এখন আর কোন রক্ত মাংসের মানবী মূর্তি নয়, যেন আলুথালু উদভ্রান্ত এক বিষাদপ্রতিমা। চোখ মুখ ফোলা ফোলা, কেঁদে কেঁদে লাল। মাথার চুল তার দাউ দাউ করে বাতাসে উড়ছে। কাঁপছে সারা দেহখানি অসহনীয় যন্ত্রণায়। সামনে এসে কয়েক পলক সে জীবনকে দেখে বার ঝর ঝর করে কেঁদে উঠল, এ তুই কি দিলি? তোর মনে এই ছিলো। মেরে ফেলে দিলি নাড়ুকে?

জীবনের মনে হল, পায়ের তলার মাটি যেন পারমাণবিক বিস্ফোরণে ফেটে চৌচির হয়ে গেল। আর সে তলিয়ে যাচ্ছে উত্তপ্ত লাভার অতল গহবরে। সেখানে কোন আলো নেই বাতাস নেই ত্রান নেই প্রাণ নেই।

বিষ খাওয়া রোগির মত যন্ত্রণা বিকৃত গলায় বলে চলে শ্রীমতি— বাওয়া দা আমাকে সব বলেছে। কী থেকে কী হয়েছে সব আমি জেনে গেছি। কী মনে করে ছিলি তুই? নাড়ুকে মেরে ফেলে তুই একা আমাকে কবজা করবি? ভুল, ভুল ভেবে ছিলি রে বেইমান। চোখ যার অন্ধ, আয়নার তার কী বা দাম আর কী বা দরকার? তোকে তো আমি ভালো বাসতাম নাড়ুর জন্য। নাড়ু ছাড়া আমার হাত ধরার চেয়ে গলায় দড়ি দিয়ে মরা আমার কাছে লাখ গুণে ভালো। থর থর করে এখন কাঁপছে জীবন। নিশ্বাস যেন বন্ধ হয়ে আসছে তার। এক মরন ফাঁসে আটকে পড়া প্রাণ আর্তনাদ করে ওঠে— তুইও। শেষ পর্যন্ত তুইও আমাকে?

জীবন কি কামানের গোলার মত ছুটে আসা অপ্রিয় শব্দ থেকে আত্মরক্ষা করতে কানে আঙ্গুল দিয়েছিল! ভয়ংকর দৃশ্য দেখা থেকে রক্ষা পেতে কাকের মত বন্ধ করে নিয়েছিলো দুচোখের পাতা! নাকি খানিকটা সময়ের জন্য সে হারিয়ে ফেলেছিলো সমস্ত চেতনা? যখন তার দৃষ্টি সক্ষম আর শ্রবণেন্দ্রিয় সক্রিয় হল, সে দেখতে পেল, সে একেবারে একা। সামনে পিছনে ডান দিক বাঁদিকে

কোন জনপ্রাণী নেই। আছে আলকাতরার মত থিক থিক এক অন্ধকার। যে অন্ধকার নেমে এসেছিলো বিশ্ব চরাচরে সূর্যের জন্মের লক্ষ কোটি বছর আগে। সেই অন্ধকার মহা সমুদ্রে উথাল পাথাল ঢেউয়ের দোলায় চড়ে ভেসে যাচ্ছে জন্ম মুহূর্ত থেকে জগতের অভিশাপ কুড়িয়ে বেড়ানো এক জীবন।

পরের দিন সকালে বাচ্চা অমল এসে খবর দিলো কাল রাতে শ্রীমতি দিদির বিয়ে হয়ে গেছে। বরটা বিহারী। দেখতে খুব সুন্দর। দেশে নাকি তার দেড়শো বিঘে চাষের জমি। দোতলা পাকা বাড়ি। ওরা এখন চলে যাচ্ছে। হাওড়া থেকে বিহারের ট্রেন ধরবে।

ভেবেছিলো অমল, জীবনদা শ্রীমতি দিদির বিষয়ে আরও কিছু জিজ্ঞাসা করবে। কিন্তু সে জানতে চায়— বাওয়া, এখন কোথায়? কোথায় গেলে তারে পাওয়া যাবে?

অমল জীবনকে শ্রীমতির খবর দিয়েছিলো সকাল আটটায় খবর পেল জীবনদাকে পুলিসে খুঁজছে। আর খুঁজছে বাওয়ার ভাই বুল্টন। অমলের আর কি করবার আছে। যেমন তেমন করে কেটে গেল জীবনের আরো গোটা ছয়েক অসহ্য মাস।

এখন এ সময়ে শুধু যাদবপুর নয়, কলকাতা নয়, সারা পশ্চিমবঙ্গের ছোট বড় সব শহরে সব গ্রাম নগরে সর্ব শক্তি নিয়ে নেমে পড়েছে তেরঙ্গা বাহিনীর যোদ্ধারা। তাদের সহায়তা করতে দিল্লী থেকে এসেছে হাজার হাজার কেন্দ্রীয় বাহিনীর জওয়ান। যাদের হিংস্রতার তুলনা একমাত্র হিটলারের গেষ্টাপো বাহিনীর সাথেই করা চলে। হাত ছাপ মার্কা হিংস্র দল আর সহিংস কেন্দ্রীয় বাহিনীর মেল বন্ধন এবং যৌথ আক্রমণের কার্য্যক্রমে সারা দেশ নিদারুণ তাণ্ডবের আগুনে ঝলসে যাচ্ছে। পশ্চিমবঙ্গের অবস্থা সবচেয়ে ভয়াবহ। ঘরে পথে অফিসে স্কুলে কলেজে এখানে কোথাও কোন প্রাণ আর নিরাপদ নয়। যখন ইচ্ছা, যেখানে ইচ্ছা, যে ভাবে ইচ্ছা হামলে পড়ছে পুলিশ আর পার্টির নৃশংস যৌথ বাহিনীর সদস্যরা। স্বামীর সামনে স্ত্রী মায়ের সামনে মেয়ে সন্তানের সামনে মা ধর্ষিত হচ্ছে সন্ত্রাস দমনের নামে। থানায় ধরে নিয়ে গিয়ে মহিলা রাজনৈতিক কর্মীর যৌনাঙ্গে সেদ্ধ ডিম গ্রীজ মাখা রুল ঢোকানো হচ্ছে। ছেঁকা দেওয়া হচ্ছে চুরুটের। মাঠে ময়দানে গলিতে ফুটপাতে পড়ে থাকছে গুলিতে ঝাঁঝরা যুবা শরীর। আজকাল আর একটা দুটো নয়, পাইকারি হারে হত্যা করা হচ্ছে। কোথাও এক সাথে এক ডজন কোথাও এক সঙ্গে এক ট্রাক। ডায়মন্ড হারবারে পাওয়া গেছে হাত পা বাঁধা বস্তা ভর্তি গলাকাটা বারোটা মৃত দেহ। কাশীপুর বরাহ নগরে এক রাত এক দিন ধরে সাম্প্রদায়িক দাঙ্গা কালের মত খুন করে টেম্পো ঠেলা রিকশায় ভরে লাশ বয়ে নিয়ে ফেলে দেওয়া হয়েছে নদীতে। ঠিক কত লোককে খুন করা হয়েছে তার সঠিক সংখ্যা কোন দিন পাওয়া যাবে বলে মনে হয় না। কেউ বলে দুশো কেউ বলে চার পাঁচশো।

এই বিরাট আক্রমনের সামনে টিঁকতে না পেরে সেই কবে লোহার পাড়া খালি করে আত্মগোপন চলে গেছে বালক মোহনের দল বল। পাল পাড়ার ছেলেরা তো তারও আগে অঞ্চল ছাড়া। তবে হাত মার্কাদের মুল ঘাঁটি বিজয়পুর যাদবপুর থেকে বেশ দূর বলে ষ্টেশন এলাকা তাদের নিয়ন্ত্রণে আসেনি।

রাজনীতি নয় এসব এলাকা এখন মুলত অরাজনৈতিক কিছু উঠতি মাস্তানের কবজায়।

প্রকৃতির এ এক আশ্চর্য্য নিয়ম যেখানে কোন বড় গাছ থাকে তার নিচে কোন ঘাস, আগাছা জন্মায় না। লোহার পাড়া পালপাড়ার বড় গাছ বিদায় হতেই স্টেশনের আশে পাশে গজিয়ে উঠতে শুরু করেছে কিছু ছোট ছোট মাস্তান। তালতলা বস্তিতে শিবুয়া, টিবি হাসপাতালে ছোট পাল পাড়ায় সেই হাত উড়ে যাওয়া কাতুর ছোট ভাই মিন্টু। এ বলে আমি লেটেস্ট ও বলে আমি গ্রেটেস্ট।

এই দৃশ্যপটে জীবনও তার একটা নিজস্ব পরিচিতি গড়ে নিতে সমর্থ হয়েছে। সে পরিচয় ব্যাপক জন মানসে তেমন গভীর প্রভাব না ফেলে থাকলেও স্টেশনের কিছু মানুষ যেমন রিকশাওয়ালা হকার মুটে ট্রেনের সাধারণ নিত্য যাত্রীর কাছে বড় আস্থার। এই কারণে যে মেয়েটা নানা স্টেশনে খদ্দের খুঁজে বেড়ায়, একদিন যাদবপুরে এসে জীবনকে বলে তোদের ইস্টেশনে মাঝে মধ্যি আসিরে দাদা। কামাই, খাই। আমারে এট্যু দেখিস দাদা।

দেখে জীবন তাকে। ফলে যাদবপুর বাজারের যে মাছওয়ালা মেয়েটাকে নিয়ে মালগাড়ির খালি কামরায় রাত কাটিয়ে ভোর বেলায় টাকা না দিয়ে পালিয়ে যায়, পরের দিন তার মাছের চাকন আটকে চুক্তির কুড়ি টাকা আদায় করে নেয়। সেই টাকা নিয়ে যাবার সময় কামানে খানেবালা মেয়ে জীবনের হাতে রাখি বেঁধে দেয়। আজ থিকে তুই আমার আপন দাদা। দেখতে হয় তাকেও যে শিয়ালদহের এক দোকানের কর্মচারী। সে এসে জানায়— বড় বিপদে পড়ে গেছি দাদা। মাইনের টাকা কটা বুক পকেটে রেখে ট্রেনে আসছিলাম। সারা পথ টাকা পকেটেই ছিলো। যাদবপুরে নামার সময় গেটের ধাক্কা খেয়ে ছিটকে পড়ে দেখি সে আর নেই। কী যে করি এখন! সারা মাস বউ বাচ্চা নিয়ে কী খাবো?

না খাওয়া যে কত কষ্টের কত যন্ত্রণার তা জীবন খুব জানে। লোকটার কষ্ট দূর করতে জীবনকে যেতে হয় হারা মন্টা বিশাদের ডেরায়। ওরা আগে বন্দেল গেটে ডেরা জমিয়ে ছিলো। পাবলিক পেঁদিয়ে তুলে দিয়েছে। জি আর পির সাথে বাতচিত করে ঢাকুরিয়া থেকে যাদবপুর গড়িয়া পর্য্যন্ত ডোর মারে। হারা মন্টা জীবনের কথা মানে, সবটা যেমন ফেরত দিতে পারেনা একেবারে খালি হাতেও ফেরায়না তাকে। মদ ফদ খেয়ে যে টুকু যা খর্চা গেছে সেটা বাদ দিয়ে ক্ষমা চেয়ে বাকিটা দিয়ে দেয়।

এখন জীবন আর একা নেই তার একটা দল আছে। অমল, বিমল, বড় গোপাল, কালো গোপাল, গনা, গনেশ, ঘটি, নারান, কালিয়া, এরা কেউ রিকশা চালায় কেউ মাছের আঁশ ছাড়ায়, কেউ মদের দোকানে কাজ করে, মোট বয় কেউ স্টেশনে, কেউ বা ট্রেনের নিচে চাল সেটিং করে।

২৩.

শেঠ বাগান লেন

মানুষের এখন দুটো পরিচয়— ঘাতক অথবা ঘায়েল। এই সময় এক মাত্র সে বাঁচবে যে হত্যাকারীকে হত্যা করতে জানে। কান্না নয় কাতরতা নয়, প্রবল প্রত্যাঘাত। এই সময় প্রত্যাঘাতের আর কোন বিকল্প নেই। এই সত্য জীবন তার নিজের জীবন থেকে শিখে গেছে। পাগলা কুকুরের সামনে হাত জোর করা বৃথা।

এক সময় সারা পৃথিবীতে বিচরণ করে বেড়াতো বিশালদেহী ডাইনসোরাস। কোথায় গেল তাঁরা? বিনাশ হয়ে গেছে বিলুপ্ত হয়ে গেছে ইতিকথা হয়ে গেছে। কারণ তার পাল্টা আঘাত করার ক্ষমতা ছিলোনা। সে তা অর্জন করতে ব্যর্থ হয়েছিলো। সেইভাবে আঘাত করতে পারেনি হাতি। তাই পাঁচ ফুট মাহুত তার মাথায় পা তুলে দিয়ে বসে থাকে। তাই মানুষ গরুকে দিয়ে হাল টানায়, গাধাকে দিয়ে মোট বওয়ায়। ছাগল ভেড়াকে কেটে খেয়ে নেয়। কিন্তু পিঁপড়ে, ছোট্ট পিঁপড়ে বোলতা মৌমাছি তারা কারও বশ্যতা স্বীকার করেনা। কেউ বশ করতে পারেনা। সুযোগ পেলে প্রতি আক্রমণ করে দেয়। তাই ডাইনোসোরাসের মত বিনাশ হয়নি। আজো স্বাধীন ভাবে সাহসের সাথে বেঁচে আছে। জীবন আজকাল এই সব কথা ভাবে এবং মানে।

এই সব কথা ভাবতে ভাবতে সে এখন হেঁটে যাচ্ছে প্রায় লুকিয়ে সেই লাশঘরের মধ্যে পরিত্যক্ত, অব্যবহৃত রোগীদের ছেঁড়া কম্বল লেপ তোষকের পাহাড়ের আড়ালে ইঁদুর আরশোলার সাথে আত্মগোপন করে এই রাতটা কাটাতে। হাসপাতালের ভিতরটা সবদিনই বড় ফাঁকা ফাঁকা থাকে। রাত হলে সে জনহীনতা আরো বেশি প্রকট হয়। এখন সেই সাদা রঙের বিশাল বিশাল দালানগুলো অতিকায় কবরের মত মনে হচ্ছে। সব নিশ্চুপ— নিশব্দ। শুধু চারদিকে ঘুরে বেড়াচ্ছে কতগুলো ছাল ওঠা নেড়ি কুকুর। বহু দিন আগে এই কুকুরদের এক পূর্ব পুরুষ জীবনকে কামড়ে এক খাবলা মাংস তুলে নিয়ে

মাথায় রড খেয়ে মারা পড়েছিলো। কে জানে কুকুররা তাদের সেই সকরুণ বংশ ইতিহাস হয়তো মনে রেখে এখন কেউ তেড়ে আসেনা বা ঘেউ ঘেউ করে না।

গুরুমোহন বাবু আর মনা দের কোয়ার্টারের সামনের রাস্তা ধরে দক্ষিণ দিকে খানিকটা এসে যে মাঠ সেই মাঠের মধ্য থেকে পুব মুখো এগিয়ে ডান দিকে হানড্রেড বেড তার পর কবি সুকান্তের সেই ওয়ার্ড ফেলে মাঠে মাঠে ঘুরে ফাঁকা ফাঁকায় হেঁটে জীবন এসে দাঁড়ায় ময়লা পোড়ানোর চুল্লির কাছে। চারদিক এবার ভালো করে দেখে যখন নিঃসন্দেহ হয় কেউ তাকে ফলো করছে না তখন সুরুৎ করে চুল্লির পিছনের মলমুত্র বোঝাই ঢোলকমলি বাগানে ঢুকে পড়ে। অনেকবার চলাচলে বনের মধ্যে সরু একটা পথ হয়ে গেছে। সেই পথ ধরে পৌঁছে যায় লাশঘরের সামনে। তারপর অন্ধকারে বেড়ালের মত নিঃশব্দ তৎপরতায় ঢুকে পড়ে লাশঘরের মধ্যে। এ ঘরের এখন কোন দরজা নেই। যখন লাশ রাখা হতো দরজা ছিলো। তখন পাহারাও দেবার ব্যবস্থা ছিলো। লাশ আসা পাহারা দেওয়া বন্ধ হবার দু মাস পরে কে বা কারা যেন দরজাটা খুলে নিয়ে চলে গেছে।

কিন্তু এখন লাশঘরে ঢুকে অবাক হয়ে গেল জীবন। দরজা না থাকায় অন্ধকারের মধ্যেই পাহারা ছাড়াই হাসপাতালের কর্মচারীরা একটা মৃতদেহ রেখে চলে গেছে। মৃতের প্রতি এমন অবহেলা দেখে মনটা খারাপ হয়ে গেল জীবনের। কোন মানে হয়? এভাবে থাকলে শেয়ালে খেয়ে যাবে যে। মৃতদেহটা দক্ষিণ দিকের দেওয়াল ঘেঁষে সিমেন্টের তাকের উপর চাদর মুড়ি দিয়ে শোয়ানো। জীবিত জীবনও এই ভাবে পা থেকে মাথা পর্য্যন্ত ঢেকে শোয়।এখানে খুব মশা।

যে যা হোক কিন্তু এখন কি করে জীবন? যা ঘরে একটা মৃতদেহ পড়ে আছে সেখানে কি করে নিশ্চিন্তে ঘুমায় এই রাতে? যখন এই ভাবনায় সে দিশেহারা তখনই মৃতদেহটা নড়ে উঠলো। স্পষ্ট দেখলো জীবন মৃতদেহ পিঠ চুলকাচ্ছে। তাহলে মৃতদেহ মৃত নয়, জীবিত কেউ। তড়াক করে জীবনের হাত চলে গেল কোমরে। থ্রি নট থ্রি ওয়ান শটের উপর। যদি বন্ধু কেউ হয় কথা নেই। কিন্তু যদি শত্রু হয়। কে জানে সে হয়তো জীবনের জন্যই অপেক্ষা করছে।

জীবন শক্ত করে ধরা ওয়ান শটের নল দিয়ে আস্তে আস্তে গুতো দেয় শোয়া লোকটার পাঁজরে— এ্যাই তুই কেডা রে?

শোয়া লোকটা গলার আওয়াজ জীবনকে চিনে নেয়। না নড়ে শুয়ে শুয়ে জবাব দেয়— শটার সরা, আমি নানুরে জীবন।

নানু! চমকে ওঠে জীবন— তুই এইখানে এইভাবে শুইয়া আছোস ক্যান?

নানু বলে— সন্ধে বেলা পাড়ায় ঢুকেছি, কেউ কেউ দেখে ফেলেছে। যদি তাদের কেউ গিয়ে জায়গা মত খবরটা দিয়ে আসে? ঘরে ঘুমালে তো মারা পড়বো!

তা হঠাৎ আইসা পড়লি যে?

হঠাৎ আসি নাই, আসতে হল। আমার দাদার খবর জানিস?

না তো! কি হয়েছে দেবুদার?

শোয়া থেকে নানু উঠে বসে। তারপর ধীরে ধীরে বলে তুই আমার বন্ধু। তোর কাছে লুকিয়ে কি করবো। আমার দাদার স্বভাব— ফভাব ভালো না। হাতে টাকা পয়সা পড়লেই মদফদ খেয়ে রেন্ডি পাড়ায় গিয়ে পড়ে থাকে। স্বভাব যাতে বদলায়, দেখে শুনে একটা মেয়ে বিয়ে দেওয়া হল। দেখেছিসনা বৌদিকে? বল মা দুর্গার মত দেখতে না? এই বউ ফেলে এখনো তাই করছে। দাদা যা একটু ভয় পায় সে আমাকে। আমি তো ছিলাম না, সেই ফাঁকে একদিন বাক্স খুলে বউদির সব গয়নাগাঁটি নিয়ে রেন্ডিটার কাছে পালিয়ে গিয়ে উঠেছে। সে প্রায় দশ— বারো দিন হল। এখন যে করে হোক দাদাকে ফিরিয়ে আনতে হবে। বউদির গয়নাগুলো কে জানে ওর কাছে আর আছে কি নেই। যদি পারা যায় সেগুলো ফিরিয়ে এনে বউদিকে দিতে হবে।

দেবুদা যেইখানে গেছে সেই জাগাডার নাম কি? সোনাগাছি?

না না, শেঠ বাগান। গণেশ টকি চিনিস? ওই দিকে।

তো কালই চল, তোর লগে আমিও যামু। গিয়া দেবুদারে বুঝাইয়া ফিরত নিয়া আসি।

বুঝিয়ে আনা যাবে না। আনতে হবে জোর করে ধরে। লাইনের মাগীদের চিনিস? সাপে যে রকম ব্যাঙ ধরে সেই রকম ওরা মানুষকে ধরে গিলে নেয়। দাদা বুঝতে পারছেনা যতক্ষন তার পয়সা আছে ততক্ষন খাতির করবে। পয়সা শেষ হয়ে গেলে পাছায় লাথি মেরে রাস্তায় নামিয়ে দেবে।

একটু থেমে বলে নানুর দাদাকে ওখান থেকে তুলে আনতে হলে আমাদের রীতিমত তৈরি হয়ে যেতে হবে। ওই সব মাগীরা যা কামায় তার থেকে পুলিস পাড়ায় মাস্তান বাড়িওয়ালা সব ভাগ পায়। একটা মালদার পার্টি ফাঁসিয়েছে দাদার কাছে পাঁচ ছয় ভরি সোনার গয়না আছে। এত সহজে কী লোকটাকে ছাড়বে? তোর কাছে পেটো ফেটো কিছু আছে? শটার দিয়ে চমকানো যায়, চালাতে তো পারবিনা। চালালে যদি মার্ডার ফার্ডার হয়ে যায়? পেটো ভালো। আওয়াজে প্যানিক বেশি হয়। আছে?

অন্য কেউ হলে কইতাম, নাই। তোরে সেই কথা কমু না। চারই খানে কাম চলবে?

চারটে পেটো একটা শটার, আমার কাছে দুটো ন্যাপলা আছে।

তোর সেই ছক্কা কি হইলো?

কোন ছক্কা?

যেইটা আমার প্যাডে ঠেকাই ছিলি?

সে তো পার্টির মাল। জমা নিয়ে নিয়েছে।

একটু ভেবে ফের বলে নানু— যা আছে ওতেই হয়ে যাবে। এখন দরকার একটা গাড়ি আর দুজন ছেলে। চার জনের কমে চলবে না। তা ধর আমার দিলীপ আছে। বাচ্চা হলেও খুব সাহস। যাই হোক পিছন থেকে পালাবে না গাড়িও মদনদাকে বলল পেয়ে যাবো। মিটার ট্যাক্সি। নম্বর প্লেটের একটা নম্বর কাদা মেরে ঢেকে দিলে আর কোন ঝামেলা নেই। কিন্তু আরএকজন কাকে পাওয়া যায় বলতো? কেউ তো পাড়ায় নেই।

তার একজনের আমি জোগাড় করমু।

কে?

ইস্টাসনের গণেশ নাইলে কালিয়া যে হউক। সাথে নিয়া অগোও তো ট্রেনিং দেওয়া লাগবে।

তাহলে ওই কথা ঠিক রইলো। তৈরি থাকিস। মদনদার সাথে কথা বলে কবে যাবো তোকে জানাবো।

কয়েকদিন পরে হাসপাতাল ক্যান্টিনের পিছনের গাছ গাছালির সামনে নির্জন জায়গায় ট্যাক্সি নিয়ে অপেক্ষা করছিলো ট্যাক্সি চালক মদন। গাড়ি তার নিজের নয়, ভাড়ায় চালায়। দুশো টাকা নেবে সে। নম্বর প্লেটের নাম্বার সে ঢাকেনি, কায়দা করে কালি দিয়ে বদলে নিয়েছে। দিন আজ সোমবার। সময় সকাল সাতটা। ও সব গলিতে সন্ধার পরে লোক থিক থিক করে। আর বেলা দশটা এগারোটার আগে সবাই ঘুম থেকে ওঠেনা। এই কারণে দিনে দিনে কাজ সেরে আসতে হবে, একটু ফাঁকায় ফাঁকায়।

নানু জীবন কালিয়া আর দিলীপ চারজনে সেই গাড়িতে গিয়ে ওঠে। ট্যাক্সি চালক মদন তার গাড়িতে কলকাতা শহরের নানাস্থানে চোলাইয়ের খেপ পৌঁছে দেয়। সব পথ তার নখদর্পণে। তাই শহর কলকাতার ভিড় বহুল পথ এড়িয়ে অলিগলি ধরে অভিজ্ঞ মদন ড্রাইভার এক সময় নিরাপদে পৌঁছে যায় সেই গলির সামনে, যার নাম শেঠ বাগান লেন। ওদের নামিয়ে দিয়ে বলে মদন— আমি গাড়ি ঘুরিয়ে গিরীশ পার্কের কাছে গিয়ে দাঁড়াচ্ছি। তরা দেবুদাকে তুলে নিয়ে আয়।

শেঠ বাগান লেনের গলিটা আট দশ ফুট চওড়া। গলির মুখেই একটা পান বিড়ির দোকান। দোকানের তাকে সিগারেটের প্যাকেট কম, কণ্ডোমের প্যাকেট বেশী। প্যাকেটের উপর নারী পুরুষের নগ্ন অর্ধ নগ্ন শরীর রতি শয্যায়। তারস্বরে দোকানের টেপ রেকর্ডে বাজছে চটুল গান— এক আঁখ মারুতো ছোড়ি পট জায়ে ....। এখন গান শোনার সময় নয়। সামনে রণাঙ্গন। নিশ্বাস ঘন হচ্ছে ওদের। বুকের মধ্যে বুনো মোষ গজরানো শুরু করেছে। ওরা চার জন সৈনিকের দৃঢ়তায় সামনে হাঁটে। সবার আগে নানু তার পিছনে জীবন। নানু আগে এক দুবার এখানে এসেছিলো। তাই ঠিকানা তার চেনা। গলির মধ্যে ঢুকে ডান দিকের দুটো বাড়ি ফেলে তার পরের অপরিছন্ন পুরানো আমলের দোতলা বাড়িটায় আছে ওদের শিকার। নানুর দাদা দেবু।

বাড়িটার দোতলা পর্যন্ত পাকা। তার উপরে টিনের আর এক তলা আছে, যাতে কাঠের সিঁড়ি বেয়ে যেতে হয়। দরজা দিয়ে ঢুকে ডান দিকে লম্বা বারান্দা। যার সঙ্গে লাগানো দশ বাই দশ ছয় খানা ঘর। তিন ঘরের পরে দোতলায় ওঠার সরু সিঁড়ি। সিঁড়ি ফেলে নানু জীবনরা লম্বা বারান্দা ধরে এগিয়ে চলে নিচের সব চেয়ে কোনের ঘরটার দিকে। ঘরের সামনের বারান্দায় একটা ছোট চৌকি পাতা। সেই চৌকিতে বসে আছে দেবু।

এখন সময় সকাল নটার বেশি হবে না। এই সাত সকালেই সে আয়েস করে প্রাতঃরাশ সারছে। সামনেই তার সে সব সরঞ্জাম। গোল গলাওয়ালা

একটা মদের বোতল, গেলাস কিছু বাদাম শশা সিগারেটের প্যাকেট। মদ্য পানের এ এক বিচ্ছিরি নিয়ম, যারা মদ খায় সবাই জানে রাতে অঢেল টানলে সকালে অল্প স্বল্প আবার না টানলে শরীর কেমন ম্যাজ ম্যাজ করে, মাথা ভার হয়।

চৌকির ফুট তিন চার দূরে ফুট তিনেক উঁচু দেওয়াল দিয়ে বানানো হয়েছে একটা আড়াল। এই আড়ালে ছয় ঘরের বাসিন্দা তাদের কাছে আসা বাবুরা সব ''বাথরুম'' সারে। পরিচ্ছন্ন হয়। বাথরুমে একটা বড় বালতি একটা প্লাস্টিকের মগ। সেই মগে বালতি থেকে জল তুলে গায়ে মাথায় ঢালছে এক মহিলা। মাথার চুল ছোট ছোট, তার গায়ের রঙ যেন ভুষো কালির মতো। নাকটা থ্যাবড়া। দাঁতগুলো চওড়া চওড়া যার একটা কোন এক কালে কলতলায় পা পিছলে বা কারো পেল্লায় ঘুসিতে আধখানা ভাঙ্গা। লম্বা মনে হয় পৌনে পাঁচফুট। বয়েস মনে হয় পঁয়ত্রিশ ছত্রিশ হবে। যে গামছা খানা গায়ে জড়িয়ে চান করছে তা শরীরের তুলনায় খুবই ছোট। দেবু মদ্যপান করতে করতে শেঠ বাগানের কুঠিতে বসে গোয়ার সমুদ্রের ধারে কারও স্নান করা দেখছে। কোন বিলাস বহুল হোটেল নয়, বেশ্যা বাড়ির এই ছোট্ট বাথরুমেই তার চোখে ফুটে উঠেছে পাঁচতারার সুইমিং পুল!

নানু চৌকির কাছে দাড়িয়ে একবার ভালো করে দেখে নেয়, দাদাই তো! হ্যাঁ সে— ই। মদের গেলাসে চুমুক দিতে গিয়ে আর দিতে পারেনা। হাত থেমে যায়। অসমইয়ে একদল আগন্তুককে দেখে মেজাজ বিগড়ে যায় দেবুর। যেন সে এই গ্রহের মালিক। সেই রাগ ঝাঁঝ অধিকার মিশিয়ে সে গর্জে ওঠে— তোদের এখানে কি চাই। চলে যা।

তোমাকেই চাই। সামনে এগিয়ে আসে নানু— কোন বাওয়াল না করে দাদা তুই চুপচাপ আমাদের সাথে চলে চল। মা বৌদি সব তোর জন্য চিন্তায় আছে। সব কান্নাকাটি করছে, চল।

কে জানে হয়তো ''বউদি'' এই শব্দটা তার মত্ত মস্তিষ্কে বিক্রিয়া করে দেবু ঝাঁঝ আর রাগের সাথে চিৎকার করে ওঠে— চলে যা, চলে যা তোরা, আমি যাবো না। যাবোনা আমি। কেউ আমাকে সনকার কাছ থেকে আলাদা করতে পারবেনা। চলে যা তোরা। গেট আউট।

জীবন বলে— তুমি কি দেবু দা? ঘরে পরীর মতোন বউ ফালাইয়া এই পেতনির কাছে পইড়া আছো। ছিঃ।

ছিঃ বলবি না। সনকারে পেতনি বলবিনা। রূপ নেই ওর। রূপ দিয়ে কি করবো। রূপ ধুয়ে জল খাবো। সনকার যা আছে কোটি টাকায় কিনতে পারা যাবে না।

কি আছে?

কি আছে তোদের কি বলবো। আমার চোখ দুটো খুলে তোদের চোখে লাগিয়ে দিতে পারলে দেখতে পেতিস। লাইনের মেয়ে হতে পারে কিন্তু ওর মত মন, ভালোবাসা কারও নেই। তোর বউদি কী? মাকাল ফল উপরটা এক রকম ভিতরটা আর এক রকম। রূপের দেমাকে আমাকে মানুষই মনে করে না।

তাইলে তারে বিয়া করলা ক্যান?

আমি করিনি। বাবা আর এই নানু জোর করে বিয়ে দিয়েছে। আমি রাজী ছিলাম না। এখন ওরা বুঝুক।

গয়নাগুলো কই?

কোন গয়না?

বউদির যে গয়নাগুলো তুই নিয়ে এসেছিস।

আমি কোন গয়না আনিনি।

নানু, দিলীপ আর কালিয়াকে ডাকাত সর্দারের মত হুকুম দেয়— ওই বাকসো, বিছানা প্যাটরা সব দেখ তো। খোয়া যায়নি সব এই ঘরে আছে।

এ্যাই নানু— এই হাটকাবি না। এখানে কোন কিছু নেই।

দেবুর গলার আওয়াজে আশে পাশের সব ঘর থেকেই একটা দুটো ভীত ত্রস্ত কৌতুহলি মুখ উঁকি ঝুঁকি দেয়। নানু দেবুর কোমরের কাছের প্যান্টটা শক্ত করে ধরে তাকে টেনে চৌকি থেকে তুলে আর এক হাতে কোমর থেকে ভোজালি বের করে বলে বউদির কান্না আর চোখে দেখা যাচ্ছেনা। ভালোমত তুই যদি আমাদের সঙ্গে না যাস এইখানে কুপিয়ে দিয়ে চলে যাবো। তোর মত ভাই চাইনা। জীবন এগিয়ে এসে পিছন থেকে দেবুর জামা চেপে ধরে— দেখি তো কেমুন না যাইয়া পারে। বউদিরে কথা দিয়া আইছি দেবুদারে নিয়াই ফিরমু। না নিয়া গেলে মুখ দেখামু কেমনে। ওঠ দেবুদা, হাঁট সামনে।

দিলীপ তার চটের থলি থেকে বোমা বার করে একটা কালিয়াকে দেয় আর একটা নিজে নেয়। জীবনের হাতে সেই কদাকার ওয়ান শটার। যা দেখে দেশীয় কারিগরদের উপর আস্থা রাখা যায়না বটে তবে যন্ত্রটাকে সমীহ না করে উপায় নেই। এর এক গুলিতে মানুষ তো মানুষ বাঘও মরে যায়। এইসব দেখে বুঝে যায় দেবু— যাবোনা বলায় কোন লাভ নেই, ক্ষতি হয়ে যেতে পারে। ভাই যদি বন্ধু হয়, কেমন হয় তার উদাহরণ— লক্ষণ। আর যদি বৈরি হয় কি করতে পারে তার নমুনা বিভীষণ। মুদ্রার এপিঠ ও পিঠ।

এখন দেবু অসহায় আত্মসমর্পণ করে দিয়ে কাতর গলায় জীবনের দিকে ফিরে বলে— তুই আমার একটা কথা শোন ভাই। আমাকে আর ওই নরকে নিয়ে যাস না। কোথায় আমাকে নিয়ে তুলবি; ওই বাড়িতে? আমি পালিয়ে চলে আসবো। ওই বাড়িতে আমার আপন কেউ নেই। এক রাক্ষসী আছে যে আমার হাড় মাংস খাচ্ছে। আমাকে ছেড়ে দে। শান্তিতে এইখানে থাকতে দে।

জীবন বলে— কেমনে পারমু। কথার খেলাপ কেমনে করমু, কথা দিয়া আইছি যে।

মদ এখন দেবুর মাথায় উঠে গেছে। মরা কান্না জুড়ে দিয়েছে সে— আমি চলে গেলে বেচারা সনকার কী হবে।। আমি ছাড়া তিনকুলে ওর যে আর কেউ নেই। কে ওকে দেখবে কে ওকে আমার মতো ভালোবাসবে। ওর রূপ নেই, বয়েস বেশী, ওর ঘরে কোন লোক আসেনা। কী করে ওর দিন চলবে? কি খাবে কেমন করে ঘর ভাড়া দেব। ও কী আর বাঁচতে পারবে?

নাটোক কইরো না। চলো।

জীবন নানুরা এখানে মাতালের প্রলাপ শুনতে আসেনি। এটা নিষিদ্ধ পল্লীর বিপদজনক সীমা। সরাসরি খুন জখম এখানকার নিত্য নৈমিত্তিক ক্রিয়া।

গণ্ডগোল শুনে গলির মধ্যে, বাড়ির দরজার সামনে ভিড় জমেছে। এখন এখানে কোথা শুনে কথা বলে সময় নষ্ট করলে ফিরে যাবার পথটা সমস্যা সংকুল হয়ে যেতে পারে। দেবুকে আগেই নানু চৌকি থেকে টেনে নিচে নামিয়ে ছিলো। এখন জীবন তাকে পিছন দিক থেকে ঠেলতে ঠেলতে দরজার দিকে নিয়ে চলে।

নানু, দিলীপ কালিয়াকে জিজ্ঞাসা করে গয়নাগুলো পেলি?

না।

ভালো করে সব খুঁজেছিস? ওই ব্যাগটা নামা তো। দেখ ওতে কী আছে। সনকা নামের যে মহিলা চান করছিলো। সে প্রথমে এইসব হামলাকারীদের ভয়ে হতবাক হয়ে গিয়েছিলো। এখন সে একটু সাহস ফিরে পেয়েছে। যখনই সে দেখে প্রাণ পাখি পুষে রাখা কালো ব্যাগটা ওরা নিয়ে নিচ্ছে সে মরণপন চিৎকার জুড়ে দেয়— ওরে বাবারে, মেরে ফেললেরে। ডাকাত— ডাকাত। ওরে ভুট্টা চান্দু গব্বর কোথায় গেরি তোরা। শিগগির আয়।

ভুট্টা চান্দু গব্বর এ গলির গুন্ডা। এরা গলির যৌনকর্মীদের রক্ষণ এবং ভক্ষকও। নানু জীবন বুঝে নেয় এবার একটা প্রতিরোধ আসন্ন। বোমার ব্যাগ নিয়ে দিলীপ সবার সামনে আগায়। মানুষ ছত্রভঙ্গ করতে বোমার কোন বিকল্প নেই। জীবন দেবুকে এক হাতে ঠেলে অন্য হাতে শটার বাগিয়ে লোককে নির্দেশ দেয়— সইরা যাও দরজা থিকা।

সনকা এখন একা নয়। তার সাথে গলা মিলিয়ে নিচের পাঁচঘরের পাঁচ মহিলা তাদের কিছু ছোট ছোট বাচ্ছাও বিকট চিৎকার জুরে দিয়েছে— ডাকাত বাঁচাও। মেরে ফেললো। কোথাথেকে যেন সে দলে লোক বাড়ছে। চিৎকার আরো বাড়ছে। ওরা আসবার সময় যে গলি ছিলো ফাঁকা ফাঁকা, শুধু ঘরগুলোর প্রধান দরজার সামনে অকারণে জটলা করেছিলো সদ্য চান করে সেজে গুজে দাঁড়ানো রূপোজীবীদের দঙ্গল। গলি জুড়ে ভীত ত্রস্ত গলায় তারা এখন হাঁকা হাঁকি করছে— ভুট্টা গব্বর চাঁন্দু শিগগির আয়। সনকার ঘরে ডাকাত পড়েছে। এদিকে তিনখানা ঘর ওদিকে তিনখানা— মাঝখানে দোতলায় চড়বার সিঁড়ি। সেই সিঁড়ি বেয়ে এখন দোতলা তিনতলা থেকে পিল পিল করে নেমে আসছে নানা বয়েসের সব মেয়ে। যেন ঘরে আগুন লেগে গেছে। ঘর ছেড়ে এখনই পালাতে হবে। তারা বেআব্রু বেসামাল এবং চিৎকার চেঁচামেচির উৎস জানতে উদগ্রীব। কোন অন্ধকার গভীর রাত নয়। দিনের প্রখর আলোয় কার ঘরে কী হল? ডাকাতি খুন জখম সে সব তো রাতের ব্যাপার। তবে?

হঠাৎ সিড়ির দিকে চোখ পড়তে চমকে উঠে এক জোড়া ভীত চকিত চোখ দেখে জীবন। বড় চেনা সে দুটো চোখ, চোখের কাতর দৃষ্টি। কে! কে? কে ওই কালো দুটো বড় বড় মায়াবী চোখের মালিক!

দেবু আবার পিছনে গোত্তা মেরে কঁকিয়ে ওঠে— জীবন আমাকে ছেড়ে দে। দয়া কর।

দয়া! কে কাকে এসময়ে দয়া করে। অসহ্য জীবন দেবুর পিঠে শটার দিয়ে গুঁতো মারে— একটা কথা না। চলো। তারপর বারান্দা থেকে ঠেলে দরজার সিঁড়ি দিয়ে গলিতে নামায়।

সামনের একটা উঁচু লাল রঙের রকে বসে তাসের জুয়া খেলছিলো

কয়েকজন রকবাজ। তাঁরা মেয়েদের চিৎকারে তাস ফেলে, সাহায্য করবার জন্য সামনের দিকে ছুটে আসতে লাগলো। এটা তাদের মহল্লা। এই গলিতে জন্ম মরবেও এই গলিতে। এই গলিতে ভালোমন্দ দেখার সব দায়িত্ব তাদের। সেই জন্যই মেয়েগুলো গতর খাটানো পয়সার ভাগ দেয়। তারা বে এলাকার লোকেদের গলিতে এসে দাদাগিরি করে যাওয়া কি ভাবে সহ্য করে। তাহলে মান সন্মান বলে আর কি কিছু থাকবে? না, একটা বাধা তো দিতেই হবে। তারা হাতের কাছে যে যা পায়, যা কিছু এই রকম পরিস্থিতির জন্য আগে ভাগে জোগাড় করে রাখা সে সব নিয়ে ছুটে আসে। লাঠি রড অনেক কিছুই তাদের হাতের নাগালে আছে। এই মহল্লায় মারপিট নিত্য দিনকার ব্যাপার। অস্ত্র পাতি জোগাড় না রেখেই উপায় নেই।

আর দেরী করার উপায় নেই। এগিয়ে আসা রংবাজদের রুখে দিতে হবে। জীবন শটার বাগিয়ে হুংকার দেয়— কেউ আসবি না। নাইলে গুল্লি মাইরা দিমু। দিলীপ পরপর দুটো বোমা ছুঁড়ে দেয়। কাউকে জখম করার ইচ্ছা নেই, তার দরকারও নেই বলে ফাঁকা জায়গাতেই মারে। বিক্ত শব্দ, ধোঁয়া আর বারুদের গন্ধে গলিটা ভরে যায়। ভয়ে, এগিয়ে আসা ছেলেরা পিছনে হটে যায়। আতঙ্কিত মেয়েরা যে যার ঘরে ঢুকে দরজা বন্ধ করে নেয়। ফাঁকা হয়ে যায় গলি। ঝপাং করে ঝাঁপ পড়ে গলির মুখের পান দোকানের। কয়েক মিনিটের মধ্যে ওরা টেনে হিঁচড়ে নিয়ে গিয়ে দেবুকে মদনের ট্যাক্সিতে তুলে ফেলে। মদন গাড়ি স্টার্ট দিয়েই রেখেছিলো। ওরা বসা মাত্র গাড়ি সামনে আগায়।

তখনই— হঠাৎ করে তখনই জীবনের মনে পড়ে যায়, ওই বড় কালো অসহায় চোখের মালিক কে! ও চোখ কুসুমের। ও আর কেউ নয়, কুসুম। কুসুম ছাড়া এমন চোখ আর কারও নেই।

ঠিকই চিনেছে জীবন। ও চোখ কুসুমেরই। যেদিন জীবন ওকে ছেচনের দোকানের সামনে দাঁড় করিয়ে রেখে কুখ্যাত পুলিস অফিসার পালবাবুর ভয়ে পালিয়ে যায় সারাদিনে সে আর স্টেশনে আসতে পারেনি। নানা রকম খবর যাচ্ছিলো— সাদা পোষাকে নাকি ষ্টেশন এলাকায় ছেয়ে আছে পুলিস। তাই ভয় পেয়েছিলো জীবন। তাই পেটের খিদে নিয়ে ছেচনের দোকানের সামনে বহু সময় দাঁড়িয়ে থেকে শেষে হতাশ হয়ে প্লাটফরমে ফিরে যায় দুভাই বোন জীবনের উপর এক বুক অভিমান নিয়ে। ওরা জানতো না ঠিক কোন কারণে জীবন পালিয়ে গেছে।

পরে যে সময় জীবন ষ্টেশনে আসতে পারে সে জায়গায় কুসুমরা বসেছিলো তখন আর তারা সেখানে ছিলোনা। ছিল না তাদের কোন সুত্র বা চিহ্ন যা দিয়ে সন্ধান পাওয়া যায়। সেই আর একবার তৃতীয় এবং শেষ বারের মত পেয়েও কুসুমকে হারিয়ে ফেলেছিলো জীবন। তারপর সময় পেরিয়ে গেছে নানান ঘাত প্রতিঘাতের মধ্যে দিয়ে। বহু কিছু জীবন আর মনে রাখতে পারেনি কঠিন সময়ের চাপে। কিন্তু কিছুতে ভুলতে পারেনি কুসুমের সেই মায়াময় দুটো কালো কাতর চোখ। যা তাকে অপরাধী বলে জেনে গেছে। যে ভুল সংশোধন করার কোন উপায় ছিলোনা।

সেই দিন সন্ধ্যাবেলায় কুসুমকে দেখে ফেলে বাসনা। বাসনা আগে

সালামপুরের রেল বস্তিতে থাকতো। বস্তি উঠে যাবার পর সে এখন পিয়ালি টাউনে গিয়ে জায়গা কিনে বাড়ি বানিয়েছে। সে এসে আলাপ জমায় তুলসীর সাথে। কোথায় বাড়ি, কেন এখানে আসতে হল খানিকক্ষণ এই সব এলোমেলো কথার পরে আসে আসল কথায়।

বলে, এত বড় মেয়ে নিয়ে ষ্টেশনে থাকা ঠিকনা দিদি। কতো রকমের কতো বদ লোকের আড্ডা এইখানে। গুণ্ডারা আছে পুলিসরা আছে। এদের যার খপ্পরে পড়বে মেয়েটার মান ইজ্জত সব তো যাবেই, প্রাণটাও চলে যেতে পারে। এরপর বাসনা তুলসিকে বাবু বাড়ির কাজের মেয়ে পারুল আর বেহুলার গল্প বলে। কী অবস্থায়, কেমন ভাবে ট্রেন ফেল করে রেল ষ্টেশনে থাকার পরে একজন পুলিসশ দ্বারা অন্যজন গুণ্ডাদের হতে নির্মমভাবে ধর্ষিত হয়। কিছু হয়নি গো দিদি। কারও কিছু হয়নি। গরীব লোকের আর কে আছে বলো? সবাই উল্টে মেয়েগুলোকে দোষ দিয়েছিলো। কেন ছিলো ষ্টেশনে? নির্ঘাত নষ্ট না হলে কেউ ষ্টেশনে থাকে? বলো দিদি ষ্টেশন কি কারও বাপের কেনা যে ট্রেন ফেল হলে লোক থাকতে পারবে না? থাকলে যার যা ইচ্ছা তা করে যাবে?

তাইলে আমরা এখন কি করমু?

তুলসীর মনে গল্প কাহিনী শুনিয়ে কিছুটা ভয় ধরিয়ে আর নিজের গ্যাঁটের পয়সা খরচ করে ঘুগনি মুড়ি খাইয়ে খানিকটা বিশ্বাস অর্জন করে বলে বাসনা— আমিও তো একটা মেয়ে দিদি। মেয়ে হয়ে আর একটা মেয়ের সর্বনাশ হবে তা কি করতে পারি। শত হলেও অমরা এক দেশের মানুষ তো। তোমাদের বরিশাল আমাদের খুলনা। নদীর ওপাড় ওপাড়। দেশের মানুষ হয়ে যদি বিপদের দিনে দেশের মানুষের পাশে না দাঁড়াই তবে আর মানুষ কীসে? তুমি আমি বাড়ি চলে চলো। এক বলতে তিন তিনখানা ঘর আমার খালি। যতদিন ভালো কোন মাথা গোঁজার ঠাঁই না পাও, থাকো। মাসে দশটাকা ভাড়া নেবো। সে এখন দিতে হবেনা। যেদিন পারবে সেদিন দেবে। না পারলে না দেবে।

এইসব কথা বলে বাসনা কুসুমদের নিজের বাড়ি নিয়ে যায়। সরল সোজা বোকা তুলসী বুঝতেও পারেনা যে সে অবস্থার চাপে গরম কড়াই থেকে সরাসরি আগুনের মধ্যে ঝাঁপিয়ে পড়ছে।

বাসনাকে তুলসী চেনে না কিন্তু সালামপুরের সবাই জানে সে হচ্ছে এক মেয়ে পাচার চক্রের আড়কাঠি। কত মেয়েকে যে সে দেশের কত প্রান্তে পাচার করে দিয়েছে তার কোন হিসাব নেই। নারী পাচারের কত রকম তার কায়দা ফন্দি ফিকির।

প্রথমে বাসনা বিয়ের যোগ্য গরীব মেয়ের মা বাবার সাথে ভাব জমায়। নানা ভাবে বিশ্বাস অর্জন করে। মন জয় করে হয়ে গেলে একদিন জানায়— তার হাতে একটা ছেলে আছে। নেই নেই করে কমপক্ষে পাঁচ পাঁচটা ব্যবসা। পাকা বাড়ি। মা বাবার একমাত্র ছেলে। তবে দোষের মধ্যে ওই –ছেলেটা হিন্দুস্থানী। দিল্লীতে থাকে। তোমরা যদি ওই দোষটুকু মেনে নাও— তবে তোমার মেয়ের বিয়ের সব ভার আমার। একটা পয়সা পণ লাগবে না। চাই কী এক দু'হাজার তোমরা যদি নাও, আমি সে— ও আদায় করে দিতে পারি। আমাদের যেরকম পণ দিয়ে জামাই আনার নিয়ম ওদের নিয়ম পণ দিয়ে মেয়ে

নেওয়া। তা কী বলছো তোমরা, রাজী?

মেয়েপক্ষ রাজী হয়ে গেলে স্থির হয় দিনক্ষণ। নিয়ে আসা হয় পাত্র। দেখতে শুনতে সে অবশ্যই নজর কাড়ার মত। পুরুৎ ডেকে মন্ত্র পড়ে বিয়েও হয়ে যায়। তারপর বউ নিয়ে চলে যায় বর। ইচ্ছা করলে মেয়ের ভাই বাপ কেউ সাথেও যেতে পারে। কোথায় যাচ্ছে মেয়ে দেখে আসতে পারে। কিন্তু তারপর, মেয়ের সেই আত্মীয় ফিরে আসার কিছু দিন পর মেয়ে যে কোথায় যায় তা এক মাত্র জানে হতভাগী, যে গেছে। পতিতাপল্লিতে তখন ঠাঁই হয় তার। আত্মীয় পরিজনহীন সেই দূর প্রদেশে রাতের অন্ধকারে, দিনের পর দিন, এক পাল কামুক পুরুষের হাতে ছিন্ন ভিন্ন হতে থাকে তার শরীর মন আত্মা। চোখের জল বালিস ভিজে গেলেও কেই সেই হতভাগী মেয়ের চোখ মুছিয়ে দিতে আসেনা।

একটা নয়, ওখানে পৌঁছে যাবার অনেক রাস্তা, কাউকে বিয়ে করে নিয়ে যাওয়া হয় কাউকে ভালো বেতনের আয়ার কাজের লোভ দিয়ে। কেউ যায় নাচের প্রোগ্রাম করতে। কিন্তু যে যায় সে আর ফিরতে পারে না। ফেরবার রাস্তা আগলে দাড়িয়ে থাকে চার চারটে পাহাড়। নেতা, পুলিস, মাস্তান, বাড়িওয়ালা, ওরা সবাই খায় মেয়েটার রক্ত মাংস যোনি চুইয়ে পড়া ক্লেদরস।

দেবু একজন পুরুষ মানুষ। তাকে ওই গলি থেকে বের করে আনা কিছুটা সহজ। কিন্তু কোন মেয়েকে এভাবে বের করে আনা এত সহজ নয়। পুরুষরা ওখানে যায় স্বেচ্ছায় সানন্দে, আর মেয়েদের কায়দা করে নিয়ে যাওয়া হয়। এই নিয়ে যাওয়ার সাথে জড়িয়ে আছে মোটা টাকার লেনদেনের হিসাব। থানা পুলিশ গুণ্ডা মাস্তান দালাল আড়কাঠি বাড়িওয়ালি নেতা বহু মানুষের বহু রকম স্বার্থ জড়িয়ে থাকে মেয়েটাকে ঘিরে। তারা তাকে যেতে দেবে না। যেতে পারলেও সুস্থ মত থাকতে দেবেনা।

কিন্তু এখন এটা একটা গভীর রহস্য, বাসনা কুসুমকে দিল্লী বোম্বাই দুবাই না পাঠিয়ে কলকাতার বক্ষস্থল শেঠ বাগান লেনের এক কুঠুরিতে কি করে আটকে ফেলে দিলো? বাসনা আটকে ফেলেছে নাকি এক মুঠো ভাতের আশায় কুসুম নিজেকে নিজেই এনে ফেলেছে ওই মরণ ফাঁসের জালে? কিছুতে এখন বুঝতে পারেনা জীবন, কী থেকে কী হয়েছে, কেমন করে হয়েছে কেন হয়েছে?

যা— ই হোক সত্যটাকে জানতে হবে। কে যেন বলেছেন –"তুমি সত্যকে জানিবে। সত্যই তোমাকে মুক্তি"। জীবন যে মর্ম বেদনায় এখন জ্বলে যাচ্ছে সত্য ছাড়া কোনভাবে সে বেদনা থেকে মুক্তি পাবে না। সত্য জানতে হবে আর সত্যটা জানাতেও হবে। বলতে হবে— বিশ্বাস করো সেদিন তোমাকে ফেলে আমি ইচ্ছা করে পালাই নি।

জীবন ভাবে, সব শোনার পর যদি কুসুম ওই ঘৃণ্য পরিবেশ থেকে মুক্ত হতে চায়, ফিরতে চায় স্বাভাবিক জীবনে, সর্বশক্তি দিয়ে, দরকার হলে রক্তাক্ত পথের উপর দিয়ে তাকে মুক্ত করতে হবে এবং তা এখনই। একটা দিন মানে চব্বিশ ঘণ্টা। চব্বিশ ঘণ্টায় কত অবমাননা, কতবার ধর্ষিত হতে হবে কুসুমকে তা কে জানে।

জীবন কুসুমকে নিষিদ্ধ মহল্লায় এক নিষিদ্ধ কুঠিতে দেখেছে। মাত্র এই।

তার ঘরে কোন লোক দেখেনি। কোন লোকের ঘরেও অশোভন অবস্থায় দেখতে পায়নি। যাহা না দেখিবে নিজ নয়নে বিশ্বাস করিবেনা গুরুর বচনে। নিজের চোখে দেখেনি। এখনো বিশ্বাস করে না জীবন, কুসুমকে কেউ স্পর্শ করেছে। এখনো সেই আগের মতোই শুচি শুদ্ধ নিস্পাপ পবিত্র। কিন্তু আর একটু দেরী হলে হয়ত অঘটন ঘটে যাবে। সর্বনাশ হয়ে যাবে কুসুমের। কোন ঝুঁকি নেওয়া যাবে না। এক মিনিট সময়ও নষ্ট করা ঠিক হবেনা। যদি কুসুমের ক্ষতি হয়ে যায়, জীবনের বেঁচে থাকাটাই তো বিস্বাদ বিবর্ণ, অর্থহীন হয়ে যাবে।

মদনের গাড়ি তখন একটা গলির মুখে ঢুকেছে। জীবনের মধ্যে তখন জন্ম নিচ্ছে বাধা বন্ধন মৃত্যুভয়হীন আর এক জীবন। ভয়ংকর জীবন। যে জীবনের কোন অতীত নেই, ভবিষ্যৎ নেই। আছে বর্তমান। ছিন্ন ভিন্ন, টুকরো, চূর্ণ পিছলে যাওয়া অলীক বর্ত্তমান। সেই বর্ত্তমানের পেছল ভূমিতে দাঁড়িয়ে জীবন বিকট গলায় গর্জে ওঠে মদোনদা, গাড়ি থামা, আমি নামবো।

বিস্মিত নানু জিজ্ঞাসা করে কেন রে?

ওই গলিতে আর একবার যাওয়া লাগবে।

কেন?

তাড়াহুড়োয় একটা মহাদামী জিনিস ফালাইয়া আইছিরে নানু।

কথা বলতে বলতে জীবনের চোখে জল ভরে আসে, গলা ধরে আসে— আমি যামু আর তারে নিয়া চইল্যা আসমু। তোর দরকারে আমি আইছি, যদি আমার দরকারে সাথে আসিস তো আয়। না আসলে চইল্যা যা। আমি তারে না নিয়া কিছুতে ফিরত যামুনা।

দরজা খুলে গাড়ি থেকে নিচে নেমে দিলীপের হাত থেকে বোমার ব্যাগটা টেনে নেয় জীবন— এই গুলা দে। চারটের দুটো খরচ হয়ে গেছে। আছে আর দুটো।

নানু নীচে নেমে জীবনের হাত চেপে ধরে— পাগল হয়ে গেছিস নাকি? নিজেরা যে আগুন জ্বেলে রেখে এসেছি তাতে আবার ঝাঁপাতে যাচ্ছিস? কী আছে ওখানে, কেন যাবি আমাকে বল।

বলার সোমাই নাই যাবিতো চল। বলেই জীবন পিছন ফিরে গলির দিকে নিজেদের হাতে জ্বালানো আগুনের দিকে ছুটে যেতে থাকে। নানু তার পিছন পিছন দৌড়ায়— শোন শোন। কিন্তু জীবন শোনেনা সে দৌড়ে সেই গলির মধ্যে গিয়ে ঢুকে পড়ে। নানু তখন বেশ পিছনে। হঠাৎ নানু বোমা ফাটার বিকট আওয়াজ শোনে। ধোঁয়ায় গলিটা ভরে যায়। ফলে সঠিক ভাবে বুঝতে পারে না নানু কী ঘটে গেল। জীবন খুব উত্তেজিত আর উতলা হয়ে গিয়েছিল। বোমের ব্যাগ নিয়ে ছুটতে গিয়ে পায়ে লুঙ্গি জড়িয়ে গিয়ে তবে কী আছাড় খেয়ে পড়ল জীবন? নাকি প্রতিপক্ষ দলের কেউ ওকে লক্ষ্য করে বোমা ছুড়ে দিয়েছে? কি হয়েছে কিছু বুঝতে না পেরে গলির মুখে থমকে দাড়ায় নানু। এক রাশ ধোঁয়ায় ঢেকে যাওয়া গলির মধ্যে ঢুকতে সাহস পায়না। ধোঁয়া একটু সরে গেলে দেখতে পায় পথে জীবন নেই। এখন আবার পিছন ফিরে গাড়ির দিকে ছুটতে থাকে নানু।